Sprache und Kolonialismus

Sprache und Kolonialismus

―

Eine interdisziplinäre Einführung zu Sprache
und Kommunikation in kolonialen Kontexten

Herausgegeben von
Thomas Stolz, Ingo H. Warnke
und Daniel Schmidt-Brücken

DE GRUYTER

ISBN 978-3-11-035133-0
e-ISBN (PDF) 978-3-11-037090-4
e-ISBN (EPUB) 978-3-11-044993-8

Library of Congress Cataloging-in-Publication Data
A CIP catalog record for this book has been applied for at the Library of Congress.

Bibliografische Information der Deutschen Nationalbibliothek
Deutsche Nationalbibliothek verzeichnet diese Publikation in der Deutschen Nationalbibliografie; detaillierte bibliografische Daten sind im Internet über http://dnb.dnb.de abrufbar.

© 2016 Walter de Gruyter GmbH, Berlin/Boston
Bildnachweis: Sergei Popov/Hemera/thinkstock
Druck und Bindung: CPI books GmbH, Leck
♾ Gedruckt auf säurefreiem Papier
Printed in Germany

www.degruyter.com

Inhaltsverzeichnis

Ingo H. Warnke, Thomas Stolz und Daniel Schmidt-Brücken
Perspektiven der Postcolonial Language Studies —— 1

I   Historische Einordnungen

Winfried Speitkamp
1   Geschichte des deutschen Kolonialismus. Ein historischer Überblick —— 29
1   Deutscher Kolonialismus —— 30
2   Kolonialrevisionismus und Kolonialerinnerung in Deutschland —— 38
3   Deutscher Kolonialismus und Anfänge der Afrikawissenschaft – das Beispiel Leo Frobenius —— 44

Matthias Schulz
2   Sprachgeschichte des deutschen Kolonialismus. Korpuslinguistische Aspekte —— 51
1   Fragestellungen der Koloniallinguistik und ihre Untersuchungsbasis —— 51
2   Korpuslinguistischer Zugang zu sprachwissenschaftlichen Fragestellungen —— 52
2.1   Korpuswahl bzw. Korpusaufbau —— 53
2.2   Korpusrecherche —— 54
2.3   Analyse der Recherchebefunde —— 55
3   Verwendung bestehender Korpora für koloniallinguistische Fragestellungen: Grenzen der Nutzung —— 56
4   Erstellung neuer Korpora für koloniallinguistische Fragestellungen: Festlegung von Rahmenbedingungen —— 57
5   Erstellung neuer Korpora für koloniallinguistische Fragestellungen: Vorarbeiten zur Quellenauswahl —— 59
6   Erstellung neuer Korpora für koloniallinguistische Fragestellungen: Quellenauswahl —— 59
6.1   Schlüsseltexte —— 60
6.2   Institutionentexte —— 61
6.3   Wissensvermittelnde Texte —— 62
6.4   Literarische Texte: Romane, Gedichte, Lieder —— 65
6.5   Pressetexte und Texte des öffentlichen Lebens —— 66

6.6	Private Schriftlichkeit —— 67	
7	Andere Korpuszuschnitte —— 68	
8	Ausblick: Korpusrecherche und Analyse der Korpusrechercheergebnisse —— 68	

Axel Dunker
3 Literaturgeschichte des deutschen Kolonialismus. Postkoloniale Perspektiven —— 73

1	Voraussetzungen der Postkolonialen Studien —— 73
2	Das Problem der Repräsentation – Der *postkoloniale Blick* —— 74
3	Kultur und Imperialismus (Edward Said) —— 75
4	Die kontrapunktische Lektüre —— 78
5	Kulturelle Alterität – ästhetische Alterität —— 81
6	Kolonialismus und deutsche Literatur – Modifikationen von Saids *Kontrapunktischer Lektüre* —— 82
7	Schreiben über fremde Welten – Der (postkoloniale) Reisebericht in der Gegenwartsliteratur —— 87
8	Das Beispiel Haiti: Die Romane H. C. Buchs —— 88

II Quellen und Methodologie

Stefan Engelberg und Doris Stolberg
4 Sprachkontakt in kolonialen Kontexten I. Quellenkundliche Aspekte —— 95

1	Grundlegendes zur Quellenkunde —— 95
2	Sprachkontakt in kolonialen Kontexten —— 101
3	Objektsprachliche Auswertung von Quellen —— 104
3.1	Lehnwörter aus dem Deutschen in den Sprachen Ozeaniens am Beispiel von Samoanisch und Nauruisch —— 105
3.2	Lehnwörter im Deutschen aus den Sprachen Ozeaniens am Beispiel des Deutschen in Samoa —— 109
4	Metasprachliche Auswertung von Quellen am Beispiel des Siedlerdeutsch auf Samoa —— 112
4.1	Samoanisches Siedlerdeutsch —— 112
4.2	Samoanisches Siedlerdeutsch: zeitgenössische Beurteilungen —— 113
5	(Sprachliche) Auswertung von außersprachlichen Quellen —— 114
6	Wissenschaftspraxis —— 117

Magnus Huber und Viveka Velupillai
5   **Sprachkontakt in kolonialen Kontexten II. Das Pidgin-Englische in den ehemaligen deutschen Kolonien —— 121**

1   Einleitung: Deutsche Kolonialquellen und Pidgin-Englisch —— 121
2   Die Deutsche Kolonialbibliothek —— 123
3   Quellen und Analysemethoden —— 124
3.1   Identifikation potentieller Quellen —— 125
3.2   Das Exzerpieren und Sichern der Daten —— 127
3.3   Inhaltlicher Fokus beim Exzerpieren —— 129
4   Die Verlässlichkeit der Quellen —— 131
4.1   Vorurteile und Absichten des Autors —— 131
4.2   Beobachtungsgabe/sprachliche Begabung der Beobachter —— 132
4.3   Zeitraum zwischen Beobachtung und Aufzeichnung/ Veröffentlichung —— 133
4.4   Genre und editorische Überformung —— 133
4.5   Authentizität der Beschreibungen —— 133
4.6   Reiseroute und Länge des Aufenthaltes des Autors in den Kolonien —— 134
5   Ergebnisse: Deutsche Kolonialquellen und Pidgin-Englisch —— 134
5.1   Sprachenpolitik und Spracheinstellungen in Deutsch-Kamerun —— 135
5.2   Die Sprachsituation in Neuguinea und im Bismarck-Archipel —— 138
6   Schlussbemerkung —— 143

III   Aspekte der Postcolonial Language Studies

Anne Storch
6   **Sprachideologien in kolonialen Kontexten. Sprachideologien in Afrika —— 147**

1   Der Blick auf die Anderen —— 147
2   Sprachkonzepte —— 150
3   Mehrsprachigkeit —— 156
4   Sprachliche Register —— 159
5   Deutlichkeit —— 162

Klaus Zimmermann
7   Missionarslinguistik in kolonialen Kontexten. Ein historischer Überblick —— 169

1   Was ist Missionarslinguistik? —— 169
2   Historischer und linguistischer Kontext der kolonialen Missionarslinguistik —— 175
3   Grund für die Genese der Missionarslinguistik —— 176
4   Das Verhältnis von Missionarslinguistik und Kolonialismus —— 179
5   Exogrammatisierung, Exolexikographisierung und Exonormierung. Der interkulturelle Blick auf fremde Sprachen —— 181
6   Verschriftung —— 183
7   Forschungsmethoden der Missionarslinguistik —— 185
8   Bewertung der Leistungen der Missionarslinguistik —— 186
9   Aufgaben der Historiographie der Missionarslinguistik —— 188
10   Qualitatives Fazit —— 189

Heidrun Kämper
8   Sprache in postkolonialen Kontexten I. Kolonialrevisionistische Diskurse in der Weimarer Republik —— 193

1   Einführung —— 193
2   Gegen die deutsche Ehre – nationale Identität und der Versailler Vertrag —— 194
2.1   Kriminalisierung des Gegners —— 198
2.2   Legitimierung des Anspruchs —— 200
3   Kolonialismus und die linke Deontologie —— 204
3.1   Kolonialismus und marxistische Basiskonzepte —— 205
3.2   Die dekolonisierte Internationale —— 206
4   Der Weimarer kolonialrevisionistische Diskurs als Gemeinschaftsdiskurs —— 208
5   Fazit: Der Kolonialdiskurs als Paradigma —— 211

Birte Kellermeier-Rehbein
9   Sprache in postkolonialen Kontexten II. Varietäten der deutschen Sprache in Namibia —— 213

1   Namibia —— 213
2   Kurze Geschichte der deutschen Sprache in Namibia —— 213

3	Aktuelle Sprachensituation in Namibia —— 217	
4	Exkurs zur sprachlichen Variation —— 219	
5	Varietäten des Deutschen in Namibia und ihre Sprecher —— 223	
5.1	Standardvarietät —— 224	
5.2	Namslang —— 227	
5.3	Küchendeutsch —— 231	
6	Fazit —— 233	

Gesamtliteraturverzeichnis —— 235

Personen- und Autorenregister —— 262

Sprachenregister —— 267

Sachregister nebst geografischen Bezeichnungen —— 269

Ingo H. Warnke, Thomas Stolz und Daniel Schmidt-Brücken
Perspektiven der Postcolonial Language Studies

Wichtige Konzepte: Sprache in kolonialen Kontexten, Kolonialität, Sprachkontakt, Sprachbegriffe, Postcolonial Studies, Fachgeschichte der Linguistik

1 Linguistik und Sprache in kolonialen Kontexten

Das vorliegende Studienbuch versammelt erstmals Texte, die mit exemplarischem Anspruch in das weite Feld der linguistischen Phänomene des neuzeitlichen westlichen Kolonialismus mit dem Ziel einführen, Sprache und Kolonialismus als Gegenstand des linguistischen Studiums zu verankern. Unser fachliches Interesse richtet sich dabei prinzipiell auf alle Dimensionen von Sprache und Sprachgebrauch in kolonialen Kontexten. Dies schließt systemorientierte Aspekte des so genannten kolonialen Sprach'kontaktes' – wie sie traditionell etwa in der Kreolistik erörtert werden – und des Sprachwandels ebenso ein, wie die Fachgeschichte der Linguistik selbst, die mit ihren Annahmen und Interessen historisch und ideologisch durchaus durch Kolonialismus geprägt ist. System und Gebrauch, kolonialzeitliche Sprachforschung sowie Sprache in kolonialen Kontexten gehören dabei ebenso zum Gegenstand wie die Weiterungen auf linguistische Fragestellungen in postkolonialen Zusammenhängen. Es geht mithin um nicht weniger als eine Linguistik der Kolonialität, die wir als *Postcolonial Language Studies* bezeichnen. Von *Postcolonial* sprechen wir, weil wir aus einer Perspektive *ex post* auf Kolonialismus blicken, ohne dabei zu vergessen, dass kolonisatorische Ideologien und Machtverteilungen, die es auch *ex ante* zu rekonstruieren gilt, nicht zuletzt in sprachlicher Hinsicht weiterhin wirksam sind. Zu denken ist hier an die noch immer prominente Bedeutung europäischer

---

Ingo H. Warnke: Universität Bremen, Fachbereich 10: Sprach- und Literaturwissenschaften, Bibliothekstr. 1, 28359 Bremen. E-Mail: iwarnke@uni-bremen.de
Thomas Stolz: Universität Bremen, Fachbereich 10: Linguistik, Postfach 33 04 40, 28334 Bremen. E-Mail: stolz@uni-bremen.de
Daniel Schmidt-Brücken: Universität Bremen, Fachbereich 10: Sprach- und Literaturwissenschaften, Bibliothekstr. 1, 28359 Bremen. E-Mail: schmidtbruecken@uni-bremen.de

Standardsprachen in Südamerika, in Afrika und auch in Teilen Asiens und die damit verbundene Differenz zwischen westlichen bzw. nördlichen (vgl. Connell 2007) monolingualen Sprachkonzepten und Modellen linguistischer Repertoires in multilingualen Gesellschaften (vgl. Lüpke & Storch 2013). Ebenso relevant sind in diesem Zusammenhang normative Sprachideologien in den ehemaligen Metropolen des europäischen Kolonialismus, wie sie in der Idee einer Einheit von Staatlichkeit, Nation und Sprache (vgl. Judge 2000) erscheint; eine Vorstellung, die nicht zuletzt die Sprachgeschichtsschreibung der sogenannten Nationalphilologien weithin geprägt hat.

Der Gegenstand der *Postcolonial Language Studies* ist ebenso breit, wie die Beschäftigung damit einen wichtigen neueren Impuls in der Linguistik darstellt. Das vorliegende Studienbuch will diesen Impuls verstärken, nicht zuletzt, weil andere Disziplinen schon lange vor der Linguistik die Notwendigkeit einer wissenschaftlichen Beschäftigung mit der enormen Wirkung des neuzeitlichen Kolonialismus bis in unsere globale Gegenwart thematisiert haben und wir aus diesem Grund die Einzelsprachwissenschaften ebenso wie die Allgemeine Sprachwissenschaft aufgefordert sehen, sich dazu zu verhalten. Dabei entstehen durchaus Schwierigkeiten, Fallgruben tun sich auf. Bei einem historisch derart nachhaltigen Machtkonzept und einer Praxis wie dem Kolonialismus ist also ein vorsichtiges Vorgehen, nicht zuletzt hinsichtlich üblicher Argumentation, geboten. Wenn bereits Loomba (1998: 2) im Kontext postkolonialer Theorie deutlich macht, dass im Kolonialismus "the original inhabitants and the newcomers" eingeschlossen sind "into the most complex and traumatic relationships in human history", dann hat das Konsequenzen für eine notwendige Selbstreflexion postkolonialer Linguist*innen ebenso wie für Fragen der Legitimierung wissenschaftlicher Interessen und Vorhaben.

Wir wollen den komplexen und auch in widersprüchlichen Relationen stehenden Gegenständen der *Postcolonial Language Studies* also reflektiert begegnen, dies nicht zuletzt, weil wir als Wissenschaftler in europäischen Traditionszusammenhängen stehen, aus denen heraus Kolonialismus gedacht wurde und wird. Darin sehen wir kein Hindernis für eine postkolonial informierte Linguistik, wir leiten daraus jedoch die Notwendigkeit ab, die eigenen Positionen als Bedingung wissenschaftlicher Praxis zu reflektieren und zu markieren. Zunächst wollen wir dazu einige grundlegende Begriffe klären, nicht zuletzt, um der Gefahr pauschaler begrifflicher Vorannahmen im Sprachgebrauch zu begegnen.

Kolonialismus ist zunächst ein Begriff mit kolonialen Wurzeln. So spricht man von *Kolonie* bzw. *Colonie* bzw. engl. *colony*, frz. *colonie*, span. und ital. *colonia*, port. *colónia* usw. in Kontexten der Kolonisierung, etwa im deutschen

Kolonialismus in Friedrich Fabris (1879) kolonialagitatorischer Schrift *Bedarf Deutschland der Colonien?* Mit *Kolonialismus* im heutigen Wortsinn, verstanden als eine

> auf Erwerb und Ausbau von Kolonien [...] gerichtete Politik unter dem Gesichtspunkt des wirtschaftlichen, militärischen und machtpolitischen Nutzens für das Mutterland bei gleichzeitiger politischer Unterdrückung und wirtschaftlicher Ausbeutung der abhängigen Völker (DUDEN Online 2015),

scheint zwar eine distanzierende Semantik *ex post* durch das Suffix *-ismus* gegeben zu sein, diese kann aber leicht darüber hinwegtäuschen, dass das Konzept *Kolonialismus* eine ideologische Perspektive des Westens bzw. Nordens tradiert und das Reden über *Kolonialismus* daher auch ein westliches bzw. nördliches Reden über eine westliche bzw. nördliche Herrschaftsform bleibt bzw. weiterhin befördern kann. Das *Oxford English Dictionary* (OED 2015) belegt, dass man bereits im 19. Jahrhundert von engl. *colonialism* in der Bedeutung "practice or manner of things colonial" spricht, ebenso wie die Bedeutung "colonial system or principle" bereits 1886 belegt ist; erst heute sei der "derogatory sense" des Wortes häufig, wobei das *Oxford English Dictionary* diese Semantik deutlich weniger kolonialkritisch paraphrasiert als der DUDEN und erstaunlicherweise von einer "alleged policy of exploitation of backward or weak peoples by a large power" spricht. Die westliche bzw. nördliche Perspektive ist in der einen wie der anderen Bedeutung also offensichtlich, sowohl in der Selbstdistanzierung zur eigenen ehemaligen kolonialen Rolle durch heutige Kritik wie auch in der Behauptung, Kolonialismus sei nur eine 'angebliche' Politik der Ausbeutung, "an alleged policy of exploitation".

Es gibt Alternativen für das Wort *Kolonialismus*, die jedoch wenig bekannt sind. Marimba Ani hat im Kontext afrozentrischer Theorie (vgl. Dagbovie 2010: 190–192) bereits in den 1990 Jahren das Nomen *Maafa* aus dem Swahili gebraucht, um damit die Gesamtheit der Erfahrungen afrikanischer Menschen im Kontext von Kolonialismus und Sklaverei zu bezeichnen:

> Maafa, or *great destruction*, is a Ki-Swahili word that is a culturally distinct, self-determined naming of the genocide experienced by Africans under western colonialism and slavery (Akinyela 2000: 250).

Wir halten diese Benennungsintervention für wichtig, weil sie darauf hinweist, dass das Sprechen über *Kolonialismus* und der Gebrauch des Wortes *Kolonie* mit allen seinen Ableitungen alles andere als wertfrei ist und in der Gefahr steht, eine nicht reflektierte westliche bzw. nördliche Perspektive zu verfestigen. Das Problem besteht dabei unseres Erachtens weniger in dieser Perspektive an sich, sondern darin, dass ein unreflektierter Sprachgebrauch Positionen als neutral erscheinen lässt. Eine solche Neutralität ist jedoch nicht zu erreichen, abgesehen von der Frage, ob sie überhaupt erstrebenswert wäre. Vielmehr sollte es Aufgabe der *Postcolonial Language Studies* sein, die eigenen Positionen im Verhältnis zu Kolonialismus mitzudenken, was konkret bedeutet, in den eigenen Fachzusammenhängen theoretische Gewissheiten (z.B. Sprachbegriffe) und methodische Selbstverständlichkeiten (z.B. Feldstudien) im Zusammenhang von Kolonialismus zu denken und zu hinterfragen. Obgleich es also Anlässe gibt, das Wort *Kolonialismus* selbst bereits zu problematisieren, bleiben wir bei der Bezeichnung *Postcolonial Language Studies*. Wir begründen das auch damit, dass die sogenannten *Postcolonial Studies* spätestens seit den 1990er Jahren ein einflussreiches Paradigma der neueren Geisteswissenschaften geworden sind und dass die Linguistik durchaus Veranlassung hat, dort diskutierte Theorien und Forschungsergebnisse zur Kenntnis nehmen und eine Position dazu einzunehmen. *Postcolonial Language Studies* weisen insofern mit dem gesetzten Paradigma der *Postcolonial Studies* einige gemeinsame Interessen auf – und das kann auch in der Selbstbezeichnung deutlich werden, wenngleich die Linguistik aufgrund ihrer sehr spezifischen Interessen an Kolonialismus eher neben den *Postcolonial Studies* steht und wohl in Zukunft auch stehen wird, wie wir noch zeigen werden.

Wir wollen daher trotz aller Zurückhaltung den Gegenstand der *Postcolonial Language Studies* als die Gesamtheit aller sprachsystematischen und sprachgebrauchsbezogenen Aspekte des *Kolonialismus* bestimmen. Unter *Kolonialismus* verstehen wir dabei insbesondere den seit der frühen Neuzeit maßgeblichen sogenannten Überseekolonialismus, wie er als vornehmlich aber nicht ausschließlich europäische Herrschaftsexpansion in Verbindung mit imperialistischen Ansprüchen auf globale Macht weite Teile der Erde bis in die historische Phase der Dekolonisierung prägt und auch nach Beendigung kolonialer Herrschaft in kolonialrevisionistischen Ideologien, neokolonialen Gesellschaften oder postkolonialen Konstellationen wirksam ist. Wir sprechen dabei von einem Zeitraum, der mindestens 500 Jahre umfasst, von etwa 1450 bis zur Mitte des 20. Jahrhunderts. Die Abgrenzung von *Kolonialismus* zu anderen Formen der geopolitischen Unterwerfung oder Annexion in dieser historischen Periode ist sicher ein schwieriges Unterfangen. Wir folgen hier Osterhammel & Jansen (2012: 18–19), die neben dem allgemeinen Merkmal der Fremdherrschaft – hier verweisen sie auf Philip Curtin – drei spezifische Merkmale des Kolonialismus nennen: Erstens sei die kolonisierte Gesellschaft "fremdgesteuert", Kolonialismus beraube "eine gesamte Gesellschaft ihrer Eigenentwicklung", zweitens sei Kolonialismus durch "Fremdheit zwischen Kolonisierern und Kolonisierten" gekennzeichnet, charakteristisch sei "für den modernen Kolonialismus [...] der weltgeschichtlich seltene Unwille der neuen Herren, den unterworfenen Gesellschaften kulturell entgegenzukommen" und drittens sei Kolonialismus mehr als ein "'strukturgeschichtlich' beschreibbares Herrschaftsverhältnis"; Kolonialismus sei "auch eine besondere Interpretation dieses Verhältnisses", zu Kolonialismus gehöre „eine spezifische Bewusstseinshaltung".

Diese drei Spezifika – Fremdsteuerung, Distanznahme und Ideologie – sind auch für die Linguistik relevant. Wir wollen das am linguistischen Terminus *Sprachkontakt* beispielhaft zeigen, mit dem üblicherweise multilinguale Sprachsituationen modelliert werden. Riehl (2009: 11) gibt die folgende Definition, die als Konsens gelten kann:

> Unter Sprachkontakt versteht man [...] die wechselseitige Beeinflussung von zwei oder mehreren Sprachen. Dabei gibt es zwei Richtungen: einmal den Einfluss der Erstsprache (im Sinne der zuerst gelernten Sprache) auf die Zweitsprache und zum anderen den Einfluss der Zweitsprache auf die Erstsprache. In Lernsituationen ist ersteres der Fall, in mehrsprachigen Gesellschaften meist die zweite Möglichkeit.

Ob eine solche Definition aber für sogenannte Phänomene der "extended diglossia", wie sie "im Falle von Eroberung oder Kolonialisierung (z.B. Französisch und Haitianisches Kreol)" (Riehl 2009: 17) zu beobachten sind, hinreichend oder angemessen ist, bezweifeln wir. Eroberung und Kolonisierung sind – eben dies zeigen Osterhammel & Jansen (2012: 18–19) – keine Synonyme. Wir gehen davon aus, dass es im Kolonialismus daher auch nicht nur zu einem Kontakt im Sinne wechselseitiger Einflüsse kommt, sondern dass es eher um die Hierarchisierung von Sprachen geht; Wechselseitigkeit steht Einseitigkeit gegenüber, Einflüsse sind etwas anderes als ideologisch begründete Distanznahme. Selbstredend gibt es auch in kolonialen Kontexten klassische Kontaktsituationen, diese sind aber eingebettet in eine sozial wirksame sprachpolitische Fremdherrschaft, eine ideologische Distanz. Calvet (1978: 7) hat das deutlich auf den Punkt gebracht:

> In gewisser Weise war die Linguistik bis zum Anbruch unseres Jahrhunderts [gemeint ist das 20. Jh.] eine Methode zur Verneinung der Sprache anderer Völker, wobei diese Negation zusammen mit anderen die ideologische Rechtfertigung unserer 'Überlegenheit' bildete, der Überlegenheit des christlichen Abendlandes über die 'exotischen' Völkerschaften, die wir uns leichten Herzens unterwarfen.

Sprachkontakt ist in solchen Kontexten kein *Kontakt* im Sinne neutraler Berührung. In ihrem Buch *Imperial eyes. Travel and Transculturation* definiert Pratt (1992/2008: 8) die "contact zone" entsprechend als einen

> space of colonial encounters, the space in which peoples geographically and historically separated come into contact with each other and establish ongoing relations, usually involving conditions of coercion, radical inequality and intractable conflict.

Wir sind mithin zurückhaltend, kolonialen *Sprachkontakt* als ein Zusammentreffen in multilingualen Settings zu beschreiben und gehen davon aus, dass es sich eher um *Sprachzusammenstöße* mit klaren ideologischen Vorannahmen auf Seiten der Kolonisatoren gehandelt hat; auch diese behandelt Calvet (1978: 134–135):

> Die Idee der Zivilisation (im Gegensatz zur Barbarei) entspringt also, wie die der Sprache (im Gegensatz zum Jargon), aus der europazentrischen Ideologie: In dem Maß, wie sich Jargons, sich verfeinernd, zu Sprache weiterentwickeln, können sich die Wilden in Richtung auf die Zivilisation entwickeln, wobei unsere eigenen abendländischen Gesellschaften in dieser Evolution einen großen Vorsprung vor denen haben, die wir in Übersee antreffen.

Calvet hebt genau auf diese Fremdheit und Distanzierung ab – er reproduziert diese im Übrigen auch, wenn er von "Wilden" und "Vorsprung" spricht –, die auch Osterhammel & Jansen als spezifisches Merkmal von Kolonialismus nennen. Wir können schon an diesem Beispiel erkennen, dass *Postcolonial Language Studies* mit einer Neuperspektivierung verbunden ist, die auch verbreitete linguistische Termini hinterfragt. Was in der Linguistik traditionell *Sprachkontakt* genannt wird, muss im Kolonialismus als *Kontakt* hinterfragt werden, es gilt eben zu untersuchen, inwieweit kolonialer Sprach'kontakt' ein durch Fremdheit gekennzeichnetes Verhältnis des Zusammenstoßes, der Konfrontation ist, bei dem nicht zuletzt sprachliche Fremdherrschaft – etwa durch Benennung von Orten (vgl. Stolz & Warnke 2015b) – mit sprachideologischen und auch sprachpolitischen Absichten Distanz zwischen Kolonisatoren und Kolonisierten herstellt und Ideologien der kulturellen Überlegenheit europäischer Sprachen und ihrer Kultur zur Anwendung bringt. Engelberg & Stolberg (2012) sprechen interessanterweise bereits im Titel ihres Buches und im Kontext ihrer Beschäftigung mit Sprachwissenschaft und kolonialzeitlichem *Sprachkontakt* nicht nur von sprachlichen Begegnungen, sondern zutreffend auch von "Auseinandersetzungen". Die Einleitung des Bandes verweist dabei auf die Komplexität nicht nur von Sprachkontakt, sondern auch von Sprachwandel – ein weiterer nicht unproblematischer Terminus – im kolonialen Kontext:

> Das Forschungsfeld 'Sprachkontakt und Sprachwandel' befasst sich mit der Entstehung, dem Wandel und dem Verschwinden von Sprachen in kolonialen Kontexten. Gegenstand der Forschung sind dabei die Entstehung und Entwicklung von Pidgin- und Kreolsprachen, der Wandel von Sprachen in kolonialen Gesellschaften auf lexikalischer und gram-

matischer Ebene, die Entwicklung von Sprachinseln und Kontaktvarietäten der Sprachen sowohl der kolonialen Machthaber als auch der Kolonisierten, die Entstehung und Funktion von Mehrsprachigkeit in kolonialen Gesellschaften und die Orts- und Personennamengebung.

Wir halten fest: Kolonialismus weist Besonderheiten auf, die es linguistisch zu modellieren gilt, und dies schließt auch das Nachdenken über vertraute linguistische Termini ein. Es gibt weitere Ansätze, mit denen Besonderheiten des Kolonialismus als historische Praxis hervorgehoben werden und die den Zusammenhang von geopolitischer Machtexpansion und westlichen bzw. nördlichen Überlegenheitsansprüchen behandeln. Wir nennen hier die von Mignolo (2011: 8–9) unter Verweis auf Anibal Quijano so genannte *Colonial Matrix of Power* als Darstellung der Verschränkung von Ebenen der kolonialen Machtausübung im Sinne ökonomischer und politisch-administrativer Kontrolle in Verbindung mit Rassismus, Genderkonzepten und Sexualität sowie Wissen und Subjektpositionen, wobei Theologie und später säkulare Philosophie und patriarchale Herrschaftsformen in diese Matrix eingebunden sind. Verweisen wollen wir auch direkt auf das Konzept der *Coloniality of Power*, wie es Quijano (2000: 533) darstellt, und mit dem vor allem die nachhaltige Wirksamkeit von Kolonialismus hervorgehoben wird:

> One of the fundamental axes of this model of power is the social classification of the world's population around the idea of race, a mental construction that expresses the basic experience of colonial domination and pervades the more important dimensions of global power, including its specific rationality: Eurocentrism. The racial axis has a colonial origin and character, but it has proven to be more durable and stable than the colonialism in whose matrix it was established. Therefore, the model of power that is globally hegemonic today presupposes an element of coloniality.

Mit dem Hinweis auf die *idea of race* ist schließlich hervorgehoben, was bereits W. E. B. Du Bois (1903/1996: 100) das "problem of the color-line" nennt. Wenn Hermann Paul etwa als einer der prominenten Vertreter der Deutschen Philologie über die "sprachlichen Zustände in vereinzelten Wüstendörfern Südafrikas" (Paul 1880/1995: 175) spricht, wenn bei ihm von "den unkultiviertesten Völkern" (Paul 1880/1995: 393) die Rede ist und von der "Überlegenheit" (Paul 1880/1995: 393) fremder Kulturen, dann bedienen diese Redeweisen nicht zuletzt auch rassistische Erwartungen.

Postcolonial Language Studies sind als Linguistik der Kolonialität also zunächst in das komplexe Feld der Bedeutungsdimensionen von *Kolonialismus* gestellt. Sprache in kolonialen Kontexten zu untersuchen, bedeutet, Kolonialismus als eine spezifische Herrschaftsform in ihren spezifischen sprachlichen

Auswirkungen in den Blick zu nehmen, die Linguistik dabei als Teil kolonialer Praxisfelder wissenschaftshistorisch zu verorten, übliche Termini auf ihre kolonialen Verweise zu hinterfragen und Sprache bzw. Sprachgebrauch in allen Dimensionen im Kontext von Kolonialität sowie teilweise auch kolonial verankertem Rassismus zu analysieren, etwa wenn es um koloniale Purismusvorstellungen geht, die sowohl linguistisch als auch rassistisch im Konzept der Segregation ausbuchstabiert wurden (vgl. Warnke & Stolz 2013: 482).

Es ist für die *Postcolonial Language Studies* aber nicht damit getan, *Kolonialismus* als Gegenstandsbereich selbst zu präzisieren, sondern es ist auch genauer darauf zu blicken, welche *Sprachbegriffe* und damit verbundenen *Linguistikkonzepte* zum Gegenstand des Forschungsinteresses bzw. Ausgangspunkt von Forschungsprojekten werden. Wir wollen das am Beispiel des Grammatikbegriffs zeigen. Wir können – wohl wissend, dass es zahlreiche andere Systematisierungsvorschläge gibt – mindestens sechs verschiedene Grammatikkonzepte unterscheiden: 1) Grammatik als eine universale Theorie des regelgeleiteten mentalen Vermögens (Kompetenz) der Sprachproduktion (Performanz), 2) Grammatik als ein System einzelsprachlicher Formen, 3) Grammatik als ein System kontextgebundener Routinen in Communities of Practice, 4) Grammatik als System formgebundener Funktionen einer Einzelsprache, 5) Grammatik als Wissenssystem des Individuums (Kompetenz), das zur regelgeleiteten Produktion (Performanz) und Rezeption von Sprache befähigt und schließlich 6) Grammatik als die Kodifikation einer Einzelsprache, die Regeln des grammatischen Systems beschreibt, erklärt und/oder normiert. Mit diesen Grammatikbegriffen korrelieren mehr oder weniger sechs unterschiedliche Sprachbegriffe: 1) Sprache als universales System, 2) Sprache als partikulares System (Standard), 3) Sprache als Usus, 4) Sprache als Komplex von Handlungsapparaten, 5) Sprache als Repertoire und 6) Sprache als Normenwerk.

Welches Sprachkonzept den *Postcolonial Language Studies* zugrunde zu legen ist, lässt sich nicht problemlos bestimmen. Wir wollen hier auch gar nicht den Versuch unternehmen, die Uniformität eines linguistischen Paradigmas zu behaupten. Wichtig scheint uns aber zu sein, darauf hinzuweisen, dass die *Postcolonial Language Studies* nicht einfach e i n e Linguistik des Kolonialen sind, sondern je nach Sprach- bzw. Grammatikbegriff ganz unterschiedliche Erkenntnisinteressen verfolgen können. Dass solche Sprach- und Grammatikbegriffe selbst historisch (eingebettet) sind, lässt sich vielleicht am besten an der europäischen Grammatikbrille zeigen, mit der eine koloniale Linguistik bzw. koloniale Laienlinguisten – wie z.B. Missionare – auf außereuropäische Sprache geblickt haben und dabei in Relation zu einer als Norm gesetzten europäischen Grammatik bisher noch unbekannte Sprachen als defizitär beschrieben haben. Hennig (2009) hat das in ihrer Analyse zum deutschen Blick auf grammatische Eigenschaften von Kolonialsprachen deutlich gezeigt. Zu erwähnen ist hier auch die Konfrontation von europäischen Standardsprachenvorstellungen mit fluiden linguistischen Repertoires in multilingualen Gesellschaften, wie man sie in Kolonialgebieten angetroffen hat. Lüpke & Storch (2013) heben die Bedeutung solcher Repertoirekategorien für afrikanische Sprachverhältnisse hervor, an denen traditionelle eurozentrische Sprachkonzepte scheitern, auch wenn sie bis heute vor allem in den Linguistiken der Nationalphilologien immer wieder als Maßstab vermittelt werden. Zentral ist dabei die übliche "Artefactualization", auf die Lüpke & Storch (2013: 2) mit Bezug auf Jan Blommaert als Abstraktion des linguistischen Gegenstandes etwa in Form von "descriptive grammars, corpora and dictionaries of particular languages" (Lüpke & Storch 2013: 2) hinweisen. Demgegenüber steht die Idee von Sprachbegriffen, die in Abhängigkeit von linguistischen Akteuren stehen:

> In the African context, there is no clear notion of language that is independent of the activities of linguists or missionaries (who are often linguists themselves), and in addition to questioning the canon, in our own work we have come to question the notion of languages as the central units of linguistic description. (...) Still, we cannot emphasize enough that 'language' is only meaningful in geopolitical terms, lending a discrete identity, status, and power to otherwise fluctuating, hybrid, and changing linguistic practices and creating the illusion of an undifferentiated and homogeneous associated 'community' (Lüpke & Storch 2013: 3).

Mit dieser radikalen Absage an die Vorstellung eines essentialistisch motivierten Sprachbegriffs – der gegenüber durchaus auch Bedenken angebracht sind – greifen die Autorinnen den Begriff "languoid" von Good & Hendryx-Parkers (2006: 5) auf, mit denen diese einen "cover term for any type of lingual entity" prägen für "language, dialect, family, language area, etc." Gerade auch für die *Postcolonial Language Studies* haben solche Vorschläge und damit verbundene Überlegungen eine Bedeutung, will man nicht traditionelle eurozentrische bzw. westliche oder nördliche Sprachkonzepte mit ihren Tendenzen zur ideologisch aufgeladenen Fixierungsidee etwa von Sprachgemeinschaft und Sprechergemeinschaft tradieren. Denn nicht nur Sprache in kolonialen Kontexten funktioniert jenseits nationalsprachlicher Standardideen von Wohlgeformtheit und Korrektheit, nicht zuletzt die sogenannten Nationalsprachen selbst sind auch mit Blick auf ihre Superdiversity zu beschreiben; hier kann man für das Deutsche etwa auf Wieses (2012) Arbeiten zu *Kiezdeutsch* verweisen. Es geht in den *Postcolonial Language Studies* ebenso wie in soziolinguistischen Arbeiten zur Superdiversity auch darum, Sprache und Sprachwissenschaft jenseits nationalstaatlicher Gewissheiten zu denken; Blommaert (2015: 82) bringt eine solche

Neuausrichtung für die Linguistik im Allgemeinen in einem Kommentar zum Themenheft *The Social Life of Diversity Talk* der Zeitschrift *Language & Communication* auf den Punkt:

> If the papers in this volume make one thing clear, it is the weight of two centuries of nation-state thinking on our current perceptions of sociocultural communities such as those of language users, their characteristics and dynamics. The nation-state was, and remains, the defining circumscription for an emerging social science complex of which linguistics was very much part. It offered a set of images and metaphors that defined the scope, direction and boundaries of these sciences, and this scope can be understood here literally as a spatial demarcation of phenomena and processes. Languages were distributed within and separated by national boundaries, and the national boundaries, in turn, also defined the criteria of belonging and membership of the national community, creating "migration" and, later, "transnational" and "global" flows as deviant patterns hard to fit within the monocentric nation-state imagination.

Genau dieser ideologische Rahmen prägt auch den kolonialen Blick auf Sprachen, sodass *Postcolonial Language Studies* nicht einfach herkömmliche Grammatik- und Sprachbegriffe übernehmen, sondern diese zum Gegenstand des wissenschaftshistorischen Interesses erklären sollten.

Postcolonial Language Studies bestimmen wir damit als neueres Feld der Linguistik, das sämtliche Aspekte von Sprache bzw. Languoiden hinsichtlich ihrer Systeme – der Begriff selbst ist dabei nicht unproblematisch – und ihres Gebrauchs unter Einschluss der Sprachgebrauchsgeschichte behandelt, sofern diese in den spezifischen Kontexten des neuzeitlichen globalhistorischen Kolonialismus, vor allem seit ca. 1450, beschreibbar sind. Insoweit sind die *Postcolonial Language Studies* derjenige Bereich der Sprachwissenschaft, mit dem erstmals die linguistischen Dimensionen von Kolonialität systematisch analysiert, beschrieben und dokumentiert werden, wobei entsprechende koloniale Spezifika erkennbare Auswirkungen auf nationalsprachig tradierte Sprach- und Linguistikkonzepte haben und Prozesse der *Artefactualization* von Sprache ebenso beschreibbar machen, wie sie diese hinterfragen.

2 Von der Abwesenheit der Linguistik in den Postcolonial Studies

Infolge dieses breiten und zugleich innovativen Ansatzes teilen die *Postcolonial Language Studies* manche Erkenntnisinteressen mit den *Postcolonial Studies*, auch wenn der kritische Revisionismus der politischen Spielarten der *Postcolo-*

nial Studies (Huggan 2013: 5) den linguistischen Ansätzen fern bleibt. Während aber die *Postcolonial Studies* längst kanonisiert und interdisziplinär wirksam sind – wobei sie auch selbst deutlicher Kritik begegnen (vgl. Castro Varela & Dhawan 2015) – stehen die *Postcolonial Language Studies* nicht nur in ihren Anfängen, sondern auch weitgehend jenseits der *Postcolonial Studies*. Besonders deutlich kann das an der weitgehenden interdisziplinären Unsichtbarkeit der Linguistik in den *Postcolonial Studies* abgelesen werden.

An mangelnder Relevanz kann das nicht liegen. Bereits Ashcroft et al. (2006: 2) haben in ihrem wichtigen *Post-Colonial Studies Reader* auf die Bedeutung der Linguistik als einflussreichem 'Masterdiskurs' des imperialen Europa hingewiesen und sei es, weil diese die europäischen Leitdiskurse der westlichen Geisteswissenschaften mitgeprägt hat:

> Post-colonial theory involves discussion about experience of various kinds: migration, slavery, suppression, resistance, representation, difference, race, gender, place, and responses to the influential master discourses of imperial Europe such as history, philosophy and linguistics, and the fundamental experiences of speaking and writing by which all these come into being.

Der Reader enthält zudem in einem eigenen Teil zehn Beiträge zu *Language*, die zwar vornehmlich auf das Englische bezogen sind, dabei aber die Bedeutung von Sprache und Sprachpolitik für die Postcolonial Studies deutlich unterstreichen. Das hat jedoch weder dazu geführt, dass die Linguistik selbst den postkolonialen Impuls frühzeitig aufgegriffen hätte noch dazu, dass eine angemessen breite Rezeption der wichtigsten Beiträge der Linguistik in entsprechenden Diskussionen der interdisziplinär interessierten postkolonialen Studien zu verzeichnen wäre. Für den deutschen Sprachraum zeigt das jüngst der Sammelband *Schlüsselwerke der Postcolonial Studies* von Reuter & Karentzos (2012), in dem neben einem ersten theorieorientierten Teil in einem zweiten Teil multidisziplinäre Beiträge zu den Postcolonial Studies durch Ethnologie, Geschichte, Gender-Forschung, Literaturwissenschaft, Kunstgeschichte, Medienwissenschaft, Politikwissenschaft, Soziologie, Pädagogik, Religionswissenschaft, Philosophie und Geographie dokumentiert werden. Das Ziel der Herausgeberinnen ist es dabei, eine "vorläufige Bestandsaufnahme postkolonialer Perspektiven" zu leisten, "die über die Auseinandersetzung mit postkolonialen Schlüsseltexten hinaus einen Einblick in die fruchtbaren Anschlüsse in der Vielfalt geistes- wie sozialwissenschaftlicher Disziplinen bietet" (Reuter & Karentzos 2012: 9). Einen sprachwissenschaftlichen Beitrag finden wir jedoch nicht. Und nicht nur das, zentrale Positionen der frühen *Postcolonial Language Studies* werden ebenfalls nicht rezipiert; wie etwa Louis-Jean Calvet oder James Joseph Errington. Dies überrascht umso mehr, als gerade diese Arbeiten nicht nur linguistisch orientierte Impulse interdisziplinärer Art setzen, sondern auch weit entfernt von einer hermetisch mit sich selbst befassten Linguistik agieren und damit deutliche Anknüpfungspunkte auch für andere Fächer besitzen könnten. Wir wollen die Ursachen dafür aber nicht bei anderen geisteswissenschaftlichen Fächern und ihrer Distanz zur Linguistik suchen, sondern die Linguistik selbst als Quelle dieses interdisziplinären Desinteresses betrachten. Ein Fach, das von zwei der Nominierten des Berliner Preises der Nationalgalerie 2015 – vom Künstlerkollektiv *Slavs and Tatars* – in ihrer Position *Qit Qat Qlub* in Abgrenzung zur Philologie als eine Disziplin beschrieben wird, die sich "auf das Mikroskopische, Enge, Innere konzentriert – stimmloser palato-alveolarer Frikativ gefällig?" (*Slavs and Tatars* 2015: 3) – muss sich offenbar nicht wundern, weitgehend abwesend in aktuellen interdisziplinären Diskussionen der *Postcolonial Studies* zu bleiben. Auch der viel beschworene *Linguistic Turn* früherer Geisteswissenschaften seit den 1970er Jahren hat diese Entwicklung nicht aufhalten können.

Eine wesentliche Ursache für die weitgehende Abwesenheit der Linguistik in den *Postcolonial Studies* – und nicht zuletzt auch für die erst so spät erfolgende Orientierung der Linguistik auf Kolonialismus in den *Postcolonial Language Studies* – ist wohl innerdisziplinär und mit einem von Cameron (2000/1995) hervorgehobenen konstitutiven Binarismus der Linguistik verbunden, mit der deutlich bewertenden Abgrenzung zwischen weithin hoch geschätzter Deskription und ebenso breit abgelehnter Präskription. Nur am Rande wollen wir darauf hinweisen, dass die übliche und deutliche Distanznahme gegenüber präskriptiven Ansätzen durchaus als performativer Widerspruch zum Ideal eines wertfreien Deskriptivismus erscheint:

> The linguist's (often extreme) distaste for presciptivism is, I have been arguing, an ideologically non-neutral one dependent on value judgments that are 'highly resistant to rational examination'. But there is more to this anti-prescriptive stance than moral indignation. Prescriptivism is also a negative term for linguists in a more technical sense. It is the disfavoured half of a binary opposition, 'descriptive/prescriptive'; and this binarism sets the parameters of linguistics as a discipline. The very first thing any student of linguistics learns is that 'linguistics is descriptive not prescriptive' – concerned, in the way of all science, with objective facts and not subjective value judgments. Prescriptivism thus represents the threatening Other, the forbidden; it is a spectre that haunts linguistics and a difference that defines linguistics. (Cameron 2000/1995: 94)

Auch Klein (2004: 376–377) bringt diesen linguistischen Antagonismus für die Germanistische Linguistik auf den Punkt und bestätigt ihn damit:

> Sowohl im Selbstbild der germanistischen Sprachwissenschaft(ler) als auch in wissenschaftsgeschichtlicher Perspektive findet man die Überzeugung, es gebe einen konstituti-

ven, dichotomen Unterschied zwischen deskriptiver (beschreibender) und präskriptiver (normativer, vorschreibender) Sprachwissenschaft. Entsprechende Stellungnahmen lassen sich verschiedentlich in (programmatischen) Einführungen in die gegenwärtige Sprachwissenschaft nachlesen. Die Präferenzen der modernen Sprachwissenschaft sind dabei klar. Man schlägt sich nämlich eindeutig auf die Seite eines deskriptiven Ansatzes, (...).

Der verbreitete kritikabsente Wissenschaftsbegriff der Linguistik übersieht nun aber nicht nur das wechselseitige Bedingungsverhältnis zwischen Präskription und Deskription – es gibt keine Präskription ohne Deskription und Präskription setzt zunächst immer Deskription voraus (vgl. Reisigl & Warnke 2013) –, sondern ist selbstverständlich auch mit jeder postkolonialen Theorie unverträglich, die sich selbst als "kritische Intervention" versteht, "die interdisziplinär denkt und eine immense Bandbreite an Themen bearbeitet" und damit "von außerordentlicher Relevanz für aktuelle politische Auseinandersetzungen" (Castro Varela & Dhawan 2015: o.S.) sein will. Es erstaunt kaum mehr, dass auch Castro Varela & Dhawan (2015) die Linguistik nur beiläufig streifen und dabei die einschlägigen Positionen der *Postcolonial Language Studies* nicht erörtern. Es ist dies der Effekt einer dominanten Spielart der Linguistik, die sich durchaus auch wohl damit fühlt, nicht in interventionistische, politische Diskurse eingebunden zu sein. Es ist insofern nur folgerichtig, dass wir auch bei Kerner (2012) vergeblich die Relevanz der Linguistik für die Postkoloniale Theorie hervorgehoben sehen.

Schließlich wirft auch das politisch engagierte *Oxford Handbook of Postcolonial Studies* (Huggan 2013) nur ein schwaches Licht auf die Linguistik. Im vierten Teil *Across the Disciplines* sucht man nach einem Beitrag der Linguistik neben denen der Literaturwissenschaft, Geschichtswissenschaft, der Sozialwissenschaften, Religionswissenschaften und Kulturwissenschaften vergeblich.

Was ist nun aber vom Interesse der *Postcolonial Language Studies* an Kolonialismus und Postkolonialismus zu halten, wenn dieses weitgehend unbemerkt von internationalen und interdisziplinären Diskussionen der *Postcolonial Studies* entsteht? Zunächst können wir darauf antworten, dass es Aufgabe der Linguistik ist, mit ihren Beiträgen zur Erforschung von Sprache in kolonialen Kontexten daran etwas zu ändern und erkennbarer als bisher auch in interdisziplinären Debatten rezipiert zu werden. Dieses Studienbuch leistet auch dazu einen Beitrag. Vor allem aber können die *Postcolonial Language Studies* innerhalb der Linguistik zeigen, dass kolonialideologische Präskription konstitutiver Bestandteil der kolonialzeitlichen Linguistik war, auch wenn diese einen deskriptiven Anspruch hatte. Außerdem verweisen *Postcolonial Language Studies* darauf, dass gerade postkoloniale Kritik an kolonial tradiertem Sprachgebrauch zunächst eine sehr genaue Deskription dessen benötigt, was Kolonialismus als linguistisch beschreibbares Faktum ausmacht. Darüber wissen wir bisher noch zu wenig. Indem die *Postcolonial Language Studies* die Wirksamkeit von Präskription in vermeintlich puristischer Deskription ebenso behandelt, wie sie die Notwendigkeit von Deskription als Voraussetzung jeglicher Kritiknahme zum Gegenstand hat, entzieht sie sich dem üblichen Antagonismus der Linguistik. Auch eine Linguistik der Kolonialität hat deskriptive Ansprüche, doch werden dabei präskriptive, und das heißt hier vor allem ideologische Kolonialkontexte nicht übergangen. *Postcolonial Language Studies* zielen auf eine sprachgebrauchsgeschichtlich adäquate Beschreibung von kolonial situierten Sprachformen und ihren kolonisatorischen Funktionen. Der grundsätzliche Datenbezug ist dabei das positivistische Erbe, das wir durchaus verteidigen möchten. Dass die von uns bereits aufgeworfene Frage nach der Spezifik kolonialer Herrschaft gegenüber anderen Herrschaftsformen dabei auch seitens der Linguistik beantwortet werden sollte, zeigen die inzwischen zahlreichen linguistischen Ansätze zur Analyse von Sprache in kolonialen Kontexten recht deutlich.

Wir wollen deshalb im Folgenden einen Überblick zu neueren Arbeiten geben, ohne damit den Anspruch auf Vollständigkeit zu verbinden. Eine solche Vollständigkeit kann hier nicht geleistet werden, denn allein quantitativ hat die Linguistik bei näherem Hinsehen bereits deutlich mehr zum Gegenstand *Kolonialismus* publiziert, als wir vielleicht angesichts ihrer postkolonialen Unsichtbarkeit vermuten könnten. Die Beiträge bleiben dabei jedoch häufig vereinzelt – wie man es am Beispiel des wichtigen, aber im Diskurs der Germanistischen Linguistik untergegangenen Beitrags von Klein (2002) zu *Topik und Frametheorie als argumentations- und begriffsgeschichtliche Instrumente, dargestellt am Kolonialdiskurs* ablesen könnte. So wie die vorliegende Einführung aber insgesamt nur exemplarische Positionen vermitteln kann, schlagen wir mit dem nachfolgenden Überblick auch nur einen exemplarischen Bogen durch neuere Beiträge dessen, was wir verbindend *Postcolonial Language Studies* nennen. Wir tun dies durchaus mit der Absicht, damit das Interesse der Leser*innen nach weiterer Recherche anzuregen.

3 Wichtige Beiträge zu den Postcolonial Language Studies

Teilweise findet sich für das, was wir hier *Postcolonial Language Studies* nennen, das deutsche Äquivalent *Koloniallinguistik*, wobei damit nicht etwa eine Linguistik gemeint ist, die sich selbst als kolonial versteht, sondern eine Linguistik, die sich mit dem Kolonialen befasst, mit dem, was wir bereits als *Kolonialität* gekennzeichnet haben. Koloniallinguistik ist dem Wortbildungsmuster nach auf den ersten Blick eine so genannte Bindestrichlinguistik, also eine sprachwissenschaftliche Teildisziplin, die ausschließlich oder hauptsächlich einen bestimmten sprachlichen Gegenstandsbereich bearbeitet bzw. linguistische Analysen unter einem ganz spezifischen Aspekt oder auch Interesse betreibt. Ein genauerer Blick in die Fülle an Forschungsliteratur, die sich dem Verhältnis von Sprache und Kolonialismus widmet, zeigt allerdings, dass eine derart enge Zuordnung nicht wirklich greift. Vielmehr erweisen sich die *Postcolonial Language Studies* als disziplinär heterogenes Forschungsfeld. Wir entsprechen dem nicht zuletzt mit den multidisziplinären Beiträgen in diesem Studienbuch. Gemeinsam haben (post)koloniallinguistische Studien, dass sie Aspekte des Verhältnisses von Sprache und Kolonialismus entweder als das *Erklärende* (Explanans) oder als das *zu* Erklärende (Explanandum) ihrer jeweiligen Fragestellungen setzen. Es sind beispielsweise diverse Sprach'kontakt'situationen denkbar, in denen Kolonialismus erklärend ist, auch wenn das Erkenntnisinteresse gar nicht auf Kolonialismus selbst gerichtet ist. Ebenso zahlreich sind aber auch spezifische koloniale Sprachkontexte – etwa in ehemaligen Kolonien selbst –, wobei diese nicht mit koloniallinguistischem Interesse betrachtet werden müssen.

Einen Überblick über die koloniallinguistische Forschungsliteratur zu geben, erweist sich aber nicht allein wegen dieser disziplinären Mehrfachperspektivierung als ein komplexes Unterfangen, sondern auch auf Grund von fachgeschichtlichen Kontinuitäten und Brüchen bei der Beschäftigung mit Sprache(n) in erst präkolonialen, dann kolonialen und heute postkolonialen Kontexten. Eine wichtige Frage ist daher die nach dem Anfang der *Postcolonial Language Studies* und ihrer Vorläufer. Eine umfassende Bibliographie müsste sehr weit ausgreifen und würde mindestens zur Missionarslinguistik zurückgehen, die vor allem für die frühneuzeitlichen Kolonialismen Spaniens und Portugals gut erforscht ist (vgl. Zwartjes & Hovdhaugen 2004; Zwartjes & Altman 2005; Zwartjes et al. 2007; 2009; 2014 sowie Zimmermann & Kellermeier-Rehbein 2015). Ein auf spätere Kolonialismen zugeschnittener Überblick würde gegebenenfalls auf kleinere und näher an der Gegenwart liegende Zeiträume zugreifen: für die kolonialzeitliche Sprachforschung im Kontext des deutschen Kolonialismus etwa auf die zwischen 1884 bis 1919 betriebene Forschung (vgl. Warnke 2009). Den zeitlichen Beginn einer Literatursynopse aber in diese weiter zurückliegenden Perioden zu legen, würde eine Kontinuität kolonisatorischer Intentionen von früherer Sprachforschung zu gegenwärtigen linguistischen Forschungsinteressen nahelegen oder vielleicht auch offenlegen, um die es uns hier zunächst nicht geht. Müsste eine solche mit dem Anspruch auf Vollständigkeit erarbeitete Übersicht dann nicht auch Literatur aus linguistischen Teildisziplinen berücksichtigen, die traditionell Sprachen in globalen Kontexten und mit der Perspektive auf ehemalige Kolonialgebiete untersuchen, wie die Sprachtypologie oder auch die Kreolistik, ohne dass sie explizit koloniallinguistisch interessiert sind? Wir geben zu bedenken, dass die moderne Linguistik in ihrer heutigen Form ohne den Kolonialismus undenkbar ist, weil die großen fachlichen Fortschritte, die Herausbildung grundlegender Prinzipien, Methoden, Terminologien und Fragestellungen des Faches sowie seine akademische Identität auf das engste mit der durch die vornehmlich europäische koloniale Überseeexpansion ermöglichte massive Erweiterung der Kenntnisse von außereuropäischen Sprachen verknüpft ist. Ganz besonders die Sprachtypologie hat sich in Abhängigkeit von der kolonialzeitlichen Sprachforschung zu einer wichtigen Disziplin innerhalb des linguistischen Spektrums entwickelt.

Wir halten in diesem Zusammenhang eine vollständige Bibliographie der präkolonialen, kolonialen und postkolonialen Sprachwissenschaft zwar grundsätzlich für wünschenswert, gerade auch um koloniale Ursprünge der Linguistik und deren postkoloniale Fortsetzungen empirisch zu dokumentieren. Gleichzeitig kann diesem Desiderat in diesem Studienbuch aber nicht angemessen entsprochen werden. Wir optieren daher für eine pragmatische Lösung und berücksichtigen hier im Wesentlichen lediglich Forschungsliteratur seit 2000. Diese Entscheidung begründen wir auch damit, dass die gegenwärtigen *Postcolonial Language Studies*, so wie sie in diesem Buch und in verschiedenen programmatischen Texten skizziert werden, eine ihre eigenen fachgeschichtlichen Bedingungen reflektierende und von kolonisatorisch-revisionistischen Intentionen explizit distanzierte Position einnimmt. Zweitens ist die Koloniallinguistik in dieser Form ein tatsächlich neues Forschungsfeld.

Wir sprachen für die *Postcolonial Language Studies* bereits von disziplinärer Heterogenität. Konkret umfasst das Forschungsfeld der letzten fünfzehn Jahre programmatische Texte sowie Beiträge zu und aus der Historiographie der Linguistik, der Diskurslinguistik, der Missionarslinguistik, der Kontaktlinguistik, der Sprachpolitik- und Spracheinstellungsforschung, der Kreolistik, der Onomastik, der Korpuslinguistik und der Sprachkritik, wobei neben kolonialen auch postkoloniale Gegenstände eine Rolle spielen.

Wir wollen zunächst wichtige **programmatische Texte** nennen, deren Lektüre geeignet ist, will man sich einen grundsätzlichen Überblick über das Forschungsfeld verschaffen; manche Arbeiten sind dabei auch mehreren Schwerpunkten zuzuordnen. Programmatisch sind diese Texte, weil sie grundsätzliche und allgemeine Forschungsfragen und/oder theoretische und methodische Leitlinien für das Forschungsfeld der *Postcolonial Language Studies* formulieren bzw. diesen Anspruch erheben. In diesen Texten findet sich auch ein kurzer kolonialgeschichtlicher Abriss. Für die Germanistische Linguistik ist der Band *Deutsche Sprache und Kolonialismus. Aspekte der nationalen Kommunikation zwischen 1884–1919* anzuführen (Warnke 2009), in dem in einem ausführlichen Einführungstext (Warnke 2009) eine vornehmlich diskurslinguistische Perspektive auf kolonisatorischen Sprachgebrauch im deutschen Kolonialismus skizziert wird. Mit diesem Band wurde innerhalb der Germanistischen Linguistik die Diskussion um die Bedeutung des kolonialen Gegenstandes ebenso angestoßen, wie das aus der Perspektive der Allgemeine Sprachwissenschaft mit dem Band *Kolonialzeitliche Sprachforschung: Die Beschreibung afrikanischer und ozeanischer Sprachen zur Zeit der deutschen Kolonialherrschaft* (Stolz et al. 2011a) und der darin befindlichen Einleitung zur kolonialzeitlichen Sprachforschung und zum Forschungsprogramm der Koloniallinguistik (Stolz et al. 2011a) geleistet wurde. Diese Perspektiven werden verbunden in Warnke & Stolz (2013), wobei es hier – durchaus auch in programmatischer Absicht – um die Frage geht, was das Koloniale an kolonial geprägten Diskursen ausmacht. Dass das vor allem deutschsprachige Programm der *Koloniallinguistik* Bezüge zur sogenannten *Missionarslinguistik* aufweist, wird schließlich mit Hinweis auf die Neuerungen der Koloniallinguistik in Stolz & Warnke (2015a) dargestellt.

Einen ersten Überblick über die Breite der Gegenstände von *Postcolonial Language Studies* geben in einem manifestartigen Text Dewein et al. (2012), wobei sich damit zugleich ein elfköpfiges Autor*innenteam als *Forschungsgruppe Koloniallinguistik* in der *Zeitschrift für Germanistische Linguistik* vorstellt. In diesem Beitrag werden zentrale Forschungsfelder der Koloniallinguistik genannt: Sprachkontakt und Sprachwandel, Historiographie der Linguistik, Diskurslinguistik sowie Sprach- und Sprachenpolitik; Engelberg (2012a) nimmt darauf zusammenfassend Bezug. Schon früh interessiert man sich in dieser Gruppe auch für Fragen der Lehre, denn *Postcolonial Language Studies* reflektieren nicht nur sprachwissenschaftliche Gegenstände, Perspektiven, Terminologien etc., sondern sollten immer auch rückgebunden sein an die universitäre Vermittlung von Linguistik und hier auch notwendige Korrekturen tradierter

Inhalte und Verfahrensweisen mit bedenken. *Postcolonial Language Studies* sind ein akademisches Projekt und das werden sie auch bleiben. Insofern sind es gerade Studierende, die für den Gegenstand gewonnen werden können. Welche hochschuldidaktischen Konsequenzen das hat, stellt Kellermeier-Rehbein (2012) mit konkreten Vorschlägen zur Umsetzung koloniallinguistischer Erkenntnisinteressen im universitären Unterricht dar. Zwei Gebiete werden dabei wohl besonders interessant bleiben: Aufgrund der strikten Datenorientierung der *Postcolonial Language Studies* – wir sprachen hier vom positivistischen Erbe älterer Linguistik in einem durchaus affirmativen Sinn – gehört es zu den zentralen Fragen, welche Korpusdaten koloniallinguistischen Arbeiten zugrunde gelegt werden können, dürfen und sollten. Hier kommt vor allem die bereits eingangs problematisierte Perspektivierung auf Kolonialismus *ex post* vs. *ex ante* zum Tragen. Sollen wir Sprache in kolonialen Kontexten aus der Perspektive ihrer Zeit mit dem Anspruch rekonstruktiver Analysen betreiben oder aus dem Blickwinkel einer postkolonial informierten kritischen Distanz, die aber immer in der Gefahr steht, aktuelle Überzeugungen zum Maßstab analytischer Interessen zu machen? Schulz (2015) diskutiert die Korpusfundierung einer deutschen Kolonialsprachgeschichte und ist dabei ein wichtiger Diskussionsbeitrag zu dieser programmatischen Frage. Da Kolonialismus schließlich immer auch als ein raumgreifendes, auf Expansion gerichtetes Herrschaftsstreben beschreibbar ist, kommt der sprachlichen Aneignung von Raum für die *Postcolonial Language Studies* ein besonderes Interesse zu. Hier geht es um Benennungen von Raum und die damit verbundene Aneignung bzw. Überschreibung. Dies mag wie ein spezifischer Bereich der *Postcolonial Language Studies* wirken, wir sehen aber in entsprechenden Beiträgen gerade ein programmatisches Potential. Das Verhältnis zu Sprache und Raum wird in namensbezogener – also toponomastischer – Analyse von kolonialer Ortsherstellung (Place-Making) grundsätzlich auf Fragen der Wirkung bzw. Manifestation von Kolonialität bezogen. Wir gehen davon aus, dass aus diesem Grund gerade die postkoloniale Toponomastik (vgl. Stolz & Warnke 2015b) geeignet ist, datenbezogene theoretische Impulse für eine Linguistik der Kolonialität zu leisten.

Postcolonial Language Studies – das haben wir bereits hinreichend dargestellt – kommen nicht umhin, sich mit ihrem eigenen Fach zu befassen. Von zentraler Bedeutung ist daher die **Historiographie der Linguistik**. Bereits Calvet (1974) behandelt Kolonialismus – wobei sein besonderes Interesse auf den französischen Kolonialismus gerichtet ist – mit dem Ziel einer kritischen Rekonstruktion der eigenen Fachgeschichte. Es geht dabei vor allem auch darum, wie Sprachideologien für kolonialaffirmative Haltungen ins Feld geführt werden. Wir haben als einen beliebigen aber wohl fast schon exemplarischen Außenblick auf die gegenwärtige Linguistik *Slavs and Tatars* (2015: 3) zitiert, die die Linguistik "auf das (...) Innere konzentriert" sehen. Eben um diese Selbstzentrierung geht es auch Calvet. Er bricht diese jedoch auf und entdeckt dabei nicht nur Kolonialität in der Linguistik, sondern auch linguistische Ideologien im kolonialen Projekt. In der deutschen Übersetzung seines Buches *Linguistique et colonialisme. Petit traité de glottophagie* liest sich das wie folgt:

> Der Zugang zur Sprache (und in der Folge die Linguistik nach dem Wortverständnis von Saussure) als ein Mechanismus, der nichts bewegt, als sich selbst. Dieser Blickwinkel läßt eine wichtige Tatsache außer acht: Die Theorie (die linguistische wohlgemerkt, aber es trifft auch allgemeiner zu) hat immer zeitgeschichtliche Nebenwirkungen; ob sie direkt auf die Probleme der Zeit Bezug nimmt oder in der Folge von der herrschenden Ideologie gebraucht wird, sie spielt immer eine historische, politische Rolle. (Calvet 1978: 6)

Gemeint sind damit koloniale Nebenwirkungen. Auch in neueren Arbeiten wird folgerichtig die Durchsetzung kolonialistischer Denkmuster/Ideologien durch und in der Linguistik analysiert. Es geht dabei um fachgeschichtliche und der Konstitution der Linguistik als akademisches Fach auch zeitlich vorgelagerte historische Vorstellungen über Sprache, die auf Kolonialität bezogen sind bzw. bezogen werden können. Wenn in neueren Arbeiten teilweise von *Koloniallinguistik* die Rede ist, so beziehen sich solche Ansätze auf einen programmatischen Text, auf Erringtons (2001) Aufsatz *Colonial Linguistics,* der monographisch erweitert als Referenzwerk für das fachgeschichtliche Forschungsinteresse unter dem Titel *Linguistics in a Colonial World* (Errington 2008) erscheint. Ein längeres Zitat aus Erringtons Aufsatz umreißt sein Vorhaben recht gut und unterstreicht die Notwendigkeit, im Rahmen von *Postcolonial Language Studies* die Fachgeschichte der Linguistik selbst in den Blick zu nehmen:

> Around the world, from the sixteenth to the early twentieth century, Europeans wrote about alien languages that they encountered in pursuit of their diverse colonial interests. The result is a group of writings with disparate geohistoric origins that can be gathered under the rubric of 'linguistics' only if each is thought to be grounded in common presuppositions about languages' writability and so also about patterned relations between meanings of talk, on one hand, and speech sounds or their orthographic counterparts on the other. Such presuppositions make plausible the expository strategies that helped colonial (proto)linguists move from time-bound human speech to language objects, abstractable in textual form from communities and verbal conduct. (...) 'Colonialism' is a rubric for hugely different exploitative purposes, institutional configurations, and modes of subordination; so the work of linguistic description done under the aegis of various colonial regimes needs to be considered with an eye to conditions that enabled it and social interests inscribed in it. (Errington 2001: 19-20)

Dass die Germanistische Sprachwissenschaft lange Zeit solche Positionen kaum rezipiert hat und ihre eigene Fachgeschichte im Rahmen kolonialer Verstrickungen nicht zu betrachten gewohnt war, zeigt Faulstich (2009) in einer Analyse der (Nicht-)Thematisierung von Kolonialismus in deutschen sprachhistorischen Standardwerken. Schulz (2015) schließt mit einer Überprüfung einschlägiger historischer Wörterbücher des Deutschen an diese Arbeit an.

Durchaus auch mit Blick auf fachgeschichtliche Aspekte, doch konzentriert auf die Missionarslinguistik behandelt Salazar (2015) *Fünf Jahrhunderte Koloniallinguistik auf den Philippinen*; Stolz & Warnke (2015a) stellen zudem grundsätzliche Bezüge zwischen Missionarslinguistik und kolonialzeitlicher Sprachforschung bzw. heutiger Koloniallinguistik her. Neben den allgemeineren fachgeschichtlichen Beiträgen liegen einige Untersuchungen mit speziellen historischen Interessen vor, vor allem zur kolonialzeitlichen Grammatikographie bzw. Sprachdeskription. Die grundsätzlich problematische europäisch-kolonisatorische Perspektivierung von kolonisierten Sprachen behandeln Hennig (2009) und Cyffer (2011), mit besonderem Bezug auf das Swahili Hackmack (2012 und 2015).

Wenngleich auch diskurslinguistisch motiviert, steht in enger Nähe dazu die Arbeit von Warnke & Schmidt-Brücken (2011), in der kolonialzeitliche Grammatiken zum Swahili mit Blick auf die kolonisatorischen Gewissheiten analysiert werden, die den Gebrauch von Beispielsätzen in den untersuchten Grammatiken motivieren. Bei den Untersuchungen mit spezielleren Interessen hat das auf den Marianen gesprochene Chamorro besondere Aufmerksamkeit erfahren. Zur kolonialzeitlichen Deskription dieser Sprache liegen wichtige Beiträge vor, wir nennen: Stolz et al. (2011c), Vossmann (2011), Dewein (2011 und 2013), Stolz (2011a,b,c, 2012 und 2013), Klein (2013), Schuster (2013) und Pagel (2013a, b). Mit der kolonialzeitlichen Beschreibung von Lexik und Grammatik in anderen 'Kolonialsprachen' im Südpazifik befassen sich Reid (2011), Werlen (2011), Fischer (2013b), Rodríguez-Ponga (2013) und Käser (2015). Eine kreolistische Perspektive auf koloniale Sprachlehrbücher nimmt schließlich Warnk (2015) ein und grundsätzliche Fragen nach der Konzeption einer iberoamerikanischen Sprachgeschichte stellt Zimmermann (2015).

Ebenfalls vorrangig sprachhistorisch, genauer sprachgebrauchsgeschichtlich interessiert ist die **Diskurslinguistik**, in der wissenskonstituierende Funktionen kolonialspezifischer Ausdrucksweisen in das Zentrum des Interesses rücken. Die übergeordnete Frage ist dabei die nach historischen Selbstverständlichkeiten, nach historisch geteiltem Wissen, nach dem, was einer Gesellschaft bzw. Teilgruppen als common sense galt. Diskurslinguistischen Arbeiten innerhalb der *Postcolonial Language Studies* geht es nicht um Sprachkritik *ex post*, sondern um eine Rekonstruktion sprachlich indizierter Selbstverständlichkeiten eines kolonisatorischen Consoziums. Diskurslinguistik als sprachgebrauchsorientierte Disziplin untersucht also in kolonialen und durchaus auch postkolonialen Kontexten insbesondere die sprachliche Konstitution von kolonisatorischen Gewissheiten. Grundsätzliche Fragestellungen dazu erörtern Warnke (2009) und Warnke & Stolz (2013). Einzelstudien befassen sich mit der Konstruktion von spezifischen Wirklichkeitsrepräsentationen in kolonial geprägten Diskursen, zu nennen ist etwa Brehl (2009), der den so genannten 'Aufstand' der Herero in Deutsch-Südwestafrika erörtert. Die Konstruktion von kolonialen Orten – das, was wir heute in der raumbezogenen Linguistik *Place-Making* nennen – ist Gegenstand der Arbeiten von Lauer (2009) und Stolz & Warnke (2015b). Mehrere Arbeiten widmen sich der Konstruktion diskursiver Images kolonisierter Ethnien: Schaffers (2009) behandelt grundsätzliche Dimensionen der Konstruktion von kolonialer Fremdheit, Schubert (2009), Waßmuth (2009) und Riese (2012) arbeiten zu einzelnen Gruppen kolonisierter Bevölkerungen. Eine Verbindung zwischen fachgeschichtlicher Darstellung kolonialzeitlicher Grammatikographie afrikanischer Sprachen und einer Analyse linguistischen Sprachgebrauchs als Indikator für kolonisatorische Überzeugungen findet sich in Warnke & Schmidt-Brücken (2011 und 2012). Hervorzuheben für das diskurslinguistische Interesse an Kolonialität ist Schmidt-Brückens (2015) umfangreiche monographische Analyse zu grammatischen, lexikalischen und pragmatischen Aspekten von verallgemeinerndem Sprachgebrauch in kolonisatorischen Diskursen, die auf der Grundlage massenmedialer und politischer deutschsprachiger Diskurse zwischen 1900 und 1910 erfolgt und dabei geteiltes Wissen mit dem Anspruch auf Allgemeingültigkeit als wesentlichen kolonialen Sprachhabitus erkennbar macht. Hinweisen wollen wir auch noch auf die wichtige Einzelstudie von Otremba (2009), in der afrikanische Diskurspositionen in Petitionen an die deutsche Kolonialverwaltung in den Blick genommen werden. Gerade dieser Beitrag zeigt, wie bruchstückhaft bisher – nicht zuletzt im Hinblick auf eine angemessene Repräsentation auch widerständiger Stimmen – das diskurslinguistische Interesse an Kolonialität entwickelt wurde. Wir sehen hier noch ein großes Desiderat für weitere Studien.

Hingewiesen haben wir bereits auf die **Missionarslinguistik**, die wir hier noch einmal hervorheben, weil sie als wichtiger Vorläufer der Koloniallinguistik gelten muss, auch wenn wir sie als einen eigenständigen Forschungsbereich auffassen. Erwähnt seien die einführenden Darstellungen und Einzelstudien in Zwartjes & Hovdhaugen (2004), Zwartjes & Altman (2005), Zwartjes et al. (2007), Zwartjes et al. (2009) und Zwartjes et al. (2014). Auch Mortamet & Amourette (2015) und Wagner (2015) sind eine geeignete Lektüre, wenn man sich allgemein zu missionarischen Sprachbeschreibungen in kolonialen Kontexten informieren möchte. Mit missionarischer Grammatikographie im (vor-)kolonialen philippinischen bzw. mikronesischen Kontext befassen sich Ridruejo (2011), Stolz (2011b), Winkler (2011) und Zwartjes (2011), bezogen auf das Gebiet von Chuuk Käser (2011) und bezogen auf die Marianen Winkler (2013). Zu sprachpolitischen Aktivitäten von Missionaren in deutschen Kolonialgebieten haben Azamede (2011), Kröger (2011), Stolberg (2011), Mühlhäusler (2012) und Castelli (2015) gearbeitet. Demgegenüber richten Fernández (2011), Stolberg (2011), Wolff (2011) und Zimmermann (2011) ihren Fokus auf missionarisch-koloniale Vokabularien und Wörterbücher. Carrera de la Red & Zamora Salamanca (2015) reflektieren das Verhältnis von wissenschaftlichen Diskursen und missionarischen Aktivitäten, während Strommer (2015) auf die linguistische Konstruktion kolonisierter Ethnien eingeht. Hinweisen wollen wir auch auf Untersuchungen zur missionarisch-kolonialen Deklaration von afrikanischen Sprachen; wir nennen hier Haacke (2011) und Avenne (2015). Alexander-Bakkerus (2015) und Fountain (2015) untersuchen schließlich Aspekte der Transkulturation in missionarischen Sprachbeschreibungen, Castillo-Rodríguez (2015), welche Rolle Transliteration in der Selbstbehauptung verschiedener Kolonialmächte spielt.

Wie wir bereits gesehen haben, ist auch die **Kontaktlinguistik** für die *Postcolonial Language Studies* relevant, denn so genannte 'kontakt'linguistische Phänomene finden sich auch und gerade im engeren kolonialhistorischen Kontext. Zu den Phänomenen von Sprachkontakt im deutschen kolonialzeitlichen Zusammenhang haben allgemein Mühlhäusler (2002) und mit Blick auf quellenkundliche Aspekte Engelberg (2012b) gearbeitet, zur deutschen Sprachpolitik in den ehemaligen pazifischen Kolonialgebieten Engelberg (2008), Stolberg (2012), Engelberg et al. (2012) und Stolberg (2015). Nyada (2011) befasst sich dabei mit Dialektverhältnissen im ehemaligen deutschen 'Schutzgebiet' Kamerun.

Mit in den Aufgabenbereich der *Postcolonial Language Studies* gehört die Aufbereitung der im Rahmen der kolonialzeitlichen Sprachforschung geleisteten Arbeit zu den Sprachen der autochthonen Gemeinschaften in den Kolonialgebieten. Dies ist nicht nur als Beitrag zur Historiographie der Linguistik zu verstehen, sondern geschieht im Interesse der ehemals beforschten Sprachgemeinschaften, deren Sprachen in postkolonialen Zeiten nicht selten als bedroht gelten dürfen, weil z.B. die Sprache der ehemaligen Kolonialmacht als postkoloniale Staatssprache noch verstärkte Dominanz ausübt. In Bedrohungsszenarien dieser Art hat man es sehr oft mit Sprachen zu tun, deren Dokumentation und Beschreibung ausschließlich in zum großen Teil noch unveröffentlichten kolonialzeitlichen Studien erfolgte, während rezentere Arbeiten zu denselben Sprachen oft genug inexistent sind. Daher gehört es zu den Verpflichtungen der

Postcolonial Language Studies, die kolonialzeitlichen Arbeiten den heutigen Sprecherschaften in einer für ihre Zwecke einsetzbaren Form zur Verfügung zu stellen. Dies bedeutet unter anderem, dass das kolonialzeitliche linguistische Material nicht nur ediert, sondern auch kommentiert und übersetzt werden muss. Beispiele für die Sinnfälligkeit dieses Unternehmens bieten Ziegler (2015), Winkler (2013), Dewein (2013) und Stolz (2007).

Von besonderem Interesse sind aufgrund der ideologischen Implikationen kolonialzeitlicher Sprachforschung **Sprachpolitik- und Spracheinstellungsforschung**. Beide Aspekte hängen eng zusammen, denn Sprachpolitik ist in kolonialen Kontexten mit Spracheinstellungen und auch Sprach'kontakt'phänomenen verknüpft, weil sprachpolitische Maßnahmen durch Kolonisierende vor allem dort ergriffen werden, wo Sprecher*innen und Sprachideologien aufeinanderstoßen. Über koloniale sprachpolitische Verhältnisse in den ehemaligen pazifischen Schutzgebieten des Deutschen Reichs arbeiten Engelberg (2008), Mühlhäusler (2011 und 2012) und Stolberg (2015). Mühleisen (2005; 2009) analysiert das vom Juristen Emil Schwörer geplante Kolonial-Deutsch mit Blick auf seinen sprachpolitischen und -ideologischen Charakter. Weber (2011) gibt Einblicke in die sprachliche Situation im ehemaligen deutschen 'Schutzgebiet' Kamerun. Eine Verschränkung von sprachpolitischen und missionarslinguistischen Interessen leistet Castelli (2015) in seiner Arbeit zur präkolonialen Sprachpolitik in missionarischen Kontexten. Borgoiakova (2015), Khilkhanova (2015), Lindner (2015) und Salánki (2015) untersuchen postsowjetische Sprachpolitiken vor dem Hintergrund postkolonialer Theorieansätze. Der kolonisatorisch zentralen Kategorisierung von Sprachen als zivilisiert oder unzivilisiert geht Kutzner (2012) nach.

Die Erforschung von Pidgin- und Kreolsprachen, die in kolonialen Kontexten entstanden sind und teilweise noch in postkolonialen Kontexten gesprochen werden, ist Vorläufer der heutigen Koloniallinguistik. Mithin ist die **Kreolistik** Teil breit informierter *Postcolonial Language Studies*. Einschlägig in diesem Bereich sind die Arbeiten von Mühlhäusler (2002, 2011, 2012), insbesondere zum Tok Pisin aber auch zu anderen Kreolsprachen. Zu Niederländisch-Indien hat Warnk (2015) gearbeitet, zum Pidgin-Englisch in Kamerun Weber (2011).

Wir haben bereits im Zusammenhang der Nennung programmatischer Arbeiten auf die Bedeutung der Benennungen von Raum und damit verbundene Aneignungen bzw. Überschreibungen hingewiesen. Der **Onomastik** kommt damit in den *Postcolonial Language Studies* eine wichtige Funktion zu, hier werden in besonderer Weise Erkenntnisse über sprachgebundene kolonisatorische Machtausübung diskutiert, da Namen (zu nennen sind vor allem Ortsnamen, aber auch Personennamen, Personengruppennamen, Ereignisnamen) Rückschlüsse auf Benennungspraktiken und -motive zulassen. Zu kolonialer Namensgebung allgemein arbeitet Mühlhäusler (2011). Besondere Aufmerksamkeit erfahren koloniale Ortsnamen in jüngster Forschung. Grundsätzliches zu Toponymen in den ehemaligen deutschen Kolonien findet sich bei Stolz & Warnke (2015b), zu Toponymen in Kamerun bei Weber (2012) und ein Ortsnamenregister für pazifische Kolonien bei Mückler (2015).

Dass eine historische **Korpuslinguistik** – etwa im Rahmen deutscher Referenzkorpora wie dem *Deutschen Textarchiv* (DTA) oder dem *Deutschen Referenzkorpus* (DeReKo) – nicht umhin kommen kann, koloniale Sprachdaten zu erfassen, will sie historisch adäquate Daten vorhalten, wird in Arbeiten zur korpuslinguistischen Fundierung der Koloniallinguistik thematisiert: Warnke (2009), Warnke & Schmidt-Brücken (2013) und Schulz (2015).

Dezidiert im Feld von **Sprachkritik** sind Beiträge zu verorten, die die Fortwirkung rassistischer Ideologien im gegenwärtigen, explizit rassistischen oder rassistisch konnotierten bzw. unreflektierten Sprachgebrauch in postkolonialen Kontexten erörtern; wir nennen Arndt (2009), Arndt & Hornscheidt (2009), Nduka-Agwu & Hornscheidt (2010) und Arndt & Ofuatey-Alazard (2015).

Die Stellung der Linguistik in und zu den Postcolonial Studies haben wir bereits erörtert. Noch nicht hingewiesen haben wir darauf, dass gerade in neueren sprachwissenschaftlichen Arbeiten auch **postkoloniale Aspekte** behandelt werden, und das heißt vor allem postkoloniale Gebrauchskontexte von Sprache. Postkolonialismus meint dabei ganz allgemein eine den verschiedenen Kolonialismen zeitlich nachgeordnete und unabgeschlossene Periode. Bisher hat es eine Fokussierung vor allem in der Forschung zu so genannten sprachlichen Imperien gegeben, ein Gegenstand, der vor allem auf Methoden der Kontakt- und Soziolinguistik sowie der Spracheinstellungsforschung zurückgreift. Sprachimperiale Konstellationen und die linguistischen Situationen, die aus ihnen erwachsen, sind für ein postkoloniales Forschungsinteresse grundsätzlich relevante Gegenstände. Zu den kontaktlinguistischen Studien, die sich auf linguistische Phänomene in postsowjetischen Sprachenkonstellationen beziehen, gehören Anderson (2015), Gruzdeva (2015), Guérin (2015), Janurik (2015), Kaysina (2015), Levkovych (2015), Menzel (2015) und Zabrodskaja (2015). Zum Chinesischen in Vietnam arbeitet Ding (2015), die linguistische Diversität in Formosa beleuchten Vidal & Kuchenbrandt (2015). Mit dem so genannten arabischen Sprachimperium setzen sich schließlich die Arbeiten von Tosco (2015), Tilmatine (2015) und Versteegh (2015) auseinander und Ó Riagáin (2015) arbeitet zum Wiedererstarken bedrohter Sprachen in Großbritannien und Irland. Es bleibt fraglich, ob alle diese Arbeiten im Kontext der Postcolonial Language Studies richtig verortet sind. Nicht zuletzt mit Hinweis auf die Spezifika von Kolonialismus gegenüber anderer Expansion ist eine gewisse Zurückhaltung sicher nicht unangebracht. Die globale Dimension von Kolonialismus im hier verstandenen Sinn und seine historischen Besonderheiten lassen es uns daher durchaus als sinnvoll erscheinen, den Gegenstand der *Postcolonial Language Studies* auch zu begrenzen. Es wird nicht allein unsere Aufgabe sein, diese Diskussionen mit zu führen. Außerdem ist zukünftig anzustreben, den Horizont des koloniallinguistischen Ansatzes dadurch zu erweitern, dass auch die sprachlich relevanten Aspekte anderer Kolonialismen angemessen berücksichtigt werden, sodass eine vergleichende Perspektive die Formulierung von Generalisierungen sowie die Identifikation von Typen und/oder Idiosynkrasien ermöglicht. In erster Linie betrifft dies die kolonialen Aktivitäten Belgiens, Dänemarks, Frankreichs, Großbritanniens, Italiens, Japans, der Niederlande, Portugals, Russlands, Schwedens, Spaniens und der USA, die zum größten Teil noch koloniallinguistisches Neuland sind.

Die Autoren und Autorinnen des vorliegenden Studienbuchs geben nicht zuletzt auch zu dieser Frage auf ihre jeweilige Weise zumindest implizite Antworten. Wir verzichten hier auf eine weitere inhaltliche Zusammenfassung der nachfolgenden Beiträge, nicht zuletzt weil wir davon ausgehen, dass unsere Leser*innen interessengeleitet zu diesem Buch gegriffen haben und dieses Interesse auch ihre weitere Lektüre steuern wird. Die Titel der Beiträge des Studienbuchs *Sprache und Kolonialismus* sprechen dabei für sich.

Webquellen

DUDEN Online. 2015. "Kolonialismus, der". http://www.duden.de/rechtschreibung/Kolonialismus.

OED. 2015. "colonialism, n.". OED Online. Oxford University Press. http://www.oed.com/view/Entry/36525?redirectedFrom=colonialism.

I   **Historische Einordnungen**

Winfried Speitkamp
1 Geschichte des deutschen Kolonialismus. Ein historischer Überblick

Moderne Kolonialgeschichte ist transkontinentale Geschichte. Kolonialherrschaft im 19. und 20. Jahrhundert bedeutet die auf Dauer angelegte Herrschaft von Staaten über räumlich getrennte und als kulturell fremd verstandene gesellschaftliche Formationen; in der Regel handelte es sich um Formationen auf anderen Kontinenten (siehe Osterhammel & Jansen 2012: 19–22). Kolonialherrschaft in diesem Sinn beinhaltet nicht nur einen beständigen Transfer von Menschen, Waren, Institutionen, Ideen und Wissen, sondern fordert auch beständige Übersetzungen:

> Ü[bersetzungen] spiegeln und dynamisieren kulturelle Austauschprozesse, und sie können, insbesondere in Umbruchperioden [...], wichtige Katalysatoren für politische, soziale und kulturelle Veränderungen darstellen. (Lüsebrink 2011: 883)

Diese Definition von Hans-Jürgen Lüsebrink bezieht sich auf Übersetzungen im engeren Sinn – auf die Übertragung von einer Sprache in die andere. Gleichwohl gilt die Definition auch, wenn man sie für Übersetzungen im übertragenen, weiteren Sinn verwendet und auf transkontinentale und insbesondere koloniale Beziehungen anwendet. Auch hier wird übersetzt, werden Vorstellungen und Werte, Begriffe und Denkweisen, Wissen und Praktiken übertragen und dabei zugleich im Kontext anderer kultureller Systeme verständlich gemacht. Übersetzung ist Vermittlung und ermöglicht Aneignung. Übersetzung kann Fremdheitsreduktion und Annäherung erstreben oder bedeuten, kann aber auch Fremdheitskonstruktion und Exotisierung enthalten oder bewirken. Dem Vermittler und Übersetzer kommt dabei eine Schlüsselrolle zu; er bewacht die Schleuse des Verstehens. Was mit dem von ihm verständlich Gemachten geschieht, kann er zu beeinflussen versuchen, aber nicht vollends steuern. Das gilt erst recht im Kontakt zwischen Europa und Übersee im Kontext des Kolonialismus. Gerade in postkolonialer Perspektive wird Kolonialgeschichte insofern als beständiger Übersetzungsprozess verstanden, in dem Dinge aufgegriffen, in Bilder und Wörter verpackt, gedeutet, transferiert und angeeignet werden (zum kulturwissenschaftlichen Übersetzungsbegriff vgl. Bachmann-Medick 2007a: 238–283).

Winfried Speitkamp: Universität Kassel, Fachbereich 05 Gesellschaftswissenschaften, Nora-Platiel-Str. 1, 34109 Kassel, speitkamp@uni-kassel.de

Der folgende Beitrag geht in drei Schritten vor. Zunächst werden Merkmale des deutschen Kolonialismus zwischen den 1880er Jahren und dem Ersten Weltkrieg betrachtet. Der Fokus liegt dabei auf Vermittlungen zwischen Europa und Übersee und konkret auf afrikanischen Territorien, die den Großteil des deutschen Kolonialreichs ausmachten. Dann werden Aspekte des Kolonialrevisionismus der Zwischenkriegszeit beleuchtet, dies im Blick auf Deutungen eines problematischen Transfers. Schließlich werden Anfänge einer eigenständigen Afrikawissenschaft als transkulturelles Resultat deutscher Kolonialgeschichte behandelt. Hier wird das Augenmerk auch auf Wechselwirkungen zwischen Europa und Afrika gelegt.

1 Deutscher Kolonialismus

Die deutsche Kolonialgeschichte ist lange aus nationaler Perspektive erzählt worden. Dabei ging es darum, warum sich in den 1870er Jahren eine Kolonialbewegung im Deutschen Reich bildete, wie politische, wirtschaftliche und sozialimperialistische Motive zusammenwirkten und wie und warum sich das Reich schließlich 1884/85 für den Erwerb von Kolonien, vor allem Deutsch-Ostafrika, Deutsch-Südwestafrika, Kamerun und Togo sowie später das melanesische Deutsch-Neuguinea mit den mikronesischen Inselgruppen (Marshallinseln, Karolinen, Marianen, Palau), die als Samoa zusammengefasste polynesische Inselgruppe und das chinesische Kiautschou, entschied. Kontrovers diskutiert wurden die Motive des deutschen Reichskanzlers Otto von Bismarck, von seiner kolonialskeptischen politischen Linie abzuweichen und Schutzgebiete anzuerkennen. So wurde die deutsche Kolonialpolitik in den Kontext der europäischen Expansion und der Aufteilung weiter überseeischer Territorien unter europäische Mächte eingeordnet, dies insbesondere in Bezug auf Afrika seit der Kongo-Konferenz von 1884/85. Diese Perspektive prägte seitdem die Handbücher und Schulbücher, und sie ist bis heute in Karten präsent. Afrika wird darin unter anderem durch die Farbgebung als Kontinent dargestellt, der nach einem Reißbrettplan flächendeckend von den europäischen Nationen besetzt war, afrikanische Gesellschaften und afrikanische Herrschaftsformationen werden darin nicht mehr visuell dargestellt.

Die Realität Afrikas unter kolonialer Herrschaft stellte das nicht dar. Vielmehr kann man die Geschichte der Kolonialisierung auch ganz anders erzählen, ob aus europäischer Perspektive oder aus afrikanischer (Speitkamp 2013d). Den Anfang soll hier die europäische Perspektive machen.

Wer kolonisieren wollte, musste über-setzen, und zwar im konkreten, körperlichen Sinn: Er musste auf die andere Seite der See übersetzen, das Meer überwinden. Wer in Afrika oder gar in der Südsee ankam, hatte mehrere Wochen oder Monate auf dem Schiff verbracht. Auf der Schiffsreise lösten sich die Kolonialisten des 19. Jahrhunderts, die Forscher, Eroberer, Ärzte, Soldaten, Kaufleute und Siedler, von ihrer Heimat. Sie stellten sich auf die neue Lage ein, formten sich zur Gemeinschaft, bauten Erwartungen, Hoffnungen und Ängste auf. So näherten sie sich gemeinsam dem Fremden, das sie als gefährlich und oft auch als grausam imaginierten, dies erst recht, wenn sie auf dem Weg in einen Kriegseinsatz waren wie 1900 beim sogenannten Boxerkrieg in China oder 1904 beim Aufstand der Herero in Deutsch-Südwestafrika (heute Namibia) (Kuß 2012). Auffallend stereotyp wurden die Gewaltexzesse der Gegenseite vorgestellt und dann immer wieder beschrieben.

Im Grunde begann der Übersetzungsprozess aber bereits in Europa, bei der Vorbereitung auf die Reise und den Überseeaufenthalt. Die Reisenden waren anfangs bestenfalls autodidaktisch ausgebildet, erst sehr viel später kamen spezialisierte Ausbildungsstätten wie die 1898 gegründete Kolonialschule in Witzenhausen oder das Hamburgische Kolonialinstitut von 1908 hinzu. Das Wissen über Afrika war im 19. Jahrhundert langsam gewachsen, es hatte sich in populären Weltgeschichten und Enzyklopädien, wie sie in bürgerlichen Haushalten zunehmend Verbreitung fanden, niedergeschlagen. Erst in der Frühphase der Kolonialisierung, in den 1870er Jahren, gewannen nationalistische und dann sozialdarwinistische Sichtweisen an Einfluss. Manche vorkolonialen Reiseautoren gestanden Afrika dagegen durchaus noch eine eigene Kultur zu. In den frühen Berichten war beispielsweise weniger von 'Stämmen' und 'Häuptlingen' die Rede, wie vermehrt seit den 1860er Jahren, da wurde also das Wahrgenommene nicht exotisiert und primitivisiert, vielmehr sprach man von Königreichen, Adel, Staaten und Völkern in Afrika, versuchte also mit europäischer Begrifflichkeit das Fremde zu verstehen und dem heimischen Publikum zu vermitteln. Diese Bemühungen um verstehende Übersetzung verschwanden später, ihre Vertreter gerieten lange in Vergessenheit (vgl. Marx 1983). Das gilt zum Beispiel für den Althistoriker und Geographen Heinrich Barth (1821–1865). Zwischen 1845 und 1855 bereiste er für insgesamt sechs Jahre vor allem Westafrika. Im Deutschen Staatswörterbuch veröffentlichte er 1862 einen Artikel zum Stichwort *Neger, Negerstaaten*. Dort machte er klar, dass der zeitgenössisch übliche Begriff 'Neger' wissenschaftlich nicht präzise sei, dass im Gegenteil in Afrika eine breite Palette an kulturellen und politischen Formen vorgefunden werden könne. Er erörterte die verschiedenen politischen Systeme und würdigte auch große alte Reiche wie das mittelalterliche Mali und die kulturellen Errungenschaften der Vergangenheit. Er lobte besonders den Einfluss des Islam, der verschiedene archaische Bräuche abgestellt habe, wie Menschenopfer, Alkoholkonsum und ungeregelte Mehrehe. Dagegen kritisierte Barth den europäischen Einfluss, konkret zu seiner Zeit nicht zuletzt die Herrschaft der Portugiesen. Dafür präsentierte er afrikanische Errungenschaften in Gewerbe und Kultur und beschrieb Afrika nicht, wie manche europäische Philosophen und Historiker der Zeit, als geschichtslosen und statischen, sondern als dynamischen, kulturell entwickelten Kontinent (Barth 1862).

Barths Deutung wurde in der Kolonialzeit kaum mehr rezipiert. Aber auch die Missionen, die zum Teil schon vor der Kolonialzeit nach Afrika gekommen waren, betrieben eine intensive Kulturarbeit. Sie sammelten Material, zeichneten Sprachen und Grammatiken auf, verfassten Wörterbücher und übersetzten nicht nur die Bibel in afrikanische Sprachen, sondern auch afrikanische Volkserzählungen in europäische Sprachen. Primär ging es darum, Zugang zu den zu missionierenden Völkern zu gewinnen, doch dabei erstellten Missionare vielfach Sammlungen des Wissens über lokale und regionale Kultur, über Sprache, Lebensweise, Riten und Traditionen. Das gleiche gilt für viele Kolonialbeamte, die von ganz anderen Erwägungen geleitet wurden, die aus pragmatisch-administrativen Gründen Wissen über ihre Verwaltungsgebiete sammelten, Rechtstraditionen aufzeichnen ließen und vorgefundene Herrschaftsstrukturen nutzen wollten.

Ohne die Hilfe indigener Vermittler konnte man freilich nicht zurechtkommen. Das lenkt zur anderen Seite der kolonialen Inbesitznahme, zur afrikanischen Perspektive. Als die Europäer in das Afrika südlich der Sahara eindrangen, befand sich der Kontinent im Umbruch. Alte Reiche waren zusammengebrochen, ganze Bevölkerungsgruppen setzten sich in Bewegung, arabische Händler suchten in das Landesinnere zu gelangen, und auch Kriegergruppen durchzogen das Land, Warlords eroberten die Macht und Kriegerstaaten bildeten sich. Das alles beeinflusste die Vorgehensweise der Europäer und auch ihr Bild des Kontinents.

Deutlich wird das am ostafrikanischen Beispiel. Hier kam es im 19. Jahrhundert zu einer Vielzahl von Veränderungen. Dazu zählten die großen Bevölkerungsbewegungen, die von Süden ausgingen, von der Expansion der Zulu unter dem Kriegsherrn Shaka (ca. 1783–1828) bis hin zu den Ngoni-Wanderungen an den Viktoria-See, und die die gesamte Bevölkerung des ostafrikanischen Raums in Unruhe versetzten. Hinzu kamen die neuen Wege des Sklavenhandels, der sich, nach dem Verbot im britischen Bereich 1807 und seiner Bekämpfung in Westafrika, nun nach Osten verlagerte und über den Indischen Ozean Auswege suchte. Hier wiederum befanden sich alte Reiche, darunter zum

Teil starke Staaten wie Buganda, das über eine differenzierte Verwaltung und ein stehendes Heer sowie über eine Flotte verfügte, die auf dem Viktoria-See bislang die Anrainer und den Handel beherrscht hatte. All das war nun im Umbruch. Von den Küsten her weitete sich der arabische Handel in Ostafrika aus. Der Sultan von Oman verlegte 1840 seine Residenz nach Sansibar, dort wiederum entstanden starke Kaufmannshäuser, die fortan neue Handelsrouten ins Landesinnere erschlossen, die Karawanen bis an den Viktoria-See und erstmals darüber hinaus führten. In den Hafenstädten ließen sich Agenten nieder, die Söldner und Träger an die Kaufleute vermittelten. Die arabischen Kaufleute errichteten auf ihren Wegen ins Landesinnere befestigte Stationen, die sie mit fester Besatzung versahen. Kurz: Sie bauten – am Vorabend der europäischen Kolonialisierung – eigene Kolonien auf. Der einflussreichste Sansibar-Kaufmann der Zeit, Schech Hamed bin Muhammad el Murjebi, genannt Tippu Tip (1837–1905), erreichte mit seinen Karawanen, die unter anderem Waffen und Sklaven transportieren, das nördliche Kongo-Gebiet und betrieb dort für einige Jahre einen regelrechten Handelsstaat.

Diese Zeit des Umbruchs war in Ostafrika die Stunde der Warlords, darunter auch ein Mann wie Mirambo (ca. 1840–1884) – der Name war ein *nom de guerre*, er bedeutete so viel wie 'Leichen', 'Totenköpfe' oder auch 'Leichenberg'. Angeblich Sohn eines Dorfoberhaupts, hatte er sich als Kriegsunternehmer selbständig gemacht, junge Krieger angeworben, das Gebiet um Tabora, einem wichtigen Handelsknotenpunkt im zentralen Ostafrika, in seine Gewalt gebracht und eine Niederlassung errichtet. Daraus wurde bald eine Residenz mit festen Häusern nach arabischem Muster. Mirambo und seine Krieger galten als skrupellos und grausam. Die europäischen Reisenden allerdings, die beständig von Dorfoberen und deren Kriegern oder von anderen mobilen Kriegergruppen bedroht wurden, schilderten Tippu Tip und Mirambo als verlässliche Partner, von denen sie immer wieder profitierten. Hermann Wissmann (1853–1905), ein deutscher Offizier und Reisender in Zentral- und Ostafrika, der sich später im Deutschen Reich als Bekämpfer des arabischen Sklavenhandels feiern ließ, hätte ohne Tippu Tip, den Sklavenhändler, nicht sicher im Land reisen können (zur Geschichte der Expeditionen vgl. Pesek 2005: 102–160).

In kritischen Situationen verwies Wissmann bei der Reise sogar auf seine Freundschaft mit Tippu Tip und Mirambo. So zeigte er schon einmal eine Narbe am Arm und suggerierte seinem Gegenüber, die stamme von einer Blutsbrüderschaft mit Mirambo – die es nie gegeben hat. Wissmann schildert Mirambo nach einem Zusammentreffen im Übrigen als kultivierten Staatsmann. Mirambo trat demnach zur Begrüßung durch das Tor des Palisadenzauns, der seine Residenz umgab, um Wissmann die Hand zu schütteln, und als Willkommensgabe schenkte er dem Deutschen eine junge Kuh und zwei Flaschen Champagner.

> Mirambo war ein Mann von ca. 50 Jahren, hohen sehnigen Wuchses, mit einem feinen Hüftentuch, sowie einfachem grauen europäischen Rock bekleidet. Das Haupt etwas geneigt und ein freundliches stillvergnügtes Lächeln auf dem mageren Gesicht, das einen leidenden Ausdruck hat, bot er in leisem Tone und langsamer Rede mir ein Willkommen [...]. Bescheiden, fast schüchtern war sein Wesen, mild seine Sprache [...]. Es hätte kaum jemand in diesem ruhigen Mann den großen Krieger, der Ostafrika erzittern machte, erkennen können. (Wissmann 1889: 257–258)

Die Deutschen kamen also keineswegs als glorreiche Eroberer. Sie waren schlecht vorbereitet, mussten sich an der Küste einheimische Träger mieten und weitere Tauschware erwerben, brauchten einheimische Führer und Wachtruppen und in kritischen Situationen Fürsprache von Warlords. Generell mussten die Deutschen Kontakt zu den Eliten vor Ort knüpfen und sich auf deren Stärke verlassen, deren Verhandlungsformen akzeptieren. Und sie benötigten Dolmetscher, denn in aller Regel sprachen sie die lokalen Sprachen nicht. Beispiel für die Probleme ist Carl Peters (1856–1918), der im Herbst 1884 ohne jede Erfahrung, ohne Vorwissen und auf der Basis fragwürdiger Informationen in Sansibar ankam und dann in der ostafrikanischen Usagara-Region Schutzverträge mit heimischen Lokal-Großen abschloss. Nach Vertragsschluss folgten Flaggenhissung, Verlesen des Vertrags in deutscher Sprache (was keiner verstehen konnte), Reden, ein Hoch auf den Kaiser und schließlich "drei Salven". Diese, so Peters wörtlich, "demonstrierten den Schwarzen ad oculos, was sie im Fall einer Kontraktbrüchigkeit zu erwarten hätten. Man wird sich nicht leicht vorstellen, welchen Eindruck der ganze Vorgang auf die Neger zu machen pflegte" (Peters 1943–1944, Bd. 1: 302–303). Peters selbst bemühte sich gar nicht erst um Verständigung im wörtlichen Sinn, hier ging es vielmehr um eine Inszenierung von Macht. Jedenfalls stellte er es in seinem Bericht für das deutsche Publikum so dar. Dass die Deutschen tatsächlich von der Unterstützung und der Kooperationsbereitschaft indigener Kräfte abhängig waren, sollte kaschiert werden.

Ähnliche Konstellationen wie in Ostafrika prägten auch die koloniale Durchdringung in West- und Südwestafrika. In Westafrika hatten der islamische Dschihad und das neue Kalifat Sokoto im Gebiet des heutigen Nordnigeria die ganze Region seit dem frühen 19. Jahrhundert in Aufruhr versetzt und ebenfalls zur Wanderung oder Flucht größerer Gruppen geführt. Die Douala der Küstenregion im heutigen Kamerun sahen sich durch Bevölkerungsdruck und Warlords vom Norden und durch Europäer von der See her bedroht. Einige ihrer Führer strebten deshalb Verträge mit den Deutschen an, um ihre Position zu sichern. Auch die südwestafrikanische Region war im Umbruch, als die Deutschen kamen. Dort hatten sich seit dem ausgehenden 18. Jahrhundert, ausgelöst durch die Expansion der Buren in der Kapkolonie, Gruppen von Nama oder Oorlam selbständig gemacht. Geführt von Warlords, durchstreiften sie die Großregion auf der Suche nach Beute, gingen auch für Weiße auf Großwildjagd oder kämpften als Söldner für die Herrschaftsansprüche und Handelsinteressen wechselnder Auftraggeber. Eine der wichtigsten Gruppen waren die Witbooi-Nama unter Hendrik Witbooi (ca. 1830–1905), der auch in die deutsche Kolonialgeschichtsschreibung eingegangen ist, unter anderem als Kooperationspartner und Gegner des Gouverneurs von Deutsch-Südwestafrika Theodor Leutwein (1849–1921). Die Deutschen wussten um diese Situation der ständigen Kriege und Scharmützel und der Warlord-Gruppen, die jeden regulären Handel erheblich erschwerte, und drängten auf eine Stabilisierung. Die Rheinische Mission, die dort schon seit den 1840er Jahren vertreten war, forderte befriedende Verträge. Die Nama widersetzten sich, die Herero dagegen schlossen Verträge mit den Deutschen, um sich zu behaupten und sich einen ökonomischen Vorrang zu sichern. Zur Befriedung der Region kam es bis über 1890 hinaus noch nicht. Gouverneur Leutwein praktizierte indirekte Herrschaftsformen einer quasi-feudalen Oberherrschaft, um das Land überhaupt halbwegs unter Kontrolle zu bringen.

Denn auch in der praktischen Verwaltung standen die Deutschen vor erheblichen Problemen. Die deutsche Verwaltung verfügte nur über minimales Personal. 1896 bestand die Kolonialverwaltung zum Beispiel in Kamerun aus 15 Beamten, 1904 waren es 29, 1912 immerhin 81. Damit regierte man ein Territorium von rund vier Millionen Einwohnern und der Fläche des Deutschen Reiches. Unter den Gouverneuren hatten die Bezirksamtleute die zentrale Machtposition, als Inhaber von Exekutive und Judikative zugleich, wenn sie auch Gebiete von der Größe heutiger deutscher Bundesländer verwalten mussten. Die heimischen Strukturen wurden nicht aufgelöst, sondern überformt. Bestehende Häuptlingschaften wurden als Verwaltungsgebiete verstanden, die Häuptlinge als deutsche Amtsträger mit Amtsmütze versehen, oder es wurden – meist aus den alten Führungsfamilien ausgewählt – neue Häuptlinge eingesetzt. Auf ihre Loyalität konnte man nur bauen, weil sie ohne deutsche Unterstützung von den eigenen Leuten gestürzt worden wären. Herrschaft ließ sich überdies nur da effizient durchsetzen, wo der deutsche Bezirksamtmann präsent war. Deswegen reiste er viel, hielt Gerichtstage unter freiem Himmel ab und entschied anstehende Rechtsfälle. Unter diesen Umständen war die Verwaltung zum beträchtlichen Teil mündlich und personal, nicht bürokratisch und schriftlich. Und überall waren die Beamten auf heimische Vermittler, Dolmetscher im engeren und weiteren Sinn angewiesen. Ratgeberliteratur zum Umgang mit Afrikanern, wie sie mehrere Afrikareisende, etwa Wissmann, verfassten (Wissmann 1895), sollte die fremde Situation beherrschbar machen. Dort wurde ein Bild der Afrikaner konstruiert und verstetigt, das dann stereotyp von Kolonialromanen bis Reichstagsdebatten wieder auftauchte: Afrikaner waren demnach quasi Kinder, erziehungsbedürftig, einfach, aber treu, wenn man sie richtig und streng behandelte; Strafe sollte beispielsweise einer Tat auf den Fuß folgen, weil Afrikaner sonst den Zusammenhang nicht verstünden.

Die geringe Präsenz der Deutschen vor Ort hatte viele Gründe, darunter finanzielle ebenso wie klimatische; nur Südwestafrika war als Siedlungskolonie überhaupt geeignet. Der Aufenthalt in den Kolonien war kein Vergnügen. Viele Kolonialisten kamen nicht als erfolgreiche Helden zurück, sondern als Kranke, viele fanden aber auch nicht mehr zurück in die deutsche Gesellschaft. Außerdem war der Dienst in den Kolonien alles andere als populär. In die Kolonien gingen, so die landläufige Ansicht in Deutschland, nur die Verlierer, diejenigen, die ein finanzielles oder ein persönliches Problem hatten. In Theodor Fontanes Roman *Effi Briest* aus dem Jahr 1895 findet sich die aussagekräftige Szene von dem im Duell erfolgreichen, aber an seinem Leben gescheiterten Baron von Innstetten, der aus Verzweiflung nach Afrika fliehen will, "weg von hier und hin unter lauter pechschwarze Kerle, die von Kultur und Ehre nichts wissen. Diese Glücklichen!" Der Freund Wüllersdorf aber entgegnet:

> Quer durch Afrika, was soll das heißen? Das ist für 'nen Leutnant, der Schulden hat. Aber ein Mann wie Sie! Wollen Sie mit einem roten Fez einem Palaver präsidieren oder mit einem Schwiegersohn von König Mtesa Blutfreundschaft schließen? Oder wollen Sie sich in einem Tropenhelm, mit sechs Löchern oben, am Kongo entlangtasten, bis Sie bei Kamerun oder da herum wieder herauskommen? Unmöglich! [...] Es ist Torheit mit dem im Urwald-Umherkriechen oder in einem Termitenhügel nächtigen; wer's mag, der mag es, aber für unserein ist es nichts. In der Bresche stehen und aushalten, bis man fällt, das ist das Beste. (Fontane [1895] 2006: 264–265)

Sogar Kaiser Wilhelm II. äußerte sich unverblümt abfällig über diejenigen, die in die Kolonien gingen, so 1907, als Wilhelm Külz, ein liberaler Bürgermeister aus Bückeburg, nach Südwestafrika aufbrach, um dort eine neue Kommunalverfassung vorzubereiten. Der Kaiser kommentierte das bei einem Besuch in Bückeburg: "Euer Bürgermeister scheint doch sonst ein ganz vernünftiger Mensch zu sein, was will denn der in den Kolonien" (Huber 2000: 122).

Die geringe Präsenz der Deutschen bezog sich auch auf das Militär. Obwohl immer wieder Militärexpeditionen gegen einzelne unruhige Gruppen erforderlich waren und auch große Aufstände zu bekämpfen waren, verzichtete man auf die ständige Präsenz größerer deutscher Truppenverbände. Den sogenannten Araberaufstand von 1888 in der Küstenregion Ostafrikas schlug Hermann Wissmann mit afrikanischen Soldaten nieder. Beim Maji-Maji-Krieg in Ostafrika

1905 kämpften Afrikaner gegen Afrikaner, nur 15 Europäer kamen ums Leben, aber vermutlich starben Zehntausende, nach manchen Schätzungen sogar bis zu 300.000 Afrikaner an den Folgen von Krieg, Zerstörung und Hungersnot. Etwas anders verhielt es sich in Südwestafrika beim Aufstand von 1904. Gegen die Verbände der Herero konnte man indigene Kräfte nicht aufbieten, zumal sich auch die Nama später erhoben. Und wo man sie einsetzte, vertraute man ihnen nicht, setzte sie zum Beispiel nicht in der ersten Reihe ein, weil man fürchtete, sie würden zum Gegner überlaufen, und hielt sie unter ständiger Beobachtung. Dafür waren von 1904 bis 1906 17.000 deutsche Soldaten in Südwestafrika beim Krieg gegen die Herero im Einsatz. Aber auch hier verlief der Einsatz alles andere als heroisch, wie sich noch in dem viel gelesenen Kolonialroman *Peter Moors Fahrt nach Südwest* niederschlug (Frenssen 1906). Die Zahl der deutschen Opfer belief sich hier einschließlich der Siedler auf rund 1.750 Menschen. Von den bis zu 80.000 Herero sollen nur rund 20.000 den Krieg und die Kriegsfolgen, darunter die Internierung, überlebt haben, von den rund 20.000 Nama etwa die Hälfte.

Als der Aufstand der Herero im Januar 1904 ausbrach, schienen die Deutschen sichtlich überrascht, ihre Politik der Verhandlung und Einbindung indigener Führer war gescheitert. Verschiedene Gründe kamen beim Aufstand zusammen, besonders die Rinderpest, Verschuldung und Kreditpolitik, die Reservatspolitik und der Eisenbahnbau. Der von den Deutschen alimentierte Oberhäuptling Samuel Maharero (1856–1923) hatte längst an Autorität verloren. Die Großen der Herero einigten sich auf ein Losschlagen, dies einerseits, um nicht den entscheidenden Moment der endgültigen Entmachtung zu verpassen, andererseits, um nicht die Autorität bei der eigenen Klientel zu verlieren. Im Mai 1904 schickte die Reichsleitung Lothar von Trotha (1848–1920) als Oberbefehlshaber nach Südwestafrika. Von Trotha hatte schon 1866 und 1870/71 an den Reichseinigungskriegen teilgenommen, dann an mehreren Kolonialkriegen, so in Ostafrika und in China 1900. Er war für seine radikale Rhetorik und Vorgehensweise bekannt, er ließ die Herero nach der Waterbergschlacht in die Omaheke-Wüste treiben und versperrte auch Frauen und Kindern den Zugang zu den Wasserstellen. Und er verantwortete den berüchtigten Schießbefehl vom 2. Oktober 1904, demgemäß die Herero das Land verlassen sollten, anderenfalls werde auf sie ohne Rücksicht auf Menschenleben geschossen. Trothas Kriegführung und Schießbefehl haben Vergleiche mit der nationalsozialistischen Vernichtungspolitik provoziert. Tatsächlich wähnte sich von Trotha in einer quasi ungeregelten Situation: mit einem Gegner, den er nicht anerkannte, dazu unter Beteiligung von Frauen und Kindern, in einer Landschaft, die fremdartig war, und unter einem Klima, mit dem er nicht zurechtkam. Von Trotha kämpfte unter diesen Bedingungen mit allen Mitteln. Ein im engen Sinn genozidales Konzept hatte er nicht, vielmehr allein die Absicht, den Krieg um jeden Preis zu gewinnen, mit den Mitteln des Kolonialkriegs, den er kannte und in dem die Regeln des Kriegsrechts nicht zu gelten schienen. Im Nachhinein allerdings, in den Debatten des Reichs um den Krieg von 1904, rechtfertigte Trotha sein Vorgehen ausdrücklich mit sozialdarwinistischen Konzepten vom Überleben des Stärkeren und mit einem notwendigen Rassenkampf. Um Vermittlung und Mittler kümmerte sich von Trotha nicht, im Gegenteil: Immer wieder kritisierte er Versuche, mit den Herero zu verhandeln. Daran scheiterte letztlich seine Politik, am Ende musste man auf die Missionen als Mittler zurückgreifen, um die Folgen des Kriegs zu beherrschen, die Sammellager der Kriegsgefangenen zu führen und den Weg in den Frieden zu finden.

2 Kolonialrevisionismus und Kolonialerinnerung in Deutschland

Auch wer zurückkam aus den Kolonien, musste über-setzen, über das Meer zurückreisen. Und 1918, als die deutschen Kolonien verloren gegangen waren und in Form von Völkerbundmandaten an andere Kolonialmächte ausgegeben wurden, mussten viele zurückkehren, Siedler, Beamte, Soldaten und Offiziere, wiederum über See, wiederum in einer langen Reise, in der sie sich über Erfahrungen und Enttäuschungen, Hoffnungen und Erwartungen austauschen konnten. Freilich nutzten die Rückkehrer die lange Reise nicht, um sich auf die neuen Verhältnisse einzustellen. Es war ohnehin völlig unklar, wie es mit Deutschland weitergehen würde, ob man einmal in die Kolonien zurückkehren könnte oder welche Zukunft sich den Kolonisten bot. Jedenfalls hofften sie auf eine weit einflussreichere Position, als sie in der Zwischenkriegszeit tatsächlich erlangen konnten. Die offizielle politische Rhetorik trug dazu bei. Art. 119 des Versailler Vertrags über die Abtretung der deutschen Überseegebiete rief wütende öffentliche Reaktionen und offiziellen Protest von Nationalversammlung und Reichsregierung hervor, zumal in der Mantelnote zum Friedensvertrag vom 16. Juni 1919 moralische Vorwürfe zur Legitimierung des völkerrechtlichen Vorgehens formuliert wurden: Deutschland habe durch Misswirtschaft und Misshandlungen der Kolonialbevölkerung den Anspruch auf Kolonien verwirkt, die Bevölkerung der ehemals deutschen Kolonien wünsche keine Rückkehr unter deutsche Herrschaft.

Der Kampf gegen die so genannte "Kolonialschuldlüge", wie man es nach einem Buch-Titel des ehemaligen Gouverneurs von Deutsch-Ostafrika und späteren Vorsitzenden der Deutschen Kolonialgesellschaft Heinrich Schnee nannte (Schnee 1927), und für die Rückgewinnung der Kolonien stand im Mittelpunkt der kolonialrevisionistischen Propaganda. Deutschland habe eine geradezu philanthropische Kolonialpolitik betrieben, die wirtschaftliche Entwicklung gefördert und die Einheimischen gut behandelt. Die Kolonialbewegung verstand sich jetzt als Sachwalter des kolonialen Gedankens, als berufener Mittler, der über die Kolonien berichten und die Erinnerung in der deutschen Nation bewahren musste. Sie entfaltete dazu breite Aktivitäten. 1920 gab es 69 Vereine für koloniale Angelegenheiten. 1922 schlossen sie sich zur Kolonialen Reichsarbeitsgemeinschaft (KORAG) zusammen, um ihre Öffentlichkeits- und Lobbyarbeit zu koordinieren. Insgesamt belief sich die Mitgliederzahl der Kolonialvereine Mitte der 1920er Jahre nominal auf rund 80.000. Davon waren viele aber in mehreren Vereinen organisiert und wurden also mehrfach gezählt. Und die Tendenz war fallend, trotz der vorübergehenden Wiederbelebung der kolonialrevisionistischen Bewegung in der zweiten Hälfte der 1920er Jahre. Ohnehin engagierten sich hauptsächlich die Kolonialveteranen. Und diese Veteranen wurden älter, Nachwuchs blieb aus.

Seit 1920 propagierte man daher den kolonialen Gedanken in der Jugend (das Folgende nach: Speitkamp 2005a). Man forderte die Aufnahme der Kolonialfragen in den Lehrplan der Schulen und bot Redner an, die vor Schülern auftreten sollten. Man müsse der Jugend daher ein Ziel geben, "das fernab vom parteipolitischen Getriebe liegt, fernab von zweifelhaften Genüssen, die reifende Menschenkinder in ihren Bannkreis locken wollen": Man solle der Jugend erzählen, "was wir an deutschem Boden verloren haben [...], nicht nur hier, sondern auch in fernen Ländern, in Afrika und in der Südsee!" (Winkler 1927: 5). Seit Mitte der 1920er Jahre entstand eine Reihe von kolonialen Jugendgruppen, 1924 wurde ein Kolonialer Jugendausschuss als Koordinationsstelle eingerichtet. Seit 1926 gab es reichsweite Jugendtagungen. 1928 wurde der Bund deutscher Kolonialpfadfinder gegründet. Mit Körperertüchtigung, Wettkämpfen und Geländespielen wollten derartige Gruppen in zeitgemäßer Form mit attraktiven Angeboten unter Jugendlichen Anhänger gewinnen. 1928 verzeichnete der Jugendausschuss 130 Gruppen mit insgesamt 10.000 Mitgliedern. Für die Kolonialbewegung war das eine beträchtliche Zahl, im Kontext des relativ hohen Organisationsgrades Weimarer Jugendlicher indes nicht sehr viel. 1931 entstand das Jugendamt der Deutschen Kolonialgesellschaft, das die Gründung eines Bundes deutscher Kolonialjugend vorbereiten und jugendbewegten Aufbruch mit dem Sammlungsgedanken verbinden sollte. Für die Probleme der Vermittlung eigener Ziele stand das Schlagwort vom "Volk ohne Raum", das eigentlich in der kolonialrevisionistischen Bewegung entstanden war. Hans Grimm, der mit seinem Roman *Volk ohne Raum* 1926 den Begriff geprägt hatte (Gümbel 2003), behandelte das Ausweichen vor Raumnot und Überbevölkerung nach Afrika. In dem Roman sucht ein junger Mann aus Norddeutschland Herausforderung und Bewährung in Südafrika. Nach dem Krieg nach Deutschland zurückgekehrt, wirbt der Held für den kolonialen Gedanken und wird schließlich 1923 von einem sozialistischen Arbeiter erschlagen. Doch der Begriff vom "Volk ohne Raum" gewann Attraktivität gerade bei den völkischen Verfechtern einer Ostexpansion, die mit Überseekolonien wenig anzufangen vermochten.

Zur Vermittlung der Kolonialidee an die Jugend sollte auch die Zeitschrift *Jambo* dienen, die vom Kolonialen Jugendausschuss seit 1924 herausgegeben wurde und seit 1925 monatlich erschien. Die mit zahlreichen Illustrationen versehene Zeitschrift wendete sich an Kinder und Heranwachsende. Sie sollte in kolonialen Jugendgruppen und Lesegemeinschaften gelesen und in Schulen verteilt werden und dadurch auch auf Eltern und Lehrer ausstrahlen. Die Zahl der Leser stieg nach eigenen Angaben bis 1930 auf 30.000 und ging dann offenbar zumindest bis 1933 zurück. Die Zeitschrift enthielt Berichte aus den ehemaligen Kolonien, auch besonders aus der Kriegszeit und der Verteidigung gegen die Truppen der Alliierten, Abenteuergeschichten von Jagd und Kampf in den Kolonien, Berichte über ungewöhnliche Ereignisse und exotische Verhältnisse in Übersee, manchmal auch Texte der sogenannten 'Eingeborenen', etwa Märchen und Fabeln aus Afrika, dazu Nachrichten aus deutschen kolonialen Jugendgruppen, Informationen über Kolonialliederbücher, Rätsel und Aufgaben für junge Leser, wobei es allenthalben um Begriffe und Fragen aus dem kolonialen Kontext ging. Die Wiedergewinnung der Kolonien stand im Mittelpunkt der Zeitschrift. Immer wieder präsentierte *Jambo* entsprechend durchsichtig ideologisierte Unterhaltungsbeiträge oder Rätselaufgaben.

Aus der revisionistischen Zielsetzung der Zeitschrift folgte ein aggressiver Hass auf die Alliierten, die den Deutschen die Kolonien weggenommen hätten. Die Afrikaner dagegen, ob als 'Eingeborene', 'Neger' oder 'Mohren' bezeichnet, denen es dank der wohlwollenden deutschen Herrschaft gut ergangen sei, wurden als zwar primitiv, aber bei entsprechender Anleitung und Kontrolle doch beherrschbar und treu charakterisiert. Die Vorstellung, dass Afrikaner quasi im Kindheitsstadium verharrten und entsprechend behandelt werden müssten, wurde so weitergetragen. Aus Sicht des *Jambo* schien die Situation in Übersee freilich mit der Übernahme der Kolonien in französischen oder britischen Besitz verändert. Zu den Topoi der Darstellung gehörte nämlich auch, dass die gegen Verführung anfälligen 'Eingeborenen' in Afrika nunmehr regelrecht verdorben würden von der westlichen Zivilisation, dass die Schranke eingerissen sei. So berichtete der *Jambo* 1928 über "Das moderne Kamerun". Er beklagte die Durchmischung der Bevölkerung und darunter die Veränderung des "Negerelements":

> Der Respekt vor der weißen Rasse als etwas Höherem existiert nicht mehr! Die Mandatsregierung tut ihr übriges dazu, um die Farbigen zu einem ganz unberechtigten Selbstbewußtsein und zu affenmäßiger Arroganz zu erziehen und sie zu Karikaturen der europäischen Kultur zu machen. Die Missionare aller Konfessionen überdies verkünden den Schwarzen ja alltäglich, daß sie liebe Brüder und den Weißen gleichberechtigt und ebenbürtig sind. [...] Ungeniert toben, lärmen, grölen und schreien die Neger dazwischen, wenn Weiße reden; auf Wegen, Straßen, im Gedränge weichen sie kaum noch aus oder machen Platz, auf Schiffen, auf der Bahn, an Post- und Bahnschaltern drängen sie sich rücksichtslos vor den Europäer und werden frech und renitent, wen man sie mal irgendwo fortweist. Es ist für den Weißen mitunter von den übelsten Folgen begleitet, wenn er sich im Ärger je vergißt und einem Vertreter dieses Hosenniggertums [...] mal ein paar Ohrfeigen gibt. Es kann ihm passieren, daß er von einer Bande Parteigänger des Gezüchtigten auf offener Straße verprügelt wird oder zum mindesten vor den Richter mit schwarzen Beisitzern kommt. (*Jambo* 5, 1928: 216–217)

Die Darstellung ist charakteristisch für die Haltung der kolonialrevisionistischen und nationalistischen Bewegung der 1920er Jahre. Dahinter stand auch die Begegnung mit afrikanischen Soldaten der alliierten Besatzungstruppen am Rhein. Mit Afrikanern auf einer Stufe zu stehen oder ihnen gar unterstellt oder ausgeliefert zu sein, zumal auch sexuelle Verbindungen befürchtet wurden, wurde von nationalistischen Kreisen in Deutschland als "Schwarze Schmach", als Angriff auf die nationale Ehre und tiefe Demütigung empfunden (Wigger 2007).

Mehrfach beklagte man in der Kolonialbewegung die mangelnde Resonanz der Zeitschrift *Jambo*. Die Wahl der Kisuaheli-Grußformel 'Jambo', die also auf Ostafrika anspielte, als Titel einer deutschen Zeitschrift wurde aus völkischen Kreisen kritisiert. Auch die Inhalte der Zeitschrift waren wenig attraktiv für Jugendliche. Als Vorbilder bot der *Jambo* den Lesern zum einen die 'Helden', die 'Pioniere' des deutschen Kolonialismus an, Männer der ersten Generation wie Gustav Nachtigal (1834–1885), Hermann Wissmann und Carl Peters oder auch als Kriegshelden verehrte Offiziere wie Paul von Lettow-Vorbeck (1870–1964), der sich, so die Legende, noch über das Kriegsende hinaus in Ostafrika behauptet habe (vgl. Michels 2008). Zum anderen waren das unbekanntere Kolonialveteranen, die von ihren Erfahrungen und Abenteuern berichteten. Beschrieben wurde entweder in autobiographischer Manier die glückliche Jugendzeit in der deutschen Kolonie, die mit dem Einbruch des von bösartigen Mächten ausgelösten Kriegs ein abruptes Ende gefunden habe. Kriegsdienst oder Rückkehr nach Deutschland konnten dann auch die vorzeitige Reifung ausgelöst haben. Oder es wurde der Aufbruch junger Männer aus einem satt-selbstzufriedenen Deutschland in eine ferne, raue Welt geschildert. Diese Männer, in den *Jambo*-Geschichten ging es etwa um "Max den Rebell" oder "Fritz den Buschreiter", wurden in der Regel als Einzelgänger geschildert. Schon von klein auf in Deutschland unzufrieden mit der bürgerlichen Bildungswelt, zumal mit der aufgezwungenen, bloß aus trockenem, lebensfernem Buchwissen bestehenden Schulerziehung, zogen sie es vor, durch die Natur zu streifen und Tiere zu jagen. Im kolonialen Afrika hatten sie ihre Erfüllung gefunden. Einzelgänger waren sie zwar geblieben, doch allenthalben geachtet in den Kolonien, verehrt auch von den Einheimischen. Neuer Nachwuchs für die Kolonialbewegung konnte so nicht rekrutiert werden, vielmehr schottete sich die koloniale Gemeinschaft in nostalgischer Selbstbespiegelung geradezu ab.

Das spiegelt sich auch in den Kolonialdenkmälern, dem klassischen Medium der Vermittlung symbolisch verdichteter historisch-politischer Botschaften (das Folgende nach: Speitkamp 2000; Speitkamp 2013c). Schon in den deutschen Kolonien war eine Reihe von Denkmälern errichtet worden, beispielsweise Bismarckdenkmäler, aber auch Siegesdenkmäler, die an bestimmte Erfolge, so die Niederschlagung des Herero-Aufstandes, erinnerten wie der Reiter von Südwest, und Personendenkmäler für einzelne deutsche Kolonialisten. Ein Denkmal für Hermann von Wissmann war 1909 in Daressalam eingeweiht worden. Es bestand aus einem Granitsockel mit überlebensgroßer Bronzefigur Wissmanns, gekleidet mit Uniform und Tropenhelm, gestützt auf ein Schwert. Am Fuße des Sockels war ein etwas unterdimensional dargestellter Askari, ein afrikanischer Soldat der deutschen Schutztruppe, platziert, der die deutsche Flagge über einen erlegten afrikanischen Löwen senkte. Das Denkmal zeigte Wissmann als Eroberer, als Herrn über Afrika und die Afrikaner. Die Inschriften rühmten Wissmanns Taten und Eigenschaften in deutscher Sprache, daneben fand sich eine Inschrift in arabischer Sprache und eine weitere von einem deutschen Wissenschaftler formulierte Inschrift in Swahili, und zwar in lateinischen Buchstaben, die die einheimische Bevölkerung aufrief, sich an den klugen, tapferen und beliebten Gouverneur von Wissmann zu erinnern. Die Inschrift stellte sich durch die Formulierung in der ersten Person Plural als Würdigung Wissmanns durch die einheimische Bevölkerung dar:

> Gouverneur von Wissmann / Unser Herr von früher, / er hat die Küste beruhigt / Und uns auf den richtigen Weg gewiesen. / Unser Sultan war Wissmann, / Der mit dem 40fachen Verstande, / Er war ein Mann des Vertrauens, / Wir hatten ihn alle lieb. / Er ist nicht mehr in der Welt, / Der Besitzer der Tapferkeit im Kriege, / Schauet hin auf das Denkmal, / Damit Ihr Euch an ihn erinnert. (Becker et al. 1914: 595)

Die Inschrift drückte also aus, wie sich die Deutschen ihre Wahrnehmung durch die einheimische Bevölkerung wünschten. In den Kolonien dienten die deutschen Denkmäler als materielle und ideelle Sammelpunkte der kolonialen Gemeinschaft, die hier ihre Feste feierte, ihre Identität bestärkte, sich auch mit der indigenen Bevölkerung inszenierte und das Ergebnis dann in Postkartenform nach Hause schickte; so versuchte man, auch in der Heimat Bilder einer stolzen kolonialen Gemeinschaft zu prägen. Von daher schienen koloniale Denkmäler besonders geeignet, auch nach 1918 im Reich die Erinnerung an die Kolonien aufrechtzuerhalten. Das galt an erster Stelle für Denkmäler, die zunächst in Afrika errichtet worden waren; sie schienen die fortwährende Verbindung mit den ehemaligen Kolonien und zugleich die Erinnerung an die demütigenden Friedensbedingungen am eindringlichsten zu bündeln.

Großbritannien schickte Anfang der 1920er Jahre einige Bronzestandbilder aus ehemaligen deutschen Kolonien per Schiff nach Deutschland zurück. Dazu zählte das Wissmann-Denkmal aus Daressalam, ein Denkmal für den Kolonialoffizier Hans Dominik (1870–1910), das für Jaunde in Kamerun angefertigt worden war, aber wegen des Kriegsausbruchs 1914 nicht mehr hatte aufgestellt werden können, und ein Denkmal für Carl Peters, vorgesehen für Daressalam, aber ebenfalls nicht mehr errichtet. Diese drei Denkmäler sollten zunächst in Hamburg wiedererrichtet werden. Doch namentlich Peters war politisch höchst umstritten. So kam es 1922 nur zur Wiedererrichtung des Wissmann-Denkmals, und zwar vor der Hamburger Universität. Der Sockel wurde neu gefertigt, darauf wurde nun die Bronzestatue Wissmanns platziert. Aus Afrika mit angeliefert und am Fuß des Sockels wiedererrichtet wurden auch die Figur des Askari und der erlegte Löwe. Mit dem Askari wurde die vermeintliche Treue der Afrikaner und namentlich der Askari zu ihren deutschen Herren hervorgehoben, die fortan zur Legitimation deutscher Forderungen nach Restitution ihrer Kolonialherrschaft diente.

Für die Wiedererrichtung des Wissmann-Denkmals initiierten die Kolonialvereine 1922 eine aufwendige Einweihungsfeier. Das Reich und die Stadt Hamburg waren dort allerdings nicht durch hochrangige Vertreter zugegen. Vielmehr bestimmten kolonialrevisionistische Reden und Symbole des untergegangenen Kaiserreichs, wie die schwarz-weiß-roten Fahnen, das Bild. Die kulturelle Praxis an Denkmälern, nämlich Feiern und andere Gedenkveranstaltungen, hielt nun zwar die koloniale Gemeinschaft zusammen, aber die öffentliche Wirkung war gering. Das zeigt auch der Umgang mit dem Denkmal für Carl Peters. Das seinerzeit für Daressalam vorgesehene Monument kam nach langen Querelen um Peters' Rolle erst im Juni 1931 auf Helgoland an der Kurpromenade zur

Aufstellung. Dort konnte es nicht mehr zum Sammelpunkt der kolonialrevisionistischen Bewegung werden.

Umstritten und nicht sehr populär war auch das Projekt eines monumentalen Reichskolonialehrenmals, das wiederum nach langen Diskussionen schließlich in Bremen ausgeführt wurde. 1931 wurde das von Fritz Behn gestaltete Ehrenmal fertiggestellt. Es handelte sich um einen aus Klinkern gemauerten afrikanischen Elefanten, an dessen Sockel Plaketten mit den Bildnissen von Adolf Lüderitz (1834–1886), als Südwestafrika-Pionier verehrt, und Paul von Lettow-Vorbeck, dem Ostafrika-Offizier, angebracht waren. Die Einweihung konnte wegen kommunaler Auseinandersetzungen um die politische Botschaft erst im Juli 1932 erfolgen. Wieder dominierte die Symbolik des Kaiserreichs, und Lettow-Vorbeck selbst hielt, gekleidet in kaiserlicher Schutztruppenuniform, eine Rede, in der er eine aktive und aggressive Kolonialpolitik verlangte.

Denkmäler sind Übersetzungsmedien, das gilt auch für die kolonialrevisionistischen Denkmäler, aber diese blieben der Weimarer politischen Kultur fremd, sie dokumentierten eher eine ferne Vergangenheit als eine offene Zukunft. Koloniale Jugendpropaganda und Denkmalpolitik machten deutlich, dass der koloniale Gedanke in der Weimarer Republik an den Rand rückte.

3 Deutscher Kolonialismus und Anfänge der Afrikawissenschaft – das Beispiel Leo Frobenius

Die Kolonialbewegung widmete sich aber nicht nur dem politischen Kampf um Revision. Heinrich Schnee, Verfasser der Kampfschrift zur Kolonialschuldlüge, veröffentlichte 1920 ein noch zur Zeit der deutschen Kolonialherrschaft fertiggestelltes dreibändiges Koloniallexikon. Das Werk dokumentierte nicht nur die deutsche Expansion, sondern auch die Kultur in den eroberten Territorien, indigene Bauformen, Alltagsgegenstände, Musikinstrumente, Traditionen und Sitten. Es übersetzte das Fremde für ein europäisches Publikum, präsentierte einen Kontinent der Vielfalt tradierter Volkskultur. Solche Sammlungen von Reisenden, Missionaren, Beamten und Kolonialisten bildeten auch den Ausgangspunkt der entstehenden Afrikawissenschaft. Darüber hinaus wurden auch zoologische Gärten und Naturkundemuseen von Kolonialreisenden mit Exemplaren aus der afrikanischen Fauna – lebendig oder präpariert – ausgestattet. Derart wurden Beispiele exotischer Kultur und Natur nach Deutschland vermittelt. Einer der einflussreichsten Vermittler zwischen Afrika und Europa in den ersten Jahrzehnten des 20. Jahrhunderts war der deutsche Afrikaforscher, Anthropologe, Ethnologe und Kulturhistoriker Leo Frobenius (1873–1938). Immer wieder wurde ihm zwar von anderen Afrikaforschern mangelnde Kompetenz vorgehalten. Er verstehe afrikanische Sprachen nicht, schenke den Erzählungen indigener Dolmetscher blindes Vertrauen, präsentiere in Afrika Wahrgenommenes und Gesammeltes – Märchen, Erzählungen, Mythen – nur in (sprachlich) übersetzter Form in Deutschland und ziehe daraus weitreichende Schlüsse über afrikanische Kultur, ohne Qualität und Inhalt der Übersetzung überprüfen zu können. Frobenius scheint das wenig beeindruckt zu haben. Er wollte Erfahrungen und Wissen vermitteln und das Bild Afrikas als eines dunklen und barbarischen Kontinents korrigieren. Dabei halfen ihm seine afrikanischen Ansprechpartner und Übersetzer.

Leo Frobenius war wie viele frühe Afrikawissenschaftler Autodidakt (das Folgende nach: Speitkamp 2013b). Er legte nie das Abitur ab und absolvierte auch kein Studium. Vermutlich weckten familiäre Einflüsse – der Großvater war Direktor des Zoologischen Gartens von Berlin – seine Neugier auf Afrika. Als Siebzehnjähriger verfasste Leo Frobenius eine erste, ungedruckt gebliebene Schrift über Hermann Wissmann und dessen Afrikareisen. Bereits mit 21 Jahren veröffentlichte er sein erstes Buch, und zwar über die *Geheimbünde Afrikas*. Mehr als 50 weitere Bücher folgten, darunter schon 1898 eine Arbeit über den *Ursprung der afrikanischen Kulturen*. 1898 gründete er eine Forschungsstelle, die 1925 der Frankfurter Universität angegliedert wurde und heute noch existiert, mittlerweile selbst nach ihrem Gründer benannt. 1932 wurde Frobenius aufgrund seiner Studien zum Honorarprofessor der Universität Frankfurt am Main ernannt, 1934 wurde er Direktor des Frankfurter Völkerkundemuseums (Kohl & Platte 2006).

Frobenius sammelte einen großen Kreis an Unterstützern, Mitarbeiterinnen und Mitarbeiter an seinem Institut, in der Wissenschaft und auf Reisen um sich. Auch in der Presse fand er ungewöhnlich große Resonanz. Er wusste sich in der Öffentlichkeit als Abenteurer und Forscher zu inszenieren; er ritt sogar einmal im Tropenanzug in einen Zirkus ein. Frobenius' Wirkung ging also weit über den akademischen Bereich hinaus, sie entfaltete ihre eigentliche Durchschlagskraft außerhalb der Universitäten, an denen die moderne Ethnologie und die Afrikawissenschaften erst im Entstehen waren. Frobenius war auch in dieser Perspektive ein Multiplikator und Übersetzer: Er suchte die Öffentlichkeit, er wollte Wirkung erzielen. Dabei war er kein prinzipieller Gegner des Kolonialismus. 1907 und 1909 unternahm er seine Expeditionen mit finanzieller Unterstützung des Reichskolonialamtes. 1912 trug er zum ersten Mal Kaiser Wilhelm II. vor, daraus entwickelte sich eine recht enge Beziehung, die auch noch bis in die 1930er Jahre anhielt; 1933 widmete Frobenius seine *Kulturgeschichte Afrikas* dem ehemaligen deutschen Kaiser, der seine Reisen weiterhin finanziell unterstützte. Frobenius, schon 1914 zum Geheimrat ernannt, berichtete Wilhelm in Briefen von seinen Afrikareisen und organisierte auch die sogenannte 'Doorner Arbeitsgemeinschaft'; hier hielt er Vorlesungen vor dem exilierten Kaiser.

Frobenius betrieb auf der einen Seite Detailforschung und Materialsammlung. Zwischen 1904 und 1935 unternahm er zwölf Forschungsreisen in unterschiedliche afrikanische Regionen. Er sammelte und dokumentierte afrikanische Erzählungen und Märchen, fotografierte Felsbilder, namentlich in der Sahara und im südlichen Afrika, oder ließ sie abzeichnen, und sammelte Gegenstände wie Masken und Waffen. Diese Dinge nutzte er zur Kategorisierung und Charakterisierung von Völkern und Kulturen. Darüber hinaus bezog er kulturelle Praktiken ein, um Gruppen zu beschreiben und Gemeinsamkeiten und Verwandtschaften zwischen Gruppen und über Regionen hinweg zu belegen.

Auf der anderen Seite ging es Frobenius um eine weit ausgreifende Zusammenschau und Deutung der Kulturen Afrikas und der Welt. Dazu diente ihm zunächst das Konzept der Kulturkreise. Bereits 1897 in der Darstellung *Der westafrikanische Kulturkreis* und ein Jahr später in dem Werk über den *Ursprung der afrikanischen Kulturen* entwarf er die Vorstellung eines Kulturkreises als eines "selbständigen Organismus", als "eignes Lebewesen", das "Geburt, ein Kindes-, ein Mannes- und ein Greisenalter erlebt" (Frobenius [1920] 1953: 9). Diese Vorstellung war zunächst stark von den naturwissenschaftlichen Ideen und Denkweisen der Zeit bestimmt. Frobenius betonte dann zunehmend die organischen Gestaltungen des Lebens, dieses "organische Leben" sei "seiner Natur entsprechend lediglich der lebendigen Intuition zugänglich" (Frobenius [1920] 1953: 12). Zu suchen galt es aus dieser Perspektive die Seele eines Volkes und einer Kultur, die Kulturseele; *Paideuma* war daher das Stichwort, das 1921 auch zum Titel eines Werkes mit dem Untertitel: *Umrisse einer Kultur- und Seelenlehre* wurde. Der Forscher hatte sich demnach seinem Gegenstand nicht analysierend, sezierend zu nähern, sondern sehend, beschreibend, empathisch, einfühlend, auch ergriffen, überwältigt. Tiefenschau, Einfühlung und Ergriffenheit waren Schlüsselwörter in Frobenius Theorie und Ansatz. Mittlerweile war, am Ausgang des Ersten Weltkrieges, Oswald Spenglers kulturmorphologisches Werk über den *Untergang des Abendlandes* erschienen. Frobenius sah sich allerdings nicht als Nachfolger Spenglers, wie es später gedeutet wurde, sondern ganz umgekehrt diesen als seinen Nachfolger.

Die Kulturmorphologie, der sich Spengler und Frobenius verschrieben hatten, spiegelte die Grundstimmung der Zeit, dies umso mehr, als sich beide von naturwissenschaftlichen Methoden abkehrten und Intuition und Einfühlung als

Methode wie auch als Ziel der Deutung nutzen wollten. Völker waren demnach nicht durch Biologie, Sprache, Kultur oder Politik als Einheit definiert, sondern durch ihre Kollektivseele. Für die akademischen Kritiker war das die Abkehr von der wissenschaftlichen Methode und der wissenschaftlichen Deutung. Frobenius führte den Ansatz allerdings wirkungsvoll in seinen unzähligen Büchern aus: Die Kulturseele war nach seiner Vorstellung in allen Lebensäußerungen erkennbar, in den Dingen, der Architektur und den Traditionen. So kartographierte er soziokulturelle Erscheinungen, um die Reichweite eines Kulturkreises und seiner Kulturseele festzustellen, etwa Phänomene wie Pfahlbetten und Erdbetten. Er speiste die Befunde in die Hamiten- und Äthiopen-Theorie ein. Die Hamiten, die nord- und südafrikanischen Kulturen, waren in seinem Modell kulturlos. Sie waren mechanistisch und materialistisch ausgerichtet, und sie waren seiner Deutung nach der Magie und dem Schamanentum zugeneigt. Die zentralafrikanischen Kulturen dagegen zählte Frobenius zu den Äthiopen; diese standen bei ihm für Mystik und Transzendentes. Dabei kam Frobenius unter anderem zu dem Ergebnis, dass die zentralafrikanischen Kulturen, im Unterschied zu den nord- und südafrikanischen, den Deutschen eng verwandt seien zum Beispiel in ihrer Achtung vor Gemeinschaft, Natur und Familie. Die Nordafrikaner dagegen seien eher den Franzosen, Engländern und Amerikanern verwandt. Kulturkreise waren also nicht geographisch oder ethnisch bestimmt, sondern allein durch die freie, quasi transkontinentale Kulturseele. Diese Sicht spiegelte die zeittypische Polarisierung von Deutschen und Franzosen, von Kultur und Zivilisation in der nationalen Propaganda.

Für den Blick auf Afrika war freilich noch etwas anderes wichtig: Kultur war nicht an den Westen gebunden, sondern konnte auch in Afrika beheimatet sein. Denn Afrika war für Frobenius kein geschichts- und kulturloser Kontinent, sondern ein Kontinent im Kindheitsstadium. Das war auf den ersten Blick nicht originell, war doch die gesamte Kolonialliteratur durchdrungen von der Vorstellung, Afrikaner seien als Kinder anzusehen, als unreif, unberechenbar und anhänglich, spontan und gefühlsbestimmt, erziehungsbedürftig und treu. Nur wertete Frobenius das nicht als Zeichen von Minderwertigkeit, wie seine Zeitgenossen, sondern als Ausdruck von besonderer Dignität und besonderem kulturellen Charakter. Erforderlich seien nicht Erziehung und Disziplinierung der Afrikaner, vielmehr müssten das Reine, Empfindungsstarke bewahrt werden. Afrika sei zum Aufbruch bereit, anders als die quasi erwachsenen europäischen Völker, die in Mechanik erstarrt seien. Und deshalb war afrikanische Kultur nicht zu zerstören, sondern vor der Zivilisation der Europäer zu schützen. In diesem Zusammenhang kam Frobenius zu einer Aufwertung afrikanischer Kultur, mit der er in seiner Zeit noch allein stand:

> Nicht als ob die ersten europäischen Seefahrer des späteren Mittelalters nicht schon höchst bemerkenswerte Beobachtungen ähnlicher Art gemacht hätten. Als sie in den Bai von Guinea kamen und bei Weida das Land betraten, waren die Kapitäne sehr erstaunt. Sorgfältig angelegte Straßen, auf vielen Meilen ohne Unterbrechung eingefaßt von angepflanzten Bäumen; Tagereisen weit nichts als mit prächtigen Feldern bedecktes Land, Menschen in prunkenden Gewändern aus selbstgewebten Stoffen! Weiter im Süden dann, im Königreiche Kongo, eine Überfülle von Menschen, die in 'Seide und Samt' gekleidet waren, eine bis ins kleinste durchgeführte Ordnung großer, wohlgegliederter Staaten, machtvolle Herrscher, üppige Industrien, – Kultur bis in die Knochen! Als ebendies erwies sich der Zustand in den Ländern auf der Ostseite, zum Beispiel an der Mozambiqueküste.
>
> Aus den Berichten der Seefahrer vom 15. bis zum 17. Jahrhundert geht ohne jeden Zweifel hervor, daß das vom Saharawüstengürtel gen Süden sich erstreckende Negerafrika damals noch in der vollen Schönheit harmonisch wohlgebildeter Kulturen blühte. Eine 'Blüte', die europäische Konquistadoren, soweit sie vorzudringen vermochten, zerstörten. Denn das neue Land Amerika brauchte Sklaven; Afrika bot Sklaven. Sklaven zu Hunderten, Tausenden, schiffsladungsweise! Der Menschenhandel war jedoch niemals ein leicht zu verantwortendes Geschäft. Er erforderte eine Rechtfertigung. So wurde der Neger zu einem Halbtier 'gemacht', zu einer Ware. [...]
>
> Die Vorstellung vom 'barbarischen Neger' ist aber eine Schöpfung Europas, die dann rückwirkend Europa noch bis in den Anfang dieses Jahrhunderts beherrscht hat. (Frobenius [1933] 1993: 13–14)

Frobenius beschrieb hier auch einen Transfer von Sichtweisen und den konstruktiven Charakter der beobachteten Realität. Europäer hatten ein Bild von Afrika, das sie in den Kontinent hineinprojizierten – sie konnten am Ende nichts anderes finden als genau das, was sie zu wissen glaubten.

Ebenso bemerkenswert war, dass Frobenius den europäischen Einfluss und auch den Kolonialismus ambivalent beurteilte. Er brauchte den Kolonialismus selbst, um nach Afrika vorzudringen, und er glaubte auch an einen segensreichen Vorsprung und Einfluss des Westens. Aber er beklagte zugleich das Zerstörungswerk des Westens in den Kolonien. Über das Kasai-Gebiet im Inneren Afrikas, wo er noch 1906 prachtvolle Alleen und gesittete, würdevolle Menschen getroffen habe, schrieb er:

> Ich kenne kein Volk des Nordens, das diesen Primitiven in solcher Ebenmäßigkeit der Bildung vergleichbar wäre. Ach! auch diese letzten 'Inseln der Seligen' wurden mittlerweile von den Sturzwellen europäischer Zivilisation überflutet. Und die friedliche Schönheit wurde fortgespült. (Frobenius [1933] 1993: 15)

Der europäische Einfluss hatte demnach die unberührten, reinen, würdevollen und gesitteten Kulturen der überseeischen indigenen Völker zerstört.

Die Geschichte von Frobenius hatte noch ein Nachwirken. Frobenius wurde in der Zwischenkriegszeit sehr intensiv im frankophonen Bereich rezipiert. Seine Kulturgeschichte Afrikas von 1933 erschien 1936 auf Französisch, andere Werke folgten. Französische Wissenschaftler und vor allem junge Afrikaner und aus Afrika stammende Bewohner der Karibik, die sich in Paris aufhielten, rezipierten ihn, darunter Léopold Sédar Senghor (1906–2001), der afrikanische Dichter und Politiker, Präsident des Senegal von 1960 bis 1980, und Aimé Césaire (1913–2008), ebenfalls Dichter und Politiker. Beide waren Wortführer der Bewegung der Négritude, des frankophonen Pendants zum eher anglophonen Panafrikanismus. Die Autoren der Négritude hörten hier erstmals von einem europäischen Wissenschaftler, der Afrikanern Kultur zubilligte, und sie fühlten sich mit dem Verweis auf die afrikanische Seele verstanden. Senghor beschwor in seinen Gedichten, Liedern und Büchern immer wieder die afrikanische Seele, er hob die afrikanische Landschaft, Natur, Tradition, Heimat, das bäuerliche Leben, die afrikanische Frau, afrikanisches Gemeinschaftsgefühl und Familiensinn hervor und kontrastierte sie scharf mit westlichen Idealen und kulturellen Verhaltensweisen.

1968 schließlich veröffentlichte Senghor einen Vortrag über *Négritude et germanisme*, die im selben Jahr erschienene deutsche Übersetzung trug den unverfänglicheren Titel *Afrika und die Deutschen*. Hier betonte er ausdrücklich, wie tief ihn Frobenius beeinflusst habe, wie sehr gerade Frobenius das Wesen Afrikas verstanden habe, eben in den verbindenden kollektiven Werten, wie sie oben aufgeführt wurden, auch in den Kulturkreisideen und kulturmorphologischen Vorstellungen. Frobenius galt Senghor in dieser Perspektive als der erste Europäer, der Afrika und seine Seele wirklich durchdrungen und erfasst habe, der Afrika die Würde zurückgegeben habe. Derartige Vorstellungen finden sich bis heute in panafrikanischen Deutungen und philosophischen Ansätzen. Auch im Panafrikanismus lassen sich wichtige Spuren davon finden, nämlich zum Beispiel im Konzept einer 'African personality', wie es der ghanaische Politiker Kwame Nkrumah entwarf.

So war Frobenius, obwohl er im wörtlichen Sinn nicht übersetzen konnte, vielleicht einer der wichtigsten Übersetzer afrikanischer Kultur im frühen 20. Jahrhundert. Er wurzelte noch im deutschen Kolonialismus und prägte doch bis heute nicht nur die Afrikawissenschaft, sondern auch europäische und afrikanische Afrikabilder. Insofern ist die Geschichte des deutschen Kolonialismus die Geschichte beständiger Vermittlungen und Wechselwirkungen, angefangen von Mirambo, Wissmann und Tippu Tip bis zu Frobenius und Senghor. Was daran deutsch, afrikanisch oder europäisch ist, lässt sich in den Prozessen wechselseitiger Transfers freilich nicht mehr sinnvoll voneinander abgrenzen. In postkolonialer Perspektive ist wichtiger, dass aus der Geschichte des Kolonialismus Neues, nicht Vorhergesehenes, Drittes entstand. Dazu zählt auch die Afrikawissenschaft, die sich in der Auseinandersetzung mit den ersten dilettierenden

Anfängen eines Leo Frobenius zu einer eigenen, transkontinental angelegten Disziplin entwickelte.

Kommentierte Literaturhinweise

Als hilfreiche Einführung in die Geschichte des Kolonialismus und die grundlegenden Begriffe dient **Osterhammel & Jansen (2012)**. Einen materialreichen Überblick über die Geschichte der einzelnen deutschen Kolonien bietet **Gründer (2012)**, der auch die einzige breit angelegte Quellenauswahl zur deutschen Kolonialgeschichte vorgelegt hat (**Gründer 1999**). Eine systematische Übersicht über Aktions- und Wirkungsfelder des deutschen Kolonialismus unter Einschluss der kolonialen Erinnerungskultur findet sich bei **Speitkamp (2014)**. Während die ältere Forschung vor allem Wirtschaft und Herrschaft in den Kolonien in den Blick genommen hat, erschließt die jüngere Forschung neue Themenfelder wie koloniale Gewalt und Kolonialkriege (**Kuß 2012; Zimmerer & Zeller 2003; Becker & Beez 2005**) sowie die Erinnerung an die Kolonialherrschaft (**Zimmerer 2013**). Auch Rückwirkungen und Relikte der kolonialen Zeit in Deutschland geraten aus postkolonialer Perspektive zunehmend in den Blick (**Van der Heyden & Zeller 2007**).

Matthias Schulz
2 Sprachgeschichte des deutschen Kolonialismus. Korpuslinguistische Aspekte

Wichtige Konzepte: Korpuslinguistische Arbeitsschritte, Korpusaufbau, Korpusrecherche, Korpusauswertung, Quellenbereiche für die Erstellung koloniallinguistischer Korpora

1 Fragestellungen der Koloniallinguistik und ihre Untersuchungsbasis

Die Themen Kolonialismus und Kolonialität und ihre sprachlichen Implikationen finden seit einiger Zeit auch in der germanistischen Sprachwissenschaft eine stärkere Beachtung. In programmatischen Beiträgen und Einzelstudien wurden Forschungsfelder der Koloniallinguistik umrissen (vgl. etwa Engelberg & Stolberg 2012b sowie Dewein et al. 2012), in denen "koloniale Machtkonstellationen in ihrer Verschränkung mit sprachlichen Gegenständen" (Dewein et al. 2012) erforscht werden. Neben der Arbeit an Einzelstudien und Forschungsprojekten werden mittlerweile an einer Reihe von Universitäten regelmäßig germanistische Lehrveranstaltungen zu koloniallinguistischen Themen angeboten. Die dabei behandelten Themen erfordern einen Zugang zu den Quellentexten. Damit stellt sich die Frage nach einer Untersuchungsgrundlage für die sprachwissenschaftliche Analyse koloniallinguistischer Themen in gleicher Weise für Seminar-, Haus- und Abschlussarbeiten oder für das Erstellen wissenschaftlicher Poster. Auch für solche Arbeiten und Projekte sind sowohl die Kenntnis über entsprechende Quellen als auch das Sammeln von Informationen über Möglichkeiten der Zusammenstellung eines Untersuchungskorpus von hoher Bedeutung.

Eine Auswahl von möglichen germanistisch-sprachwissenschaftlichen Themenbereichen und Forschungsfragen zu kolonialzeitlichen und postkolonialen sprachlichen Strukturen und Verwendungen ist hier stichpunktartig wiedergegeben:

Matthias Schulz: Universität Würzburg, Institut für Deutsche Philologie, Am Hubland, 97074 Würzburg, matth.schulz@uni-wuerzburg.de

- Analysen zu hochfrequenten Wörtern in Texten mit kolonialem Bezug
- Analysen zu usuellen lexikalischen Feldern in Texten mit kolonialem Bezug
- Differenzwortschatzanalysen (z.B. zu Wörtern wie *Schutzbrief, Passmarke, Kolonialsport*)
- Lexikologisch-semantische Analysen zum Stigmatisierungsgehalt von Wörtern zu einer bestimmten Zeit (z.B. *Askari, Baas, Bambuse, Dagga, Kaffer, Kuli*)
- Lexikologisch-semantische Analysen zu kolonialen Namen
- Analysen der Vertextungs- und Argumentationsstrukturen in Texten mit kolonialem Bezug: Analyse von syntaktischen Mustern, hochfrequenten Metaphern, Präsuppositionen und dergleichen
- Analysen zu den Strukturen und Verläufen kolonialzeitlich oder postkolonial relevanter Diskurse (z.B. zu 'Hebung', 'Kultivierung' und 'Erhaltung' der 'Eingeborenen', zur so genannten 'Kolonialschuldlüge' oder zur Namenvergabepraxis)
- Analysen zum öffentlichen Sprachgebrauch der Kaiserzeit und der Weimarer Republik in Bezug auf Kolonien und koloniale Themen
- Analysen zu Lehnwörtern in Texten mit kolonialem Bezug (in indigenen Sprachen und im Deutschen)
- Analysen zu sprachgeschichtlichen Fragen wie etwa zum sog. 'Siedlerdeutsch' als einer von europäischen und indigenen Sprachen beeinflussten Mischform
- Analysen zum Lerngegenstand Deutsch für indigene Bevölkerungsgruppen in der Kolonialzeit (und danach)

In diesem Kapitel soll es um Fragen einer empirischen Fundierung für koloniallinguistische Themen und Gegenstände und insbesondere um einen korpuslinguistischen Zugang zu diesem Themenbereich gehen. Die auf Korpora zugreifende Arbeitsweise wird zunächst als wissenschaftliche Praxis beschrieben (Kapitel 2) und daraufhin auf koloniallinguistische Fragestellungen bezogen (Kapitel 3 bis 7).

2 Korpuslinguistischer Zugang zu sprachwissenschaftlichen Fragestellungen

In einem korpuslinguistischen Zugriff untersucht die germanistische Sprachwissenschaft sprachliche Phänomene und Strukturen auf empirischer Grundlage. Dabei geht sie in der Regel in drei großen Arbeitsschritten vor: Korpuswahl/Korpusaufbau, Korpusrecherche, Analyse der Recherchebefunde.

2.1 Korpuswahl bzw. Korpusaufbau

Am Anfang sprachwissenschaftlicher und sprachhistorischer Arbeiten steht eine Fragestellung, die auf objektsprachlichen Beobachtungen oder der Bildung einer Hypothese beruht. Eine solche Fragestellung kann sehr offen und allgemein, aber auch bereits sehr speziell sein. Für ihre Beantwortung muss spezifisch nach dem für diese Untersuchung relevanten Material gefragt werden. Ob es sich dabei nun beispielsweise um Texte einer Autorin oder eines Autors, um Texte zu einem Themenbereich oder um Texte zu diversen Themen oder Diskursen (hier zunächst ganz allgemein als Menge von Texten zu einem Thema verstanden) handelt: Sobald mehr als ein Text zu berücksichtigen ist, muss entweder die begründete Wahl eines bereits bestehenden Untersuchungskorpus, eine Auswahl aus einem solchen Korpus oder der Aufbau eines neuen, eigenen Korpus erfolgen.

Als **Korpus** gilt eine kriterienbasiert zusammengestellte, strukturierte (und in der Regel elektronisch verfügbare und recherchierbare) Sammlung sprachlicher Daten (zum Beispiel Texte oder Teiltexte). Mit einem Korpus können sprachliche Phänomene ermittelt und Hypothesen über sprachliche Phänomene überprüft werden. Hinweis: In der Lesart 'strukturierte Sammlung sprachlicher Daten' ist das Genus des Wortes *Korpus* Neutrum: _das Korpus_.

Während die ältere Forschung vor allem mit analogen Text- und Zettelkorpora gearbeitet hat, sind mittlerweile digital verfügbare und recherchierbare Korpora üblich. Analoge Korpora sind weitgehend statisch, eine Sortierung nach wechselnden Kriterien ist mühsam oder sogar unmöglich. Digital verfügbare Korpora sind hingegen flexibel in ihren Sortierungsmöglichkeiten und damit auch für Weiternutzungen attraktiv. Weitere Vorteile liegen in der Archivierbarkeit und damit auch in der Benutzung an unterschiedlichen Orten und zu unterschiedlichen Zeiten.

Der Korpusaufbau umfasst allgemeine korpustheoretische Entscheidungen, das kriteriengeleitete Erheben von spezifischen Teiltexten oder Texten und – in der Regel – die **Digitalisierung** des Textmaterials. Eine gute Auswertbarkeit und Weiternutzung der Texte wird durch die Beachtung der Vorgaben des TEI-Kodierungsstandards (Text Encoding Initiative, vgl. http://www.tei-c.org) gewährleistet. Bei der Umsetzung können XML-Editoren helfen. Der kostenfreie 'oXygen XML Editor' bietet dazu eine komfortable Möglichkeit (http://www.oxygenxml.com). Auch die virtuelle Forschungsumgebung 'TextGrid' stellt einen solchen Editor kostenfrei zur Verfügung (http://www.textgrid.de).

Die Korpustexte können als *Primärdaten* mit weiteren Informationen versehen werden (**Annotation**). Zur Annotation von *Sekundärdaten* zählen hinzugefügte linguistische Informationen wie etwa Angaben zu Wortart und Flexion. Bei gegenwartssprachlichen Texten können sogenannte Tagging-Werkzeuge wie der 'TreeTagger' oder der 'RFTagger' eine große Hilfe sein (Links am Ende des Kapitels). Neben morphosyntaktischen Annotationen können auch lexikologische oder semantische Annotationen, zum Beispiel zu Hervorhebungen im Text, zur Textstruktur oder zu einzelnen Wörtern angefügt werden. Als *Tertiärdaten* gelten schließlich übergreifende Angaben (**Metadaten**), beispielsweise zur Autorschaft, der Entstehung oder der Publikation der Texte.

Die Entscheidungen der Korpuszusammenstellung müssen dokumentiert werden (**Dokumentation**).

Ein Korpus sollte schließlich noch vor der spezifischen Recherche überprüft werden (**Evaluation**). Hier bietet sich zum Beispiel die Frage nach der angemessenen Abbildung wortschatzstruktureller Grundeigenschaften an, die durch das Heranziehen lexikologischer Forschungsergebnisse (etwa zur Verteilung der höchstfrequenten Wortschatzeinheiten (*types*) oder der Anfangsbuchstaben von Wortformeneinheiten (*token*) im Text) oder durch den Vergleich mit einem Referenzkorpus erreicht werden kann (Tschirner 2005, Jones & Tschirner 2006).

Es versteht sich von selbst, dass Korpora als Daten gesichert werden sollten. Für kleinere Projekte kann an temporäre Lösungen wie die doppelte Sicherung mit externen Festplatten gedacht werden, für größere Projekte kommen virtuelle Forschungsumgebungen für die Geistes- und Kulturwissenschaften wie etwa DARIAH-DE in Frage (http://de.dariah.eu), die neben dem sicheren Speichern der Daten auch das kollaborative Arbeiten ermöglichen.

2.2 Korpusrecherche

An das gewählte oder erstellte Untersuchungskorpus werden die anfangs, noch vor der Korpuswahl oder -erstellung formulierten sprachwissenschaftlichen Ausgangsfragen oder -hypothesen herangetragen. Man unterscheidet zwischen einer *korpusbasierten* ('corpus-based') und einer *korpusgeleiteten* ('corpus-driven') Vorgehensweise. Korpusbasierte Fragestellungen ermitteln spezifische Vorkommen konkreter (und bekannter) sprachlicher Phänomene im Korpus, während ein korpusgeleitetes Vorgehen auch Strukturen und Regularitäten erheben will, die nicht von vornherein bekannt sind.

Korpusrecherchefragen lassen sich mitunter – zumindest bei eng zugeschnittenen, kleinen Korpora – auch bereits durch das lesende Auswerten der ausgewählten Korpustexte und das manuell-notierende Strukturieren und Kategorisieren von Texteinheiten beantworten. In vielen Fällen stellt jedoch unabhängig von der Korpusgröße der **Einsatz von korpuslinguistischen Recherchetools** eine große Hilfe dar, wenn aus Korpora im Rahmen von Suchroutinen beispielsweise *keywords*, *Mehrworteinheiten* (wie *Trigramme*), *Kollokationen* oder *Kookkurrenzcluster* erhoben werden. Es gibt leistungsstarke, von Linguisten entwickelte Tools im Bereich der Freeware wie zum Beispiel *AntConc* von Laurence Anthony (http://www.laurenceanthony.net/software.html) oder das *LDA-Toolkit* von Friedemann Vogel (http://www.friedemann-vogel.de/software/lda-toolkit). Beide Tools sind nach kurzer Einübungszeit auch von Einsteigern gut beherrschbar. Über die genannten Einheiten sowie über die Tools und ihre Anwendung informieren korpuslinguistische Einführungen (z.B. Scherer 2006 sowie der Online-Kurs von Noah Bubenhofer: http://bubenhofer.com/korpuslinguistik/kurs/).

Mit Recherchetools können auch in größeren Korpora effektiv sprachliche Muster und Strukturen aufgedeckt und sortiert werden. Solche Erhebungsergebnisse bilden das 'Rohmaterial' für eine sprachwissenschaftliche Analyse.

2.3 Analyse der Recherchebefunde

Die Ergebnisse der Korpuserhebung müssen schließlich sprachwissenschaftlich untersucht und erklärt werden. Dieser Schritt steht im Kontext der etablierten **Arbeitsweisen der empirisch-analysierenden Sprachwissenschaft**, die hier nicht erneut ausgeführt werden können. Sie werden in Einführungslehrwerken (Rothstein 2011; Bergmann et al. 2010) beschrieben; Studienbücher stellen musterhafte Untersuchungsabläufe zu einzelnen Ebenen des Sprachsystems vor (zur Wortebene etwa Schlaefer 2009, zum Text etwa Brinker 2010 sowie Riecke et al. 2004, zu Textsorten Fandrych & Thurmair 2011, zur Diskursebene Spitzmüller & Warnke 2011 sowie Niehr 2014). Monographien zeigen schließlich das breite Spektrum möglicher Ergebnisse korpusbezogener Analysen (etwa Stötzel & Eitz 2002, Bubenhofer 2009, insbes. Kap. 10–14, Vogel 2009, Kämper 2012).

Die genannten Schritte (1–3) zeigen den noch allgemein gehaltenen 'Fahrplan' für einen korpuslinguistischen Zugang zu koloniallinguistischen Fragestellungen. **Es versteht sich von selbst, dass allen Schritten eine gleich hohe Aufmerksamkeit zuteilwerden muss:** Die Recherche in einem Korpus (Schritt 2) kann nur dann verlässliche Resultate erbringen, wenn die Auswahlkriterien des Korpus (Schritt 1) stringent und der Fragestellung angemessen sind. Die Analyse der Rechercheergebnisse (Schritt 3) führt ihrerseits nur dann zu nachvollziehbaren und der Fragestellung angemessenen Daten, wenn die Recherche im Korpus exakt durchgeführt wurde (Schritt 2) und das Korpus selbst wissenschaftlich verlässlich (Schritt 1) ist. Erst die Verbindung der genannten Schritte ist zielführend: Eine Untersuchung, die sich (unter Umgehung von Schritt 1) nur auf eine nicht intersubjektiv nachprüfbare kleine Auswahl von Textzitaten bezieht, ist ebenso problematisch wie das ambitionierte Ausführen elektronischer Tools (Schritt 2) ohne nachfolgende sprachwissenschaftliche Analyse der erhobenen Daten (Schritt 3).

| Korpuswahl/ | → | Korpusrecherche | → | Analyse der |
| Korpusaufbau | | | | Korpusrechercheergebnisse |

Abb. 1: Korpuslinguistischer Zugang im Dreischritt.

Im Folgenden geht es vor allem um die Grundlage des korpuslinguistischen Zugangs zu Fragen der Koloniallinguistik, also um den ersten Schritt (Korpuswahl beziehungsweise Korpusaufbau). Da bestehende Korpora für die Untersuchung koloniallinguistischer Themen derzeit nur begrenzt genutzt werden können (Kapitel 3), sollen Rahmenbedingungen für die Erstellung eines speziell auf sprachwissenschaftliche Fragestellungen zu Kolonialismus und Kolonialität zugeschnittenen Korpus erläutert werden (Kapitel 4). Die darauf folgenden Abschnitte (Kapitel 5 und 6) beschäftigen sich anhand von Beispielen mit der Thematik der Quellenauswahl. Dazu werden wichtige Textbereiche und Texttypen exemplarisch vorgestellt und erläutert.

3 Verwendung bestehender Korpora für koloniallinguistische Fragestellungen: Grenzen der Nutzung

Vor der Erstellung eines eigenen Korpus ist zu prüfen, ob bereits existierende Korpora genutzt werden können. Die Antwort auf diese Frage ist abhängig von der gewählten Fragestellung, grundsätzlich zeigt eine Sichtung bestehender Korpora jedoch nur sehr geringe Überschneidungsmengen und Auswertungsmöglichkeiten in Bezug auf koloniallinguistische Fragestellungen. Das Historische Korpus des IDS, das Deutsche Referenzkorpus DeReKo (beide recherchierbar mit dem Korpusrecherchesystem COSMAS unter http://www.ids-mannheim.de), das historische Referenzkorpus der Initiative Deutsch Diachron Digital (http://www.deutschdiachrondigital.de), das DWDS-Korpus und auch das

Korpus im Bereich des Deutschen Textarchivs (http://www.dwds.de) kommen als Korpora zumindest für kolonialzeitbezogene Fragestellungen (vgl. Abschnitt 1) nur sehr begrenzt in Frage (dazu ausführlicher Schulz 2015).

Spezifisch auf koloniale (und begrenzt auch auf postkoloniale) sprachliche Phänomene bezogene Korpora werden derzeit an der Universität Bremen erstellt. Das Bremische Basiskorpus Deutscher Kolonialismus (BBDK) will ein exemplarisches, nach Zeitschnitten und Textsorten gestreutes Volltextkorpus erstellen (Warnke & Schmidt-Brücken 2013). Das Digitale Deutsche Kolonialarchiv (DDKA) will Texte des Kolonialdiskurses aus der Zeit von 1884–1919 zusammenstellen und geht dafür von den Beständen der Staats- und Universitätsbibliothek Bremen aus (http://www.culcc.uni-bremen.de/forschung/ddka/). In beiden Fällen zeichnet sich erstmals eine speziell für koloniallinguistische Fragestellungen der eng begrenzten Kolonialzeit selbst relevante Quellenauswahl ab (Warnke & Schmidt-Brücken (im Druck)). Damit wird die unbefriedigende Quellen-Situation der Koloniallinguistik besonders für zukünftige korpuslinguistische Untersuchungen deutlich verbessert; das Nachdenken über einen eigenen Korpusaufbau für spezifische Fragestellungen wird aber natürlich auch nach der Fertigstellung dieser Korpora erforderlich sein. Fragen der Korpuserstellung werden insofern auch nach der Veröffentlichung eine zentrale Aufgabe für die Bearbeitung koloniallinguistischer Forschungsfragen bleiben.

4 Erstellung neuer Korpora für koloniallinguistische Fragestellungen: Festlegung von Rahmenbedingungen

Zunächst sind grundsätzliche Entscheidungen über den Zuschnitt des anzulegenden Korpus zu treffen. Die erste Entscheidung betrifft den **Korpustypus**: *Gesamtkorpus* oder *Auswahlkorpus*? Ein *Gesamtkorpus* erscheint selbst für einen bestimmten, thematisch eng begrenzten Diskurs wie etwa den Diskurs über die Bewertung des Krieges gegen die Herero praktisch kaum realisierbar. Das gilt erst recht für Einheiten wie **den** Kolonialdiskurs, der seinerseits aus einer ganzen Reihe von miteinander in Verbindung stehenden Einzeldiskursen besteht.

Da zu erstellende Korpora in diesem Sinne immer Auswahlkorpora sind, schließt sich die Frage nach dem Typ eines *gerichteten* oder eines *ungerichteten* Korpus an (**Korpusdesign**). Für eine Vielzahl koloniallinguistischer Fragestellungen bietet sich der Typ des *gerichteten Korpus* an, das eine gezielte, kriteriengeleitete und auf die Fragestellung ausgerichtete Textauswahl enthält. Es unterscheidet sich von *ungerichteten*, thematisch bewusst unspezifisch gehaltenen Korpora ebenso wie von *opportunistischen Korpora*, in denen Texte ohne genauere Selektionskriterien spontan zusammengestellt werden.

Nach den genannten Vorklärungen muss der geplante Korpusumfang (**Korpuszuschnitt**) bestimmt werden. Es muss auch geklärt werden, ob Volltexte oder Textausschnitte aufgenommen werden sollen. Für viele Fragestellungen hat sich die Wahl von Teiltexten mit einer definierten und vom Thema abhängigen Anzahl laufender Wortformen (*running words*) als guter Kompromiss erwiesen. Schließlich muss der Untersuchungszeitraum und der zu untersuchende geographische Raum, in dem die Korpustexte erschienen sind beziehungsweise in dem sie hauptsächlich rezipiert wurden, festgelegt und gegebenenfalls gerastert werden. Es sind sodann einzelne Bereiche der Textproduktion festzulegen und schließlich daraus Einzeltexte auszuwählen.

Antworten auf die angesprochenen Fragen wirken nur auf den ersten Blick einfach. So sind für den gewählten Zeitschnitt neben vermeintlich neutralen Größen wie 'Jahr' oder 'Jahrzehnt' je nach Fragestellung ganz unterschiedliche Abgrenzungen zu erwägen, die hier nur angedeutet werden können: Beginnt der Untersuchungszeitraum mit der Ausstellung von "Schutzbriefen" 1884 oder bereits mit den vorbereitenden Aktivitäten von Forschern, Entdeckern, Kaufleuten und Missionaren? Endet der Untersuchungszeitraum mit den Beschlüssen des Versailler Vertrages 1919 oder sollen die kolonialrevisionistischen Rechtfertigungsdiskurse der Weimarer Republik und des Nationalsozialismus einbezogen werden? Erstreckt sich der Untersuchungszeitraum für Fragen des sprachlichen Umgangs mit dem kolonialen Erbe bis in die (auch in sprachlichen Praktiken unterschiedliche) Geschichte der DDR und der alten Bundesrepublik und darüber hinaus bis in die unmittelbare Gegenwart?

Auch in Hinblick auf die räumliche Zuordnung der Produzenten und Adressaten von Korpustexten sind komplexe, auf die jeweilige Fragestellung ausgerichtete Überlegungen anzustellen. Will man sich für eine Untersuchung zum Beispiel offenhalten, nach unterschiedlichem Wortgebrauch, nach Metaphern, abweichenden Argumentationen oder variierenden Diskursverläufen in den Kolonien selbst und im europäischen Raum suchen zu können, dann muss bereits in der Korpuszusammenstellung auf eine ausgewogene Verteilung der Korpustexte und auf ihre entsprechende Auszeichnung mit Metadaten geachtet werden.

5 Erstellung neuer Korpora für koloniallinguistische Fragestellungen: Vorarbeiten zur Quellenauswahl

Ingo Warnke (Warnke 2009b) und Stefan Engelberg (Engelberg 2012) haben in Aufsätzen relevante Textgruppen für koloniallinguistische Untersuchungen zusammengestellt. Warnke geht von den Akteuren aus und weist für einzelne Phasen auf Themen und Textsortengruppen hin, nämlich auf Textsorten aus den Bereichen der Agitation, der Direktion, der Deskription, der Narration, der Imagination, der Insinuation, des Antikolonialismus sowie der Unterhaltung und der Skandalisierung (Warnke 2009b: 51). Engelberg nennt unter anderem objektsprachliche Quellen zu Sprachkontakten (etwa Bibelausgaben in indigenen Sprachen), mündliche und schriftliche DaF-Texte, Briefe und Tagebücher deutscher Siedler, metasprachliche Quellen zu Sprachkontakten (beispielsweise Zeitungsberichte mit Reflexen sprachpolitischer Argumentationen oder Missionsberichte) sowie Texte zu den außersprachlichen Aspekten des Sprachkontakts, die in Adress- und Fernsprechverzeichnissen rekonstruierbar sind. Engelbergs Quellenkunde, die auch die Titel relevanter Zeitschriften auflistet und über Archive und Museen mit kolonialgeschichtlichen Beständen informiert, bietet im Überblick wichtige Anregungen für die Zusammenstellung von Korpora. Ältere Bibliographien aus der Kolonialzeit selbst können ebenfalls den Zugang zu Quellenbereichen erleichtern, die für eine Korpusauswahl relevant sind (Brose 1891).

6 Erstellung neuer Korpora für koloniallinguistische Fragestellungen: Quellenauswahl

Die vorhergehenden Abschnitte haben gezeigt, dass ein Korpus nur so gut wie die ihm zugrundeliegenden Überlegungen zum Korpustypus, zum Korpusdesign und zum Korpuszuschnitt sein kann. Die entsprechenden Festlegungen sind die Voraussetzung für eine angemessene **Quellenauswahl**.

Eine wissenschaftlich angemessene Textauswahl setzt einen sicheren Überblick über die Quellenlage voraus. Man muss **Quellengruppen**, aber auch **Einzeltexte** gut kennen, um souverän über ihre Berücksichtigung oder Nichtberücksichtigung für ein Korpus entscheiden zu können. Der folgende Abschnitt will zu dieser Quellenkenntnis beitragen, indem Quellengruppen und Einzeltexte diskutiert werden, die für koloniallinguistische Fragestellungen unterschiedlichen Zuschnitts relevant sein können.

Für ein gerichtetes Auswahlkorpus als Untersuchungsbasis ist die Berücksichtigung von Texten von Interesse, die den folgenden Quellengruppen zugerechnet werden können:
- Schlüsseltexte
- Institutionentexte
- Wissensvermittelnde Texte
- Literarische Texte
- Pressetexte
- Texte des öffentlichen Lebens
- Private Schriftlichkeit

Je nach Fragestellung werden die genannten Gruppen einen unterschiedlichen Stellenwert haben und mit verschiedenen Texten gefüllt sein. Zur Veranschaulichung werden nun einige Texte aus dem zeitlich eng gefassten Bereich von 1884–1919 vorgestellt, die für ein koloniallinguistisch auswertbares Korpus als geeignet erscheinen (zu Einzelnachweisen der im Folgenden genannten und auch weiterer Titel vergleiche man Schulz 2015). Die Titel der in der Folge genannten Quellentexte lassen sich über die Bibliotheksrecherchesysteme der Universitätsbibliotheken ermitteln. Eine Reihe von Dokumenten liegt bereits in Digitalisaten (in der Regel Bilddateien) vor. Eine nützliche Suchmöglichkeit bietet darüber hinaus die erweiterte Suche in der Objektdatenbank des Deutschen Historischen Museums (http://www.dhm.de).

6.1 Schlüsseltexte

Als Schlüsseltexte werden Texte innerhalb von Diskursen bezeichnet, die relevante Lexeme und Argumentationen zu einem Thema etablieren oder fortschreiben, die häufig rezipiert und zitiert werden und damit als Leittexte in Diskursen fungieren können (Spieß 2013). Zu solchen Schlüsseltexten gehören als **Gründungsdokumente** beispielsweise die kaiserlichen Schutzbriefe (zum Beispiel 1884 für die "Lüderitzbucht" in Deutsch-Südwestafrika, dem heutigen Namibia, sowie 1885 der für Carl Peters und der von ihm gegründeten *Gesellschaft für deutsche Kolonisation* ausgestellte kaiserliche Schutzbrief, der die Übertragung der Hoheitsrechte einschließlich der Gerichtsbarkeit unter der Oberhoheit des Reiches für Deutsch-Ostafrika gewährte). Zu dieser Gruppe gehören ebenfalls die in heutiger Lesart nationalistischen und rassistischen Texte von Carl Peters selbst, etwa Artikel in der Zeitschrift *Kolonial-Politische Correspondenz*, die dann auch in Peters' Aufsatzsammlung *Deutsch-National* (Peters 1887) wiederveröffentlicht wurden. Als Schlüsseltext ist auch die *Denkschrift des Reichskanzlers über die Deut-*

schen Schutzgebiete, die 1886 in der *Deutschen Kolonialzeitung* abgedruckt wurde, zu bezeichnen. Auch die Rede des Staatssekretärs und späteren Reichskanzlers Bernhard von Bülow am 6. Dezember 1897 vor dem Reichstag, in der der "Platz an der Sonne" gefordert wird, kann als viel zitierter, diskurswichtiger Text einer solchen Gruppe von Texten zugeordnet werden. Zur Kategorie politischer Schlüsseltexte gehören schließlich Texte wie der Schieß- und Vernichtungsbefehl des Kommandanten der Schutztruppe, Generalleutnant Lothar von Trotha, im Krieg gegen die Herero 1904 ebenso wie die Kriegsdokumentation des Generalstabes. Schlüsseltexte für den Verlauf diverser kolonialer Diskurse stellen natürlich auch die jeweiligen **Gegenpositionen** dar, zum Beispiel Reaktionen der Zentrumspartei und der Sozialdemokraten wie die Rede August Bebels im Reichstag am 9. Mai 1904. In diesem Zusammenhang ist auch das Schreiben[1] des Reichskanzlers von Bülow an Kaiser Wilhelm zu nennen, in dem von Trothas Absicht als "im Widerspruch mit den Prinzipien des Christentums und der Menschlichkeit" stehend verurteilt wird.

6.2 Institutionentexte

Zu dem Bereich institutionell verankerter Texte sind die **Schriften der organisierten Kolonialvereine** zu zählen. Die Schriften solcher Vereine, beispielsweise des Deutschen Kolonialvereins oder der späteren Deutschen Kolonialgesellschaft, waren weit verbreitet und insofern diskursmächtig. So wurde etwa die Deutsche Kolonialzeitung seit 1884 jedem Mitglied kostenlos zugeschickt (Rash 2012: 137). Auch der *Frauenbund der Deutschen Kolonialgesellschaft* hatte mit *Kolonie und Heimat* eine eigene Zeitschrift. Der Deutsche Kolonialbund hat zudem Flugblätter herausgegeben. Die Universitätsbibliothek Frankfurt am Main hat im Projekt "Digitales Koloniales Bildarchiv" eine Übersicht zu solchen Texten erarbeitet (http://www.ub.bildarchiv-dkg.uni-frankfurt.de). In "Internet Archive" (http://www.archive.org) stehen Ausgaben der Kolonialzeitung als Digitalisate zur Verfügung.

---

[1] Akten des Bundesarchivs, Potsdam, Differenzen zwischen Generalleutnant v. Trotha und Gouverneur Leutwein bezüglich der Aufstände in Deutsch-Südwestafrika im Jahre 1904, Kommando der Schutztruppe, Osombo-Windhoek, 2.10.1904, Blatt 5, 24.11.1904.

6.3 Wissensvermittelnde Texte

6.3.1 Enzyklopädien

Enzyklopädien enthalten Artikel mit Sachinformationen, die allerdings auch lexikologisch und semantisch von hoher Relevanz sind, weil hier kolonialzeitliche mentale Modelle und Ideologien in ihrer Versprachlichung transportiert werden. Ein besonders prominentes Werk ist das 1914 fertiggestellte, kriegsbedingt aber erst 1920 erschienene dreibändige *Deutsche Kolonial-Lexikon*, herausgegeben vom vormaligen Gouverneur von Deutsch-Ostafrika, Heinrich Schnee (Schnee 1920). In dieser Enzyklopädie wird beispielsweise unter dem Stichwort "Verkanakern" erklärt, es handele sich um "das Herabsinken von Weißen auf die Stufe der Eingeborenen (Kanaker, Kanaka, s. d.)" (Schnee 1920: Bd. III, 606). Im Artikel "Verkafferung" werden die Substantivierungen *Verkaffern* und *Vernegern* erklärt (Schnee 1920: Bd. III, 606). Das Werk Heinrich Schnees ist über das Digitale Koloniale Bildarchiv in einer digitalen Textfassung verfügbar und durchsuchbar (http://www.ub.bildarchiv-dkg.uni-frankfurt.de). Für den Bereich der Enzyklopädien ist des Weiteren an das 1903 erschienene *Deutsche Kolonial-Lexikon* von Oskar Kausch (Kausch 1903) zu denken; auch die zweibändige Enzyklopädie *Das Deutsche Kolonialreich* (Meyer 1909–1910) von Hans Meyer kann dieser Textgruppe zugerechnet werden.

6.3.2 Wissenschaftstexte

Als wissenschaftliche Texte sind **Expeditionsberichte** zu nennen, daneben aber auch Schriften von Rassenmedizinern wie Eugen Fischer, der 1908 mit Unterstützung der Preußischen Akademie der Wissenschaften eine Forschungsreise nach Südwest-Afrika unternahm und dabei versuchte, die Mendel'sche Vererbungslehre am Menschen anzuwenden (vgl. Fischer 1913). Eugen Fischer betreute später die Freiburger Schädelsammlung; er und andere untersuchten die Exponate der späteren Alexander-Ecker-Schädelsammlung, um Rückschlüsse über die Größe und Leistungsfähigkeit des Gehirns von Afrikanern zu ziehen. Mit seinen Theorien wurde Fischer einer der Wegbereiter nationalsozialistischer Rassenlehre. Auch **wissenschaftliche Periodika** wie die seit 1910 erscheinende *Zeitschrift für Kolonialsprachen* gehören zu den auswertungsrelevanten Wissenschaftstexten.

6.3.3 Instruktionstexte

Die praktische Arbeit in den Kolonien wurde in zahlreichen instruierenden Texten geschildert. Ein typisches Beispiel stellen die "Ratschläge für angehende Farmer in Deutsch-Südwest Afrika" dar (Gleichen 1914). Instruierend sind auch die Publikationen aus der von 1897 bis 1922 aktiven Deutschen Kolonialschule Witzenhausen, die "Wirtschafts- und Plantagenbeamte, Pflanzer, Landwirte, Gärtner und Viehzüchter" (MGKL 1907: Bd. 11, 290) auf die Arbeit und das Leben in den Kolonien vorbereiten wollte. An der Kolonialschule konnte ein Diplom als "Staatlich geprüfter Koloniallandwirt" erworben werden. Von 1908 bis 1911 gab es in Witzenhausen auch eine Kolonialfrauenschule; von 1927 bis 1945 war eine solche Ausbildungsstätte in Rendsburg angesiedelt. **Schulorgane** wie *Der deutsche Kulturpionier* veröffentlichten Texte, in denen die Versprachlichung zeitgenössischer Ideologeme dokumentiert wird, etwa Aufsätze über "Die Negerpsyche" und "Die Pflichten der Kulturvölker gegen die Naturvölker" (*Der deutsche Kulturpionier* (1906/07) 7, vol. 4, 62; vol. 4, 42–43). Auch **Monographien** wie *Ausbildung für den Kolonialdienst* von E. A. Fabarius (1909) zeigen Versprachlichungen kolonialzeittypischer Anweisungen. In diesen Bereich fallen auch sprach- und gesellschaftspolitische Erörterungen wie Emil Schwörers *Kolonial-Deutsch* (Schwörer 1916), in dem – zur Begrenzung des Einflusses der englischen Sprache – ein vereinfachtes Deutsch für die Kolonien vorgeschlagen wird, das im Wortschatz in Hinblick auf die vermutete intellektuelle Befähigung indigener Personen ganz auf Abstrakta verzichten wollte.[2] Natürlich zählen zu diesem Bereich auch **Sprachlehrwerke**, die Übungssätze wie "Du musst jedoch wissen, dass die Europäer selbst überhaupt große Gelehrte sind" (Heepe 1919: 74) oder "Höre rasch auf zu fluchen, sonst werde ich dich schlagen" (Planert 1905: 40) verwenden (weitere Beispiele bei Warnke & Schmidt-Brücken 2011).

6.3.4 Juristische Texte

Administrativ-regulierende Texte können für ein sprachwissenschaftliches Korpus zur Koloniallinguistik eine hohe Relevanz haben. Zur besseren Einordnung ist die Kenntnis der administrativen Strukturen der Kolonialverwaltung erforderlich. Als zuständige amtliche Stelle im Reich ist zunächst das 1885 gegründete Referat "Kolonialangelegenheiten" des Auswärtigen Amtes zu nen-

---

[2] Als Digitalisat unter http://publikationen.ub.uni-frankfurt.de/volltexte/2007/109160/.

nen. Aus ihm entstand 1890 die "Kolonial-Abteilung" mit mehreren Referaten. Diese Abteilung war im Auswärtigen Amt verortet, erhielt aber noch 1890 eine Sonderstellung. Ergänzend wurde ein beratender "Kolonialrat" eingerichtet. Die Kolonial-Abteilung vergrößerte sich rasch. Unter der Leitung des "Kolonialdirektors", der dem Reichskanzler direkt unterstellt war, wurde in neun Referaten die finanzielle und militärische Verwaltung der Kolonien organisiert. 1907 wurde das "Reichskolonialamt" eingerichtet, 1918 wurde das "Reichskolonialministerium" gegründet.

Die **Kolonialgesetzgebung** erfolgte im Rahmen der Reichsgesetzgebung. Sie begann mit dem 1886 im Reichsgesetzblatt 10 veröffentlichten *Gesetz, betreffend die Rechtsverhältnisse der deutschen Schutzgebiete*.[3] Neben einzelnen Gesetzestexten kann beispielsweise auf **Quellensammlungen** wie die zeitgenössische, seit 1893 in dreizehn Bänden erschienene Zusammenstellung von Alfred Zimmermann (*Die deutsche Kolonial-Gesetzgebung*) zurückgegriffen werden. In dieser Sammlung werden Gesetze, Verordnungen, Erlasse und internationale Vereinbarungen gebündelt. Einzelne Ausgaben sind digitalisiert und über das "Internet Archive" (http://www.archive.org) zugänglich.

6.3.5 Schulbücher

Schulbücher der Kolonialzeit behandeln die Kolonien in diversen Zusammenhängen. **Geographiebücher** beschreiben und erklären die Gebiete eingehend. Hier sei beispielhaft auf Viktor Steineckes *Deutsche Erdkunde für höhere Lehranstalten* von 1910 hingewiesen, die sogar ein eigenes Kapitel "Die deutschen Kolonien" enthält (Steinecke 1910[4]). Weitere historische Schulbücher, die ebenfalls lohnende Quellen für ein strukturiertes Korpus darstellen, sind über das Georg-Eckert-Institut und sein Digitalisierungsportal recherchierbar (http://www.gei-digital.de).

6.3.6 Reiseberichte

Zu einer weiteren Quellengruppe können unterschiedliche Formen von Entdecker- und Reiseberichten zusammengestellt werden, etwa Dokumentationen

---

[3] Diese Quelle ist digital verfügbar unter http://commons.wikimedia.org/wiki/Category:Deutsches_Reichsgesetzblatt_1886.
[4] Digital verfügbar unter http://gei.digital.gei.de/viewer/image/PPN720201217/5/LOG_0006/.

von Forschungsreisen. **Reiseberichte** spiegeln in ihrer Versprachlichung der Begegnung mit dem Fremden historische Sichtweisen und vermeintliche Gewissheiten. Sie dokumentieren aber auch Benennungsprozesse und können dadurch eine unmittelbare Relevanz für die Korpusbildung erlangen. Für den Bereich der Lexik sind etwa in populären Werken wie in dem Reisebericht der Magdalene von Prince (Prince 1908) Beobachtungen zum Gebrauch von Lehnwörtern aus dem Englischen (wie *Boy*: Prince 1908: 7) zu beobachten. Solche Hinweise finden sich nur selten in Wörterbüchern. Reiseberichte können daneben aber auch relevante Informationen über Namengebung und -motivik enthalten. Hier ist beispielsweise an Berichte über die europäische Besteigung des Kilimandscharo und die Benennung als "Kaiser-Wilhelm-Spitz" durch Hans Meyer (Meyer 1888) zu denken, aber auch an Publikationen wie den Reisebericht Ferdinand von Richthofens (*Schantung und seine Eingangspforte Kiautschou*, 1898), in dem von – in heutiger Sicht als Machtdemonstration zu bewertender – spontaner Namengebung für Berge, Hügel oder Täler (durch Soldaten) die Rede ist.

Als weitere relevante Texte können beispielsweise **Expeditionsberichte** wie der des Botanikers Hans Schinz (1891) oder Reiseberichte von Personen, die in die Kolonien übersiedelten, genannt werden.

6.4 Literarische Texte: Romane, Gedichte, Lieder

Im Bereich der im weiteren Sinne literarischen Texte kann für eine Korpusbildung an **populäre Jugendbücher** der ersten Jahrzehnte des 20. Jahrhunderts wie etwa Gustav Frenssens Buch *Peter Moors Fahrt nach Südwest* (Frenssen 1906) gedacht werden. Auch Texte wie *Tropenkoller* von Frieda von Bülow (Bülow 1896) oder die frühen **Erzählungen** und **Novellen** von Hans Grimm (etwa: Grimm 1913) bilden lohnenswerte Texte für eine Korpuszusammenstellung.

Zur Gruppe der im weitesten Sinne literarischen Texte gehören beispielsweise auch **Liederbücher**, die sich an Rückkehrer aus den Kolonien richteten. Solche Texte wollten vor allem den Zusammenhalt zwischen Deutschland und den Kolonien stärken. Sie dienten der Selbstvergewisserung und der Legitimation und transportieren daher ebenfalls Versprachlichungen von Einstellungen und Gewissheiten. Ein prominentes Werk aus diesem Bereich ist *Rathjen's Kolonial-Liederbuch* (Rathjen 1913), in dem für die Heimat aggressive Kriegslieder-Texte aus den Kolonialkriegen zu Melodien deutscher Volkslieder verbreitet wurden.

6.5 Pressetexte und Texte des öffentlichen Lebens

6.5.1 Zeitschriften und Zeitungen

Unter dieser Rubrik kann an **Zeitschriften** gedacht werden, die auch in den Kolonien abonniert wurden, zum Beispiel die seit 1886 verlegten *Velhagen und Klasings Monatshefte*. In dieser Zeitschrift wurden Artikel mit Titeln wie "Wie unsere Plantage in Deutschostafrika entstand" (Magdalena von Prince, September 1906) publiziert. Auch Periodika wie *Die Gartenlaube*, *Simplicissimus*, *Jugend* oder *Der wahre Jacob* sind hier zu nennen. In verschiedenen Ausgaben finden sich sprachkritische Artikel zu kolonialen Themen. Der *Simplicissimus* publizierte 1904 sogar eine Sondernummer zu den Kolonien. Die Ausgaben des *Simplicissimus* sind in einer Datenbank durchsuchbar; die Texte liegen digitalisiert vor (http://www.simplicissimus.info).

Natürlich sind auch **Zeitungsartikel in Zeitungen des Kaiserreichs**, die über politische Gegebenheiten wie die Debatte im Umfeld der Reichstagswahl von 1907 (der sogenannten "Hottentotten-Wahl") berichten, in Betracht zu ziehen. Diskursrelevant sind in diesem Zusammenhang beispielsweise innenpolitische Diskussionen, in denen von "unseren tapferen Kriegern dort draußen" auf der einen und den "wilden räuberischen Hottentotten" auf der anderen Seite gesprochen wurde, aber auch die Bezeichnung kritischer Stimmen als "vaterlandslose Gesellen" verwendet und Kritik überhaupt als "nationale Unzuverlässigkeit" diffamiert wird (vgl. Heyden 2003: 100). Auch **Zeitungen, die in den Kolonialgebieten selbst erschienen**, sind natürlich relevant, etwa die Deutsch-Ostafrikanische Zeitung aus Daressalam. Einzelne Ausgaben dieser Zeitung sind von der Universitätsbibliothek Frankfurt am Main und der Staatsbibliothek Berlin digitalisiert.[5]

6.5.2 Kolonialkalender

Als Quellen kommen ebenfalls **Kolonialkalender** in Frage. Wichtige Kolonialkalender waren etwa der *Deutsche Kolonialkalender*, der auch die Funktion eines statistischen Jahrbuchs erfüllte, sowie der seit 1909 erschienene *Illustrierte Deutsche Kolonial-Kalender* oder *Süsserotts illustrierter Kolonial-Kalender*. Der *Deutsche Kolonialkalender* ist mit einigen Ausgaben im "Internet Archive" zugänglich.[6]

---

[5] Online unter: http://edocs.ub.uni-frankfurt.de/volltexte/2007/9041/; http://zefys.staatsbibliothek-berlin.de/list/title/zdb/23820457/.
[6] http://www.archive.org/details/deutscherkoloni00meingoog.

6.5.3 Texte zu Völkerschauen

Als diskurswichtig und damit auch als relevant für Korpusstrukturen sind **Texte zu den Völkerschauen und Veranstaltungen in Zoologischen Gärten** zu nennen, in denen Menschen als "anthropologisch-zoologische Prachtgruppen" angekündigt wurden. Auch **Plakate** zu den Ausstellungen von Carl Hagenbeck in Hamburg oder für Vorstellungen des Leipziger Zoos können als Quellen für eine Korpusauswahl Beachtung finden. Die Nutzung der Bildersuche von Suchmaschinen führt zu ersten Eindrücken über solche Texte.

6.5.4 Werbeanzeigen

Werbeanzeigen und **Annoncen** dokumentieren in Zeitungen und Buchpublikationen wirtschaftliche Zusammenhänge zwischen der Metropole und den Kolonien. Für die Frage nach einer Korpuszusammenstellung sind solche Texte interessant, weil in ihnen auch die sprachliche Konstruktion von (gewünschten) Übereinstimmungen deutlich wird. Solche Phänomene sind in beiden vorstellbaren Richtungen erkennbar, wenn etwa ein *Kochbuch für die Tropen* beworben wird, dessen Rezepte auch "in der heimischen Küche" ihren Platz finden sollen (Werbeanzeige in einer Auflage von Gleichen 1914, unpaginiert) oder wenn Hotels in Daressalam auf ihre "gute bayerische Küche" (Anzeige des *Hotel zur Eisenbahn* in Daressalam, Deutsch-Ostafrikanische Zeitung, 11.2.1914, S. 6) verweisen. Aussagen in Werbetexten wie "Auch in den Kolonien hat sich die Anwendung von Kali als unentbehrlich für die Erzielung von Höchsternten erwiesen" (Werbung der Berliner Kalisyndikat G.m.b.H., Deutsch-Ostafrikanische Zeitung, 11.2.1914, S. 4) zeigen zudem mentale Modelle, die die behauptete Vorbildfunktion des Reiches versprachlichen und Analogien für die Arbeit und Organisation in den Kolonien nahelegen sollen.

6.6 Private Schriftlichkeit

Bei diskursrelevanten Privatquellen ist schließlich auch an **Postkarten und Briefe** zu denken, die aus den Kolonien in das Heimatland geschickt wurden und beispielsweise Neujahrsgrüße, Genesungswünsche oder geschäftliche Nachrichten übermittelten. Auch bei einem Korpuszuschnitt, der nur gedruckte Texte umfasst, können solche Quellen sinnvoll sein, wenn für eine korpusbasierte Analyse kolonialer Diskurse die "Text-Bild-Kompositionen" (Spitzmüller & Warnke 2011: 170) von Postkartenaufdrucken ausgewertet werden. Sie transportieren Versprachlichungen kolonialer Ideologien, wenn die Bildprogramme etwa im Sinne eines europäischen Modernitätsenthusiasmus *früher* und *heute* beziehungsweise *vorher* und *nachher* gegeneinanderstellen und damit implizit auf Antonymenpaare wie *Zukunft* (und *Fortschritt*) auf der einen und auf *Vergangenheit* (und damit *Stillstand*) auf der anderen Seite verweisen. Das Bildprogramm legt im konkreten Fall überdies die Verbindung zu den Konzepten 'Kultur' und 'Natur' nahe (Postkarte: "Ost-Afrika Gebiet der Zukunft", Berlin 1899; DHM-Objektdatenbank PK 90/4144). Die Objektdatenbank des Deutschen Historischen Museum enthält eine reiche Sammlung von Digitalisaten kolonialer Postkarten (http://www.dhm.de).

7 Andere Korpuszuschnitte

Die hier präsentierte Zusammenstellung zeigt Quellengruppen, die bei einem gerichteten Korpus für koloniallinguistische Fragen für die Zeit von 1884 bis 1919 eine Rolle spielen sollten. Es ist zu erwarten, dass die genannten Quellengruppen auch für andere zeitliche Zuschnitte koloniallinguistischer Korpora relevant sind. In einem solchen Fall kommen allerdings weitere wichtige Einzeltexte und Textgruppen hinzu. So wäre etwa für die Zeit nach dem Versailler Vertrag auch an Texte zu denken, die im Rahmen der revisionistischen Rechtfertigungs- und Legitimierungsdiskussionen der dreißiger Jahre eine Rolle gespielt haben, zum Beispiel Heinrich von Schnees *Die koloniale Schuldlüge* (Schnee 1924), Hans Grimms *Volk ohne Raum* (Grimm 1926) oder auch Paul von Lettow-Vorbecks *Heia Safari!* (Lettow-Vorbeck 1920), aber auch an Texte aus dem Umkreis des von den Nationalsozialisten gegründeten Reichskolonialbundes.

8 Ausblick: Korpusrecherche und Analyse der Korpusrechercheergebnisse

Nach der Korpuserstellung in den genannten Schritten (Festlegung des Korpustypus, des Korpusdesigns und des Korpuszuschnittes, Auswahl der Quellenbereiche und der Einzeltexte) erfolgt die Recherche im Korpus selbst und schließlich die sprachwissenschaftliche Analyse der Rechercheergebnisse. Dabei können je nach gewählter Fragestellung zum Beispiel der Wortgebrauch von prominenten Wort-Einheiten für die Versprachlichung von Konzepten (vgl. Spitzmüller & Warnke 2011: 139), die Verwendung von Metaphern oder der Einsatz bestimmter Argumentationsmuster analysiert werden. Hier sollen im Sinne einer Anregung für eigene Untersuchungen nur wenige Beispiele genannt werden, die eine Rolle spielen könnten.

Das Analyseinteresse kann sich beispielsweise auf der Einzelwortebene auf Lexeme mit spezifischer Konnotation in Texten kolonialer Diskurse richten. Hier wären etwa **erklärungsbedürftige Lexeme** wie *Mischehe*, *Schutzbrief*, *Schutztruppe* oder auch *Konzentrationslager* zu beachten, die im rezenten Wortverständnis andere Assoziationen und Bedeutungszuschreibungen aufrufen. Untersuchenswert sind auch **Entlehnungen** zum Beispiel aus Swahili, Zulu, Afrikaans, Niederländisch oder Spanisch wie etwa *Askari*, *Baas*, *Bambuse*, *Dagga*, *Kaffer*, *Kraal*, *Kuli* oder *Trecken*.

Das Interesse könnte sich auf im Korpus recherchierte **Historismen** wie *Afrikabank*, *Kaiser-Wilhelm-Spitz*, *Kontraktarbeiter*, *Nilpferdpeitsche*, *Passmarke*, *Tropenkamera*, *Sperrhandel*, aber auch auf Wortbildungsprodukte wie *Kolonialausstellung*, *Kolonialsport*, *Kolonialwaren*, *Colonialwaarenhandlung*, *Kolonialvilla* richten.

Als Analyse der Korpusrechercheergebnisse könnte eine **Untersuchung stigmatisierender Bezeichnungen** wie etwa *Halbmensch*, *Hosenneger/Hosennigger*, *Kaffer*, *Negerhütte*, *Negerkolonie*, *Schauneger* auf der einen Seite, aber auch eine Behandlung von Wörtern wie *Kolonialschwärmer* auf der anderen Seite erfolgen. Das gilt auch für **Kollektivbezeichnungen mit stereotypen Zuschreibungen** wie etwa *Eingeborener*, *Menschenfresser* oder *Naturkind*.

Auch die **Analyse ideologischer Schlüsselwörter kolonialer Diskurse** wie etwa *Deutsches Wesen*, *Eingeborenenbehandlung*, *Emanzipation*, *Erhaltung*, *Faulheit*, *Hebung*, *kultivieren*, *Kultivierung*, *Lebensraum*, *Mischrasse*, *Neu-Deutschland*, *Rasse*, *Schutzgebiet*, *Stamm*, *Übersee*, *Verkafferung*, *Weißer*, *Zivilisierung* kann relevant sein, da mit solchen Lexemen zentrale Konzepte kolonialer Ideologien wie etwa "Hebung" und "Kultivierung" der indigenen Bevölkerung oder die (spätere) Forderung nach "Erhaltung" und das Abwenden von "Vernichtung" versprachlicht wurden.

Auf der Wortschatzebene können die **Rechercheergebnisse zu Antonymenpaaren** wie *Wildnis – Kultur* oder *Untermensch – Herrenmensch* untersucht werden.

Abschließend sollen noch beispielhaft Argumentationen und Behauptungen genannt werden, die ebenfalls als Rechercheergebnis erhoben und sodann in ihrer Frequenz, in ihrer Diskursposition und in ihrem semantischen Gehalt (z.B. zur sprachlichen Diffamierung und Generalisierung, zur Versprachlichung von Machtpositionen und Gewalt) analysiert werden können. Hier ist auf **Argumentationsmuster** wie die folgenden zu verweisen, die bei einer Korpusproberecherche erhoben wurden:

- Der willige Neger ist der beste Freund des Menschen
- Da Kamele unter dem Klima leiden, wird als Transportmittel auf den Eingeborenen nicht verzichtet werden können
- Der Eingeborene ist wie ein Kind
- Die angeborene Faulheit des Eingeborenen
- Der Neger erkennt bedingungslos die geistige Überlegenheit des Europäers an

Nachweise und erste Analysen zu solchen diskursrelevanten Argumentationen sind bei Schulz (2015) zusammengestellt.

Kommentierte Literaturhinweise

Eine korpuslinguistische Einführung, die auch die Benutzung von elektronischen Tools behandelt, bietet der Online-Kurs von **Bubenhofer** (http://bubenhofer.com/korpuslinguistik/kurs/). Relevante Themen- und Textsortenbereiche nennt **Warnke (2009a)**. Eine Quellenkunde zu Bereichen kolonialzeitbezogener Texte hat **Engelberg (2012)** zusammengestellt. Die Bremer Projekte **Digitales Deutsches Kolonialarchiv** und **Bremisches Basiskorpus Deutscher Kolonialismus** wollen, basierend auf den Katalogen und Beständen der Bremer Universitätsbibliothek, Korpora mit OCR-Faksimiles und Volltexten mit linguistischer Annotation erstellen. Relevante Quellen als Digitalisate für die Zusammenstellung eigener Korpora bieten die **Objektdatenbank des Deutschen Historischen Museums** (http://www.dhm.de), das von der Universitätsbibliothek Frankfurt am Main betreute Projekt **Digitales Koloniales Bildarchiv** (http://www.ub.bildarchiv-dkg.uni-frankfurt.de) sowie das **Internet Archive** (http://www.archive.org). Exemplarische Auswertungsmöglichkeiten eines Korpus mit den in diesem Kapitel genannten Quellengruppen zu den Bereichen der Lexik, der Metaphorik und der Argumentation werden bei **Schulz (2015)** behandelt.

Links zu den im Kapitel genannten Tools

Tree Tagger: http://www.cis.uni-muenchen.de/~schmid/tools/TreeTagger/
RFTagger: http://www.cis.uni-muenchen.de/~schmid/tools/RFTagger/)

Onlineressourcen

http://bubenhofer.com/korpuslinguistik/kurs/
http://commons.wikimedia.org/wiki/Category:Deutsches_Reichsgesetzblatt_1886
http://edocs.ub.uni-frankfurt.de/volltexte/2007/9041/
http://gei-digital.gei.de/viewer/image/PPN7202012 17/5/LOG_0006/
http://publikationen.ub.uni-frankfurt.de/volltexte/2007/109160/
http://www.archive.org
http://www.archive.org/details/deutscherkoloni00meingoog
http://www.cis.uni-muenchen.de/~schmid/tools/RFTagger/
http://www.cis.uni-muenchen.de/~schmid/tools/TreeTagger/
http://www.culcc.uni-bremen.de/forschung/ddka/
http://www.deutschdiachrondigital.de
http://www.dhm.de
http://www.dwds.de
http://www.friedemann-vogel.de/software/lda-toolkit
http://www.gei-digital.de
http://www.ids-mannheim.de
http://www.laurenceanthony.net/software.html
http://www.oxygenxml.com
http://www.simplicissimus.info
http://www.tei-c.org
http://www.textgrid.de
http://www.ub.bildarchiv-dkg.uni-frankfurt.de
http://zefys.staatsbibliothek-berlin.de/list/title/zdb/23820457/
https://de.dariah.eu

Axel Dunker
3 Literaturgeschichte des deutschen Kolonialismus. Postkoloniale Perspektiven

Wichtige Konzepte: der postkoloniale Blick, Kultur und Imperialismus, die kontrapunktische Lektüre, kulturelle und ästhetische Alterität, der postkoloniale Reisebericht

1 Voraussetzungen der Postkolonialen Studien

Was im Bereich der Literaturwissenschaft unter **Postkolonialismus** zu verstehen ist, ist nicht unumstritten. Nach einer verbreiteten, sehr weit gefassten Definition lässt sich der Terminus postkolonial folgendermaßen verstehen:

Postcolonial: "all the culture affected by the imperial process from the moment of colonization to the present day" (Ashcroft et al. 1989: 2)

Der Wortbestandteil *post-* steht dann nicht für eine zeitliche Bestimmung, die auf einen Zustand nach dem Ende der kolonialen Phase der Weltgeschichte im Sinne von Globalisierung (vgl. Iriye & Osterhammel 2012ff.) abhebt, sondern umfasst die Epoche des Kolonialismus vom Ende des 15. bis zur ersten Hälfte des 20. Jahrhunderts ebenso wie die Bestrebungen nach Entkolonialisierung und die heutige Situation nach deren weitgehendem Ende auf staatlicher Ebene, was das Fortbestehen von Neokolonialismus nicht ausschließt. Andere Autoren wollen die postkoloniale Literatur auf die Literatur der ehemaligen kolonisierten Länder beschränkt wissen.

Unbeschadet der Tatsache, ob man von einem Neokolonialismus, der Hegemonialbestrebungen jenseits der manifesten Besetzung von Territorien betrifft, ausgeht oder nicht, wird mit dem Begriff Postkolonialismus häufig auch ein Widerstand gegen koloniale Zustände im weiteren Sinne impliziert. Wesentlich ist ebenfalls, dass die Leseweise der postkolonialen Studien von einem

---

Axel Dunker: Universität Bremen, FB 10: Sprach- und Literaturwissenschaften Postfach 330440 28334 Bremen, adunker@uni-bremen.de

Standpunkt nach dem Ende des Kolonialismus im engeren Sinne ausgeht. Der jeweilige Standpunkt des einzelnen Betrachters innerhalb der noch immer bestehenden asymmetrischen Machtverhältnisse in einer globalisierten Welt ist, so der Anspruch, selbstreflexiv in die Untersuchungen mit einzubeziehen. Versteht man den Kolonialismus als ein "Syndrom von Machtverhältnissen", so sind davon "die Kolonisierenden ebenso nachhaltig geprägt [...] *wie* die Kolonisierten, wenn auch natürlich auf andere Weise" (Uerlings 2005: 17). Der Postkolonialismus lässt sich verstehen als eine "diskurskritische Kulturtheorie", die "eurozentrische Wissensordnungen und Repräsentationssysteme ins Visier nimmt" (Bachmann-Medick 2007b: 184).

2 Das Problem der Repräsentation – Der *postkoloniale Blick*

In den postkolonialen Studien wird vorausgesetzt, dass das bis heute asymmetrische Verhältnis der verschiedenen Teile der Welt zueinander – die politische und ökonomische Macht konzentriert sich in West-Europa und Nordamerika, welche von Einwohnerzahl und Fläche her nur in einem minoritären Verhältnis zum Rest der Welt stehen, wobei sich allerdings durch den Aufstieg der Schwellenländer, vor allem Chinas, dieses Verhältnis zu verändern beginnt – auf die koloniale Aufteilung der Welt im 19. Jahrhundert zurückgeht. Demzufolge hat es jeder europäische oder nordamerikanische literarische Text, der wie auch immer Bezug nimmt auf ehemals kolonisierte Regionen oder damit in Verbindung zu bringende asymmetrische Machtverhältnisse auch mit kolonialen bzw. postkolonialen Phänomenen zu tun (dabei ist es in der Literaturwissenschaft umstritten, wie konkret diese Bezüge sein müssen, um Theoreme der postkolonialen Studien zur Anwendung bringen zu können). Wie kann er die – vielleicht auch nur vermeintliche – kulturelle, religiöse, ethnische Andersheit (Alterität) repräsentieren? Wie kann er ihr eine Stimme geben?

In Bezug auf die deutschsprachige Gegenwartsliteratur hat sich vor allem Paul Michael Lützeler mit diesem Problem befasst. In zwei Sammelbänden (Lützeler 1997; 1998) hat er Reiseberichte von Schriftstellern in Ländern der in der 90er Jahren noch sogenannten Dritten Welt bzw. Analysen dieser Berichte von Literaturwissenschaftlern zusammengestellt. In den umfangreichen Einleitungen dazu hat er die Kategorie eines "postkolonialen Blicks" entwickelt, den er einem "kolonialen Blick" gegenüberstellt (Lützeler 1997: 16).

Mary Louise Pratt hat in ihrer Analyse von Reiseberichten des 18. und 19. Jahrhunderts eine Autoren-Perspektive beschrieben, die wie vom Olymp (dem Sitz der griechischen Götter) herab alles überblickt, alles ohne jeden Zweifel einzuordnen und zu bewerten weiß (Pratt 1992). Dies ist der koloniale Blick, den Lützeler in der Gegenwartsliteratur durch den postkolonialen abgelöst sieht:

Postkolonialer Blick: "Die Autoren bekennen Unsicherheiten, Irritationen, mögliche Irrtümer und die Begrenztheit ihrer Erfahrung ein. Sie wissen, daß ein eurozentristischer Blickwinkel den Zugang zu den Problemen der Dritten Welt erschwert, sind sich aber gleichzeitig darüber im klaren, daß sie bei ihren Reisen europäische Denk- und Verhaltensweisen nur revidieren, nie aber aufgeben können" (Lützeler 1997: 16–17)

Die eurozentrische Brille lässt sich nicht einfach abnehmen, aber man hat zu bedenken, dass man eine solche trägt.

Der postkoloniale Blick in der Literatur zeichnet sich also durch die Forderung nach Selbstreflexivität aus: Die kulturellen, historischen und medialen Bedingungen des Schreibens über das 'Andere' sind unerlässlicher Bestandteil dieses Schreibens. Hierin konvergiert die postkoloniale Perspektive mit der postmodernen, bei der ebenfalls selbstreflexiv "moderne Grundannahmen von Subjekt, Identität, Geschlecht, Kontinuität und Originalität problematisiert werden" (Lützeler 1998: 12). Zugleich wird hier etwas deutlich, was Lützeler als den *analytischen* und den *operativen*, den *Deskriptions-* und den *Programm-Begriff* der postkolonialen Theorie bezeichnet (Lützeler 1998: 14): der postkoloniale Impetus beschreibt nicht nur selbstkritisch und -reflexiv den Status quo, sondern arbeitet auch daran, ihn zu überwinden.

3 Kultur und Imperialismus (Edward Said)

Edward Said, neben Homi K. Bhabha und Gayatri Spivak einer der drei großen Theoretiker des Postkolonialismus, hat 1993 in seinem Buch *Culture and Imperialism* (*Kultur und Imperialismus*) die Bedeutung des Kolonialismus für die Literatur und umgekehrt der Literatur für Kolonialismus und Imperialismus genauer zu bestimmen versucht.

> ℹ️ Unter **Imperialismus** versteht Said "das Nachdenken über, die Besiedlung von und die Aufsicht über Land, das man nicht besitzt, das in weiter Ferne liegt und von anderen bewohnt und besessen wird" (Said 1994: 41), "die Praxis, die Theorie und die Verhaltensstile eines dominierenden großstädtischen Zentrums, das ein abgelegenes Territorium beherrscht; '**Kolonialismus**', der nahezu immer eine Folgeerscheinung des Imperialismus ist, bedeutet die Verpflanzung von Siedlern auf entlegenes Gebiet" (Said 1994: 44)

Schon diese Begriffsdefinitionen betonen, dass Imperialismus und Kolonialismus nicht nur etwas mit Politik und militärischen Aktionen zu tun haben, sondern dass die Theorie, ja schon "das Nachdenken über" dazu gehören. Im Umkehrschluss bedeutet das, dass imperialistische Aktion ohne Theorie und Nachdenken über das andere Land gar nicht möglich ist. "Denn das imperialistische Unternehmen hängt von der *Idee* ab, *ein Imperium zu haben*" (Said 1994: 46; Kursivierung im Original). Said verweist an dieser Stelle auf Joseph Conrads berühmte Erzählung *Heart of Darkness* (*Herz der Finsternis*, 1902). "Die Eroberung der Erde", heißt es dort,

> die meistens darauf hinausläuft, daß man sie denen wegnimmt, die eine andere Hautfarbe oder etwas flachere Nasen als wir haben, ist keine hübsche Sache, wenn wir ein bißchen genauer hinsehen. Was das Ganze erträglich macht, ist nur die Idee. Eine Idee dahinter: kein sentimentaler Vorwand, sondern eine Idee; und ein selbstloser Glaube an die Idee – etwas, woran man sich halten und vor dem man sich verneigen und dem man auch Opfer bringen kann... (Conrad 2000: 14)

Das läuft bei Said nun nicht darauf hinaus, dass die Literatur der Politik den ideologischen Überbau liefern würde, sondern das Verhältnis zwischen beiden ist erheblich komplexer.

Said schreibt gerade dem Roman "eine hohe Bedeutung bei der Herausbildung imperialer Einstellungen, Referenzen und Erfahrungen" (Said 1994: 14) zu. Warum? Zum einen spricht er dem Erzählen als solchem einen überaus hohen Wert zu. Im Erzählen von Geschichten bilden Gemeinschaften eine eigene Identität heraus, die sich in der Folge durch die großen Leistungen der Kultur verstärkt und dabei häufig in Nationalismus, Militanz und Xenophobie umschlagen kann, da anderen Gemeinschaften entsprechende Leistungen abgesprochen werden. "Die Kraft, zu erzählen, oder andere Erzählungen in der Entstehung oder Entfaltung zu behindern, ist für Kultur und Imperialismus hoch bedeutsam und bildet eine der Gelenkstellen zwischen ihnen" (Said 1994: 15). So versucht das imperiale System, den kolonisierten Gesellschaften den eigenen Kulturbegriff und den eigenen Formenkanon aufzuerlegen. Gerade darin aber steckt für Said auch ein Widerstandspotential: "Die großen Erzählungen von Emanzipation und Aufklärung ermutigten die Menschen in der kolonialen Welt, sich zu erheben und das Joch abzuschütteln; viele Europäer und Amerikaner wurden ebenfalls durch diese Erzählungen aufgerüttelt und zu neuen Geschichten von Gleichheit und Gemeinschaft beflügelt" (Said 1994: 15). Literatur und Kultur sind also ambivalent, sie haben sowohl die Kraft zu unterdrücken als auch die, gegen die Unterdrückung aufzubegehren: "the empire writes back" – Ashcroft, Griffiths und Tiffin haben diesen sehr bekannt gewordenen Slogan für die Literatur postkolonialer Autoren geprägt, die gegen den Imperialismus, gegen die Macht des Imperiums anschreiben (vgl. Ashcroft et al. 1989).

Das erklärt aber noch nicht, weshalb Said gerade dem Roman eine Schlüsselstellung innerhalb dieses Prozesses zuschreibt: "Imperialismus und Roman verstärkten einander in solchem Maße, daß es, wie ich meine, unmöglich ist, den einen zu erschließen, ohne sich mit dem anderen auseinanderzusetzen" (Said 1994: 117). Diese "formale und ideologische Abhängigkeit der realistischen englischen und französischen Romane von der Tatsache des Imperiums" (Said 1994: 74) hängt zusammen mit der typischen Erzählweise des realistischen Romans im 19. Jahrhundert. Deutlich wird das an Saids Darstellung eines späten Beispiels, Rudyard Kiplings 1901 erschienenem Roman *Kim*.

Der englische Kolonialoffizier Creighton setzt den in den Slums von Lahore aufgewachsenen Kim, den früh verwaisten Sohn eines schottischen Unteroffiziers, dazu ein, alles über das koloniale Indien zu erfahren, was der Kolonialmacht nicht direkt zugänglich ist. Said sieht eine Analogie zwischen diesem "Großen Spiel" der Spionage, wie der Offizier es nennt, und dem Roman selbst. Kipling, der selbst lange in Indien gelebt hatte, entwickelt eine Erzählperspektive, die es ihm erlaubt, diesen Teil des britischen Kolonialreichs aus den unterschiedlichsten Richtungen zu überblicken. "Es sieht so aus, als ob Kipling, indem er Kim im Zentrum des Romans hält (so wie Creighton, der Chefspion, den Jungen im 'Großen Spiel' hält), Indien auf eine Weise *haben* und genießen kann, die sich nicht einmal der Imperialismus je erträumen durfte" (Said 1994: 219).

Bei Kipling konvergiert das Bestreben nach Überblick über die nichtwestliche Welt, wie sie das englische Spionagesystem antreibt, mit seiner eigenen Erzählperspektive, die Allwissenheit und Totalität suggeriert. Verallgemeinert läuft das darauf hinaus,

> das Ganze der Weltgeschichte als von einem westlichen Über-Subjekt erfaßbar zu behaupten, dessen historisierende und disziplinierende Strenge den Menschen und Kulturen 'ohne' Geschichte die Geschichte entweder wegnimmt oder sie ihnen, in der postkolonialen Periode, zurückerstattet. (Said 1994: 74)

Die für den Roman des 19. Jahrhundert typische auktoriale Erzählweise mit einem "allwissenden" Erzähler im Zentrum entspricht also der Einstellung des "westlichen Über-Subjekts[s]" gegenüber dem Rest der Welt. Michael Bachtins Konzepte der Dialogizität und der Polyphonie (vgl. Bachtin 1979) markieren eine Möglichkeit der formalen Gegenbewegung dazu, eines gleichsam ästhetischen Widerstands gegen den olympischen Blick des imperialen Zentrums.

4 Die kontrapunktische Lektüre

Edward Saids Analyse des realistischen Romans entspricht somit nur zum Teil ideologiekritischen Leseweisen, die vorwiegend die Inhalte von literarischen Texten untersuchen. Ihm geht es eher um formale und strukturelle Äquivalenzen, die dominanten Perspektiven, von denen aus Aussagen über die Welt getroffen werden.

Mit Blick auf die Literaturwissenschaft wendet sich Said aber vor allem auch gegen die Postulate der Autonomie-Ästhetik seit Immanuel Kant, die "die Vorstellung fördert, [die Kultur] sei von der Alltagswelt strikt geschieden" (Said 1994: 16). Ihm geht es daher um "eine ganz andere Art von Lektüre und Interpretation" (Said 1994: 92), die die "aus dem westlichen Dominium" isolierte Kultur und Ästhetik wieder mit diesem verbinden (Said 1994: 100). Er bezeichnet diese Leseweise als "kontrapunktische Lektüre".

Kontrapunktisch zu lesen, bedeutet zunächst, "mit dem Bewußtsein der Gleichzeitigkeit der metropolitanischen Geschichte, die erzählt wird, und jener anderen Geschichten, gegen die (und im Verein mit denen) der Herrschaftsdiskurs agiert" (Said 1994: 92), zu lesen. Die Literatur bewegt sich nicht in einem luft- und herrschaftslosen Raum der Autonomie, sondern sie erzählt ihre Geschichten und entwirft ihre Strukturen in einem politischen Raum, der von Herrschaftsstrukturen durchzogen ist, in dem ein "fortdauernder Widerstreit zwischen Nord und Süd, Metropole und Peripherie, Weißen und Nicht-Weißen" (Said 1994: 92) stattfindet. Es geht nun darum, etwa mit Verfahren der Diskursanalyse, die Stellung des jeweiligen literarischen Textes in diesem Raum zu bestimmen und zu beschreiben, wie er von diesen antagonistischen Strukturen durchzogen wird.

> Es gilt, die Strukturen einer Erzählung mit den Ideen, Konzepten und Erfahrungen zusammenzuschließen, an denen sie Rückhalt findet. Conrads Afrikaner beispielsweise stammen sozusagen ebenso sehr aus einer riesigen Bibliothek zum Afrikanismus wie aus Conrads persönlichen Erlebnissen. *Direkte* Erfahrung oder Widerspiegelung der Dinge in der Sprache eines Textes gibt es nicht. Conrads Eindrücke von Afrika waren unausweichlich von Folklore und Dichtung über Afrika beeinflußt [...]. Was er in *Herz der Finsternis* vorlegt, ist das Ergebnis seiner Eindrücke von schöpferisch interagierenden Texten im

Verbund mit den Erfordernissen und Konventionen der Erzählkunst, seiner eigenen Begabung und seiner Geschichte. (Said 1994: 113)

Said zieht daraus den für die postkolonialen Studien insgesamt wichtigen Schluss, den literarischen Kanon zu revidieren. Geht es anderen Forschern innerhalb dieses Paradigmas vor allem um eine Erweiterung des Kanons um die Texte nicht-westlicher Herkunft, so fordert Said eine Neulektüre des bestehenden Kanons:

> Deshalb müssen wir die großen kanonischen Texte, ja vielleicht das ganze Archiv der modernen und vormodernen europäischen und amerikanischen Kultur mit dem Vorsatz lesen, alles, was in solchen Werken stumm, nur marginal präsent oder ideologisch verzerrt dargestellt ist, herauszustellen, zu bezeichnen und ihm Nachdruck und Stimme zu verleihen. (Said 1994: 112)

Das anschaulichste Beispiel für eine solche kontrapunktische Lektüre liefert Said mit seiner Analyse von Jane Austens Roman *Mansfield Park*. Das schon von Walter Benjamin (1892–1940) propagierte Lesen gegen den Strich wird von Said ganz konkret auf den Kontext des Kolonialismus angewandt. In ihrem 1814 erschienenen Roman *Mansfield Park* erzählt Jane Austen die Geschichte eines jungen Mädchens – Fanny Price –, das als verarmte Verwandte in das Herrenhaus der reichen Familie Sir Thomas Bertrams aufgenommen wird. Diese Familie droht im Verlauf des Romans zu zerfallen; die zwei Töchter fliehen mit unerwünschten Liebhabern aus dem Haus. Schließlich ist es Fanny – aufgrund ihrer Zurückweisung eines ihr zugedachten Verehrers zwischenzeitlich in ihr ärmliches Elternhaus in Portsmouth zurückgeschickt –, die dafür sorgt, dass die Familie Bertram und mit ihr das Herrenhaus von Mansfield Park nicht untergeht. Sie heiratet den Sohn der Familie, der von der zunächst von ihm geliebten Frau wegen seiner Absicht, Pfarrer zu werden, zurückgewiesen worden war und erweist sich als der eigentlich stabilisierende Faktor der ganzen Familiengeschichte.

Bei all diesen Verwicklungen der Handlung ist ein Bezug zum Kolonialismus scheinbar nur marginal. Das Oberhaupt der Familie, Sir Thomas, reist in der Mitte des Romans auf seine Besitzungen auf der Insel Antigua in Westindien, um dort nach dem Rechten zu sehen. Seine Abwesenheit in England begünstigt die Verwicklungen, die fast zum Zerfall der Familie führen. Von seinen Handlungen in Antigua wird dabei im Roman so gut wie nichts erzählt. Einzig Fanny fragt ihn einmal danach, ohne dass Jane Austen ausführen würde, was er vielleicht zu berichten haben könnte. Edward Said jedoch macht in seiner Analyse des Romans Antigua zum Zentrum seiner Darstellung. Die Existenz der englischen Kolonie Antigua macht die Prosperität Englands und mit ihm die der Welt des Herrenhauses überhaupt erst möglich. Diese Tatsache wird an keiner

Stelle des Romans hinterfragt oder in irgendeiner Weise – sei es moralisch oder ökonomisch – begründet. Said beharrt darauf, "zu lesen, was da steht und was nicht da steht" (Said 1994: 148), die Auslassung also der Geschichte auf Antigua ist als solche für ihn ein Bedeutung tragendes Faktum. Was über Antigua nicht erzählt wird, ist aus dem zu erschließen, was über Mansfield Park erzählt wird.

> Markanter als irgendwo sonst in ihrem literarischen Werk synchronisiert Austen hier häuslich-lokale und internationale Autorität, indem sie zu verstehen gibt, daß Werte, die mit höheren Belangen wie Ordination, Gesetz und Eigentum verknüpft sind, fest auf Herrschaft und Territorialbesitz gegründet sein müssen. Sie macht deutlich, daß die Führung und Leitung von Mansfield Park die Führung und Leitung einer imperialen Besitzung in enger, um nicht zu sagen unvermeidlicher Verbindung damit bedeutet. Die häusliche Ruhe und die anziehende Harmonie des einen Bereichs wird von der Produktivität und geregelten Disziplin des anderen gewährleistet. (Said 1994: 137)

Die Peripherie (die Kolonie von Antigua) garantiert die sichere Existenz des Zentrums (Mansfield Park). Das wird gespiegelt in der Figurenkonstellation des Romans, in der es die aus der Peripherie (der verarmten Verwandtschaft in der Hafenstadt Portsmouth) kommende Fanny Price ist, die die Fortexistenz des Zentrums der Familie sichert. Im Unterschied dazu aber erhält die Kolonie nie die Chance, in das Zentrum selbst vorzudringen, sie bleibt für die erzählte Welt des Romans immer abwesend, erhält nie eine Präsenz.

> Wenn man Mansfield Park als Bestandteil der Struktur einer expandierenden imperialistischen Unternehmung gelesen und gedeutet hat, kann man es nicht mehr dabei belassen, den Roman dem Kanon der 'großen literarischen Meisterwerke' zuzuordnen, zu dem er ganz zweifellos gehört. Vielmehr erschließt der Roman ebenso stetig wie unaufdringlich einen weiten Raum heimischer imperialistischer Kultur, ohne den Großbritanniens späterer Territorialerwerb nicht möglich gewesen wäre. (Said 1994: 147)

Das bedeutet keine ideologiekritische Verurteilung von Jane Austens Roman. Die Literatur gerade in ihrer Literarizität, in ihrer ästhetischen, strukturellen Formung zeigt sich damit, ganz im Sinne Saids, zwar auch als verbunden "mit dem imperialistischen Prozeß, dessen manifester und unverhohlener Bestandteil sie war". Allerdings gilt genauso auch, was Said dem hinzufügt:

> Anstatt jedoch ihren Anteil an dem, was in ihren Gesellschaften eine unbestrittene Realität war, entweder flink zu verurteilen oder außer acht zu lassen, sollten wir, so schlage ich vor, sie mit dem offenen Blick lesen, der unser Verständnis dieser Werke tatsächlich und wahrhaftig *steigert* und erhöht. (Said 1994: 17)

Insofern geht auch die häufig geäußerte Kritik an Said – zuletzt besonders vehement vorgetragen von Ibn Warraq – es gehe ihm nur darum, beispielsweise

Jane Austen zu "zerfetzen" (*mangling Austen*, Warraq 2007: 391), an seiner tatsächlichen Lektürepraxis vorbei. Zwar legt sein häufig moralisierender Ton nahe, es gehe ihm auch in seinem Buch *Culture and Imperialism* um die Kritik an einzelnen Autoren, was zugegebenermaßen von vielen seiner Leser so verstanden und weitergetragen worden ist, doch wenn man seine Lektüre, die vor allem das Augenmerk auf gesellschaftliche (koloniale) wie auf Text-Strukturen lenken kann, aufnimmt, öffnet sich die Mehrdimensionalität von literarischen Texten und das macht sie in der Tat reicher und tiefer. Said sieht in seiner Deutung "eine Vervollständigung oder Ergänzung anderer [Deutungen], die sie nicht beeinträchtigt oder ersetzt" (Said 1994: 17). Deutlich wird dabei auch, dass die kontrapunktische Lektüre ein sehr genaues Lesen, eine hohe Aufmerksamkeit auf alle Details des Textes – unter Einschluss der ausgesparten – erfordert.

5 Kulturelle Alterität – ästhetische Alterität

Nimmt man Edward Saids Verfahren der *kontrapunktischen Lektüre* ernst, entgeht man als Literaturwissenschaftler damit auch einem Problem, das sich in den postkolonialen Studien nicht selten stellt: der Vernachlässigung des Literarischen an der Literatur, des spezifisch Ästhetischen, zugunsten "kurzschlüssige[r] Funktionalisierungen der Interkulturalität" (Diallo & Göttsche 2003: 11) für andere (kulturwissenschaftliche) Zwecke. Besonders von deutschen Literaturwissenschaftlern ist in den letzten Jahren verstärkt die Frage aufgeworfen worden, welche Rolle der literarische Text im postkolonialen Diskurs spielt (Lubrich 2005). Der Trierer Germanist Herbert Uerlings hat die spezifischen Möglichkeiten, die sich der Literatur im Zeitalter des Postkolonialismus bieten, skizziert:

> Literatur kann koloniale Binäroppositionen, die durch Abstraktion und Reduktion, Generalisierung und Bewertung, Hierarchisierung etc. entstanden sind, in ein multidifferentielles Spiel überführen. Sie kann z.B. durch Individualisierung eine Rücknahme der kolonialen Abstraktion vollziehen, die den einzelnen fürs Ganze einer Ethnie nimmt und so die Vielfalt der Differenzen und Zugehörigkeiten auslöscht oder doch durch Gewichtung subsumiert unter die eine Differenz der ethnischen Inferiorität. Literatur kann, über Verfahren der Intertextualität, Interlingualität, Intermedialität, durch Dialogizität, Stimmenvielfalt u.a.m. die Rede 'über' andere mit anderen Stimmen konfrontieren und so ein postkoloniales Potential realisieren. (Uerlings 2005: 32)

Eine Literatur, die ästhetische Alterität, ihre eigene Differenz zum Alltagsvollzug von Sprache, einsetzt, um auf kulturelle Alterität zu reagieren, kann die koloniale Behauptung von asymmetrischer Differenz – der vorgeblich natürlichen Überlegenheit des Westens gegenüber dem Rest der Welt – unterlaufen und dabei nicht nur die Mechanismen der über Binarität kodierten Machtausübung aufzeigen, sondern diese auch verändern. Es ist die Aufgabe postkolonialer Literaturwissenschaft, diesem Potential gerecht zu werden, es an den jeweiligen Texten aufzuzeigen.

In den Literaturen der ehemals kolonisierten Länder hat die Auseinandersetzung mit Alterität häufig zu einer Umkehrung der dominierenden Perspektive geführt. Paradigmatisch dafür sind Romane, die intertextuell Bezug auf Werke des westlichen Kanons nehmen. So bezieht sich die karibische, auf Englisch schreibende Autorin Jean Rhys (Tochter eines walisischen Arztes und einer kreolischen Mutter) in ihrem Roman *Wide Sargasso Sea* (*Sargassomeer*, 1966) auf den Roman *Jane Eyre* (1847) der englischen Schriftstellerin Charlotte Brontë. In Brontës Roman wird eine für verrückt erklärte Kreolin aus Westindien, die der männliche Protagonist des Romans dort geheiratet hatte, auf dem Dachboden eines englischen Herrenhauses versteckt. Die wahnsinnige Frau auf dem Dachboden ist zu artikulierten Äußerungen nicht in der Lage, zu ihren Eigenschaften gehören ungezügelte Sexualität und eine im Roman nur referierte, nicht direkt wiedergegebene *unreine* Sprache, die davon zeugen soll. Innerhalb des Symbolsystems des Romans kann man diese Figur, die untrennbar mit dem englischen Kolonialsystem verbunden ist, deuten als Personifizierung abgespaltener, nicht eingestandener, "abjekter" (Kristeva) Persönlichkeitsanteile der englischen Protagonistin Jane Eyre.

Jean Rhys greift diese Geschichte auf und versieht sie gleichsam mit einer Vorgeschichte. Erzählt wird aus der Sicht der kreolischen Frau, wie es zu ihrem Wahnsinn gekommen ist. Noch im dritten Teil des Romans, der im englischen Herrenhaus ihres Mannes spielt, kommt sie erzählerisch zu Wort. Aus dem einstimmigen, von Jane Eyre in der ersten Person erzählten Roman Charlotte Brontës wird ein mehrstimmiger Text, in dem die bei Brontë stimmlose Figur zur Sprache kommt.

6 Kolonialismus und deutsche Literatur – Modifikationen von Saids *Kontrapunktischer Lektüre*

Für die deutsche oder gar die deutschsprachige Literatur unter Einbezug der österreichischen und schweizerischen schienen die postkolonialen Studien lange Zeit von geringer Relevanz zu sein. Das Deutsche Reich besaß nur für einen relativ kurzen Zeitabschnitt (von 1884 bis 1918) Kolonien, Österreich und die Schweiz hatten gar keine (für einen kurzen Abriss der deutschen Kolonialgeschichte vgl. Speitkamp 2005a). Schon die Untersuchung von Susanne Zantop (Zantop 1997–1999) zeigt aber, dass eine Auseinandersetzung mit dem für das 19. Jahrhundert zentralen Phänomen des Kolonialismus nicht an die Existenz eines Kolonialreichs derjenigen Nation, zu der ein Schriftsteller gehörte, gebunden war. Kolonialphantasien enden nicht an nationalen Grenzen. Seit Beginn des 21. Jahrhundert erschienen eine ganze Reihe von Untersuchungen, die den Stellenwert des Kolonialismus innerhalb der deutschen Kultur (Honold & Simons 2002, Kundrus 2003, Honold & Scherpe 2004) und der deutschsprachigen Literatur (u.a. Dunker 2005, Uerlings 2006, Albrecht 2008, Dunker 2008, Struck 2010, Honold 2011, Gutjahr & Hermes 2011, Uerlings & Patrut 2012, Babka & Dunker 2013, Dürbeck & Dunker 2014, Krobb & Martin 2014) insgesamt oder für Spezialbereiche der deutschsprachigen Literatur wie die Auseinandersetzung mit dem Orient und dem Orientalismus (Polaschegg 2005, Görner & Mina 2006, Bogdal 2007, Goer & Hofmann 2008, Dunker & Hofmann 2014) oder den deutschen Kolonialkriegen (Brehl 2007, Hermes 2009) beleuchten, die den postkolonialen Studien in unterschiedlichem Maße verpflichtet sind oder sich mit ihnen – z.T. auch sehr kritisch – auseinandersetzen.

Dabei waren es zunächst einige wenige Autoren und Texte, die – auch im Rahmen der kulturwissenschaftlichen Öffnung der Literaturwissenschaft – einer Untersuchung aus einer postkolonialen Perspektive wert zu sein schienen: vor allem Heinrich von Kleists auf Haiti spielende Erzählung *Die Verlobung in St. Domingo* (1811) (vgl. Bay 2005) und das ethnopoetische Werk Hubert Fichtes. Hier hat in den letzten Jahren eine erhebliche Kanonerweiterung stattgefunden, sodass die Skala der Analysen nunmehr von Werken des 19. Jahrhunderts – herausragend sind hier eine ganze Reihe von Untersuchungen zu Wilhelm Raabe (vgl. Pizer 2002, Göttsche 2005, Göttsche & Krobb 2009) – über die klassische Moderne (Franz Kafkas *In der Strafkolonie* oder Alfred Döblins *Amazonas*-Trilogie) und die Literatur nach 1945 (Ingeborg Bachmanns *Das Buch Franza* (vgl. Uerlings 2006: 116–177) oder Uwe Timms *Morenga*) bis zur postkolonialen Relektüre historischer Reisebeschreibungen in der Gegenwartsliteratur bei Ilija Trojanow oder Thomas Stangl (vgl. Hamann & Honold 2009, Bay & Struck 2012) reicht.

Naturgemäß stellt sich dabei immer wieder die Frage nach der Notwendigkeit der Modifizierung des an den Literaturen der großen Kolonialmächte des 19. Jahrhunderts entwickelten Kategorien und Analyseverfahren. Unbestritten ist, dass auch für den kolonialen Diskurs in der deutschsprachigen Literatur "den Beziehungen zwischen Rasse, Raum, Zeit, Klasse, Kultur, Nation und Geschlecht und damit auch denen zwischen innerer und äußerer Kolonisierung" zentrale Bedeutung zukommt (Uerlings 2005: 20). Hier wie dort führt "die Frage nach der geschlechtlichen Semantisierung kolonialer Beziehungen in den Kern des kolonialen Diskurses und (post-)kolonialer Literatur" (Uerlings 2005: 31). Schon an Kleists *Verlobung* lässt sich zeigen, dass die mit kolonialen Konnotationen besetzte Beziehung zwischen Europa und in diesem Fall Haiti als Beispiel für die außereuropäische Welt über eine weibliche Hauptfigur ausgetragen wird, deren Rassen-, Raum-, Kultur- und Nationalzugehörigkeit (nämlich jeweils eine Zwischenstellung zwischen vermeintlich festen Identitäten) an ihre Geschlechtsidentität als Frau gekoppelt wird. Über die Zeiten hinweg – und das gilt für die deutschsprachige Literatur genauso wie für die englisch- oder französischsprachige – wird *das Fremde* immer wieder als *die Fremde*, als fremde Frau personifiziert. Die angebliche Jungfräulichkeit des fremden Territoriums, das es in Besitz zu nehmen und zu kolonisieren gilt, manifestiert sich innerhalb der Koordinaten eines Gender-Diskurses (vgl. Weigel 1987, Schülting 1997).

Eine Übertragung der postkolonialen Studien auf die deutschsprachige Literatur erfordert eine Anwendung von Saids Methodik der *kontrapunktischen Lektüre* unter veränderten Vorzeichen. Aus "dem postkolonialen Problemhorizont heraus" lassen sich somit "konkrete methodische Analyseimpulse gewinnen, um etwa literarische Texte auf hybride Phänomene und literarische Alteritätsstrategien hin zu untersuchen" (Bachmann-Medick 2007b: 208). Durch die Öffnung des Textes "für das, wogegen sein Autor ihn abgedichtet hat" (Said 1994: 113), lassen sich an bedeutenden Romanen der englischen Literatur des 19. Jahrhunderts wie Janes Austens *Mansfield Park* herrschaftskonforme Textstrategien erkennen. In der Auseinandersetzung mit der entsprechenden deutschsprachigen Literatur geht es dagegen eher darum, Elementen der Texte Aufmerksamkeit zu schenken, die vor der "postkolonialen Wende" (Bachmann-Medick) nicht oder doch zu wenig beachtet worden sind. Eine diskurskritische Analyse, die ästhetische Strukturen nicht außer Acht lässt, erlaubt es daher, kritisches, den herrschenden Diskursen zuwiderlaufendes Potential frei zu legen.

Ein schlagendes Beispiel für diese, durch einen "postkolonialen Blick" zu entdeckende latente Kolonialismuskritik bietet Wilhelm Raabes Roman *Stopfkuchen. Eine See- und Mordgeschichte* (1891). Einige zeitgenössische Leser verstanden diesen Roman, in dem der deutsche Besitzer eines Landgutes in Südafrika vorübergehend in die Heimat zurückkehrt, um auf der Rückreise per Schiff aufzuzeichnen, was er dort erlebt und erfahren hat, als Unterstützung der südafrikanischen Buren und der Politik des Kolonialismus insgesamt (vgl. Parr 2004). Durch eine kontrapunktische Lektüre lässt sich aber zeigen, dass Raabe die zutiefst problematischen Hintergründe für die Faszination am Exotischen, das dem Engagement für die Sache des Kolonialismus häufig zugrunde liegt, subtextuell-untergründig in seinen Roman eingehen lässt. Hinter dem Weg des zum Besitzer eines "südafrikanischen Rittergutes" gewordenen Eduard stehen die begeisterten Lektüreberichte, die ihm als Kind sein väterlicher Freund, der Briefträger Störzer, aus der Reisebeschreibung des Franzosen François Le Vaillant ins "Innere von Afrika" gegeben hatte. Im Roman wird die Begeisterung des Briefträgers für dieses Buch als eskapistische Strategie enthüllt: er hatte jemanden (wenn auch ohne Vorsatz) erschlagen und zugelassen, dass ein anderer für diese Tat sozial geächtet wurde. Das ständige Reden über Afrika verdeckt das Schweigen über diese (Un-)Taten. Hinter dem Weg Eduards ins Kolonialsystem steht mithin eine doppelte moralische Schuld, die im Roman auf eine Weise enthüllt wird, die mit Konnotationen eines Weltgerichts über die Weltgeschichte versehen wird (vgl. dazu ausführlich Dunker 2008: 129–149).

"Kontrapunktisch" ist bei der Analyse dieses Romans der Diskurszusammenhang des Kolonialismus, der im Text nur implizit vorhanden ist, explizit zu machen. Dabei ergibt sich eine dezidiert kolonialismuskritische Bewegungsrichtung des Textes, die vergleichbar auch an Erzählungen Heinrich von Kleists, E.T.A. Hoffmanns, Adalbert Stifters oder Gottfried Kellers aufgezeigt werden kann.

Tendenziell können damit auch Texte postkolonial gelesen werden, in denen Außereuropäisches direkt gar nicht vorkommt. Adalbert Stifters Erzählung *Katzensilber* etwa, 1853 innerhalb der Sammlung *Bunte Steine* erschienen, spielt im Böhmerwald. In der Nähe eines von einer Familie bewirtschafteten Bauernhofs haust versteckt im Wald ein von den Kindern der Familie als "braunes Mädchen" apostrophiertes Kind, das schrittweise Kontakt mit diesen aufnimmt. Seine Herkunft ist unbekannt, schließlich wird es einer halb legendenhaften Figur namens Sture Mure zugeschrieben, von der die Großmutter den Kindern erzählt hatte. Es rettet die Kinder zunächst vor einem furchtbaren Hagelschlag und dann den jüngsten Sohn aus dem brennenden Bauernhof. Zum Dank wird es von der Familie aufgenommen. Nachdem es mit weiblicher, "zivilisierter" Kleidung versehen worden ist, kommt es zu einer vollkommen unverhofften Wende: das Mädchen wird immer trauriger und als die Eltern ihm schließlich anbieten, an Kindes statt für immer bei ihnen zu bleiben, bricht es in Tränen aus und verlässt das Haus, um nie wieder zu erscheinen.

In der Erzählung wird ein sich langsam vollziehender Akkulturations-Prozess beschrieben – zu Beginn wird das Mädchen auf die Eigenschaften fremd, weiblich, körperlich gewandt, wild, braun und zweimal auch auf nackt festgelegt.

> Wir werden es schon auszukundschaften und zu finden wissen, dann muß es gut behandelt werden, daß es Zutrauen gewinnt, und wir werden die Art schon finden, wie wir das

> Kind belohnen, und ihm sein Leben vielleicht nützlicher machen können, als es ahnt. (Stifter 1990: 240)

Die Belohnung besteht hier vor allem in der Zuführung einer Nützlichkeit zu seinem Leben, die bis dato nicht zu dem Horizont seiner Existenz zu gehören scheint. Diese Nützlichkeit ist vorstellbar nur in einer Überführung des Kindes aus seinem Bereich (dem der Fremde – "daß es ein Waldgeschöpf sei, dem Berge und Hügel nichts anhaben", Stifter 1990: 240) in den durch Arbeit und Kulturisation ausgezeichneten Bereich der Bauernfamilie.

Die Akkulturation aber funktioniert nicht – in dem Moment, in dem die Zeichen 'Fremdheit', 'Nacktheit' und 'Wildheit' durch Einbezug in die Familie, weibliche Kleidung und christliche Religion ersetzt sind, erfasst das Mädchen eine unergründliche Traurigkeit:

> Es kamen aus der Nachbarschaft Leute, Jünglinge und Mädchen, selbst aus der fernen Hauptstadt kamen Bekannte, die Bewohner des abgelegenen Hofes zu besuchen. Alle waren fröhlich, nur das braune Mädchen nicht. Seine Wangen waren, wie wenn es krank wäre, und sein Blick war traurig. Wenn alle freudig waren, saß es im Garten, und schaute mit den einsamen Augen um sich. (Stifter 1990: 274)

Schließlich entzieht es sich der vorgeblichen Obhut der Familie und verschwindet wieder in dem, was als Wildheit der Natur verstanden werden kann.

In Stifters Erzählung wird ein Gegensatz konstruiert zwischen dem Bauernhof als Zentrum und der sowohl mit Freiheit als auch mit Gefahr konnotierten Natur, der strukturell dem Gegensatz entspricht zwischen Europa als dem Zentrum der Welt des Kolonialismus und dem Rest der Welt, der gleichfalls Konnotationen von Wildheit, Freiheit und Gefahr trägt. Die Peripherie – das braune Mädchen – rettet das Zentrum (den Bauernhof mit seinen Bewohnern). Es ergibt sich damit eine – natürlich vom Autor nicht intendierte – strukturelle Analogie zu Jane Austens *Mansfield Park*, in dem die Existenz der Kolonie in Antigua unabdingbar ist für die des Herrenhauses von Mansfield Park, was Said in der Struktur der Erzählung, in der dieses Faktum thematisch marginalisiert wird, wiederfindet. Bei Stifter reagiert das Zentrum darauf nicht etwa mit der Anerkennung der Peripherie in ihrer Alterität, sondern versucht, sie dem Zentrum gleich zu machen. Die Peripherie aber hat – und das markiert einen Gegensatz zur Realität nicht nur des 19. Jahrhunderts – die Möglichkeit, das Zentrum zu verlassen, sich endgültig zurück zu ziehen.

In Stifters Erzählung *Katzensilber* zeigt sich so eine erstaunliche Parallele zur Geschichte der Kolonisation im 19. Jahrhundert, die innerhalb von hundert Jahren das Paradies, als das Louis-Antoine de Bougainville, Philibert Commerson u.a. Tahiti und die anderen Inseln der Südsee beschreiben, zu einem Ort gemacht hat, an denen "die sanften, geduldigen Geschöpfe [...] wie Kinder in einem Gefängnis gähnend auf ihren Tod" warten (Stevenson 1986: 59). Dem "braunen Mädchen" bleibt dieses Schicksal erspart, weil es fliehen kann, weil sein ureigener Bereich als mythischer nicht kolonisierbar ist. In der Erzählung zeigt sich das dadurch, dass über die Existenzweise des Mädchens außerhalb ihrer Begegnung mit den Mitgliedern der Familie nichts erzählt wird, der Text bildet hierfür einen separaten Raum des Nicht-Erzählten aus. Gerade diese Aussparung ist eine der Gründe für die mythische Aura, die diese Figur umgibt; sie lässt sich aber auch lesen als ein Verzicht auf eine Aneignung – der Text selbst vollzieht nicht, was die Elternfiguren an dem Mädchen ausüben. Er zieht es in die Erzählung hinein, entlässt es aber wieder ins Nicht-Erzählte.

Adalbert Stifters Erzählung fasst somit in der Mitte des 19. Jahrhunderts die Richtung, die die europäische Kolonisierung des Restes der Welt genommen hat, in dem Weg einer mit mythischen Zügen versehenen Figur zusammen, in der sich die spannungsvolle und mit Macht- und Abhängigkeitsverhältnissen konnotierte Beziehung zwischen Zentrum und Peripherie spiegelt, verkehrt sie dabei aber ins Gegenteil – im realen Kolonialismus ist das Zentrum in die Peripherie eingedrungen und hat dort alles zerstört, in *Katzensilber* hat das Zentrum versucht, sich die Peripherie einzuverleiben und ist dabei gescheitert (vgl. ausführlicher Dunker 2008: 84–91).

7 Schreiben über fremde Welten – Der (postkoloniale) Reisebericht in der Gegenwartsliteratur

In den 70er, 80er und 90er Jahren des 20. Jahrhunderts reisen deutschsprachige Schriftsteller nach Haiti wie Hans Christoph Buch, nach Tobago wie Martin Walser, nach Mexiko wie Alfred Andersch und Hans-Jürgen Heise, nach Südamerika wie Hugo Loetscher und Peter Schneider, nach Dakar wie Hubert Fichte, nach Südafrika wie Erika Runge, nach Asien wie Christian Kracht, nach Calcutta wie Ingeborg Drewitz und Günter Grass, nach Bangkok, Singapur und Indonesien wie Bodo Kirchhoff, Eva Demski und Luise Rinser oder gar zur Osterinsel wie Uwe Timm. Nicht all diesen Autoren ist ein postkolonialer Blick zu Eigen und manchem oder mancher ist Exotismus und Eurozentrismus vorgehalten worden (vgl. Lützeler 1998).

Einzelne von ihnen haben sich aber früher mit dem Postkolonialismus beschäftigt als die deutsche Literaturwissenschaft. Zu ihnen gehört vor allem Uwe

Timm, der sich in der Beschreibung seiner Reise zur Osterinsel mehrfach explizit auf Edward Said bezieht. Schon in seinem ersten Roman *Heißer Sommer* (1974) hatte er den Sturz des Hamburger Denkmals für den zu Unrecht häufig neutral als Afrikaforscher bezeichneten Gouverneur für Deutsch-Ostafrika und wegen seiner blutigen Kriege gegen die Araber berüchtigten Hermann von Wissmann (1853–1905) beschrieben. Timm zieht aus seiner Lektüre Schlüsse für das Schreiben über fremde Welten:

> Etwas, was sich der Fremde bedient hat, so wie Edward Said es beschrieben hat: daß die Erzählung, gemeint ist die europäische, eine Struktur der Einstellung und Referenz hat, die das europäische Subjekt ermächtigt, sich in überseeische Territorien einzunisten, Nutzen daraus zu ziehen, um ihnen letztlich aber Autonomie oder Unabhängigkeit zu verweigern. Ich sage das durchaus selbstkritisch und denke, eben das muß der Schriftsteller mitreflektieren, der aus Europa oder den USA und Kanada kommt und die Länder der Dritten Welt bereist, um über sie zu schreiben, um sich ihrer nicht nur parasitär ästhetisch zu bedienen. (Timm 1997: 42)

Das Eintragen exotischer Farben in den Bericht des westlichen Schriftstellers ist "parasitär": es entnimmt der anderen Kultur einen äußeren Reiz, um die eigene Kunst ästhetisch-exotistisch zu verschönern, ansonsten ist er an der fremden Kultur nicht interessiert; wie ein Parasit ein Wirtstier nutzt er sie nur für seine eigenen Zwecke aus. Was aber ist die Alternative dazu?

Hubert Fichte fordert für "eine neue Wissenschaft vom Menschen" den Einbezug ästhetischer Möglichkeiten: "Warum dürfen die Wissenschaften vom Menschen gerade das vernachlässigen, was den Menschen – wenn man vom Feuermachen absieht – vom Tier unterscheidet: die poetisch komponierte Aussage." Diese von Fichte selbst als "ketzerisch" apostrophierte Bemerkung verlangt eine Vermischung von ethnologischem und literarisch-ästhetischem, auch von faktualem und fiktionalem Erzählen im Bezug auf die außereuropäische Welt, keinen Exotismus, sondern eine "Poetische Anthropologie" (Fichte 1984: 363/365). Selbst- und Fremderfahrung stehen dabei in einer engen Relation zueinander.

8 Das Beispiel Haiti: Die Romane H. C. Buchs

Hans Christoph Buch – neben Uwe Timm einer der ersten Autoren in Deutschland, die den deutschen Kolonialismus thematisiert haben (vgl. Buch 1991) – hat sich in seinen Büchern immer wieder mit der Geschichte Haitis auseinandergesetzt. Das ist zugleich auch eine Aufarbeitung seiner eigenen biographischen Wurzeln, denn er ist der Enkel eines Apothekers, der sich Ende des 19. Jahrhunderts in Haiti niedergelassen hatte.

In seinem Roman *Die Hochzeit von Port-au-Prince* (1984) verschmilzt der Autor "die blutige Geschichte der Antilleninsel Haiti" mit seiner eigenen Familiengeschichte zu einem "phantastischen Konglomerat" (Buch 1986, Klappentext). Das Buch besteht aus drei sehr unterschiedlichen Teilen: einem Abenteuerroman à la Jules Verne, in dem der Versuch des "Negergenerals" Leclerc, die Sklaverei wieder einzuführen, geschildert wird, einer Collage aus diplomatischen Depeschen, Briefen und zeitgenössischen Presseberichten über die "Affäre Lüders", die dazu führte, dass 1897 die deutsche Kriegsmarine vor Port-au-Prince kreuzte, und im dritten Teil die Geschichte der Familie Buch in phantastischer Ausschmückung.

Der Titel des Romans spielt deutlich an auf Heinrich von Kleists Erzählung *Die Verlobung in St. Domingo*. Mit diesem intertextuellen Verweis vergewissert sich Buch seiner eigenen kulturellen Tradition, vor deren Hintergrund er sich bewegt, wenn er sich mit Haiti beschäftigt. Kleists Erzählung ist aus kolonialer Perspektive geschrieben, auch wenn man den Text heute anders interpretieren kann. Buch hat für sich als Autor eine solche Lesart zurückgewiesen, auch wenn er sie nachvollziehen könne:

> [I]m übrigen hatte Kleist tatsächlich alle kolonialen Vorurteile seiner Zeit [...] Ich halte Kleist politisch für einen, wir würden heute sagen, Reaktionär, und trotzdem ist er einer der bedeutendsten und mir liebsten deutschen Schriftsteller [...] Wenn ich ein Motiv von Kleist aufgreife, geht es mir nur darum, meine eigene Geschichte zu erzählen bzw. die Geschichte, die mir vorschwebt, und nicht darum, Kleist historische Gerechtigkeit widerfahren zu lassen. (Buch 1992: 91–92)

Buchs wichtigster Anknüpfungspunkt zu Kleist ist weniger ein inhaltlicher als ein struktureller – Er "erzählt, was Kleist entweder ausläßt oder nur teilweise erzählt: die Vorgeschichte der grausamen Racheakte der Schwarzen unter Dessalines an den Weißen" (Uerlings 1997: 175). Der Titel – *Die Hochzeit von Port-au-Prince* – bezieht sich auf die Beziehung der französischen Kolonialherren zu den schwarzen Sklaven, wobei von einer gleichberechtigten Ehe natürlich keine Rede sein kann. Da es für einen europäischen Autor nicht möglich ist, aus der Perspektive der Schwarzen zu schreiben, "ist die Episode ins Traumhafte verschoben" (Lützeler 1999: 162). Die mit "Meine Ehre heißt Treue" (dem Wahlspruch der deutschen Wehrmacht) überschriebene Kleist-Kontrafaktur verlegt die Handlung ins 20. Jahrhundert.

Am 28. Januar 1938 ankert die *Schleswig-Holstein* im Hafen von Port-au-Prince, "der Hauptstadt der Negerrepublik Haiti" (Buch 1986: 243). Zur Feier des 5. Jahrstags der nationalsozialistischen Machtergreifung will der Fähnrich zur

See Gustav von R. eigentlich seine "Verlobung mit einem bezaubernden deutschen Mädel bekanntgeben". Aber es kommt anders. Er verliebt sich in Toni, die "exotisch aussehende" Tochter des deutschen Apothekers von Port-au-Prince und einer einheimischen Frau. "Er war fasziniert von ihren schwarzen Augen, der bronzenen Haut, deren Teint das schulterfreie Abendkleid besonders gut zur Geltung brachte, und dem langen, seidig glänzenden Haar, in das sie, als einzigen Schmuck, eine rote Rose gesteckt hatte" (Buch 1986: 244). Buch benutzt diese und viele andere Klischees und Stereotypen nicht affirmativ, sondern er zitiert sie "in einem Spiel mit Genremustern und Erzählstimmen" (Weigel 1995: 173).

Da sich auch mit einem postkolonialen Blick nicht unverstellt, frei von den eigenen kulturellen Prägungen und Wahrnehmungsmustern auf die andere Kultur blicken lässt, ist es nur konsequent, diese Muster mit abzubilden, sie ostentativ in die eigene Darstellung eingehen zu lassen. Buch verweist in seinem Roman mit Kleist selbstreflexiv auf die literarischen, mit der Thematisierung des Nationalsozialismus auf die historischen und mit den stilistischen und inhaltlichen Stereotypen auf die kulturellen Prägungen, die unweigerlich den Hintergrund eines deutschen Schriftstellers bilden, der über die in den 1990er Jahren noch so genannte 'Dritte Welt' schreibt. Buch lässt diese Klischees nicht unreflektiert in seine Bücher eingehen. Er weist sie den "jeweils sprechenden oder handelnden Protagonisten [zu]: das ist dann in jedem Fall ein Weißer oder eine Weiße" (Buch 1992: 95). Dazu gehören auch die Elemente des Abenteuerromans – etwa die Raubtiere oder Krokodile, "die übrigens immer wie Baumstämme aussehen" (Buch 1992: 94) – oder die Darstellung der tropischen Landschaft als Klischee:

> Einerseits geht es darum, die Ängste und Wünsche der Europäer zu charakterisieren, und die sind immer stereotyp. Andererseits versuche ich, stereotype Naturbeschreibungen, etwa aus Naturkundebüchern, oder Tierbeschreibungen aus Brehm's *Tierleben* aufzugreifen. Und die sind selbst nicht einfach objektive Wiedergaben von tatsächlich Vorhandenem, sondern immer auch geprägt vom Geist der Zeit. (Buch 1992: 96)

Der Montagecharakter des Romans, der in diesem Verfahren deutlich wird, zielt ab auf eine Sichtbarmachung und damit Dekonstruktion der als naiv zu entlarvenden Vorstellung, es könne überhaupt einen neutralen, objektiven Blick auf die fremde Welt geben.

> Thema ist bei *Buch* also nicht die Geschichte selbst, die Frage, ‚wie es denn gewesen sei', Thema sind die Bilder und Mythen, in denen individuelle und kollektive Geschichte erinnert und erzählt werden und in denen die Sprache des Unbewußten keine unwesentliche Rolle spielt. (Weigel 1995: 174)

Schon im 18. Jahrhundert steht in der Literatur sehr häufig *die fremde Frau* für *die Fremde* insgesamt. Wenn in der *Hochzeit von Port-au-Prince* "der Zusammenhang von Exotik und Erotik auf vielfache Weise durchgespielt" wird (Uerlings 1997: 229), so ist es jetzt der postkoloniale Blick des Autors, der bewusst und auf die Spitze treibend zu inszenieren versucht, was dem kolonialen Blick unbewusst unterläuft. Wenn es in Buchs nächstem Roman *Haïti Chérie* (1990) dann heißt: "Amerika ist eine nackte Frau, die auf dem Rücken liegt mit hinter dem Kopf verschränkten Armen und ihr rechtes Bein in der Brandung des Pazifik kühlt, während sie den linken Fuß ins lauwarme Wasser der Karibik taucht" (Buch 1990: 90), so wird der koloniale Topos von der Fremden, die es in Besitz zu nehmen gilt, hier in einem Bild zusammen gefasst.

Eines der von Buch verwendeten Verfahren besteht in der Übernahme von Mitteln, die der kubanische Schriftsteller Alejo Carpentier auf den Begriff des "wunderbaren Wirklichen" (Carpentier 2004: 118) gebracht hat. Das Territorium seines Haiti-Romans *Das Reich von dieser Welt* (1949) ist – nach den Worten von Mario Vargas Llosa –

> nicht ein phantastisches, sondern ein mythisches oder legendäres, das sich gleichsam zwischen der historischen und der phantastischen Realität befindet [...] und dessen ambivalente Substanz sich zu gleichen Teilen von Gelebtem wie von Phantasiertem oder Geträumten nährt. (Vargas Llosa 2004: 131)

Diese Bezüge auf den magischen Realismus, die sich auch bei Uwe Timm finden (vgl. Dunker 2012), sorgen für einen alteritären Realitätseffekt (die entsprechenden Passagen des Buches werden tatsächlich als fremd empfunden) und lösen zugleich die Grenzen zwischen Eigenem und Fremdem auf – Carpentier seinerseits ist wiederum beeinflusst vom französischen Surrealismus.

Buch bezieht sich intertextuell auch auf haitianische Autoren wie René Depestre oder Jacques Stéphen Alexis. An ihnen schätzt er unter anderem die karnevalesken Elemente im Sinne Michail Bachtins:

> Im karibischen Karneval wird nicht nur die Ordnung des Staates verspottet und die Hierarchie der Gesellschaft auf den Kopf gestellt, indem der Narr als König regiert; auch der sogenannte Ernst des Lebens, von der Geburt bis zum Tod (und der Glaube an ein Leben nach dem Tod), wird dem befreienden Gelächter preisgegeben. (Buch 1993: 11)

Durch Übersteigerung, Parodie, Ironie, Satire und Groteske betreibt Buch in seinen Haiti-Romanen daran anknüpfend eine "karnevaleske Dekonstruktion monolithischer Diskurse" (Uerlings 1997: 237), die die intra- wie die interkulturellen Herrschaftsdiskurse Haitis und Europas gleichermaßen in Frage stellen.

Dennoch findet das Konzept dieser Romane Hans Christoph Buchs, die Herbert Uerlings als "postmodern-dekonstruktivistische interkulturelle" Romane bezeichnet hat (Uerlings 1997: 230), seine Grenze darin, dass sie den *Anderen* die *eigene Stimme* verweigern. Buch beschränkt sich konsequent auf das Zerschreiben europäischer Diskurse, lässt zwar außereuropäische Formensprachen in seine eigene eingehen, aber gibt indigenen Figuren keine eigenen Erzählerstimmen. Innerhalb eines dekonstruktivistischen Romans erscheint das auch als kaum möglich. In jüngsten Beispielen findet man dagegen Versuche, die von Uwe Timm formulierte und von H. C. Buch eingehaltene Schranke zu überwinden (vgl. vor allem Trojanow 2006).

Durch diese und ähnliche Schreibweisen versuchen Gegenwartsautoren den von Lützeler formulierten Ansprüchen an die Überwindung eines kolonialen Blicks gerecht zu werden (Lützeler 1997: 16). Ein wesentliches Kriterium dafür ist Selbstreflexivität: in die Texte geht die Problematisierung der Schwierigkeiten ein, aus einer deutschen Perspektive postkolonial über die (nicht nur) deutsche Kolonialgeschichte und ihre Auswirkungen bis in die Gegenwart zu schreiben. Die an der Literatur des 19. Jahrhunderts entwickelte *kontrapunktische Lektüre* (Said 1994; Dunker 2008) geht daher häufig schon in die Texte selbst ein, indem sie Kleist und andere Autoren dieser Zeit Relektüren und Rewritings unterziehen. Auf diese Weise ist die Literaturgeschichte des Kolonialismus auch in der Literatur der Gegenwart präsent.

Kommentierte Literaturhinweise

Einen Überblick über das aktuelle Forschungsfeld der postkolonialen Studien in der literaturwissenschaftlichen Germanistik geben **Dürbeck & Dunker (2014)**. **Zantop (1997–1999)** zeigt, dass bereits lange vor dem Entstehen des deutschen Kolonialreichs 1884 koloniale Phantasien in vielen literarischen Texten ihren Niederschlag gefunden haben. Eine grundlegende Entwicklung der Kategorie des 'postkolonialen Blicks' durch den Herausgeber nebst einer Reihe von Reisebeschreibungen bekannter Autoren findet sich in **Lützeler (1997)**. Ein internationaler Klassiker über das Verhältnis von Literatur und Kolonialismus mit einer Darlegung des Verfahrens der kontrapunktischen Lektüre ist **Said (1994)**. Das Verfahren der kontrapunktischen Lektüre wendet **Dunker (2008)** auf die deutschsprachige Literatur des 19. Jahrhunderts an. Den besonderen Stellenwert der Geschlechterdifferenz für den (Post-)Kolonialismus in der deutschen Literatur beleuchtet **Uerlings (2006)**. Die Sammelbände der Reihe "Postkoloniale Studien in der Germanistik" (**Honold 2011, Uerlings & Patrut 2012, Babka & Dunker 2013, Krobb & Martin 2014**) sammeln literaturwissenschaftliche Einzelstudien.

II **Quellen und Methodologie**

Stefan Engelberg und Doris Stolberg

4 Sprachkontakt in kolonialen Kontexten I. Quellenkundliche Aspekte

Wichtige Konzepte: Dokument, Quelle, Quellenkritik, Sprachkontakt, Lehnwort, Spracheinstellung

1 Grundlegendes zur Quellenkunde

Für die Untersuchung des Zusammenhangs von Sprache und Kolonialismus steht eine Fülle empirischer Methoden zur Verfügung. Mit zunehmendem Abstand zur Kolonialzeit müssen diese Methoden sich allerdings auch in zunehmendem Maße auf historische Dokumente beziehen. Das gilt insbesondere für Arbeiten, die sich mit dem deutschen Kolonialismus befassen, der in seiner imperialistischen Form mit dem Ersten Weltkrieg als Herrschaftsform, wenn auch nicht ideologisch, sein Ende gefunden hat. Zeitzeugen können nicht mehr befragt werden und die Erhebung von zeitgenössischen Sprachdaten kann nicht mehr durch Sprecherbefragungen erfolgen. Die Koloniallinguistik sieht sich also mit dem konfrontiert, was Labov in Bezug auf die historische Linguistik als "Bad-Data"-Problem bezeichnet hat: "Historical linguistics can then be thought of as the art of making the best use of bad data" (Labov 1994: 11).

Der vorliegende Beitrag befasst sich daher mit der Frage, wie wir – zumeist historische – Dokumente mit einem kritischen Blick als Quellen für bestimmte Forschungsfragen nutzen können, um daraus Daten zu gewinnen. Unter Dokumenten verstehen wir dabei physische Objekte, die dem folgenden Kriterium genügen:

Ein **Dokument** ist ein Objekt, dessen primärer Zweck in der Speicherung oder Vermittlung von Information liegt.

Stefan Engelberg: Institut für Deutsche Sprache, Postfach 10 16 21, 68016 Mannheim
engelberg@ids-mannheim.de
Doris Stolberg: Institut für Deutsche Sprache, Postfach 10 16 21, 68016 Mannheim
stolberg@ids-mannheim.de

Dokumente sind also die verschiedensten Arten von Schriftstücken – eine Gerichtsakte, ein kolonialzeitliches Wörterbuch, ein privater Brief, ein Missionsbericht oder eine Ernennungsurkunde – aber auch Tondokumente wie etwa Interviews oder Aufnahmen im Rahmen linguistischer Erhebungen, sowie Filme, Landkarten und Photographien.

Anders als *Dokument* ist *Quelle* ein relativer Begriff. Ob ein Dokument als Quelle dienen kann, hängt davon ab, mit welcher Forschungsfrage wir uns befassen.

> Eine **Quelle** ist ein Dokument relativ zu einer Forschungsfrage, aus dem Daten zur Beantwortung dieser Forschungsfrage gewonnen werden.

So mag ein bestimmtes Dokument, etwa ein Brief in einer indigenen Sprache, eine nützliche Quelle für die Ermittlung von Lehnwörtern sein, während es für die Frage nach sprachenpolitischen Positionen der einheimischen Bevölkerung keinen Quellencharakter hat.

Die Definition zu *Quelle* sagt auch, wozu wir Quellen eigentlich nutzen, nämlich zur Gewinnung von Daten, die die Beantwortung unserer Forschungsfrage stützen sollen. Unter Daten wollen wir das Folgende verstehen:

> **Daten** sind beobachtbare, mit wissenschaftlichen Methoden gewonnene quantitative und qualitative Ausprägungen von Merkmalen.

Daten sind also Eigenschaften der Einheiten, die wir untersuchen, und die wir mit hinreichender wissenschaftlicher Genauigkeit feststellen können. Hier einige Beispiele:

Tab. 1: Daten als Ausprägungen von Merkmalen.

Merkmal	Ausprägung
Anteil deutscher Lehnwörter in Wörterbuch X:	2,3 %
Bezeichnungsbereiche, denen die Lehnwörter in Wörterbuch X angehören:	Schule, Religion, Handwerk
bewertende Äußerungen zu einem Pidgin in einem Textkorpus X:	(001) "schreckliche Sprache"; (002) "Kauderwelsch"; (003) "Sprachseuche"; (004) …
Anzahl von Missionsschulen in Region X:	47

Quellen können wir hinsichtlich zweier Kriterien typisieren, nach ihrer Unmittelbarkeit und nach ihrem Sprachbezug. Hinsichtlich ihrer Unmittelbarkeit unterscheiden wir Primärquellen und Sekundärquellen. Primärquellen sind durch eine unmittelbare Nähe zu den dargestellten Sachverhalten gekennzeichnet:

> Eine **Primärquelle** ist eine Quelle, deren Elemente nach quellenkritischer Prüfung unmittelbar als Daten genutzt werden können.

Die Tonaufnahme oder Verschriftlichung einer Erzählung in einer bestimmten Sprache kann als Primärquelle zur Ermittlung sprachlicher Eigenschaften dieser Sprache genutzt werden ebenso wie die Photographie einer Schulklasse beim Sprachunterricht als Erkenntnisquelle über die Art des Sprachunterrichts. Die quellenkritische Prüfung von Primärquellen betrifft in den dargestellten Fällen zum Beispiel die Frage, ob die Verschriftlichung der Erzählung hinreichend genau ist und ob die fotografierte Szene spontane Interaktion zeigt oder für die Aufnahme gestellt wurde.

Sekundärquellen bieten demgegenüber nur einen vermittelten Zugang zu Sachverhalten:

> Eine **Sekundärquelle** ist eine Quelle, in der Elemente angeführt werden, die der Urheber der Quelle als Fakten betrachtet.

Sekundärquellen sind etwa Berichte von Geschehnissen aus zweiter Hand oder Kategorisierungen und Analysen von Sachverhalten. Dies trifft etwa auch auf Wörterbücher und Grammatiken zu, die als objektsprachliche Sekundärquellen sprachliche Fragmente (zum Beispiel Lexeme) anführen, die – im Idealfall – mithilfe von Sprechern der entsprechenden Sprache ermittelt wurden. Zudem sind sie natürlich vor allem metasprachliche Quellen, da sie ja die Sprachbeschreibung des Autors enthalten (metasprachliche Primärquelle) und der Autor gewöhnlich auch die sprachbeschreibenden Arbeiten anderer Grammatiker referiert (metasprachliche Sekundärquelle).

Die schon im obigen Abschnitt verwendete Typisierung von Quellen nach ihrem Sprachbezug ist eine Besonderheit sprachwissenschaftlicher Forschung. Wir unterscheiden hier die objektsprachliche, die metasprachliche und die außersprachliche Auswertung von Quellen:

> Ein Dokument wird als **objektsprachliche Quelle** verwendet, wenn es hinsichtlich seiner sprachlichen Eigenschaften ausgewertet wird.

Ton- und Schriftdokumente verschiedener Art können als objektsprachliche Quellen dienen: Aufzeichnungen, Erzählungen und religiöse Texte in indigenen Sprachen, Briefe und Tagebücher deutscher Siedler, Tonaufnahmen von Interviews mit Sprechern deutschbasierter Pidgin- und Kreolsprachen usw. Aber auch kolonialzeitliche Bücher, Parlamentsreden oder Aufsätze zu kolonialen Themen können als objektsprachliche Quellen genutzt werden, zum Beispiel dann, wenn sie Gegenstand diskursanalytischer Untersuchungen kolonialen Sprachgebrauchs werden.

> Ein Dokument wird als **metasprachliche Quelle** verwendet, wenn es hinsichtlich dessen ausgewertet wird, was darin über Sprache gesagt wird.

Die Nutzung von Dokumenten als metasprachliche Quelle kann auf sehr verschiedene metasprachliche Äußerungen abzielen, etwa auf Sprachbewertungen, auf Äußerungen zur Sprachverbreitung, zur Struktur von Sprachen oder zu ihren kommunikativen Verwendungsbedingungen.

> Ein Dokument wird als **außersprachliche Quelle** verwendet, wenn es hinsichtlich dessen ausgewertet wird, was darin über Außersprachliches gesagt wird.

Insofern als Forschungen zum Zusammenhang von Sprache und Kolonialismus in weiten Teilen dem Bereich der historischen Soziolinguistik zuzuordnen sind, müssen natürlich auch Daten zu gesellschaftlichen Phänomenen erhoben werden, etwa zum Schulwesen, zur Bevölkerungszusammensetzung und zur Kolonialpolitik.

Wir können feststellen, dass sich ein Dokument in vielen Fällen als Grundlage für verschiedene Arten von Quellen nutzen lässt (s. Abb. 1).

Die vielfältige Nutzung eines Dokuments als Quellen verschiedener Typen soll hier an einem in der *Kolonialen Rundschau* erschienen Aufsatz von Georg Friederici (1911) illustriert werden. Friederici unternahm im Auftrag des Reichskolonialamtes Forschungsreisen im Südpazifik und schreibt in diesem Aufsatz über die Struktur, Entstehung und Verwendung des in Neuguinea verbreiteten englisch-basierten Pidgins, das heute als Tok Pisin bekannt ist. Der Aufsatz als kolonialzeitliches Dokument kann in verschiedener Hinsicht als Quelle genutzt werden. In Ausschnitten präsentiert er sich als **objektsprachliche Primärquelle**, indem er vom Autor gehörte Äußerungen auf Tok Pisin wiedergibt:

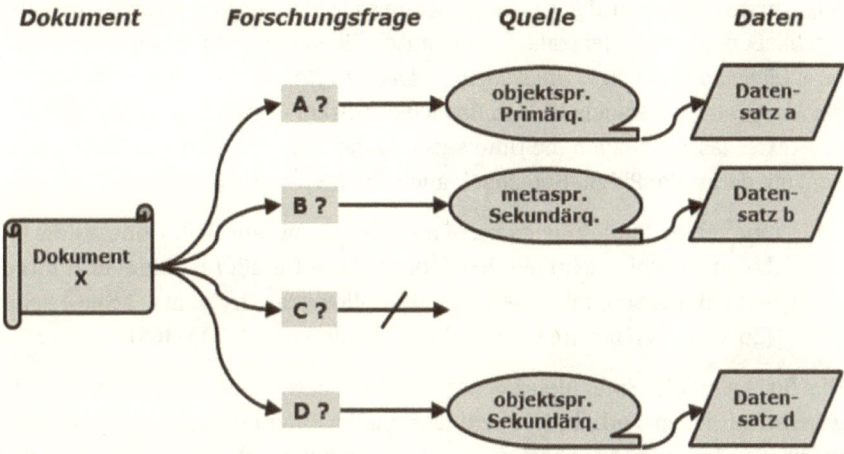

Abb. 1: Vom Dokument zu den Daten.

(1) Bei einer Fahrt im offenen Boot zwischen den Tabar-Inseln, als das Pullen meiner Jungens immer flauer wurde, sagte To Minalum, der am Schlag saß, ganz trocken und mit höchst verächtlicher Miene: "Me think, by and by wind belong you short fellow," d.h. "Euch geht, wie mir scheint, langsam die Puste aus". (Friederici 1911: 100)

Wiedergaben von Pidgin-Äußerungen finden sich häufig, insbesondere in Reiseberichten. Generell ist quellenkritisch zu bedenken, dass zwischen dem Ereignis und seiner Niederschrift vermutlich einige Zeit vergangen ist, sodass der genaue Wortlaut vermutlich eher als rekonstruiert denn als exakt wiedergegeben betrachtet werden muss. Friederici dürfte ein recht guter Kenner des Pidgins gewesen sein, viele andere Autoren verfügten aber nur über rudimentäre Tok Pisin-Kenntnisse.

Darüber hinaus fungiert das Dokument aber auch als **objektsprachliche Sekundärquelle**, insofern als Friederici eine Reihe von Sprachbeispielen aus dem Tok Pisin anführt, die weniger als beobachtete Sprachdaten gelten sollen, sondern anderweitigem Wissen des Autors über die Sprache entstammen. Hier illustriert er die Verwendung von *fellow* im Tok Pisin:

(2) umbene he good fellow? – Ist das Netz gut?/no good, he short fellow! – nein, es ist zu kurz/long fellow duái (dawái) – ein langes Stück Holz. (Friederici 1911: 104)

Eine Nutzung des Dokuments als **objektsprachliche Primärquelle** kann sich aber auch auf den Sprachgebrauch Friedericis selber beziehen, der sich diskurslinguistisch bezüglich der Versprachlichung bestimmter kolonialer Stereotypen erschließen lässt oder lexikalisch-semantisch die Referenz auf Bewohner Neuguineas (*Eingeborner, Junge, Hausjunge, Melanesier, Kanake, Neu-Guinea-Leute, Pidgin-Mann*, etc.) untersucht. In den Bereich der diskurslinguistischen Erschließung des Textes lässt sich auch die Untersuchung der Auswahl der Beispielsätze rechnen, mit denen der Pidgin-Sprachgebrauch illustriert werden soll:

(3) one fellow tamiok he come! – man bringe mir ein Beil! / one fellow ten belong arsch! – zehn mit dem Stock auf das Gesäß! / pull him boat he go! – Zieht das Boot in's Wasser! / three fellow kiau, fry him! – 3 Spiegeleier! (Zuruf an den boy im house drink). (Friederici 1911: 104–105)

Die für koloniale Sprachlehrbücher typische Beispielauswahl reflektiert die gesellschaftlichen Verhältnisse und lässt als imaginären Sprecher dieser Sätze unzweideutig einen Angehörigen der herrschenden Kolonialmächte erkennen (vgl. zu ähnlichen Phänomenen auch Warnke & Schmidt-Brücken 2011).

Das Dokument ist aber auch als metasprachliche Quelle in verschiedener Hinsicht zu nutzen. Als **metasprachliche Primärquelle** dient es bezüglich seiner sprachbeschreibenden Aspekte. Dazu gehören etwa die Bedeutungserläuterungen in den obigen Ausschnitten, aber auch Informationen zur Verbreitung des Tok Pisin und seiner Geschichte. Schließlich sind auch die sprachbewertenden Äußerungen des Autors selbst als **metasprachliche Primärdaten** zu extrahieren, z.B.:

(4) Das Pidgin-Englisch ist sehr arm; für alle dem Horizont der Eingeborenen ferner liegenden Dinge, für abstrakte Begriffe, für die Wahrheiten unserer Sittenlehre und ähnliches hat man keine Ausdrücke. Manches kann durch Umschreibungen ersetzt werden, manches ist gar nicht wiederzugeben. Dennoch aber ist dieser Jargon im Munde eines ihn völlig Beherrschenden einer gewissen Geschmeidigkeit und auch einer ziemlichen Kraft der Ausdrucksweise fähig. (Friederici 1911: 101)

In ähnlicher Weise dient das Dokument auch als **metasprachliche Sekundärquelle**, etwa dort, wo Friederici (1911: 95–96) die Einstellungen dritter etwa bezüglich der Einführung bestimmter Verkehrssprachen in Neuguinea referiert. Folgendes berichtet er über Einstellungen zum Deutschen als Verkehrssprache:

(5) Zwei Gründe sind mir immer gegen die Einführung der deutschen Sprache angeführt worden: Die große Schwierigkeit der Erlernung dieser Sprache für die Eingebornen und die Unbequemlichkeit nach allgemein gewordener Kenntnis des Deutschen, keine Sprache mehr für die Herrenrasse zur Verfügung zu haben, in der man nicht von unbefugten Einge-

bornen verstanden oder belauscht werden könne. Die Regierung steht wohl nur zum Teil hinter dieser Auffassung, der aber viele Beamte und sicherlich ein großer Teil der alten Ansiedler beitreten. (Friederici 1911: 96–97)

Schließlich lässt sich das Dokument auch als **außersprachliche Primär- und Sekundärquelle** im Zusammenhang mit Forschungsfragen zur Entstehung des Tok Pisin nutzen, etwa dort, wo Friederici typische soziale Situationen schildert, in die Gespräche auf Tok Pisin eingebettet sind (Friederici 1911: 100–101), oder dort, wo er aus zweiter Hand über die Besiedlungsgeschichte des Südpazifik im Zusammenhang mit der Entstehung von Pidgins schreibt (Friederici 1911: 92–93).

Tab. 2: Übersicht der definierten Termini.

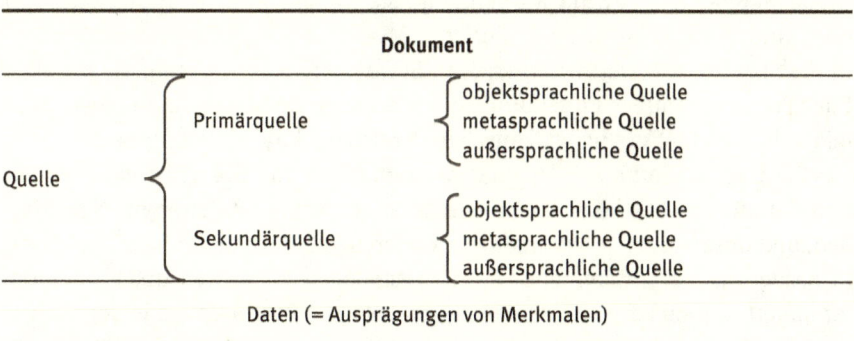

2 Sprachkontakt in kolonialen Kontexten

Im Folgenden werden wir den Einsatz von Quellen am Beispiel von Sprachkontaktphänomenen in kolonialen Kontexten darstellen. Dabei beziehen wir uns exemplarisch auf die Situation des Deutschen als Kontaktsprache in den früheren deutschen Kolonialgebieten im Pazifik.

Sprachkontakt entsteht dort, wo Sprecher mit unterschiedlichen Sprachen in Berührung kommen. In der Regel treten als Folge in den beteiligten Sprachsystemen Veränderungen auf, sogenannte Sprachkontaktphänomene, die je nach Kommunikationsbedarf und Art des Kontakts unterschiedliche Bereiche der Sprache betreffen und unterschiedlich stark ausgeprägt sind.

Zwei wichtige Aspekte, die die Folgen von Sprachkontakt wesentlich beeinflussen, sind zum einen die Dauer und Häufigkeit und zum anderen die Intensität des Kontakts (Thomason 2010). Damit Sprachkontakt überhaupt stattfinden kann, muss die Kontaktsprache für die Sprecher verfügbar sein, z.B. durch Kontakt mit Muttersprachlern oder in Form von Unterricht. Wenn die Kontakt- oder Zielsprache nicht in ausreichendem Maß zur Verfügung steht, kann sie nicht erworben werden; Entlehnungen können dann nur in geringem Umfang stattfinden. Auch bei soziopolitisch tiefgreifendem Einfluss (wie z.B. durch koloniale Beherrschung) kann die Sprachkontaktintensität gering sein, denn die koloniale Machtasymmetrie ermöglicht es, Sprache vorzuenthalten oder nur in einer modifizierten Form (z.B. als vereinfachtes 'Kolonialdeutsch') verfügbar zu machen.

Macht führt häufig zu einem erhöhten Prestige der Attribute, die mit den Machthabern assoziiert werden. Dadurch wird oft auch der Sprache der kolonialen Machthaber Prestige zugewiesen, was dazu führen kann, dass Sprecher lokaler Sprachen lexikalische Elemente in ihre Sprachen übernehmen (*Adoption*). Entlehnungen können aber auch durch sprachpolitische und sprachplanerische Maßnahmen bewirkt werden, d.h., sie werden von außen und/oder von oben (durch Nicht-Muttersprachler, z.B. Missionare oder Verwaltungsbeamte) in die Sprache eingeführt (*Imposition*). Sprachpurismus dagegen, als negative Einstellung gegenüber Entlehnungen aus anderen Sprachen, kann einem kontaktbedingten Einfluss im lexikalischen Bereich effektiv entgegenwirken.

Die Untersuchung sprachlicher Auswirkungen von Sprachkontakt bezieht sich darauf, ob eher lexikalische oder eher strukturelle Interferenzen stattfinden, und unter welchen Bedingungen. Generell gilt, dass bestenfalls Tendenzen in Bezug auf die Entlehnbarkeit von sprachlichen Elementen und Strukturen formuliert werden können, aber keine sprachlichen Restriktionen in dem Sinne, dass bestimmte Kontakterscheinungen gar nicht möglich wären (Thomason 2000).

In vorliegendem Fall interessiert vor allem, wie die koloniale Situation den Sprachkontakt beeinflusst hat und ob hier die gleichen Auswirkungen zu beobachten sind wie in anderen Kontaktsituationen. Dazu ist zuerst zu etablieren, welche Arten von Interferenz man in unterschiedlichen Kontaktsituationen erwarten kann. Die folgende Tabelle fasst zusammen, unter welchen Bedingungen bestimmte Sprachkontaktphänomene in welcher Ausprägung zu erwarten sind.

Spracherhalt bedeutet, dass die untersuchte Sprechergemeinschaft ihre ursprüngliche Sprache (A) weiterhin spricht und Entlehnungen aus einer Kontaktsprache (B) integriert.

> **Sprachwechsel** bezieht sich darauf, dass die Sprechergemeinschaft ihre Erstsprache (A) nicht mehr an die nachwachsende Generation weitergibt, sondern zu einer neuen Erstsprache (B) wechselt (die für die aktuelle Sprechergeneration zunächst die Zweitsprache ist und entsprechende, für Lernersprachen typische Interferenzen aufweist).

Tab. 3: Auswirkungen von Sprachkontakt (nach Thomason & Kaufman 1988 und Van Coetsem 1995).

	Borrowing/Language Maintenance (Spracherhalt der Sprache A)	Imposition/Language Shift (Sprachwechsel zu Sprache B)
Lexikon	frühe & starke Interferenz von B auf A	(fast) keine Interferenz von A auf B; kulturelle Entlehnungen sind möglich
(Flexions-) Morphologie	keine beobachtbare Interferenz (vermutlich auf Grund von mangelnder Systemkongruenz) von B auf A	reduzierte bzw. keine morphologische Markierung; morpholog. Kategorien können aus A übernommen und in der Zielsprache B 'relexifiziert' werden
Syntax	mäßige Interferenz (nach langem u. intensivem Kontakt) von B auf A	beträchtliche Interferenz von A auf B
Phonologie	keine Interferenz von B auf A	starke (phonetische) Interferenz von A auf B

Die Dokumente, die für das Thema Sprache im deutsch-kolonialen Kontext relevant sind, enthalten Datenbeispiele für beide Kontakttypen: Kolonial bedingte lexikalische Entlehnungen finden sich sowohl in den lokalen Sprachen als auch im Deutschen. Der zweite Typ, Sprachwechsel mit strukturellem Einfluss, ist vertreten durch deutsche Pidgin- und Kreolvarietäten, also nichtmuttersprachliche Formen des Deutschen, in denen ein struktureller Einfluss aus den Muttersprachen der Sprecher sichtbar wird.

Übergeordnete Forschungsfragen, denen mit Hilfe der Quellenanalyse nachgegangen werden soll, sind die folgenden:
1. Welche Rolle spielte das Deutsche in der Sprachenlandschaft Ozeaniens seit dem 19. Jahrhundert?
2. Was waren die sprachlichen Folgen des deutschen Sprachkontakts in Ozeanien?
3. Wie erklären sich die Art und das Ausmaß der sprachlichen Folgen des deutschen Sprachkontakts in Ozeanien und welche Rolle spielten Spracheinstellungen und die deutsche Sprachenpolitik?

Zur Beantwortung dieser Fragen stehen verschiedene Dokumente zur Verfügung, die in unterschiedlicher Weise als Quellen herangezogen werden können.

Da die pazifischen Kolonialgebiete vor allem aus einer Vielzahl von Inseln bestanden und sich auf eine große geographische Fläche verteilten, ist es sinnvoll, sich zunächst auf einzelne Gebiete und Szenarien zu beschränken. Die Art des Sprachkontakts, die Umsetzung sprachbezogener Vorschriften und die Spracheinstellungen waren z.T. so unterschiedlich, dass eine pauschale Beantwortung dieser Fragen gar nicht möglich wäre.

Der historische Kontext bedingt eine weitgehende Beschränkung auf schriftliche Dokumente. Sie stammen aus ganz unterschiedlichen Zusammenhängen; sie reflektieren Sichtweisen der Regierung, von individuellen Reisenden, von Missionaren usw. und spiegeln so eine große Bandbreite von Perspektiven, Genres und sprachlichen Registern wider. Daneben stehen auch einige Tonaufnahmen zur Verfügung, die sowohl linguistisch als auch als *oral-history*-Dokumente ausgewertet werden können (Christmann 1986). Dies betrifft vor allem Aufnahmen zu der Kreolsprache Unserdeutsch (Volker 1982, Maitz 2014), in denen Sprecher nicht nur Unserdeutsch sprechen, sondern auch aus eigener Erfahrung oder nach Erzählungen ihrer Eltern bzw. Großeltern über die Entstehungsbedingungen und die entsprechenden Lebensumstände berichten. Für die große Mehrzahl der verfügbaren Dokumente gilt allerdings einschränkend, dass sie von Vertretern der Kolonialmacht produziert wurden. D.h., auch dort, wo der Einfluss des Deutschen auf lokale Sprachen untersucht wird, kann häufig nur auf Daten von Zweitsprachsprechern zurückgegriffen werden, und es gibt kaum unmittelbare Belege dafür, dass z.B. deutsche Entlehnungen tatsächlich in den Sprachgebrauch von Sprechern der lokalen Sprachen übernommen wurden. Indirekte Belege dafür bieten jedoch z.B. Wörterbücher der jeweiligen Sprachen, in denen sich z.T. bis heute verschiedene aus dem Deutschen entlehnte Lexeme finden lassen. Diese Wörterbücher können daher hinsichtlich der Frage nach dem Sprachkontaktphänomen der Integration deutscher Lehnwörter als objektsprachliche Quelle herangezogen werden.

3 Objektsprachliche Auswertung von Quellen

Forschungsfrage:

Welche Lehnwörter finden sich im deutsch-kolonialen Kontext im und aus dem Deutschen?

a) aus dem Deutschen: welche und in welchen Sprachen? Beispiele: Samoa, Nauru
b) im Deutschen: welche und aus welchen Sprachen? Beispiel: Samoa

Verfügbare Dokumente:
Publizierte und nicht publizierte Primärquellen in den Kontaktsprachen (d.h., in den lokalen Sprachen und auf Deutsch), z.B. Briefe, Unterrichtsmaterialien, Zeitungen, sowie Internetbelege;[1] publizierte und nicht publizierte Sekundärquellen, z.B. Wörterbücher, Wortlisten und grammatische Beschreibungen lokaler Sprachen.

Im deutsch-kolonialen Kontext gibt es zum einen deutsche Lehnwörter in den Sprachen des historischen deutschen Kolonialgebiets. Umgekehrt gibt es auch Lehnwörter aus diesen Sprachen im Deutschen. In beiden Fällen handelt es sich um Entlehnungen aus einer Kontaktsprache in die jeweilige Erstsprache der Sprachgemeinschaft.

Die Rahmenbedingungen dieses Sprachkontakts sind (a) eine insgesamt relativ kurze Kontaktdauer mit einem klaren Ende und (b) eine uneinheitliche Kontaktintensität, die je nach Gegend stark schwanken konnte. Die beteiligten Kontaktsprachen waren v.a. Deutsch, Englisch, Pidgin-Englisch und die jeweiligen lokalen Sprachen. Sprachkontakt zwischen diesen Sprachen fand in verschiedenen Umgebungen statt, die – gerade im missionarischen Kontext – sehr von einzelnen Personen und deren Sprachkompetenzen geprägt wurden, sodass die Folgen des Sprachkontakts sowohl für einzelne Sprecher als auch für einzelne Sprachgemeinschaften ganz unterschiedlich ausfallen konnten.

3.1 Lehnwörter aus dem Deutschen in den Sprachen Ozeaniens am Beispiel von Samoanisch und Nauruisch

Im Gebiet Mikronesiens werden ca. 26 Sprachen gesprochen (laut *Ethnologue*, vgl. http://www.ethnologue.com). In 13 von 16 bisher untersuchten dieser Sprachen haben wir Lehnwörter aus dem Deutschen nachweisen können, allerdings mit ganz unterschiedlichen Verteilungen. Das lässt sich zum einen auf die spezifische Vorgeschichte und Kontaktsituation auf den einzelnen Inseln zurückführen, ist aber auch bedingt durch die unterschiedliche Verfügbarkeit von Quellen und von daher nur ein vorläufiges Ergebnis.

Im Palauischen z.B. hat die deutsche Kolonialzeit Spuren in Form von mindestens 55 belegten Lehnwörtern hinterlassen. Demgegenüber konnten in Kosraeisch bisher keine deutschen Lehnwörter identifiziert werden. Obwohl Palau und Kosrae in vielem hinsichtlich ihrer Lage und Bedeutung während der

---

[1] Internetbelege mit primären Sprachdaten können im vorliegenden Fall verwendet werden, um die Kontinuität in der Verwendung bestimmter Lehnwörter bis heute nachzuweisen.

deutschen Kolonialzeit vergleichbar sind, unterscheiden sie sich darin, dass in Kosrae Englisch schon fest Fuß gefasst hatte. Die Bewohner von Kosrae hatten wenig Interesse, eine weitere Kolonialsprache zu lernen, die noch dazu weniger wirtschaftliche und praktische Bedeutung hatte als Englisch (vgl. Engelberg 2006b).

Es gibt auch eine zeitliche Schichtung deutscher Lehnwörter, die dann sichtbar wird, wenn die Quellenlage gut genug ist. Das ist z.B. für Samoanisch der Fall. Samoa gehört nicht zu Mikronesien, war jedoch ebenfalls Bestandteil des deutschen Kolonialgebietes im Pazifik. Es kam 1900 unter deutsch-koloniale Herrschaft. Es ist zu erwarten, dass zur tatsächlichen Kontaktzeit, also in den 16–30 Jahren deutscher Kolonialzeit, mehr deutsche Lehnwörter in den ozeanischen Sprachen in Gebrauch waren als sich bis heute, also rund 100 Jahre nach Ende der Kontaktzeit, erhalten haben. Diese Wörter sind – teilweise zusammen mit ihren Konzepten – obsolet geworden, wie die folgenden Beispiele zeigen.

Tab. 4: Deutsche Lehnwörter im Samoanischen (aus älteren Quellen, jetzt obsolet).

Deutsch	Samoanisch
Kaiser	kaisa
Amtmann	ametimani
Amboss	amepusa

Andere Wörter haben sich erhalten und sind fester Bestandteil des samoanischen Lexikons geworden. Beispiele dafür finden sich unten, man kann sie z.T. deutlich von ihren englisch-stämmigen Entsprechungen unterscheiden. Für diese Lexeme findet man auch problemlos aktuelle Gebrauchsbelege im Internet, also in aktuellen primärsprachlichen Quellen.

Tab. 5: Deutsche Lehnwörter im Samoanischen (etablierte Entlehnungen).

Deutsch	Samoanisch
Benzin [vs. engl. *petrol/gas(oline)*]	*penisini* [vs. *kesi*]
Liter [vs. engl. *ounce*]	*lita* [vs. *aunese*]
Fünfer	*fumfa* 'wertlos, nutzlos'

(Quellen: Otto 1989; Mosel & So'o 1997; Internetbelege)

Eine gewisse Vorsicht ist bei deutsch-englischen Kognaten geboten. Die folgenden Lexeme sind wahrscheinlich aus dem Englischen entlehnt worden und nicht aus dem Deutschen:

Tab. 6: Deutsche (?) Lehnwörter im Samoanischen.

Deutsch	Samoanisch	Englisch
Nominativ	*nominata*	*nominative*
Genitiv	*kenitiva*	*genitive*
Dativ	*tativa*	*dative*
Akkusativ	*akusata*	*accusative*
April	*aperila*	April
Juni	*iuni*	June

Die London Missionary Society (LMS), eine englische Missionsgesellschaft, war schon seit 1830, also deutlich vor der deutschen Kolonialzeit, in Samoa aktiv. George Pratt, einer der LMS-Missionare, verfasste 1862 die erste Grammatik des Samoanischen (Pratt 1862), sodass grammatische Termini wie diese durch Imposition (durch die Missionare als L2-Sprecher des Samoanischen) in das (schriftliche) Samoanisch gelangen konnten. Zu beachten ist, dass in diesem Fall für eine angemessene Einschätzung der linguistischen Datenlage außerlinguistisches (hier: historisches) Wissen zwingend notwendig ist.

Die Konsultation älterer Wortlisten ist nicht immer aufschlussreich, wenn man Lehnwörter identifizieren möchte, denn während der Kolonialzeit war das Interesse oft ethnologisch und bestand vor allem darin, traditionelle Sprach- und Kulturformen zu dokumentieren. Aktuelle Entlehnungen wurden aus dieser Perspektive nicht als Bestandteil der Sprache gesehen und deshalb auch nicht aufgezeichnet, es sei denn, sie waren schon fest etabliert bzw. es gab keine lexikalische Alternative dafür. Entsprechend kritisch sind lexikographische Dokumente aus der Kolonialzeit zu lesen. Beispiele dafür sind Hambruchs (1914: 66–102) Wortlisten, die im Zusammenhang mit der Hamburgischen Südsee-Expedition zusammengestellt wurden. Hier kommt als weiteres Problem für die Verlässlichkeit der Quellen hinzu, dass Hambruchs Aufenthaltsdauer in den jeweiligen Sprachgebieten meist nicht mehr als wenige Wochen betrug. Für die Beschreibung der Sprachen konnte er also in der Regel nicht auf eigene Kompetenzen zurückgreifen, sondern befragte mit der Unterstützung von Dolmetschern Muttersprachler der jeweiligen Sprachgemeinschaften. Diese Art der Datenerhebung ist anfällig für Ungenauigkeiten und Missverständnisse. Nicht zuletzt kann nur erfragt werden, womit man rechnet. Konzepte und Strukturen, die stark von den bisherigen Spracherfahrungen und Vorkenntnissen des Untersuchers abweichen, werden mit dieser Methode leicht übersehen.

Auf Grund der z.T. schwer abzuschätzenden Verlässlichkeit der Quellen kann es aufschlussreich sein, denselben Quellentyp bei entsprechender Verfügbarkeit in unterschiedlicher Ausführung heranzuziehen, also z.B. Wortlisten verschiedener Verfasser zur selben Sprache aus einem ähnlichen oder gleichen

Zeitraum. Ausgangspunkt soll folgende Forschungsfrage sein: Wie viele und welche deutschen Lehnwörter gibt bzw. gab es im Nauruischen?

Nauru, eine Insel in Mikronesien, gehörte seit 1888 zum deutschen Kolonialgebiet. Für die Kolonialzeit und kurz danach existieren (mindestens) drei verschiedene Wortlisten für das Nauruische. Sie stammen von den Missionaren Delaporte (American Board of Commissioners for Foreign Missions, ABCFM) und Kayser (Missionarii Sacratissimi Cordis/Missionaries of the Sacred Heart, MSC) sowie von Hambruch (vgl. Stolberg 2011). Diese Wortlisten können als objektsprachliche Quellen relativ zur oben gestellten Forschungsfrage herangezogen werden. Ihr Vergleich ergibt nur geringe Übereinstimmungen. Dabei ist bemerkenswert, dass Hambruch keine deutschen Lehnwörter erfasst; Delaportes Liste enthält einige deutsche und eine Reihe von englischen oder Pidgin-basierten Lehnwörtern; Kaysers Wortliste erfasst keine deutschen, aber eine Zahl von englischen und Pidgin-basierten Lehnwörtern. Allerdings ist anzumerken, dass die erfassten Konzepte in den Wortlisten in großen Teilen voneinander abweichen. D.h., Hambruch erfasst vor allem Wortschatz für traditionelle nauruische Konzepte sowie für einheimische Flora und Fauna, Bereiche, in denen Lehnwörter kaum zu erwarten sind. Delaportes und Kaysers Listen enthalten Alltagswortschatz und einen gewissen Bestand an christlicher Terminologie und sind damit nahezu komplementär zu Hambruchs Liste.

Der Vergleich der Wortlisten erlaubt somit folgende Schlussfolgerungen:
1) Verschiedene semantische Bereiche des nauruischen Lexikons waren unterschiedlich stark von der Aufnahme von Lehnwörtern aus europäischen Sprachen betroffen.
2) Keine der Quellen ist für sich genommen ausreichend informativ hinsichtlich der Forschungsfrage.
3) Auf Grund des heterogenen Ergebnisses nach Auswertung der ausgewählten Quellen erscheint es zweckmäßig, auf weitere Quellen zurückzugreifen, die für die Forschungsfrage relevant sein können.

Als weitere Primärquellen bieten sich Texte an, die auf Nauruisch verfasst sind. Beispiele finden sich in Hambruchs Bericht zur Südsee-Expedition, aber auch in Form von Unterrichtsmaterialien, die Delaporte für den nauruischen Elementarunterricht verfasste (im Archiv der ABCFM-Mission); letztere enthalten deutlich mehr deutsche Lehnwörter als das deutsch-nauruische Wörterbuch desselben Autors. Hinweise auf den etablierten Gebrauch von deutschen Lehnwörtern findet man auch in einigen archivierten Briefen, die von nauruischen Muttersprachlern verfasst wurden und, auf der metalinguistischen Ebene, in Berichten des *Nauruan Language Committee*, in dem über die Verwendung gebräuchlicher deutscher Lehnwörter berichtet wird.

3.2 Lehnwörter im Deutschen aus den Sprachen Ozeaniens am Beispiel des Deutschen in Samoa

Der kolonialzeitliche Sprachkontakt hatte auch die Übernahme von Lehnwörtern aus anderen Sprachen in das Deutsche zur Folge. Für Lehnwörter aus dem deutsch-kolonialen Kontext, die im kolonialzeitlichen Deutsch belegt sind, dienen als Quellen beispielsweise die *Samoanische Zeitung*, kolonialzeitliche Reiseberichte oder Briefe und andere inoffizielle Archivdokumente (vgl. Stolberg 2013). Dabei lässt sich feststellen, dass die Lehnwörter, die dort anzutreffen sind, mit großer Wahrscheinlichkeit nicht den Weg in das in Deutschland gesprochene Standarddeutsch gefunden haben. Das zeigt sich u.a. auch in offiziellen Schriftstücken von Regierungsbeamten nach Deutschland, in denen keines dieser Lexeme belegt ist. Anzumerken ist, dass in deutschen Romanen (auch späterer Zeit) mit Kolonialbezug immer wieder einige kulturspezifische Lehnwörter aus dem Samoanischen auftauchen. Sie dienen dem Zweck, eine 'exotische' Atmosphäre hervorzurufen und die (vermeintliche) Ortskenntnis der Verfasser zu betonen; das funktioniert gerade deshalb, weil diese Wörter nicht in den deutschen Alltagsgebrauch übergegangen sind.

In Samoa hat Englisch, historisch bedingt, eine starke Position innegehabt, sodass Deutsch hier mit zwei Kontaktsprachen in Berührung kam: mit Englisch und mit Samoanisch. Entsprechend sind im samoanischen Deutsch Kontaktphänomene aus beiden Sprachen belegt. Es gibt allerdings Unterschiede, die sich sowohl typologisch als auch ideologisch (d.h. extralinguistisch) erklären lassen.

In den Quellen zu Deutsch in Samoa sind rund 40 englische Lexeme belegt, die wiederholt als Lehnwörter im Deutschen auftauchen. Die meisten von ihnen sind Substantive, bei einigen handelt es sich auch um Verben. D.h., entlehnt wurden, wie bei der Kürze des Kontakts vor Ort zu erwarten, Inhaltswörter und keine Funktionswörter (vgl. z.B. Tadmor 2009 zur Entlehnungshäufigkeit von verschiedenen Wortarten). Teilweise werden hybride Komposita gebildet, bei denen ein Teil aus dem Englischen und der andere aus dem Deutschen stammt (z.B. *Nativehäuser* 'Hauser in samoanischer Bauweise'; *Schweinefenz* 'Schutzzaun gegen wilde Schweine'). Die Entlehnungen sind unterschiedlich stark integriert oder als Fremdlexeme markiert. Eine orthographische Integration findet z.B. durch die Großschreibung von Substantiven statt. Morphologisch werden entlehnte Substantive z.B. durch Artikelverwendung oder Pluralaffix, entlehnte Verben durch entsprechende Verbmorphologie integriert. Beispiele sind in der folgenden Tabelle aufgeführt.

Tab. 7: Strukturelle Integration samoanischer Lehnwörter im Deutschen.

Entlehnung	Integrationsmerkmal
Natives 'Einheimische'	Großschreibung
Accidente 'Unfälle'	dt. Pluralsuffix *-e*
die Beach 'der Strand'	dt. Artikel (mit Genusmarkierung)
pullst du 'ziehst du'	dt. Personalendung *-st*
geboycottet 'boycottiert'	'(to) boycott' + dt. Partizipmarkierung

In anderen Fällen werden die Entlehnungen aber auch so markiert, dass sofort erkennbar ist, dass sie als fremde Elemente angesehen werden. Diese Markierung findet i.d.R. durch die Verwendung von Anführungszeichen (z.B. in *eine der "attractions"; Samoanische Zeitung*, 13. April 1912: 2) oder Zusatz eines metasprachlichen Kommentars statt. In diesen Fällen ist davon auszugehen, dass die Verfasser diese Wörter nicht als etablierte Lexeme des Deutschen betrachten, sondern sich über ihren Status als Lehnwörter bewusst sind und darüber hinaus diesen Status auch an andere Sprachverwender signalisieren möchten.

Während die englischen Lehnwörter aus ganz unterschiedlichen semantischen Bereichen stammen, ist die semantische Bandbreite der samoanischen Entlehnungen eingeschränkter. Hier handelt es sich häufig um traditionelle samoanische Titel, Verwaltungstermini oder kulturell gebundene Objekte und Aktivitäten. Etwa 30 samoanische Lehnwörter sind in den einschlägigen Quellen im Deutschen belegt. Mit einer Ausnahme (die Adverbialphrase *fa'a samoa* 'auf samoanische Weise') handelt es sich bei allen Lehnwörtern um Substantive. Generell sind die samoanischen Entlehnungen im Deutschen orthographisch und morphologisch weniger stark integriert als die englischen. So werden samoanischstämmige Substantive häufig nicht großgeschrieben; wie bei englischstämmigen Lexemen sind sie aber durch die Verwendung von Artikeln morphologisch integriert. Als Pluralendung tritt nur *-s* auf (z.B. *etwa 10 matais* 'etwa zehn Familienoberhäupter'). Die Markierung als Fremdlexem findet bei den samoanischen Entlehnungen ebenfalls durch Anführungszeichen oder Metakommentar statt, zusätzlich aber auch durch Übersetzungen; häufig werden sie aber auch, wie die englischen, unmarkiert verwendet.

Es gibt also Unterschiede zwischen Entlehnungen aus der ko-kolonialen Sprache (Englisch) und der lokalen Sprache (Samoanisch), sowohl in der Fremdheitsmarkierung als auch in der Integration der Lehnwörter auf unterschiedlichen Ebenen.

Das im Folgenden wiedergegebene Dokument kann sowohl objektsprachlich als auch außersprachlich als Quelle ausgewertet werden. Aus objektsprachlicher Perspektive kann es Antwort auf die Frage nach der Verwendung samoanischer Lehnwörter im Deutschen geben (objektsprachliche Primärquelle). Außersprachlich informiert es über einen historisch-lokalpolitischen Aspekt des Verhältnisses zwischen einheimischen Machthabern und der Kolonialmacht (außersprachliche Primärquelle). Hier soll das Augenmerk auf den objektsprachlichen Charakter der Quelle gelegt werden, entsprechend der oben formulierten Forschungsfrage.

(6a) Obwohl Ulutogia nur klein ist (etwa 10 matais), koennte vielleicht die Belohnung in Gestalt einer tofiga fuer Ulutogia gewaehrt werden. Sagapolu (Fiamē) strebt schon lange nach einer solchen. Wenn er pulenuu wuerde in Ulutogia, waere man ihn in Lotofaga, wo er faamasino werden wollte, los. Uebrigens hat er in Ulutogia gezeigt, dass er guten Willen & pule hat.[2]

(6b) *Ulutogia*   Ort an der Südostküste von Upolu (einer zu Samoa gehörigen Insel)
     matai   traditioneller samoanischer Titel des Oberhaupts einer Großfamilie oder eines Familienclans
     tofiga   Posten, Stelle
     pulenuu   Bürgermeister, Ortsvorsteher
     Lotofaga   Ort an der Südküste von Upolu
     faamasino   Richter
     pule   (persönliche) Autorität

Wenn man den Text ohne Vorkenntnisse des Samoanischen oder der deutsch-kolonialen Verhältnisse auf Samoa liest, fällt das Verständnis nicht leicht. Dementsprechend wurde in der *Samoanischen Zeitung* (26. Juli 1913: 1) auch der Vorwurf erhoben, das Deutsch, das in Samoa gesprochen würde, sei "ein im Vaterlande unverständliches Kauderwelsch". Allerdings bezog sich diese Bemerkung vor allem auf die englischen Entlehnungen: Englisch wurde für den Erhalt des Deutschen, auch aus historisch-politischen Gründen, als viel bedrohlicher wahrgenommen als Samoanisch. Bezogen auf das sprachliche Verständnis haben samoanische Entlehnungen das Textverstehen für Deutsche außerhalb Samoas (also z.B. im "Vaterlande") wahrscheinlich mehr beeinträchtigt als englische.

---

2 Brief eines Pflanzers; beim Gouverneur eingegangen am 22.4.1905; Anfang des Briefes fehlt. – Archives of the German Colonial Administration 1900-1914. Series 2. Secretariat: New Series. XVII-A. Administration of Native Affairs. General. 5. Molestations of foreigners by Samoans. 1. 1903-05. Microfilm 5776-7 (National Archives of New Zealand).

4 Metasprachliche Auswertung von Quellen am Beispiel des Siedlerdeutsch auf Samoa

Forschungsfrage:
Welche Einstellungen vertreten Verfasserinnen und Verfasser verschiedener Werke gegenüber kolonial bedingten Sprachformen?
Verfügbare Dokumente:
Reiseberichte, Zeitungsartikel, Leserbriefe in Zeitungen; private Texte, z.B. Briefe, Tagebücher.

4.1 Samoanisches Siedlerdeutsch

Während der deutschen Kolonialzeit auf Samoa (1900–1914) lebten ca. 300 deutsche Muttersprachler als Pflanzer, Siedler, Geschäftsleute und Verwaltungsangestellte auf Samoa, die meisten von ihnen Männer (Zieschank 1918). Das Englische spielte aufgrund bereits bestehender Handelsbeziehungen und der kolonialen Vorgeschichte (britisch-amerikanisch-deutsches Tridominium auf Samoa, 1889–1899) unter den Europäern auf Samoa eine dominante Rolle; es fungierte gewissermaßen als Lingua Franca der europäisch-kolonialen Sprechergemeinschaft. Dadurch kam es zu intensivem Kontakt zwischen Englisch und Deutsch. Durch die koloniale Interaktion mit der samoanischen Bevölkerung bestand aber auch Kontakt mit dem Samoanischen, der sich in der Übernahme samoanischer Lehnwörter in das Deutsche niederschlug. Das Resultat war eine spezifisch samoanische Variante des Deutschen, die durch lexikalische Einflüsse aus zwei anderen Sprachen charakterisiert war (s.o.). Zu strukturellen Einflüssen (z.B. in der Wortstellung) ist es aber, vermutlich aufgrund der kurzen Kontaktdauer, kaum gekommen, soweit sich das aus objektsprachlichen Quellen schließen lässt. Es ist anzunehmen, dass die Einflüsse auf die gesprochene Sprache – besonders bei deutschen Siedlern, die länger auf Samoa lebten – stärker waren; da die große Mehrheit der verfügbaren Quellen allerdings genuin schriftlich ist, lässt sich das bisher kaum nachweisen.

4.2 Samoanisches Siedlerdeutsch: zeitgenössische Beurteilungen

Trotz der vergleichsweise geringen Abweichungen vom Standarddeutschen wurde das samoanische Siedlerdeutsch von zeitgenössischen Beobachtern explizit kritisiert. Metasprachliche Kommentare, d.h. Äußerungen über die Sprache, finden sich z.B. in einem publizierten Tagebuch (Zieschank 1918) oder in der *Samoanischen Zeitung*, die zwischen 1901 und 1914 in Apia (Samoa) auf Deutsch erschien (metasprachliche Primärquellen).

(7) Daß aber die englische Sprache vorherrschend blieb und auch unser Deutsch hier stark mit englischen Brocken vermengt wird, ist fast die ausschließliche Schuld der alten Ansiedler selbst, die sich über den Mangel an deutscher Art beklagen. (Zieschank 1918: 57)

(8) Die Bestrebungen der beiden Schutzgebiete Neuguinea und Kamerun, den Gebrauch der englischen Sprache, und sei es auch nur das Pidgin-Englisch, einzudämmen, sind mit Freuden zu begrüßen und sollten auch in Samoa grossen Anklang finden. Sie richten sich in zweiter Linie natürlich auch gegen die sehr überhand nehmende Durchsetzung der deutschen Umgangssprache mit mehr oder weniger verballhornisierten englischen Ausdrücken, deren Gebrauch durch das starke Vorhandensein des Pidgin-Englisch sehr gefördert wird. (*Samoanische Zeitung*, 26. Juli 1913: 1)

Wie bereits die Lehnwortanalyse gezeigt hat, spiegeln sich die untersuchten Quellen Einflüsse sowohl des Englischen als auch des Samoanischen auf das Deutsch in Samoa vorrangig im lexikalischen und kaum im sprachstrukturellen Bereich wider; sie wurden wohl vor allem durch situative Kommunikationsbedürfnisse gestaltet (d.h., samoanische Lexeme zur Bezeichnung charakteristischer samoanischer Objekte; englische Lexeme für Konzepte, die in der Kommunikation mit englischen Muttersprachlern zentral waren). Eine generelle, "sehr überhand nehmende Durchsetzung" des Deutschen mit anderssprachigen Lexemen oder sogar Strukturen lag demnach nicht vor. Die zeitgenössischen Spracheinstellungen gegenüber dem samoanischen Deutsch basieren also nicht allein auf objektsprachlichen Tatsachen, sondern auf einer subjektiven Wahrnehmung. Diese wiederum ist geprägt von Erwartungen und Vorstellungen darüber, was einzelne Sprachen oder Varietäten symbolisieren. So ist es bemerkenswert, dass an keiner Stelle der Einfluss des Samoanischen als Bedrohung für das Deutsche interpretiert wird, obgleich er quantitativ (Zahl der Lehnwörter) dem englischen Einfluss vergleichbar war. Englisch und Deutsch dagegen werden als Kontrahenten skizziert. Dem entspricht die zeitgenössische Wahrnehmung, dass England bzw. die USA koloniale Gegenspieler des deutschen Kaiserreiches waren, Samoa dagegen in der Rangordnung als untergeordnet eingestuft und deshalb nicht als Gegner oder Bedrohung wahrgenommen wurde.

In der metasprachlichen Auswertung der Quellen wird also zweierlei deutlich:
1) Spracheinstellungen basieren nicht nur auf objektsprachlichen Gegebenheiten, sondern spiegeln auch eine subjektive Wahrnehmung der sprachlichen Verhältnisse wider, die durch Sprachideologien oder Prestigeverhältnisse von Sprachen beeinflusst werden.
2) Metasprachliche Äußerungen verweisen häufig auf außersprachliche Beziehungen der Sprechergruppen, z.B. politischer oder gesellschaftlicher Art; sie weisen also über das rein Sprachliche hinaus.

5 (Sprachliche) Auswertung von außersprachlichen Quellen

Forschungsfrage:

Welche Sprechergruppen/Sprachen befanden sich in Kontakt miteinander?

Verfügbare Dokumente:

Regierungsberichte, Kolonialgesetzgebung, Missionsberichte, Firmenberichte, Adressbücher, Fotos; generell: Dokumente mit Relevanz für die deutsche Kolonialzeit.

Relevant für die hier formulierte Forschungsfrage sind alle Dokumente, aus denen auf eine geographische Lokalisierung des Kontakts geschlossen werden kann und die mittelbar oder unmittelbar eine Identifizierung der beteiligten Sprechergruppen und Sprachen ermöglichen. Diese Frage ist vor dem Hintergrund der großen Sprachenanzahl in den historischen pazifischen Kolonialgebieten (z.B. Papua-Neuguinea mit ca. 700–800 Sprachen) von Bedeutung, um zu identifizieren, welche Sprachen mit dem Deutschen in Kontakt standen, und dort gezielt Sprachkontaktphänomene zu untersuchen. Sprecher des Deutschen hielten sich nur in bestimmten Gegenden des deutschen Kolonialgebietes auf. Beispielsweise befand sich in Rabaul/Herbertshöhe der Regierungssitz des kolonialen Gouvernements Deutsch-Neuguinea. In diesem Gebiet wurde Kuanua (Tolai) gesprochen. Daraus ist zu schließen, dass es zwischen Kuanua und Deutsch zu Sprachkontakt gekommen sein kann, eine Hypothese, die z.B. durch die Existenz deutscher Lehnwörter im Kuanua gestützt werden kann.

Im Folgenden werden einige außersprachliche Quellentypen kurz vorgestellt und zur Forschungsfrage in Bezug gesetzt.

- Historische **Adressbücher**
Kolonialzeitliche Adressbücher und Zusammenstellungen von Personeninformationen für die deutschen Kolonialgebiete (z.B. Solf 1907 für Samoa) sind eine wichtige Quelle in Bezug auf die vorliegende Forschungsfrage. Sie erlauben Rückschlüsse auf die Zusammensetzung des europäischen Bevölkerungsanteils im betreffenden Gebiet und damit auf Sprachverhältnisse in der europäischen Sprechergemeinschaft. Eine Auswertung dieser Quellen ist auf zwei Weisen möglich. Zum einen kann über die aufgeführten Namen eine gezielte Archivrecherche, z.B. nach Personennachlässen, erfolgen, in denen sich möglicherweise weitere für die Forschungsfrage relevante Dokumente befinden. Zum anderen vermittelt eine Auswertung der Bevölkerungszusammensetzung eine bessere Einschätzung des Anteils von Deutsch Sprechenden im betreffenden Gebiet. Auf dieser Grundlage können Hypothesen über die Möglichkeit der einheimischen Bevölkerung, in natürlichen Kommunikationssituationen Deutsch hören oder verwenden zu können, formuliert werden.
- **Fotos**
An der Universitätsbibliothek Frankfurt ist der Bildbestand der Deutschen Kolonialgesellschaft archiviert und digital zugänglich.[3] Der Bildbestand umfasst ca. 5000 Fotografien aus der deutschen Kolonialzeit und dem deutschen Kolonialgebiet. Über eine Recherchemaske ist er erschließbar.
Bei diesem Bildmaterial handelt es sich um außersprachliche Dokumente. Sie können aber in Bezug auf eine sprachliche Fragestellung wie die oben genannte ausgewertet werden: Die Darstellung von Personengruppen (z.B. Schulklassen) oder Personen in bestimmter gruppenspezifischer Kleidung erlaubt in begrenztem Umfang Rückschlüsse auf die verwendeten Sprachen; auf diese Weise lässt sich rekonstruieren, welche Sprechergruppen miteinander in Kontakt kamen.
- Kolonialzeitliche **Jugend- und Erwachsenenliteratur**
Kolonialzeitliche Literatur für Jugendliche und Erwachsene enthält viele außersprachliche Informationen, die unter sprachlichen Fragestellungen ausgewertet werden können. So lassen sich z.B. aus Romanen, Reiseberichten und publizierten Tagebüchern Spracheinstellungen erschließen. Eine große Menge entsprechender Literatur befindet sich in der Universitätsbibliothek Frankfurt/Main, die den Buchbestand der ehemaligen Deutschen Kolonialgesellschaft übernommen hat.[4] In kolonialzeitlichen Jugendbüchern

---

[3] Online unter http://www.ub.bildarchiv-dkg.uni-frankfurt.de.
[4] Online unter http://edocs.ub.uni-frankfurt.de/631/kolonialbibliothek.htm.

werden die Lebensverhältnisse in den Kolonien dargestellt und teilweise implizit auch sprachrelevante Informationen vermittelt. Als Beispiel ist die an Jugendliche gerichtete Darstellung von Dwucet (1908) zu nennen, in dem zwei handschriftliche Textbeispiele von Schülern der Kolonialschule in Saipan (Marianen-Inseln) abgebildet sind. Beide Texte sind in deutscher Kurrentschrift geschrieben und lassen sich sowohl in ihrer graphischen Erscheinung als auch als von Deutschlernern verfasste Texte in Bezug auf den schulischen Erwerb des Deutschen in dieser Internatsschule auswerten.

- **Kolonialgesetzgebung**
Die Texte der deutsch-kolonialen Gesetzgebung sind zusammengestellt in der Publikation *Die deutsche Kolonial-Gesetzgebung* (Zimmermann et al. 1893–1910). Hier finden sich in Form von Gesetzen, Empfehlungen, Erlassen usw. Informationen über den vorgeschriebenen Sprachunterricht in Schulen, zur Verwendung einheimischer Ortsnamen oder deren Umbenennung, zur Schreibung einheimischer Namen und andere Regelungen mit Bezug auf die Sprachverwendung in den deutschen Kolonien. Diese außersprachlichen Quellen können Auskunft darüber geben, welche Sprachen miteinander in Kontakt standen und welche Art von Sprachverwendung von offizieller Seite begünstigt wurde, d.h. sie können unter sprachbezogenen Aspekten ausgewertet werden.

- **Missionsberichte**
In den Archiven vieler Missionsgesellschaften befinden sich Missionsberichte, die von den Missionaren in den Kolonialgebieten regelmäßig (z.B. jährlich) verfasst und an den Hauptsitz der jeweiligen Gesellschaft geschickt worden waren. Obgleich es sich in ihrer Intention nicht um sprachbezogene Quellen handelt, ist eine Auswertung mit Bezug auf sprachliche Fragestellungen möglich, denn in vielen dieser Berichte werden sprachliche Themen behandelt. So wird z.B. über den Erwerb der lokalen Sprache und Übersetzungsschwierigkeiten berichtet, aber auch Lehrpläne der Missionsschulen, aus denen z.B. der Anteil des europäischen (englischen, deutschen) Sprachunterrichts hervorgeht, können in diesen Berichten enthalten sein. Aus diesen Angaben lässt sich rekonstruieren, in welchem Umfang und in welcher Intensität die einheimische wie die exogene Bevölkerung mit verschiedenen Sprachen in Berührung kam. Da die geographische Lage der meisten kolonialzeitlichen Missionen bekannt ist, lässt sich außerdem ermitteln, welche Sprachen an diesem Kontakt beteiligt waren.

- **Schulberichte**
Schule im kolonialen Kontext ist zunächst ein außersprachliches Thema, das jedoch für die kolonialen Sprachverhältnisse hohe Relevanz hat und mit ihnen in einer intensiven Wechselbeziehung steht. Die deutsche und andere europäische Kolonialregierungen waren bemüht, über das Instrument der

Bildung der einheimischen Bevölkerung die Verbreitung der Kolonialsprache, z.B. Deutsch, zu kontrollieren. Dies konnte sowohl die Bemühungen um eine möglichst große Verbreitung der Kolonialsprache als Herrschaftssymbol umfassen, als auch eine strenge Begrenzung der Wissensvermittlung, bei der die Kolonialsprache als Herrschaftswissen nur einer kleinen Zahl ausgewählter Personen durch Unterricht zugänglich gemacht wurde.
Berichte über die schulische Situation im historischen deutschen Kolonialgebiet finden sich in unterschiedlichen Dokumenten. Da Missionsstationen in der Regel Schulen betrieben, finden diese häufig in den Missionsberichten Erwähnung. Gesetzestexte liefern Vorgaben für den Deutschunterricht in verschiedenen Kontexten. 1914 erschien eine große statistische Untersuchung zu den Schulen im deutschen Kolonialgebiet (Schlunk 1914), in der Träger, Art der Schule, Zusammensetzung von Schülerschaft und Lehrerschaft und andere Faktoren mittels Fragebogen erhoben und zusammengestellt worden waren. Im Textteil der Publikation wird auf qualitative Fragen des Unterrichts unter kolonialen Bedingungen eingegangen. Diese außersprachliche Quelle lässt sich auf verschiedene Weise zur Bearbeitung der sprachlichen Forschungsfrage auswerten. Sie vermittelt Informationen über Dauer und Häufigkeit des Unterrichts, über verschiedene Schularten und ihre Lehrpläne, auch in Bezug auf den Deutschunterricht, und über Schüler- und Lehrerzahlen. Aus diesen Informationen lässt sich erschließen, wie viele Schülerinnen und Schüler in den Kolonialgebieten in welcher Häufigkeit und Intensität schulisch vermittelt Kontakt mit dem Deutschen hatten.

Die Beispiele haben illustriert, dass außersprachliche Quellen sich in Bezug auf sprachliche Forschungsfragen auswerten lassen, um zu Hypothesen und Ergebnissen hinsichtlich metasprachlicher Aspekte wie Sprachverwendung, Kontaktintensität und Prestige der Kontaktsprachen zu gelangen. Darüber hinaus ermöglicht die Kombination mehrerer Quellentypen eine differenzierte Bearbeitung konkreter Forschungsfragen unter Berücksichtigung verschiedener Aspekte und Perspektiven.

6 Wissenschaftspraxis

Dieser Aufsatz hat die Arbeit mit historischen Quellen und Dokumenten bei Untersuchungen des Zusammenhangs von Sprache und Kolonialismus zum Gegenstand. Er möchte eine terminologische Grundlegung vermitteln und zeigen, wie man mit einem quellenkritischen Blick auf Dokumente Sprachkontaktphänomene im Kolonialismus wissenschaftlich erforschen kann. Das Ermitteln, Studieren und Auswerten historischer Dokumente ist allerdings eine Methode, die sich in ihrer Komplexität erst in der konkreten Wissenschaftspraxis erschließt. Jedem, der sich für soziolinguistische Forschungen zum Kolonialismus interessiert, sei angeraten, selber einmal einen mehrtägigen Archivbesuch vorzubereiten und durchzuführen.

Es finden sich im In- und Ausland zahlreiche Archive mit Dokumenten zum Thema. Insbesondere staatliche Archive und Missionsarchive sind hier von Interesse. In Deutschland verfügt das Bundesarchiv über kolonialismusbezogene Archivalien in großem Umfang, insbesondere am Standort Berlin-Lichterfelde, aber auch in Koblenz. Auch die Missionsgesellschaften unterhalten im Allgemeinen umfangreiche Archive, viele davon in Deutschland. So befinden sich die Archivalien der im früheren Deutsch-Südwestafrika und Deutsch-Neuguinea tätigen Rheinischen Mission in Wuppertal, die der im ehemaligen Deutsch-Ostafrika missionierenden Herrnhuter Brüdergemeine in Herrnhut bei Görlitz (vgl. Kröger 2011).

Viele Archivalien zur deutschen Kolonialvergangenheit müssen aber auch in Archiven im Ausland gesucht werden, zum Beispiel in den Archiven der Staaten, die Deutschland nach dem Ersten Weltkrieg in den bis dahin deutschen Kolonien als Kolonialmächte folgten und die zum Teil die vor Ort befindlichen Dokumente übernommen haben. So finden sich etwa Bestände zur deutsch-samoanischen Verwaltung im neuseeländischen Nationalarchiv. In kleinerem Umfang werden aber auch relevante Dokumente in Archiven der Staaten vorgehalten, die auf eine deutsch-koloniale Vergangenheit zurückblicken. Manche Archivalien zum früheren Deutsch-Ostafrika befinden sich etwa im Nationalarchiv Tansanias. Auch die Archive mancher in den früheren deutschen Kolonien tätigen Missionen befinden sich im Ausland. So kann etwa das Archiv des American Board of Commissioners for Foreign Missions (tätig in Deutsch-Neuguinea) in Harvard (Massachusetts) eingesehen werden.

Über die Archive im In- und Ausland hinaus gibt es auch Bibliotheken mit spezifischen Sammelgebieten, die für das Thema Sprache und Kolonialismus interessant sind. So sind etwa die Bestände der Bibliothek der ehemaligen Deutschen Kolonialgesellschaft in die Stadt- und Universitätsbibliothek Frankfurt am Main eingegliedert. Auch viele Völkerkundemuseen verfügen über einschlägige Bibliotheken und zum Teil auch über dokumentarische Archivalien.

Von all den in Archiven und Bibliotheken verfügbaren Dokumenten ist bislang nur ein verschwindend geringer Teil in Bezug auf Fragen zum Zusammenhang zwischen Sprache und Kolonialismus ausgewertet worden. Es wartet also noch viel unerschlossenes Material auf Forschende und Studierende, die an diesem Thema interessiert sind.

Kommentierte Literaturhinweise

Die konstitutiven Texte zur deutschen Koloniallinguistik sind **Warnke (2009a)**, **Stolz et al. (2011)** und **Dewein et al. (2012)**. Sie umreißen und strukturieren die Koloniallinguistik als Forschungsgebiet, behandeln grundlegende Fragen und stellen die einzelnen Forschungsbereiche vor. Eine quellenkundliche Grundlegung bietet der Artikel von **Engelberg (2012)**, in dem auch Hinweise zu einschlägigen Archiven und Bibliotheken gegeben werden. In die Archivarbeit führen **Brenner-Wilczek et al. (2006)** ein. Als Einführung in die Sprachkontaktforschung ist **Thomason (2010)** zu empfehlen. Der Sammelband von **Engelberg & Stolberg (2012a)** versammelt sprachkontaktbezogene Arbeiten zum Thema Sprache und (deutscher) Kolonialismus. Zwei Quellensammlungen, die unter nichtlinguistischen Gesichtspunkten zusammengestellt wurden, bieten umfangreiches Material zur deutschen Kolonialzeit, das sich nach vielfältigen metasprachlichen Aspekten auswerten lässt (Sprachverwendung, Sprachpolitik, Spracheinstellungen, Sprachunterricht usw.). Die Publikation von **Adick & Mehnert (2001)** richtet den Blick auf Aspekte der deutsch-kolonialzeitlichen Pädagogik. Ein wesentlicher Schwerpunkt liegt auf kolonialzeitlichem Schulunterricht, seinen Rahmenbedingungen und seiner Umsetzung. Ein Kapitel ist speziell sprachlichen Fragen gewidmet. Die Internet-Ressource von **Spennemann (2004; ohne Jahr)**, eine annotierte Bibliographie, ist historisch ausgerichtet und beschränkt sich geographisch auf die Marianen-Inseln. Hier ist eine große Zahl von deutschsprachigen Quellen zur deutschen Kolonialzeit auf den Marianen zusammengestellt. Viele der Texte sind direkt über Links abrufbar.

Internetquellen

http://edocs.ub.uni-frankfurt.de/631/kolonialbibliothek.htm.
http://www.ethnologue.com/.
http://www.ub.bildarchiv-dkg.uni-frankfurt.de/.

Magnus Huber und Viveka Velupillai

5 Sprachkontakt in kolonialen Kontexten II. Das Pidgin-Englische in den ehemaligen deutschen Kolonien

Wichtige Konzepte: Sprachkontakt, Pidgin, Datensammlung und Analyse

1 Einleitung: Deutsche Kolonialquellen und Pidgin-Englisch

Dieses Kapitel führt am Beispiel des Pidgin-Englischen in die Datensammlung und die Analyse deutscher kolonialer Quellen ein. In diesem Rahmen werden wir einige Überlegungen zur koloniallinguistischen Quellenlage und Forschungsmethoden anstellen und sehen, welche Erkenntnisse zum Sprachkontakt sowie zum Gebrauch, zur Funktion und zur Struktur des Pidgin-Englischen in den deutschen Kolonien aus der Analyse zeitgenössischer Quellen gewonnen werden können.

Wir beschäftigen uns hier vorrangig mit der Methode und Praxis der Datensammlung und Interpretation. Für einen eher theoretischen Überblick über die Quellenkunde empfehlen wir Engelberg (2012) und Engelberg & Stolberg (im vorliegenden Band), mit einer gut strukturierten Einführung in die koloniallinguistische Terminologie, einer detaillierten Typologie historischer Quellen im Hinblick auf objekt-, meta- und extralinguistische Aspekte des Sprachkontakts sowie Hinweise auf einschlägige Bibliotheken und Archive, in denen koloniale Dokumente lagern.

Es mag verwundern, dass bei dem hier gewählten Fokus auf deutschen Quellen das Forschungsinteresse auf dem Pidgin-Englischen liegt. Das erklärt sich einerseits damit, dass die Autoren dieses Kapitels sich als Sprachkontaktforscher schon seit Längerem mit englisch-lexifizierten Pidgin- und Kreolsprachen beschäftigen (vgl. etwa Huber 1999 oder Velupillai 2003), und andererseits

---

Magnus Huber: Justus-Liebig-Universität Gießen, Institut für Anglistik, Otto-Behaghel-Str. 10B, 35394 Gießen, magnus.huber@anglistik.uni-giessen.de
Viveka Velupillai: Justus-Liebig-Universität Gießen, Institut für Anglistik, Otto-Behaghel-Str. 10B, 35394 Gießen, viveka.velupillai@anglistik.uni-giessen.de

mit der Tatsache, dass das Pidgin-Englische als Kontaktsprache in einigen deutschen Kolonien eine wichtige und weit verbreitete Lingua Franca war.

---

i Der Sammelbegriff **Kontaktsprachen** wird für Sprachen verwendet, die in Situationen hochgradigen Sprachkontakts entstehen.

Pidgins entstehen als Behelfs- und Zweitsprachen, wenn verschiedene Sprechergruppen ohne gemeinsame Sprache aufgrund von wiederholtem Kontakt miteinander kommunizieren müssen.

Kreolsprachen sind vollwertige Muttersprachen ganzer Sprechergemeinschaften, die in Situationen extremen Sprachkontakts entstehen und alle sprachlichen Bedürfnisse einer Sprechergemeinschaft erfüllen.

Mit **Lexifier** wird die Sprache bezeichnet, die den Großteil des Vokabulars einer Kontaktsprache liefert.

Eine **Lingua Franca**, auch **Verkehrssprache** genannt, ermöglicht die Kommunikation zwischen Sprechern mit unterschiedlichen Muttersprachen. Dies können Kontaktsprachen, aber auch 'natürliche' Sprachen wie Deutsch, Englisch oder Malaiisch sein.

Um das frühe Pidgin-Englisch in Westafrika zu dokumentieren, begann Magnus Huber Anfang der 1990er damit, frühe Belege dieser ab etwa Mitte des 17. Jh. zwischen afrikanischen und europäischen Händlern gebräuchlichen Kontaktsprache zu sammeln. Dabei wurden in verschiedenen Bibliotheken und Archiven zeitgenössische englischsprachige Reiseberichte, Aufzeichnungen von Händlern, Missionaren und Kolonisatoren, Briefe, Logbücher usw. gesichtet. Später wurde die Sammlung auch auf andere englische Pidgins und Kreolsprachen vor allem im Atlantik, aber auch im Pazifik, ausgedehnt.

Bei der Arbeit mit den englischen Quellen ergaben sich Hinweise, dass Pidgin-Englisch auch in den deutschen Kolonien verbreitet war, insbesondere in Kamerun und Neuguinea, und in einem geringen Maße auch in Togo, Samoa und Kiautschou. Es lag damit nahe, auch deutsche Kolonialquellen zu sichten, vor allem, weil diese bisher in der Kontaktsprachenforschung kaum Beachtung gefunden hatten.

Einige deutsche koloniale Quellen sind inzwischen auch online verfügbar (vgl. etwa die Sammlungen des Project Gutenberg, des Internet Archive oder der Deutschen Kolonialbibliothek), doch sind bei weitem noch nicht alle Quellen digitalisiert, sodass man an der Forschung im realen Bestand von Bibliotheken und Archiven nicht vorbeikommt. Daher haben die Autoren 2009 begonnen, zusammen mit ihren Studierenden zeitgenössische Quellen in der Deutschen Kolonialbibliothek systematisch auf Hinweise zum Sprachkontakt in den deutschen Kolonien zu untersuchen. Es geht dabei weniger um Erkenntnisse zur offiziellen kolonialen Sprachenpolitik des Deutschen Reiches, d.h. es geht nicht um die Diskussionen in Berlin, sondern um den tatsächlichen und pragmatischen Umgang mit der Sprachenvielfalt in den deutschen Kolonien selbst.

Dieses Kapitel berichtet von unseren Methoden, Erfahrungen und Ergebnissen bei der Analyse dieser Quellen im Hinblick auf die Sprachkontaktsituation in den deutschen Kolonien. Wir werden dabei den Schwerpunkt auf Kamerun in Westafrika und Neuguinea in der Südsee legen, wo Pidgin-Englisch bereits als Verkehrssprache etabliert war, als Deutschland die Territorien in Besitz nahm. In beiden Gebieten trug die deutsche Kolonisierung wesentlich zur Festigung, Entwicklung und Ausbreitung dieser Kontaktsprache bei und es finden sich auch im Hinblick auf die linguistische Situation und Sprachattitüden vielfache Parallelen, wie wir unten sehen werden.

2 Die Deutsche Kolonialbibliothek

Die Deutsche Kolonialbibliothek (DKB) ist die wohl bedeutendste Bibliothek zur deutschen Kolonialzeit und soll in diesem Abschnitt kurz vorgestellt werden. 1887 wurde durch den Zusammenschluss der *Gesellschaft für Deutsche Kolonisation* (1884) und des *Deutschen Kolonialvereins* (1882) die *Deutsche Kolonialgesellschaft* gegründet. Sie wurde damit zur größten und einflussreichsten Gesellschaft ihrer Art im Kaiserreich und blieb dies auch in der Weimarer Republik. Ihr übergeordnetes Ziel lag in der Förderung deutscher Kolonialaktivitäten, wobei insbesondere folgende Aspekte Berücksichtigung fanden: Die Förderung des öffentlichen Interesses an der Kolonisierung, die Lösung praktischer Probleme durch Unterstützung von Kolonisierungsprojekten, die bestmögliche Nutzung der deutschen Emigration, die Stärkung des Kontaktes mit Auslandsdeutschen und unter ihnen, die Unterstützung der wissenschaftlichen Erkundung der Kolonialgebiete, die Expansion des deutschen Kolonialgebietes sowie die Unterstützung des deutschen Flottenprogramms zum Schutz der deutschen Kolonien (*Deutsches Koloniallexikon* I: 302–309).

Die Bibliothek der Deutschen Kolonialgesellschaft war eine wichtige Informationsquelle für diese Zwecke. 1936 verschmolz sie im Zuge der nationalsozialistischen Gleichschaltung mit den kleineren Kolonialbibliotheken im Reichskolonialbund zur DKB. Heute ist die DKB Teil der Stadt- und Universitätsbibliothek Frankfurt a.M. und umfasst neben Zeitschriften, amtlichen Schriften der Kolonialmächte, Sonderdrucken aus wissenschaftlichen Zeitschriften und Zeitungsausschnitten auch ca. 18.000 Monographien. Die DKB enthält somit zwar keine Manuskripte oder sonstiges nicht publiziertes Material, also keine Werke, die nicht auch anderswo zugänglich wären. Doch ist die DBK weltweit die einzige Sammlung mit so vielen zeitgenössischen Werken zur deutschen Kolonialzeit und den deutschen Kolonien. Solange nur vergleichsweise wenige koloniale Quellen online zur Verfügung stehen, ist die DKB eine kaum zu überschätzende Bibliothek, wo man Originalquellen gesammelt an einem Ort findet.

Der Vollständigkeit halber sei hier auch der große Bildbestand der DKB erwähnt (mehr als 55.000 Bilder), der inzwischen online verfügbar ist (http://www.ub.bildarchiv-dkg.uni-frankfurt.de). Frühes Bildmaterial ist von Kontaktlinguisten bisher so gut wie gar nicht untersucht worden, obwohl es wichtige Hinweise geben kann, z.B. auf die Art der Kontaktsituation in den Kolonien. Auf dieses bisher kaum beachtete linguistische Potential des Bildarchivs kann in diesem Kapitel leider nicht eingegangen werden; eine Analyse des Bildbestandes der DKB aus kontaktlinguistischer Sicht ist aber auf jeden Fall ein Desideratum.

3 Quellen und Analysemethoden

Durch die Erschließung früher Quellen hat die Kontaktlinguistik in den vergangenen drei Jahrzehnten viel über die Entstehungsumstände, die Sprachstruktur und die Verwandtschaftsbeziehungen von Pidgins und Kreolsprachen gelernt. In vielen Fällen sind wir aber noch weit von einem auch nur annähernd vollständigen Bild früherer Sprachstufen entfernt, weil bisher nur ein kleiner Teil des historischen Materials gesichtet wurde.

Für das Pidgin-Englische im Pazifik und in Westafrika können deutsche Kolonialquellen einen wichtigen Beitrag zur Kenntnis früherer Sprachstufen liefern, weil die deutschen Handels-, Missions- und Kolonialaktivitäten im 19. und frühen 20. Jahrhundert in die zentrale Phase der Ausbildung dieser Kontaktsprachen in den genannten Gebieten fallen. Dennoch haben deutsche Quellen bei der Erforschung der Geschichte des Pidgin-Englischen bisher sowohl in der nationalen wie auch in der internationalen Sprachkontaktforschung kaum Beachtung gefunden – mit einigen Ausnahmen, z.B. den Arbeiten Peter Mühlhäuslers (v.a. zum Pazifik, z.B. Mühlhäusler 1976, 2002, 2011, 2012) oder Brigitte Webers (zu Kamerun, z.B. 2008, 2011, 2012). Die Gründe für diese Forschungslücke sind vielfältig, einer ist jedoch sicherlich, dass die Beschäftigung mit der deutschen kolonialen Vergangenheit und dem damit verbundenen Großmachtstreben des Deutschen Reiches nach zwei verlorenen Weltkriegen in Deutschland sicherlich politisch inopportun war. Zumindest lief man Gefahr, mit neokolonialistischen Bestrebungen in Verbindung gebracht zu werden. Erst in jüngster Vergangenheit findet eine umfassendere wissenschaftliche Aufarbeitung der deutschen Kolonialzeit aus linguistischer Sicht statt, z.B. durch die Forschergruppe Koloniallinguistik (vgl. Dewein et al. 2012).

Weitere Gründe für die geringe Aufmerksamkeit, die deutschen Kolonialquellen in der Kontaktsprachenforschung entgegengebracht worden ist, sind fehlende Deutschkenntnisse bei vielen internationalen Linguisten. Erschwerend kommt hinzu, dass ein guter Teil des publizierten Materials in Fraktur gesetzt ist,[1] wie etwa das folgende Beispiel, das die sprachliche Situation im Kamerun der zweiten Hälfte der 1890er beschreibt:

> Die Missionare ausgenommen, giebt es wenige Europäer, welche sich die Mühe geben, das Duala zu erlernen. Denn man muß an der Westküste Afrikas sich durch das sogen. nigger- oder pigeon-english verständlich machen, das ist ein bunter Mischmasch aus amerikanischem Englisch, das die freigewordenen Sklaven von Amerika mit herüber brachten, aus dem gemeinen Englisch der Soldaten und Matrosen, aus dem Schriftenglisch der Europäer und aus einigen portugiesischen Ausdrücken.

Abb. 1: Fraktur (Wittum 1899: 44–45).

3.1 Identifikation potentieller Quellen

Die ursprüngliche Systematik der DKB gliedert den Bestand in mehrere thematische Abteilungen, von denen für Kontaktlinguisten besonders "Deutsche Kolonien" und "Sprachen" interessant aussehen.[2] Bei näherer Betrachtung stellt sich jedoch heraus, dass in der Abteilung "Sprachen" vor allem Werke über indigene

---

[1] Die Situation bei handschriftlichen Quellen ist vergleichbar, da die bis in die 1940er hinein verwendete deutsche Kurrentschrift international nicht geläufig ist.
[2] http://publikationen.ub.uni-frankfurt.de/files/4990/band2.pdf. Weitergehende Information zur Geschichte und zum Bestand der DKB findet man unter http://www.ub.uni-frankfurt. de/afrika/kataloge.html, http://publikationen.ub.uni-frankfurt.de/files/4990/ band1. pdf und http://publikationen.ub.uni-frankfurt.de/frontdoor/index/index/ docId/4990.

Sprachen aufgeführt werden. Es gibt aber auch eine Sektion "Pidgins, Kreolsprachen". Hier findet man z.B. Hagens (1908) *Kurzes Handbuch für Neger-Englisch an der Westküste Afrikas*, die erste Grammatik des westafrikanischen Pidgin-Englisch. Insgesamt aber ist diese Sektion für den Kontaktlinguisten eher enttäuschend, denn keines der fünf hier aufgeführten Werke ist in der Varietätenforschung unbekannt; bisher unbearbeitetes Material bietet diese Abteilung also nicht. Als ertragreicher stellt sich dagegen die Abteilung "Deutsche Kolonien" heraus, mit ihren Sektionen zu den einzelnen Schutzgebieten (Bestand in Klammern): Deutsch-Ostafrika (851), Deutsch-Südwestafrika (647), Kamerun (314), Togo (74), Deutsch-Neuguinea/deutsche Südsee (333), Samoa (129) und Tsingtau/Kiautschou (37). Hier findet man etwa Reise-, Expeditions- und Aufenthaltsberichte, veröffentlichte Tagebücher und offizielle Statistiken, aber auch Kolonialromane.

Bisher sind wir mit unseren Studierenden ca. 300 dieser Quellen durchgegangen, vornehmlich aus den Sektionen Kamerun und Deutsch-Neuguinea/deutsche Südsee. Darüber hinaus wurden in geringerem Maße auch Publikationen zu Tsingtau/Kiautschou und Deutsch-Südwestafrika gelesen. In etwa 230 der Publikationen fanden sich für Kontaktlinguisten interessante Passagen, die exzerpiert wurden. Ausgedruckt füllen die Exzerpte drei Aktenordner.

In Anbetracht der Fülle des Materials in der DKB ist es wichtig, bei der Sichtung methodisch und strukturiert vorzugehen. Wie schon oben beschrieben, hilft die Bibliothekssystematik, einen ersten Überblick über den Buchbestand zu bekommen. Es gilt, zunächst einmal die Abteilungen bzw. Sektionen zu identifizieren, die für die jeweilige Forschungsfrage am erfolgversprechendsten sind. Da wir im vorliegenden Fall an Pidgin-Englisch interessiert waren, boten sich die Sektionen Deutsch-Neuguinea/deutsche Südsee und Kamerun besonders an, denn hier gab es aus vorangegangener Forschung schon Hinweise, dass Pidgin unter deutscher Kolonialherrschaft verwendet wurde.

Nach dieser thematischen Eingrenzung stellte sich die Frage, in welcher Reihenfolge die über 300 Werke pro Sektion gesichtet werden sollten. Auch hier ließen wir uns von der Forschungsfrage leiten: Da wir einen diachronen Ansatz verfolgten und besonders an frühen Schilderungen interessiert waren, begannen wir mit den ältesten Publikationen und arbeiteten uns nach und nach zu Werken jüngeren Erscheinungsdatums durch. Der bisher bearbeitete Zeitraum umfasst die fünf Jahrzehnte von 1880 bis 1929.[3] Bei der Auswahl der Werke wa-

---

[3] Anders, als man es vielleicht vermuten würde, verebbte die Publikationstätigkeit zu den deutschen Kolonien mit dem Ende der deutschen Kolonialzeit nicht ganz. Insbesondere im Nationalsozialismus wuchs die Zahl von Publikationen auf diesem Gebiet wieder an.

ren auch die Titel hilfreich. Vor allem Publikationen von Augenzeugen, die selbst in den Kolonien waren, versprechen wertvolles Datenmaterial. Die bereits erwähnten Reise-, Expeditions-, Aufenthaltsberichte und Tagebücher waren für unsere Zwecke besonders ergiebig.

Um die Übersicht zu behalten, empfiehlt es sich, eine Datenbank mit den zu analysierenden Werken anzulegen. Das kann im einfachsten Fall eine Liste sein: In unserem Falle sind dies die entsprechenden Sektionen aus dem online verfügbaren systematischen Katalog der DKB. Diese Liste/Datenbank sollte ausgedruckt und auf dem Laptop mit in die Bibliothek genommen werden, damit dort die schon bearbeiteten Werke abgehakt und ggf. neue bestellt werden können. Dies ist besonders wichtig, wenn man in einer Gruppe arbeitet, damit ein Buch nicht aus Versehen zweimal gelesen wird.

3.2 Das Exzerpieren und Sichern der Daten

Die Exzerpte aus den Quellen sollten, wenn möglich, direkt in den Computer getippt werden. Bei längeren Passagen empfiehlt sich aus Gründen der Zeitersparnis ein Kopieren, Fotografieren oder Einscannen, wenn die Bibliothek dies erlaubt. Wichtig ist, dabei immer auch das Titelblatt einzuschließen und sich auf den Kopien die Quelle zu vermerken bzw. digitale Fotos und Scans aussagekräftig zu benennen (ähnlich wie Dokumente, s.u.). Handschriftliche Exzerpte und Kopien usw. sollten auf jeden Fall zeitnah digitalisiert werden. Sehr sinnvoll ist es natürlich, die Exzerpte in eine Datenbank zu integrieren, wozu sie allerdings mit teilweise komplexen Markup versehen werden müssen (vgl. etwa das rund 1.700-seitige Handbuch der Text Encoding Initiative), was die Arbeit sehr verlangsamen kann. Da man die Zeit in der Bibliothek mit der Datensammlung selbst verbringen möchte, ist es empfehlenswert, den Großteil des metalinguistischen Markups erst später, bei der Aufbereitung der Texte, einzufügen.

Es ist sehr empfehlenswert, für jedes exzerpierte Werk ein separates Dokument (bzw. einen separaten Eintrag in der Datenbank) anzulegen. Die Dokumente sind am besten nach einem standardisierten Muster zu benennen, damit sie später leicht wiedergefunden werden können. In unserem Fall ist das Muster *Nachname_des_Autors Publikationsjahr*, also etwa *Detzner 1920.docx*. Der Dokumentenname kann nach Belieben erweitert werden, z.B. um *a*, *b*, *c* für mehrere Publikationen desselben Autors im gleichen Jahr oder um den Titel. Allerdings sollte dies nicht zur Unübersichtlichkeit führen; die Namen sollten standardisiert und aussagekräftig, aber möglichst kurz sein.

Das Lesen und Exzerpieren der einzelnen Quelle sollte auch so systematisch wie möglich erfolgen und detailliert dokumentiert werden. Es gibt natürlich viele Möglichkeiten, die Informationen und Exzerpte im Dokument selbst zu strukturieren; Leitgedanke sollte maximale Informativität sein. Damit Dokumente und v.a. auch Papierausdrucke derselben leicht identifiziert werden können, sollte man einen Standardtextblock mit wichtigen Informationen am Anfang des Dokuments einfügen. Bei uns enthält dieser Block Folgendes:
– Vollständige bibliographische Angabe des Werkes
– Name der Bibliothek und Signatur des Werkes
– Name der/des Exzerpierenden und Datum
– Angabe, auf welches Jahr/welchen Zeitraum sich das Werk bezieht

Der letzte Punkt ist wichtig, damit bei einem Vergleich mit anderen Quellen die Chronologie der Ereignisse/der Sprachentwicklung korrekt rekonstruiert werden kann. Oft nennen die Verfasser im Vorwort oder im einleitenden Kapitel, wann sie in den Kolonien waren, und nicht selten finden sich Jahreszahlen auch im Rest des Buches. Sollte dies nicht der Fall sein, kann ggf. indirekt über geschilderte Ereignisse ein zumindest annähernder Zeitraum ermittelt werden. Hilfreich dabei sind z.B. die Namen von anderen Personen oder Schiffen, die Erwähnung von Naturkatastrophen oder kriegerischen Auseinandersetzungen oder von Ereignissen in anderen Teilen der Welt.

Exzerpte müssen das Original so genau wie möglich wiedergeben, also mit allen orthographischen Charakteristika (z.B. Abweichungen von heute üblicher Groß- und Kleinschreibung, frühere Rechtschreibkonventionen wie *ß*, *th*, *ie*), Rechtschreibfehlern (ggf. durch [*sic!*] kenntlich machen), Wechsel in Schriftsätzen usw. Auslassungen beim Exzerpieren sollten wie üblich durch [...] kenntlich gemacht werden. Auf keinen Fall sollte vergessen werden, Seitenumbrüche zu markieren (etwa durch einen neuen Absatz im Dokument) und überall die Seitenzahlen des Originals anzugeben, damit später beim Zitieren der Passage korrekt auf die Quelle verwiesen werden kann.

Beim Durcharbeiten ganzer Sektionen einer Bibliothek müssen möglichst viele Werke in möglichst kurzer Zeit gesichtet werden. Insgesamt ist die manuelle Sammlung von Primärdaten allerdings recht zeitaufwändig; nach unserer Erfahrung können in der DKB durchschnittlich nicht mehr als zwei bis drei Werke pro Person und Tag bewältigt werden. Es kommt dabei einerseits auf die Erfahrung mit dem Exzerpieren an – wer schon einige Bücher bearbeitet hat, wird im Zweifel geübter und schneller sein als ein Neuling. Andererseits spielt auch die Kenntnis des Sachgebiets eine Rolle: Bei der Annäherung an ein neues Thema (z.B. wenn Sie noch nie zu Kontaktsprachen und/oder Neuguinea gearbeitet haben) müssen die ersten Werke gründlicher und langsamer gelesen werden.[4] Nach der gewissenhaften Durchsicht einiger Quellen hat man meist genug Hintergrundinformation gesammelt und entwickelt ein Gespür für Passagen mit Relevantem, die genauer gelesen werden müssen, und für anderes, das überflogen werden kann. Auch beginnt man, inhaltliche Parallelen und Überschneidungen mit anderen Werken zu erkennen. An diesem Punkt kann man neue Quellen auch querlesen und nach Schlüsselwörtern Ausschau halten, die interessante Passagen signalisieren, oder einschlägige Kapitel auswählen (Inhaltsverzeichnis).

Wenn Quellen als elektronischer Text zugänglich sind, können sie automatisch auf Schlüsselwörter durchsucht werden, was die Arbeit beschleunigt und die Genauigkeit erhöht. Allerdings kann dies nur einen ersten Überblick über das Werk liefern und ersetzt das Lesen nicht, denn nur durch das Lesen erschließen sich einem inhaltliche Zusammenhänge. Man muss sich außerdem bewusst sein, dass eine automatische Suche immer nur den eingegebenen Suchbegriff findet. Sollte der Begriff nicht gefunden werden, bedeutet das noch nicht, dass in dem betreffenden Werk nichts zu dem Thema zu finden ist. Z.B. findet eine Suche nach *Pidgin* nicht die in deutschen Quellen auch geläufigen Varianten *Pidgen*, *Pidgeon*, *Pidjin*, *Pidschen* oder *Pitschin*. Und möglicherweise wird das Pidgin-Englische auch ganz anders bezeichnet, etwa als *Neger-Englisch*, *Küstenenglisch* usw.

3.3 Inhaltlicher Fokus beim Exzerpieren

Welche Passagen aus den Quellen exzerpiert werden, hängt von der Forschungsfrage ab. In unserer Recherche zum Pidgin-Englisch war prinzipiell alles von Interesse, was Licht werfen konnte auf die historischen Umstände der Sprachentstehung, auf den sozialen Kontext der Sprachverwendung und natürlich auch auf die Sprachstruktur. Im Folgenden gehen wir näher auf einige ausgewählte, inhaltlich durchaus auf sehr verschiedenen Ebenen liegende Aspekte ein, nach denen wir die Quellen durchsuchten, und illustrieren sie in Abschnitt 5.

---

[4] Das gilt übrigens auch innerhalb eines Werkes, wo für das Lesen der ersten Kapitel mehr Zeit eingeplant werden sollte.

3.3.1 Bevölkerungsstruktur und soziale Hierarchien

Welche ethnischen Gruppen werden erwähnt? Z.B. indigene Ethnien, aber auch Europäer usw.? Wie groß sind die Gruppen und was ist ihr soziales Verhältnis zueinander? Z.B. leben Plantagenarbeiter aus verschiedenen Ethnien segregiert? Verrichten sie unterschiedliche Tätigkeiten? Gibt es Stereotypen für einzelne Gruppen? Welches Verhältnis haben sie untereinander?

3.3.2 Sprachgebrauch

Wer spricht welche Sprache zu wem und wann? Welche Sprachen werden erwähnt/beschrieben? Auch die Nichterwähnung von Sprachen in bestimmten Situationen kann interessant sein. So findet z.B. bei einigen Expeditionen ins Innere des Kolonialterritoriums Pidgin-Englisch keine Erwähnung, dafür aber Dolmetscher, was darauf schließen lässt, dass Pidgin-Englisch im Landesinneren nicht gebräuchlich war.

3.3.3 Sprachsituation

Herrscht in der Kolonie komplexer Multilingualismus (und wie ist er ausgeprägt?) oder werden nur einige wenige Sprachen gesprochen? Gibt es Lingua Francas? Werden Dolmetscher eingesetzt, welche Sprachen sprechen sie und in welcher Sprache kommunizieren die Kolonisatoren mit ihnen?

3.3.4 Sprachattitüden

Welche Spracheinstellungen hat der Autor zu den beschriebenen Individuen und Gruppen? Welche Einstellungen haben die Sprechergruppen untereinander zu den von ihnen gesprochenen Sprachen?

3.3.5 Arbeiterrekrutierung

In vielen Kolonien, nicht nur den deutschen, stellte sich die sog. "Arbeiterfrage": Da oft nicht genug indigene Arbeitskräfte vorhanden waren, mussten Arbeiter in anderen Gebieten angeworben werden, was den Multilingualismus in den Kolonien erhöhte und die Entstehung und Verwendung eines Pidgins begünstigte. Fragen sind hier: Wo kamen die Arbeiter her, wie wurden sie angeheuert, wann kamen sie, welche Sprache(n) sprachen sie, wie viele kamen, wie lange blieben sie?

3.3.6 Sprachbeispiele

Nicht zuletzt sind auch tatsächliche Sprachzitate von großem Interesse, da sie uns Aufschluss geben können über einen früheren Sprachstand des Pidgin-Englischen. Beim Auffinden dieser Beispiele kann teilweise der Schriftsatz helfen: In manchen (aber leider nicht in allen!) Werken sind Sprachzitate kursiv oder fett hervorgehoben oder in einem anderen Schriftsatz gesetzt, sodass sie beim Querlesen leicht ins Auge fallen.

Für jedes Zitat sollte so viel Kontextinformation wie möglich exzerpiert werden, damit es richtig interpretiert werden kann. Z.B. wann und wo wurde die Äußerung gemacht, wer ist der Adressat, wer ist der Sprecher (ethnische Gruppe, Muttersprache(n), Biographie – war der Sprecher in Kontakt mit den Kolonisatoren bzw. sogar in ihren Diensten)? Wichtig ist, diese Information als Metatext kenntlich zu machen (üblicherweise wird diese in [eckige] oder <spitze> Klammern gesetzt, um eine Verwechslung mit dem Originaltext zu verhindern).

4 Die Verlässlichkeit der Quellen

Für die Interpretation der Kolonialquellen ist die Einschätzung ihrer Verlässlichkeit von entscheidender Bedeutung. Jedes von Menschen verfasste Schriftstück ist subjektiv gefärbt und die Darstellungen darin werden von einer Vielzahl von Faktoren beeinflusst, von denen wir hier auf einige wichtige exemplarisch eingehen.

4.1 Vorurteile und Absichten des Autors

Wie andere Autoren auch verfolgen die Verfasser kolonialer Quellen bestimmte Ziele, die über das neutrale Beschreiben hinausgehen. Z.B. waren Beobachter geteilter Meinung über das Pidgin-Englische in den deutschen Kolonien. Während einige darin eine hilfreiche Lingua Franca sahen, plädierten andere für seine Abschaffung. Die jeweilige Einstellung hatte natürlich Auswirkungen auf die Repräsentation des Pidgin-Englischen in den Quellen. Wenn wir in Hesse-Warteggs (1902: 52–53) Beschreibung des Bismarck-Archipels und Neuguineas über die "groteske Pidgen-Englisch-Sprache" lesen, über das "Kauderwelsch des deutschen Schutzgebietes in der Südsee", über die "unsinnigste aller Sprachen", kulminierend in dem Aufruf, "das Pidgen-Englisch auszurotten", dann kann man kaum erwarten, dass der Verfasser die Komplexität grammatischer Subsysteme des Pidgin angemessen und objektiv darstellen wird. Und in der Tat finden sich in von Hesse-Warteggs Beschreibung des Pidgin hauptsächlich stereotype und kaum authentische Sprachbeispiele, wie sie in vielen Südsee-Reisebeschreibung reproduziert wurden, wie *big fellow box spose white man fight him, he cry too much* 'Klavier' (wörtl. 'großer Kerl Kasten, wenn weißer Mann ihn schlägt, weint er zu viel', Hesse-Wartegg 1902: 53).

Ähnliches gilt für Vorurteile gegenüber indigenen Pidginsprechern. Manche Autoren werteten die Sprache als Ausdruck fehlender Intelligenz ihrer Benutzer. Jacques (1922: 96) beispielsweise sieht im Pidgin "eine wohlgelungene Karikatur des Englischen. Welche andere Sprache hätte sich zu dieser kannibalischen Primitivität des Ausdrucks hergegeben!" In solchen Werken sind Sprachbeispiele und grammatische Charakterisierungen mit großer Vorsicht zu behandeln.

4.2 Beobachtungsgabe/sprachliche Begabung der Beobachter

Die Verlässlichkeit von Quellen variiert auch mit der Beobachtungsgabe der Autoren. Viele Darstellungen von Sprachen in der Kolonialliteratur wurden von linguistischen Laien verfasst, und man findet die gesamte Bandbreite von sprachwissenschaftlich nicht haltbaren bis zu linguistisch sehr kenntnisreichen Schilderungen. Max Buchners Beschreibungen des Kameruner Pidgin-Englisch zählen zu den verlässlicheren (er verfasste mehrere Artikel zur Grammatik dieser Sprache). Dennoch lag auch er nicht immer richtig: Sein Beispiel *Plenty people don't come* ist syntaktisch wohlgeformtes Kameruner Pidgin-Englisch, wird aber nur annähernd richtig mit 'Es kommen/kamen viele Leute' übersetzt (Buchner 1886: 216). Buchner kommentiert das für viele frühe Beobachter verwirrende *don't* mit "Die Verneinung hat häufig den Wert einer verstärkten Affirmation" (Buchner 1886: 216) und übersieht dabei, dass sich diese präverbale Partikel von Englisch *done* ableitet und den Kompletiv markiert, also nichts mit *don't* zu tun hat. Eine treffendere Übersetzung wäre 'Viele Leute sind/waren gekommen' gewesen.

4.3 Zeitraum zwischen Beobachtung und Aufzeichnung/ Veröffentlichung

Grundsätzlich gilt, je länger der Zeitraum zwischen der Beobachtung und der Niederschrift bzw. Veröffentlichung, desto vorsichtiger muss mit der Schilderung umgegangen werden, da Erinnerungen schnell verblassen können. Dies erkannte auch Otto Schellong in seinen 1934 veröffentlichten Memoiren, in denen er seine Erlebnisse in Neuguinea in den Jahren 1886–1888 beschrieb:

> Wenn ich jetzt, bald der letzte Überlebende aus der Zeit, nach fast einem halben Jahrhundert darangehe, mir die Ereignisse und die handelnden Menschen in die Erinnerung zurückzurufen, so bin ich mir der Unvollkommenheit eines solchen Beginnens sehr wohl bewußt [...]. Gewiß, das persönliche Erinnerungsbild ist mir mit den Jahren verwischt. (Schellong 1934: 4)

Allerdings arbeitete Schellong auf der Grundlage seines vor Ort geführten Tagebuchs, was seinen Bericht trotz des großen Zeitraums zwischen Aufenthalt in Neuguinea und Veröffentlichung des Buches zu einer verlässlichen Quelle macht: "Was mich trotzdem zu dieser Veröffentlichung ermutigt, ist der Umstand, daß einmal unter frischen Eindrücken zu Papier Gebrachtes seinen Wert behält" (Schellong 1934: 4).

4.4 Genre und editorische Überformung

Augenzeugenberichte sind in der Regel solchen vorzuziehen, die die Begebenheiten nur aus zweiter Hand erzählen. Titel wie *Vier Jahre unter Kannibalen. Von 1914 bis zum Waffenstillstand unter deutscher Flagge im unerforschten Innern von Neuguinea* (Detzner 1920) sind also Publikationen wie *Kamerun. Land, Volk und Handel, geschildert nach den neuesten Quellen* (Hager 1885), die lediglich eine Synthese anderer Werke vornehmen, vorzuziehen. Auch fiktionale Texte (z.B. Kolonialromane) sind im Zweifel weniger verlässlich als Reiseberichte, insbesondere wenn die Autoren das betreffende Gebiet nie selbst bereisten.

4.5 Authentizität der Beschreibungen

Mit Authentizität ist hier die Originalität der Beschreibungen gemeint, in dem Sinne, dass sie tatsächlich vom Verfasser selbst stammen und/oder sich wirklich auf die angegebene Zeit, das Gebiet bzw. die Sprechsituation beziehen. Plagiate sind kein neues Problem und auch in kolonialen und vorkolonialen Quellen wurde viel voneinander abgeschrieben. Warum ein diesbezüglich kritischer Umgang mit Quellen hilfreich ist, soll ein Beispiel verdeutlichen: Mitte der 1990er bekam Magnus Huber von einem Diplomaten eine schreibmaschinenschriftliche pidginenglische Version der Vertreibung aus dem Paradies (1 Mose 1–3). Dem Diplomaten war sie 1966 in Ghana in die Hände gefallen; man hätte also annehmen können, dass dieser Text ghanaisches Pidgin-Englisch darstellte. Eine Literaturrecherche brachte allerdings drei weitere Versionen zutage, die Sierra Leone, Liberia und Nigeria zugeschrieben wurden. Bei einem Vergleich der Texte und einer sprachlichen Analyse stellte sich heraus, dass diese Texte wahrscheinlich auf einen Urtext zurückgehen, der Anfang des 20. Jh. in Lagos verfasst worden sein musste. Es handelt sich also höchstwahrscheinlich um frühes nigerianisches, und nicht ghanaisches, Pidgin-Englisch (vgl. Huber 1997).

4.6 Reiseroute und Länge des Aufenthaltes des Autors in den Kolonien

Mit der Frage der Authentizität hängt auch eng zusammen, wie lange sich der Autor wo aufhielt. In seiner Beschreibung der Pfefferküste (heutiges Liberia) zitiert Atkins (1735: 58) einen pidgin-englischen Satz: *You didee, you kicatavoo* 'wenn du (das) isst, stirbst du'. Der unbedachte Leser könnte dies für einen Beleg des frühen liberianischen Pidgin-Englisch halten. Wenn man allerdings Atkins' Reisebericht aufmerksam liest, stellt sich heraus, dass er sich auf seiner Westafrikareise nur eine Woche an der Pfefferküste aufhielt, sozusagen auf der Durchreise, die längste Zeit aber an der Goldküste verweilte (heutiges Ghana, 5 Monate). Es ist also wahrscheinlich, dass der obige Satz eher das Pidgin von der Goldküste darstellt. Und in der Tat entstammt *didee* 'essen' dem Fante (Niger-Congo: Kwa), einer Sprache, die in und um Cape Coast in Ghana gesprochen wird (Warren 1976).

5 Ergebnisse: Deutsche Kolonialquellen und Pidgin-Englisch

In Abschnitt 3.3 wurde der inhaltliche Fokus unserer Recherche in der DKB beschrieben. Als Beispiele führen wir nun einige Exzerpte an, die während der Arbeit in der DKB angefertigt wurden und die einen kleinen Einblick in die Fülle des gesammelten Materials geben. Wir werden sehen, dass die Quellen wichtige Einblicke in die sprachliche Situation in den deutschen Kolonien geben können. Trotz Unterschieden in Einzelheiten finden sich, was die sprachliche Situation anbelangt, in den Quellen zu Kamerun und Neuguinea sehr ähnliche Passagen.

5.1 Sprachenpolitik und Spracheinstellungen in Deutsch-Kamerun

Die Portugiesen waren die ersten Europäer, die die westafrikanische Küste erkundeten. Sie erreichten Kamerun im Jahre 1472 und hielten dort für etwa 80 Jahre das Handelsmonopol. Ab Mitte des 16. Jh. landeten sporadisch Schiffe aus England, Spanien und Frankreich an der Küste, aber das Monopol der Portugiesen wurde ernsthaft erst um 1600 durch die Holländer untergraben. Seit den 1620ern steuerten vermehrt auch englische Handelsschiffe Kamerun an. Obwohl schon vereinzelt portugiesische Missionare in Kamerun tätig gewesen waren, setzte die systematische Christianisierung erst in den 1840ern ein. Die eigentliche Kolonialisierung begann 1884, als Gustav Nachtigal den Briten knapp zuvorkam und das Küstengebiet um Douala unter deutschen Reichsschutz stellte. Im Ersten Weltkrieg fiel Kamerun an die Franzosen und Briten, die das Territorium von 1916 bis zur Unabhängigkeit 1960/1961 administrierten.

Durch den Kontakt afrikanischer und englischer Händler bildete sich ein Pidgin-Englisch heraus, das seit dem frühen 19. Jh. belegt ist, aber wahrscheinlich schon früher verwendet wurde. Im Folgenden konzentrieren wir uns auf die Sprachsoziologie Deutsch-Kameruns mit besonderer Berücksichtigung der Stellung des Pidgin-Englischen.

5.1.1 Die Sprachenvielfalt und ihre Konsequenzen

Westafrika und Neuguinea gehören zu den linguistisch komplexesten Arealen der Welt: In beiden Gebieten werden mehrere hundert indigene Sprachen aus verschiedenen Sprachfamilien gesprochen. Das folgende Zitat ist eine repräsentative Illustration der sprachlichen Situation, der sich die Deutschen in Kamerun gegenüber sahen, und wie sie damit umgingen:

> Diese große Sprachverschiedenheit erschwert in erster Linie die Verwaltung beträchtlich; so z.B. hat bei einer Gerichtsverhandlung der Vorsitzende seine deutsche Frage in Pidginenglisch an den ersten Dolmetscher zu stellen; dieser übersetzt sie in Keaka und ein Keaka übersetzt sie ins Boki; auf dem gleichen Wege folgt die Antwort. Ich habe [...] keine Zeit

für das Auswendiglernen von Worten vergeudet, mit denen man manchmal schon nach vierstündigem Marsch nichts mehr anfangen kann. (Mansfeld 1908: 7)

Die extreme Sprachenvielfalt in den Kolonien machte es den Kolonisatoren praktisch unmöglich, alle Sprachen zu lernen. Vielmehr setzte man Dolmetscher ein, besonders bei Expeditionen ins Hinterland; nicht selten findet man Berichte wie hier bei Mansfeld, dass die Kommunikation nur mithilfe längerer Übersetzungsketten möglich war. Interessanterweise wurde mit den Dolmetschern auf Pidgin-Englisch kommuniziert, es gibt aber auch (seltenere) Hinweise, dass dies auf Deutsch geschah.

5.1.2 Die Funktion und Auswirkungen des Pidgin-Englischen

Die Sprachenvielfalt bildete den Nährboden für die Ausbildung von Lingua Francas. Zwar gab es schon vor der Kolonisierung mehr oder weniger regional begrenzte indigene Verkehrssprachen. Doch erst die Einigung größerer, zuvor teilweise politisch voneinander unabhängiger, Gebiete unter deutscher Kolonialherrschaft machte die Frage nach einem überall verstandenen Kommunikationsmittel zu einer dringlichen. Gunther von Hagen, Leutnant in der Kaiserlichen Schutztruppe für Kamerun, beschreibt dies im Vorwort zu seiner kurzen Einführung in das kamerunische Pidgin-Englisch:

> Die Nachfrage nach einem Handbuch des Neger-Englisch (*pigeon-English*) und zwar in der Form, daß man an seiner Hand sofort die täglichen Bedürfnisse fordern kann, ist eine äußerst dringende geworden. [...]
>
> Mit dieser Sprache kann man sich im ganzen Schutzgebiet verständigen, da sich überall Eingeborene finden, die sie beherrschen und so als Dolmetscher dienen können. [...]
>
> Allerdings ist das Neger-Englisch ein Notbehelf, der hoffentlich in absehbarer Zeit durch die Erlernung der deutschen Sprache seitens der Neger beseitigt wird. (Hagen 1908: 3)

Hier wird deutlich, dass sich das Pidgin-Englisch als im Küstenbereich entstandene afrikanisch-europäische Handelssprache in der Kolonialphase auch im Landesinneren ausbreitete. Viele Deutsche sahen im Gebrauch des Pidgin-Englisch genauso wie Gunther von Hagen eine vorübergehende Notwendigkeit und hofften auf die baldige Etablierung des Deutschen. Allerdings konnte Deutsch das Pidgin-Englische bis zum Ende der deutschen Herrschaft nicht verdrängen und es gab auch Argumente für die Beibehaltung des Pidgins:

> [...] das Negerenglisch, ein fürchterliches Kauderwelsch, aber hier im Verkehr mit den Schwarzen die unentbehrliche Umgangs- und Gerichtssprache. Es ist nur gut, daß unsere deutsche Sprache nicht so vergewaltigt wird, wie hier die englische. Angenehm ist es auch, daß man sich mit seinesgleichen ruhig deutsch unterhalten kann, ohne daß ein Boy es versteht. (Vollbehr 1912: 40)

In diesem Zitat wird zweierlei deutlich: Einmal die in der Kolonialliteratur wiederholt diskutierte Sprachhygiene mit dem Bestreben, das Deutsche von "Verunreinigungen" frei zu halten. Zum anderen der nützliche Effekt, dass Deutsch als Elite- und Geheimsprache genutzt werden konnte, wenn zur Kommunikation mit den kolonisierten Völkern eine andere Sprache benutzt wurde.

5.1.3 Spracheinstellungen gegenüber der Struktur des Pidgin-Englischen

Aus Platzgründen können wir hier nicht auf die grammatische Struktur des Pidgin-Englischen eingehen, wie es uns in Sprachzitaten entgegentritt. Vielmehr soll an dieser Stelle ein Blick geworfen werden auf die Attitüden gegenüber der Pidgingrammatik und die Rückschlüsse, die Autoren daraus mit Blick auf die indigenen Sprecher der Verkehrssprache zogen. Max Buchner ist uns bereits als einer der frühen Pidginexperten begegnet. Die folgende Passage ist auch deshalb interessant, weil sie einige der Konzepte der Kontaktsprachenforschung und Theorien zur Entstehung von Kontaktsprachen vorwegnimmt (Relexifizierung, Polygenese und Sprachuniversalien):

> Wie mit den meisten, wenn nicht allen Mischsprachen, verhält es sich auch mit dem Neger-Englisch. Das grammatische Skelett, welches die Art des Denkens ausdrückt, gehört der einheimischen Redeweise an und wird starr fest gehalten. Nur die Fleischteile, das Vokabular, werden dem fremden, höheren Idiom entnommen und den Formen des Skeletts angefügt. [...] In diesem Umstande liegt eine für den Forscher sehr erfreuliche Gelegenheit, schon aus dem Neger-Englisch [...] manches von der Neger-Grammatik zu erlernen. Zugleich bietet die naive Unverschämtheit, mit der unser dunkelhäutiger Menschenbruder europäische Sprachen seinem eigenen primitiven Gedankengange anbequemt, eine reiche Quelle des Vergnügens, eine Hauptkomponente seines ganzen drolligen Wesens. [...] Die [...] Vereinfachungen und Abänderungen, deren die englische Weltsprache im Munde der Neger teilhaftig geworden ist, beweisen, wie sehr dieses wahre praktische "Volapük" als handliches Werkzeug auch den primitiven Bedürfnissen der sogenannten Wilden sich anzuschmiegen vermag. (Buchner 1887: 43–44)

> **Volapük**, eine 1879 von Johann Martin Schleyer konzipierte Plansprache, die als globale Lingua Franca dienen sollte (vgl. Esperanto).
>
> Die **Relexifizierungstheorie** besagt, dass bei der Entstehung von Kontaktsprachen das grammatische Gerüst einer Sprache mit dem Lexikon einer anderen Sprache gefüllt wird.
>
> **Polygenese** ist die Theorie, dass Kontaktsprachen unabhängig voneinander entstanden sind und nicht voneinander abstammen. Ähnlichkeiten verschiedener Kontaktsprachen werden durch **Universalien** bei ihrer Entstehung erklärt (z.B. Ähnlichkeit der Kontaktsituation, der Sprecherbedürfnisse oder der menschlichen Kognition).

Dieser Gedankenführung liegt die (irrige) Annahme zugrunde, dass Pidginisierung das Ergebnis eines missglückten Zweitspracherwerbs durch indigene Sprecher sei, die das "höhere" Englisch aus Unvermögen oder aus Unwillen nicht vollkommen erlernten. Die vereinfachte Grammatik des Pidgin wird dabei als Abbild der "niederen" indigenen Sprachen verstanden, die dem "primitiven Gedankengang" ihrer Sprecher angepasst sind. Solche Vorstellungen von einem deterministischen Zusammenhang zwischen menschlicher Kognition und Sprache waren im Kolonialismus sehr verbreitet, halfen sie doch, die vermeintlich überlegenen Kolonisatoren zu legitimieren. Die Kolonisierten dagegen wurden in ihrer Entwicklungsstufe Kindern gleichsetzt und als "naiv", "unverschämt", "drollig" und "primitiv" beschrieben. Abgesehen davon, dass es aus linguistischer Sicht hoch problematisch ist, afrikanische (oder andere) Sprachen als primitiv zu bezeichnen (in vielen Bereichen sind sie eher komplexer als europäische Sprachen, vgl. Cyffer 2011), könnte man das Argument auch herumdrehen und behaupten, dass Pidgins die Primitivität der Europäer widerspiegeln, die ja ebenfalls an der Genese der Kontaktsprache beteiligt waren. Letzteres wird man allerdings in der kolonialen Literatur kaum antreffen.

5.2 Die Sprachsituation in Neuguinea und im Bismarck-Archipel

In diesem Abschnitt soll am Beispiel der Südseekolonie Deutsch-Neuguinea gezeigt werden, welchen Aufschluss uns die Quellen in der DKB geben können über den Ursprung und die Ausbreitung des Pidgin-Englischen sowie über die Sprachsoziologie auf den deutschen Plantagen.

Es waren wiederum die Portugiesen, die Neuguinea 1526 für Europa entdeckten. Die Spanier sichteten die Insel fast zeitgleich, aber bis in die zweite Hälfte des 19. Jahrhunderts blieben große Teile wegen der schwierigen Topographie und kriegerischen Völkern von Europäern so gut wie unerforscht. Der

Neuguinea im Osten vorgelagerte Bismarck-Archipel wurde 1616 von niederländischen Seefahrern gesichtet. Ab ungefähr 1800 wurden diese Inseln von amerikanischen Walfängern zur Verproviantierung angelaufen und in den 1870ern siedelten sich die ersten deutschen und britischen Händler und Pflanzer an. Auch die christliche Missionierung begann zu diesem Zeitpunkt. Der westliche Teil von Neuguinea war 1828 von den Niederlanden beansprucht worden (eine *de facto* Kolonisierung begann jedoch erst um 1900); 1884 stellten Großbritannien den südöstlichen Teil und Deutschland den nordöstlichen Teil ("Kaiser-Wilhelms-Land") unter ihren Schutz. Kaiser-Wilhelms-Land und der Bismarck-Archipel fielen im Ersten Weltkrieg schon 1914 an Australien und standen zusammen mit dem Südosten bis zur Unabhängigkeit 1975 unter australischer Verwaltung.

Durch den Walfang entwickelte sich zu Beginn des 19. Jahrhunderts ein frühes maritimes pazifisches Pidgin-Englisch. In der zweiten Hälfte des Jahrhunderts entstanden Plantagenpidgins in Queensland (Australien) und Samoa, wo Arbeiter aus verschiedenen Teilen der Südsee zusammenkamen. In ihre Heimat zurückkehrende Arbeiter verbreiteten dieses Pidgin auf dem Bismarck-Archipel, von wo aus es dann in der deutschen Kolonialzeit nach Kaiser-Wilhelms-Land gebracht wurde. Tok Pisin (< *Talk Pidgin*) ist heute neben Englisch und der Kontaktsprache Hiri Motu Nationalsprache Papua-Neuguineas.

5.2.1 Zur Arbeiterfrage

Wie schon angedeutet, war die "Arbeiterfrage" in den deutschen überseeischen Besitzungen von größter ökonomischer Dringlichkeit. Wie in anderen europäischen Kolonien auch, waren in den besetzten Territorien häufig nicht genügend Arbeitskräfte vorhanden. Sie mussten daher von teilweise sehr weit entfernten Gegenden herbeigebracht werden.

Die Arbeitskräftesituation war im Bismarck-Archipel und Kaiser-Wilhelms-Land unterschiedlich. "Die ersten Ansiedler im Archipel waren Kaufleute, die in engeren Beziehungen zu Samoa standen und von denen einzelne mit Samoanerinnen verheiratet waren", berichtet Beck (1903: 553) und zeigt damit, dass es schon zu vorkolonialer Zeit (ca. 1875–1884) eine Verbindung zu Samoa gab. Ein Bevölkerungsüberschuss übte einen gewissen Emigrationsdruck aus und machte den Bismarck-Archipel in den ersten Jahren der deutschen Kolonialzeit zur Hauptquelle von Arbeitskräften. So stellte der Archipel bis 1891 den Hauptanwerbungsort für Arbeiter auf den Plantagen in Kaiser-Wilhelms-Land dar (Beck 1903: 554). Danach änderte sich die Situation allmählich:

> Von dieser Zeit ab gelang es mit vieler Mühe, nach und nach auch andere Gebiete, insbesondere auch in Kaiser-Wilhelmsland für die Anwerbung zu erschließen, so daß man jetzt in Kaiser-Wilhelmsland Leute von den Gebieten des Huongolfes, aus der Gegend von Finschhafen, der Astrolabebai, Potsdamhafen, Berlinhafen, den French-Inseln, Neu-Pommern, Neu-Mecklenburg, Buka u. a. m. als Arbeiter beschäftigt findet.
>
> Im Archipel liegen die Verhältnisse etwas anders. Auf den Unternehmungen daselbst werden fast nur Archipelleute verwendet, was seinen Grund darin hat, daß solche in hinreichender Zahl gewonnen werden konnten. (Beck 1903: 554)

5.2.2 Die Verkehrssprachen

Insbesondere auf den Pflanzungen in Kaiser-Wilhelms-Land kam es in den 1890ern durch den Arbeitskräfteimport zu intensivem Sprachkontakt, der eine Lingua Franca notwendig machte. In gewissem Maße war dies auch im Bismarck-Archipel der Fall, auch wenn dort fast ausschließlich Archipelsprachen in Kontakt traten.

Parkinson schildert die Rekrutierung von Arbeitern im Bismarck-Archipel durch einen Werber aus Samoa im Jahre 1882:

> [...] der Werber müßte denn ein Linguist ersten Ranges sein, dem mehrere Dutzend völlig verschiedener Sprachen und Dialekte zu Gebote stehen; denn auf den Neu-Hebriden, den Salomon Inseln, auf Neu-Irland und Neu-Britannien hat nicht nur jede Insel, sondern jeder District und jeder Küstenstrich ein anderes Idiom.
>
> [...] Der Werber fragt [die Insulaner] in classischem Südsee-Englisch:
> *"You like go Samoa?"*
> Wirres Durcheinanderreden unter den Umstehenden. Er fährt fort:
> *"Me like plenty Kanakas; you give me plenty boys. One boy, me give you one musket, plenty powder, ball, cap, tomahawk, tobacco, beads ..."*
> [...] *"Three Yam"*, sagt der Werber, drei Finger seiner Hand in die Höhe streckend. *"You go, three Yam! Plenty kaikai* (Essen)*! By and by you come back"*.
> Von den Worten versteht der Häuptling zwar herzlich wenig, aber das thut nichts [...]. (Parkinson 1887: 28–29)

Das Zitat zeigt, dass Pidgin-Englisch schon in vorkolonialer Zeit als interethnisches Verständigungsmittel etabliert war, allerdings noch nicht überall verstanden wurde. Zwanzig Jahre später hatte sich Pidgin weiter ausgebreitet. Schnees *Bilder aus der Südsee* (1904) enthalten neben wertvollen Informationen zur Geschichte der Pflanzungen und zur Arbeiteranwerbung ein ganzes Kapitel (XVII, 299–316) zur sprachlichen Situation im Bismarck-Archipel um etwa 1900.

Die ersten sieben Seiten geben einen erhellenden Einblick in die Struktur und Gebrauchsdomänen des Pidgin-Englisch:

> Das Hauptverständigungsmittel zwischen Weissen und Eingeborenen und auch zwischen Eingeborenen, welche verschiedene Sprachen sprechen, ist im Bismarck-Archipel das Pidginenglisch.
>
> Auf den größeren Inseln genügt häufig ein Ausflug von mehreren Meilen in das Innere, um zu Eingeborenen zu gelangen, deren Sprache von der der Küsteneingeborenen verschieden ist. [...] Als einziges Verständigungsmittel dient das Pidginenglisch, entweder direkt, sofern es den Eingeborenen der betreffenden Gegend bekannt ist, oder durch einen Eingeborenen aus einer benachbarten Landschaft, der sowohl des Pidginenglischen wie des betreffenden Eingeborenendialekts mächtig ist. (Schnee 1904: 299, 305–306)

Schnee (1904: 305) erwähnt weiter, dass Pidgin-Englisch das ausschließliche Verständigungsmittel in Ehen mit gemischtsprachlichen indigenen Partnern war, und im Küstenbereich überall dort gesprochen wurde, wo ehemalige Plantagenarbeiter wohnten. Dies zeigt, dass Pidgin auf Plantagen erworben und durch rückkehrende Arbeiter in den Bismarck-Archipel gebracht wurde. Dort entwickelte es sich wegen der multilingualen Situation schnell von einem vertikalen (Europäer-Arbeiter) zu einem horizontalen Kommunikationsmittel (zwischen indigenen Sprechern).

Der Arbeitskräftemangel war in den ersten Jahren der Kolonialisierung von Kaiser-Wilhelms-Land so groß, dass die Plantagengesellschaften Arbeiter von weither holen mussten:

> Während bei den Unternehmungen im Archipel fast ausschließlich eingeborene Arbeiter beschäftigt sind, sind in Kaiser Wilhelmsland auch andere Rassen, wie Chinesen, Javanen, und javanische Frauen, Makassaren, Amboinesen, andere Malaier und Inder zur Arbeit herangezogen worden. (Beck 1903: 555)

Die Chinesen kamen zunächst aus Singapur und Java. Man kann also davon ausgehen, dass zumindest ein Teil von ihnen wie die anderen Arbeitergruppen Malaiisch sprach. In der zweiten Hälfte der 1890er wurden Chinesen auch direkt in China angeworben (Hagen 1899: 43). Nicht selten machten Chinesen und Malaien zusammen mehr als die Hälfte der Plantagenarbeiter aus, wie z.B. in der Astrolabe-Compagnie, die im Jahr 1893 24 Europäer, 950 Chinesen und Javaner sowie 752 indigene Arbeiter auf ihren Plantagen beschäftigte (Finsch 1895). Am Ende des Ersten Weltkriegs gab es allerdings nur noch wenige Chinesen und Javaner in Kaiser-Wilhelms-Land (Beck 1918: 12).

Ein Aspekt, der in Beschreibungen der Geschichte des Tok Pisin oft in den Hintergrund rückt, in Anbetracht der genannten Zahlen jedoch kaum verwundert, ist die Tatsache, dass das Malaiische für etwa 20 Jahre eine der Verkehrssprachen auf den Pflanzungen in Kaiser-Wilhelms-Land war. Schon Schellong (1934: 36) bediente sich 1886 auf den Plantagen in Finschhafen des Malaiischen. Die Situation in den 1890ern wird folgendermaßen beschrieben:

> An die javanischen Sitten und an deren Sprache gewöhnen sich alle eingewanderten Farbigen (nicht so die eingeborenen Arbeiter) bald, so daß sie sich in malaiischer Mundart nach etwa einem Jahr untereinander verständigen können; auch dem Europäer bietet die Erlernung dieser Sprache wenig Schwierigkeiten, sie ist daher nachdem man sich gegenseitig eingewöhnt, der Kitt für das Verkehrsleben der Unternehmung. (Beck 1903: 558)

Dass daneben (v.a. wohl von und mit den indigenen Arbeitern) auch Pidgin-Englisch gesprochen wurde, kann man an malaiischen Lehnwörtern wie *susu* 'Milch' oder *sayor* 'Gemüse' usw. im Tok Pisin sehen.

Auf den Plantagen herrschten starre soziale Hierarchien, angeführt von den europäischen Plantagenverwaltern:

> [Die Chinesen] erhalten ihre Befehle und Anweisungen nicht direkt vom Administrator oder dem Assistenten einer Pflanzung, sondern durch eine Mittelsperson, den sog. Haupttandil, auch Tandil besaar genannt und durch die Tandils (Aufseher einzelner Abteilungen). Jede Plantage besitzt einen Haupttandil und auf 20–30 Chinesen je einen Tandil. [... D]er Haupttandil allein übermittelt [die Weisungen] in seiner chinesischen Sprache den Tandils und deren Kulis. [...]
>
> Auch bei [den Javanern und Indern] geschieht der Verkehr mit dem Administrator durch ihren Obmann (Mandoor). [...] In ähnlicher Weise liegen die Verhältnisse bei den Farbigen anderer Rassen. (Beck 1903: 557–558)

Neben dieser gesellschaftlichen Stratifikation wird bei Beck (1903: 557–558) auch deutlich, dass die einzelnen Bevölkerungsgruppen zu unterschiedlichen Arbeiten herangezogen wurden. Daraus kann geschlossen werden, dass die meisten linguistischen Kontakte innerhalb der einzelnen Arbeitergruppen stattfanden und es wegen der hierarchischen Gliederung und der Arbeitsteilung weniger gruppenübergreifende Kommunikation gab. So erklärt sich auch, dass unter den Chinesen selbst Chinesisch gesprochen wurde (siehe das Zitat oben), bei chinesisch-javanischen Kontakten Malaiisch (da viele Chinesen aus Singapur und Java dies beherrschten) und unter den melanesischen Arbeitern verschiedener Herkunft Pidgin-Englisch.

5.2.3 Die Ursprünge des Pidgin-Englischen in Neuguinea

Wo genau die Ursprünge des Tok Pisin liegen, ist in der Forschung umstritten. Mühlhäusler (1976) stellte die Theorie auf, dass sie im auf den frühen Pflanzungen in Samoa gesprochenen Samoan Plantation Pidgin zu suchen sind: Ab 1867 warben samoanische Pflanzer Arbeiter von weit entfernten anderen Südseeinseln an. Bei der Rückkehr von Arbeitern sei das samoanische Pidgin im Bismarck-Archipel eingeführt worden, von wo es sich dann nach Kaiser-Wilhelms-Land gelangte. Eine andere Theorie (Baker 1993) sieht die Wurzeln des heutigen Tok Pisin auf den Plantagen Queenslands, von wo aus es wiederum Arbeiter in den Bismarck-Archipel brachten.

Wir haben bereits gesehen, dass durch die Ansiedlung von Pflanzern im Bismarck-Archipel in den 1870ern enge Beziehungen zu Samoa bestanden (Beck 1903: 553). Es ist gut möglich, dass die Pflanzer auf in Samoa geschulte Arbeitskräfte zurückgriffen, um ihre neuen Plantagen im Bismarck-Archipel anzulegen. Allerdings fällt dies in die vorkoloniale Zeit, die vom Bestand der DKB nicht besonders gut abgedeckt wird. Um die Frage zu klären, müsste man Dokumente der Pflanzungsgesellschaften auf Samoa und im Bismarck-Archipel ausfindig machen.

Da in Kaiser-Wilhelms-Land besonders in den ersten Jahren der deutschen Herrschaft Arbeiterknappheit herrschte, entsandte die Neuguinea-Compagnie regelmäßig ein Rekrutierungsschiff zu den Inseln. Schellong schildert das Ergebnis einer solchen Werbefahrt im Jahre 1886:

> [...] an einer anderen Stelle des Archipels gelang es dem Kapitän, sechs Schwarze auf redliche Weise anzuwerben; sie haben bereits einmal in den Zuckerplantagen Queenslands gearbeitet und sprechen ein gutes Pidgin-Englisch. (Schellong 1934: 90)

Diese interessante Passage dokumentiert die Präsenz von Pidgin-Englisch zu einem frühen Zeitpunkt auf den Salomon-Inseln oder im Bismarck-Archipel (Schellong bleibt in diesem Punkt vage). Sie liefert außerdem das historische Verbindungsstück, das Bakers (1993) Befund der engen linguistischen Verwandtschaft der frühen Pidginvarietäten in Queensland und Melanesien untermauert.

6 Schlussbemerkung

In den drei Jahrzehnten deutscher Verwaltung wandelte sich das Pidgin-Englische in Kamerun und Neuguinea von einer vertikalen zu einer horizontalen Lingua Franca, d.h. es etablierte sich als Kommunikationsmittel auch zwischen indigenen Sprechern. Die deutsche Kolonialzeit in Kamerun und Neuguinea stellte damit eine zentrale Phase in der Entwicklung des Pidgin-Englischen in diesen Gebieten dar. Dennoch wurden deutsche koloniale Quellen bisher in der Kontaktsprachenforschung kaum beachtet. In diesem Kapitel haben wir gezeigt, dass eine systematische und vorsichtige Analyse der einschlägigen Werke in der DKB sehr viel über die sprachliche Situation in den deutschen Kolonien zutage fördern kann. Die Sichtung zeitgenössischer Literatur ist zwar zeitintensiv und muss gut geplant werden, liefert jedoch wertvolle Primärdaten und eröffnet neue Perspektiven in der Erforschung des Pidgin-Englischen (und der linguistischen Ökologie insgesamt) in den deutschen Kolonien.

Kommentierte Literaturhinweise

Velupillai (2015) ist eine auch für den Neuling zugängliche und umfassende Einführung in das Gebiet der Kontaktsprachenforschung. Ein Standardnachschlagewerk zu Kontaktsprachen ist **Michaelis et al. (2013)**. Es besteht aus einem Atlas und 3 *Survey*-Bänden mit Artikeln zur Geschichte, zum soziolinguistischen Status und zur Struktur von 75 Kontaktsprachen weltweit. **Engelberg (2012)** präsentiert einen gut strukturierten Überblick über die koloniallinguistische Terminologie, eine detaillierte Klassifizierung historischer Quellen sowie Hinweise auf einschlägige Bibliotheken und Archive. Nur wenige Kontaktsprachenforscher haben systematisch deutsche koloniale Quellen untersucht. Ausnahmen sind die Arbeiten von **Mühlhäusler (z.B. 2002, 2011, 2012)** zur Pazifikregion und **Weber (2008, 2011, 2012)** zu Kamerun.

Internetquellen

Deutsche Kolonialbibliothek.
http://www.ub.uni-frankfurt.de/afrika/kataloge.html.
http://edocs.ub.uni-frankfurt.de/631/kolonialbibliothek.htm.
Internet Archive.
https://archive.org.
Project Gutenberg.
https://www.gutenberg.org/wiki/Main_Page.
Text Encoding Initiative Consortium. TEI P5: Guidelines for Electronic Text Encoding and Interchange.
http://www.tei-c.org/release/doc/tei-p5-doc/en/Guidelines.pdf.

III **Aspekte der Postcolonial Language Studies**

Anne Storch
6 Sprachideologien in kolonialen Kontexten. Sprachideologien in Afrika

Wichtige Konzepte: Sprachideologie, Ethnographie des Sprechens, Mehrsprachigkeit, Critical Heritage Studies, Sprachregister

1 Der Blick auf die Anderen

Diedrich Westermann (1875–1956), einer der Gründerväter der Afrikanistik und bedeutender Experte des Ewe in Togo und Ghana, schreibt über diese Sprache und ihre Erforschung:

> Schließlich sei darauf hingewiesen, daß der Versuch, die Sprache eines in so primitiven Verhältnissen lebenden Volks darzustellen, stets nur ein dürftiges, verblaßtes Bild ihrer wirklichen Sprache oder richtiger ihres Sprechens geben kann – denn wenn irgendwo, sollte man hier von dem Sprechen statt von der Sprache reden – ; hier ist noch nichts von dem nivellierenden Einfluß, den die geschriebene Sprache unbedingt befördert, nichts von 'gemessener, gebildeter Sprache', sondern unmittelbar, mit den größten Modulationen der Stimme, dem Mitarbeiten sämtlicher Gesichtsmuskeln, der Augen, der Hände, ja des ganzen Körpers sprudelt die Rede hervor, der Neger spricht nicht nur mit dem Munde, sondern auch mit den Augen, der Hand, dem Fuß, durch Pantomimen, auf der Trommel. (Westermann 1905: 16)

Dieses Zitat entstammt der Einleitung zu Westermanns Ewe-Wörterbuch, das bis heute als ein wesentlicher Beitrag zur Deskription und Dokumentation dieser westafrikanischen Sprache gilt. Das Zitat vermittelt nicht unbedingt Einblicke in die Pragmatik des Ewe, aber es bietet klare Hinweise auf die Koexistenz mehrerer kolonialzeitlicher Ideologien über Sprache. Zweifellos ist Westermanns Äußerung Teil eines kolonialen Diskurses, der auf der Basis von Ambivalenz und Widersprüchlichkeit operiert, welche in der Postkolonialen Theorie als ein wesentliches Merkmal von Kolonialität gewertet werden. Insbesondere Homi Bhabha hat betont, dass die europäische (oder westliche) Idee von Kolonialismus niemals vollständig durchsetzbar war, weil der Andere (sowie seine Spra-

---

Anne Storch: Universität zu Köln, Philosophische Fakultät, Institut für Afrikanistik und Ägyptologie, Albertus-Magnus-Platz, 50923 Köln, anne.storch@uni-koeln.de

che und Kultur) völlig ambivalent gedacht werden – als Objekt des Begehrens und der Verachtung (Bhabha 1985).

Auf den ersten Blick mag so der Eindruck bestehen, dass Westermann dem Ewe wenig Wert beimisst, geht es hier doch um Diskurse von Primitivität und Schriftlosigkeit. Beim genaueren Hinsehen aber scheint es, als diene das einleitende Diktum der "primitiven Verhältnisse" nicht so sehr der Abwertung, als vielmehr der Abgrenzung der eigenen von der fremden Art des Sprechens, die sich dann im weiteren Verlauf des Zitats als recht komplex und eher reich entpuppt: kein Schriftstandard, sondern Kreativität und Reichtum an Variation und multimodaler Kommunikation kennzeichnen hier das Ewe, im Gegensatz etwa zum Deutschen. Dass dieser Reichtum an kommunikativen Möglichkeiten dennoch negativ konnotiert wird, hängt auch damit zusammen, dass Westermann auf andere, europäische Konzepte von Sprache und Sprachideologien Bezug nimmt als diejenigen, die in Ewe-sprachigen Gemeinschaften offenbar eine Rolle gespielt haben. Während also Westermann aus einem uns vertrauten, immer noch präsenten Kontext heraus Sprache als etwas betrachtet, das durch Schriftlichkeit und Standardisierung an Wert gewinnt, scheint es bei den Ewe andere Ideen davon zu geben, was Sprache Gewicht und Wahrhaftigkeit verleiht. Gleichzeitig dürfte die Perspektive der Anderen – also beispielsweise der Ewe oder anderer Sprecher afrikanischer Sprachen – auf Reden, Wissen und das Selbst genauso wenig von der kolonialen Erfahrung unberührt geblieben sein, wie Westermanns Denken. Ein wichtiges Anliegen einiger Protagonisten der Postkolonialen Theorie ist daher, die Kolonialität der Linguistik und anderer Wissensdispositive offenzulegen, indem auch den Epistemologien der Anderen Wert beigemessen wird. Der globalisierte Sprachbegriff wird beispielsweise bei Walter Mignolo dekolonisiert, indem der Blick sich auf randständig gewordene Wissenssysteme – z.B. Sprachideologien – richtet: "undo the subalternization of knowledge and to look for ways of thinking beyond the categories of Western thought from metaphysics to philosophy to science" (Mignolo 2000: 326).

Diese Perspektive macht durchaus Sinn: Konzepte von Unterschieden zwischen dem Eigenen und dem Anderen sind in allen gesellschaftlichen Konstellationen einem kontinuierlichen Wandel unterworfen, und so verändern sich, gemeinsam mit den Gesellschaften, die Diskurse und die Arten, in denen sie geführt werden. Obgleich also Westermann als Gründerfigur den Beginn einer bestimmten akademischen Form der Afrika-Wissenschaften markiert, gab es davor und danach ganz andere und auf andere Weise autorisierte Diskurse über afrikanische Sprachen. Ein fast vergessener Zugang zu ihnen stellt ganz andere Bezüge her, als dies die in das kaiserzeitliche koloniale Projekt eingebettete Afrikanistik tat: in Quellen des siebzehnten Jahrhunderts zeigt sich, dass gerade sprachliche Diversität als durchaus schön empfunden wurde und, etwa in der Musik, nachgeahmt wurde. Das Fremde wird dort als etwas behandelt, das erst durch Variation und Abweichung interessant wird. Im portugiesischen Coimbra-Manuskript (1630–1670) finden sich beispielsweise Belege der Koexistenz und Pluralität sprachlicher Ideologien. In den dort notierten Noten und vor allem Texten sogenannter *Guineos* und *Negrillos* – kleiner, barocker Singstücke, die vor allem bei weihnachtlichen Krippenspielen aufgeführt wurden – finden sich zahlreiche Hinweise darauf, dass Diversität und Differenz zu künstlerischen Äußerungen und Unterhaltung taugten, und zwar sowohl in weltlichen wie kirchlichen Kontexten. Die damaligen portugiesischen Komponisten am *Convento* in Coimbra imitierten beispielsweise afrikanische Musik, wie sie in Besessenheitsritualen gespielt wurde, die ihrerseits mimetische Interpretationen der Europäer beinhalteten (Storch 2011). Die Sprache der *Negrillos* ist Kastilisch, Portugiesisch und Italienisch in einer manipulierten Form, die prominente Merkmale derjenigen Sprachen, die von Afrikanern gesprochen wurden, aufweist, wie im folgenden Beispiel (Pluhar 2006: 34, Übersetzung A.S.):

(1) *Bastião Bastião*   'Sebastian Sebastian
    Flunando, Flancico   Ferdinand, Francisco
    Palente placero   Verwandter, Mitglied
    nozo gelação   unserer Generation
    juntamo nosso pandorga   vereinigen wir unsere Tambourine
    nossa festa de tão balalão   auf dem Fest von *tão balalão*.
    De gugulugu de tão balalão   Von *gugulugu* von *tão balalão*
    de glande folia,   von der großen Lustbarkeit,
    que cosfessa cos aleglia denn ich bekenne, dass vor Freude
    me say pelos oyo minha colação.   mein Herz aus den Augen mir springt.'

Solche Texte weisen zwar fast kein westafrikanisches Vokabular auf, aber zahlreiche Onomatopoeia und Ideophone – lautmalerische und lautsymbolische Lexeme, die Konzepte von Wahrnehmung und Sinnlichkeit ausdrücken und insbesondere poetische Sprache kennzeichnen können (vgl. Dingemanse 2011). Genau dies macht Sinn, indem es Teil einer mimetischen Repräsentation ist, die widerspiegelt, wie Expressiva in afrikanischen Sprachen Sprecher zu Darstellern transformieren, die Ereignisse und Erfahrungen heraufbeschwören und sinnliche Eindrücke wiedererlebbar machen können. Die Imitation afrikanischer narrativer und poetischer Genres ist hier also Teil einer Performanz, die durchaus auch afrikanische ästhetische Praxis kolonisiert.

Die expressiven Wörter in den barocken Texten aus Coimbra ähneln dabei in frappierender Weise Ideophonen, wie sie Westermann (1905) für das Ewe belegt, wo sie ein wichtiger Bestandteil von narrativen Genres, expressiver und poetischer Sprache sind:

(2) gubɔligubɔli 'mit heftigen Bewegungen des Kreuzgelenks tanzen'
bóboobo 'aus vollem Halse schreien'
tukutuku 'sich heftig hin und her bewegen, zuckend'

Während zu Beginn des 20. Jahrhunderts der afrika-linguistische Blick auf den Anderen mit der sicheren Gewissheit, bestenfalls die eigene Vergangenheit, das Primitive und Unterlegene zu sehen, verbunden sein konnte, haben wir es hier mit einer anderen Perspektive zu tun: Das Fremde kann zwar auch bedrohlich sein, aber es ist mimetisch interpretierbar, wodurch eine Aneignung und eine ästhetische Bewältigung der Erfahrung möglich werden. Fremde Sprachen und Sprachpraktiken werden zunächst also eher exzessiv imitiert und in Gestalt ihrer Sprecher entführt (Greenblatt 1991, Taussig 1993); ihre Einordnung in ein Entwicklungsmodell und Unterwerfung unter einen Normierungsplan geschah erst Jahrhunderte später. Diese Beobachtung legt durchaus nahe, dass es vor der Erfindung von Nationalsprachen nicht nur eine erhebliche Vielfalt an Sprachideologien und Sprachpraktiken in Europa gab, sondern dass diese auch auf die Erfahrung der Begegnung mit fremden Sprachen bezogen waren (Trabant 2012). Eine sehr interessante Studie ist hier Verschueren (2012), der Sprachideologien und Sprachattitüden als etwas definiert, das mit Bedeutung und Interpretation, Weltsicht und Denken verknüpft ist und sich in stetig differierenden Diskursakten (auch in Form von historischen Texten in einem Korpus) manifestiert – und nicht unbedingt gespiegelt wird durch das, was Sprecher aus Erfahrungen schließen oder in normativer Absicht behaupten. Eine ausgezeichnete Diskussion der Analysemöglichleiten auf der Basis dieses Ansatzes findet sich in Senft (2014).

2 Sprachkonzepte

Zum Zeitpunkt von Westermanns Ewe-Studien wurde der Vielfalt lokaler Ideen von Sprache weniger Bedeutung beigemessen. Europäische Interessen an afrikanischen Sprachen wurden mit der Abkehr von (zuvor kulturell offenbar erwünschter) mimetischer Aneignung durch Ideologien wissenschaftlicher Objektivität und Distanz, Entstehung wissenschaftlicher Genres und akademischer Disziplinen bestimmt:

> [...] meine Bantulautlehre ist durchaus sprachgeschichtlich gedacht, weil sie in den heute gesprochenen Sprachen festzustellen sucht, welche Formen die älteren und welche die jüngeren sind, und es ist gegen meine Darstellung etwas Stichhaltiges bisher nicht eingewendet worden. (Meinhof 1936: 9)

Sprache unterliegt hier messbarem Wandel, und dieser geht stets von einer gedachten ursprünglich reinen Form einer Sprache aus.

Ein Prozess, der, in etwa in der Romantik beginnend, über das neunzehnte Jahrhundert hinweg zu einer allmählichen Konzeptualisierung von Sprache als monolithischem, untrennbarem Teil von Nation und kultureller Identität geführt hatte, resultierte unter anderem auch in der Entstehung der Idee von der "Muttersprache", die sich gemeinsam mit anderen, eng verwandten Sprachen aus einer Ursprache entwickelt haben sollte. Zu diesem Nativitätsmodell von Sprache gehört zu Westermanns Zeit auch längst der "Muttersprachler", der als monolingualer Sprecher[1] seiner prinzipiell reinen, unverfälschten Sprache gedacht wurde (Bonfiglio 2010). Eine Konsequenz dieser Idee ist, dass man sich Sprachen als diskrete Entitäten vorstellte, die nicht nur an eine Sprechergemeinschaft, sondern auch fest an einen Ort gebunden waren. Verschriftlichung und Standardisierung, gegebenenfalls im Zusammenhang mit Evangelisierung, waren für viele kolonialzeitliche Afrikanisten Teil ihrer Aufgabe, diesen nunmehr quantifizierbaren und lokalisierbaren Sprachen zu einer Entwicklung und Modernität zu verhelfen, die sie bisher entbehrt hatten (vgl. Stolz & Warnke 2015). Der Anspruch, koloniale Konzepte von Sprache auf afrikanische Sprechergemeinschaften zu übertragen, führte jedoch nicht nur zur Etablierung einer spezialisierten angewandten Linguistik (Irvine 2001), sondern resultierte auch in Darstellungsformen von Sprachen in Afrika, wie sie bis heute gebräuchlich sind. So können tschadische Sprachen im Gongola-Bogen in Nigeria, einer der linguistisch diversifiziertesten Regionen weltweit, wie auf Abbildung 1 dargestellt werden.

Diese Darstellung entspricht nicht gerade der Realität und taugt bestenfalls als Abstraktion. Keine der auf der Karte aufzufindenden Sprachen wird ausschließlich im aufgetragenen Raum gesprochen, sondern ist stets Teil sich aus mehreren Sprachen konstituierenden Repertoires, die von durchweg mehrsprachigen Gemeinschaften der Region gebraucht werden, und keine der Sprachen ist in einem so großen und homogenen Raum überall präsent, sondern eher in einigen Siedlungen irgendwo zwischen den Grenzlinien, die die Flächen einrahmen. Und mehr noch: nichts von dem, was hier abgebildet und gezählt werden soll, existiert überhaupt in dem Sinne, in dem es in westlichen Wissenskonzepten

---

[1] Die maskuline Form wird als kommune Form verwendet, um den Text lesbar zu halten.

verstanden wird. Und das ist der Punkt, an dem sich das Kernproblem kolonialer Sprachbeschreibungen im Hinblick auf Sprachideologien und Sprachpraktiken in Afrika festmachen lässt: Muttersprache und lokalisierte, ethnische Sprache als Gegenmodelle zu dynamischer Mehrsprachigkeit sind Konzepte, die fast vollständig den Reichtum linguistischer Vielfalt und die Kreativität der Sprecher negieren (Lüpke & Storch 2013: 250).

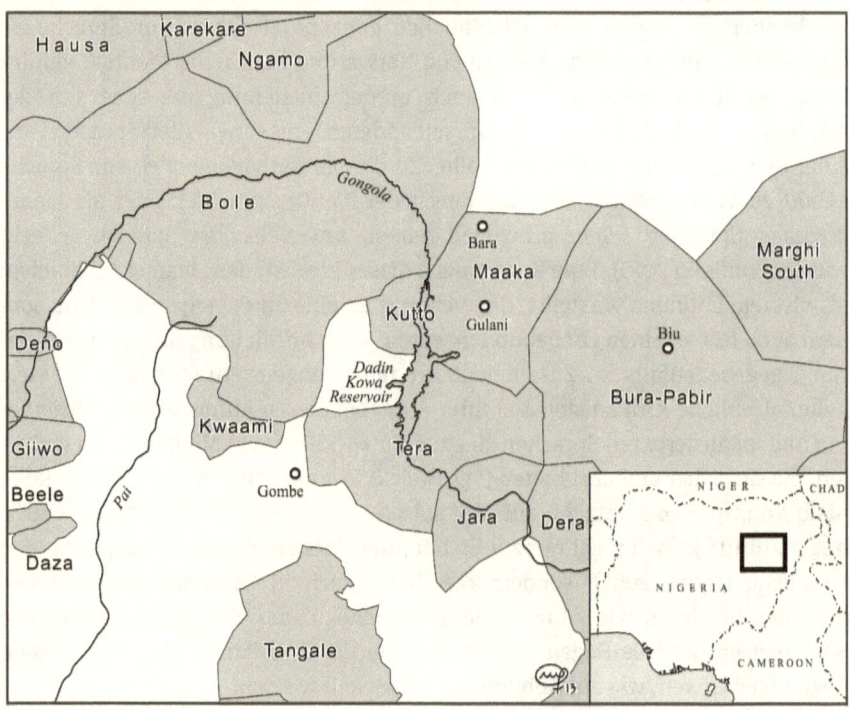

Abb. 1: Tschadische Sprachen im Gongola-Bogen (Harnischfeger et al. 2014: 11).

Eine intensive Beschäftigung nicht nur mit den grammatischen Strukturen dieser Sprachen, sondern gerade auch mit den Kontexten, in denen sie gesprochen werden, den kommunikativen Strategien ihrer Sprecher und den sprachökologischen Gegebenheiten sind die Voraussetzung dafür, die Bedeutung sprachlicher Diversität und Variation besser zu verstehen und adäquat zu betrachten. Im Wesentlichen bedeutet das, dass sich Sprachwissenschaftler vor dem Hintergrund koloniallinguistischer Ansätze stets auch mit der Ethnographie des Sprechens beschäftigen müssen, um wirklich verstehen zu können, welchen

Sitz ein bestimmter Code im Leben von Sprechern hat, wie sich bestimmte grammatische Phänomene aus soziokulturellen Prozessen heraus erklären lassen und welche Gründe Sprecher dazu bewegen, bestimmte Sprachen in ihr Repertoire aufzunehmen oder auch nicht mehr zu gebrauchen. Hier zeigt sich auch, dass Identitätskonstruktionen außerordentlich fluide und flexibel sein können, die eng mit Ideologien, Mimesis und Alterität verknüpft sind, aber nicht notwendigerweise mit dem westlichen Konzept von Muttersprache.

Ethnographie des Sprechens ist eine Teildisziplin der Soziolinguistik und der Kulturanthropologie, die die Gebrauchsweisen von Sprache in einer Gesellschaft untersucht, um so Schlüsse über soziale Normen und Strukturen ziehen zu können. Im Mittelpunkt steht Sprechen als Handeln, das an soziokulturelle Regeln gebunden ist, diese aber auch kreiert und affirmiert. In der Forschung werden dabei Rollen und Hierarchien von Sprechern, die soziale Stratifikation von Sprechergemeinschaften und Regeln und Ritualisierung von Sprechen untersucht. Dies geschieht vorzugsweise durch Methoden wie teilnehmende Beobachtung, Multimedia-Dokumentation und semi- bzw. unstrukturierte Befragungen.

Grundsätzlich liegen nur für wenige der ca. 2.000 Sprachen Afrikas adäquate Korpora und Beschreibungen vor. Die meisten von ihnen sind Minoritätensprachen, die von Gemeinschaften mit wenigen hundert oder wenigen tausend Sprechern gesprochen werden. Dass eine sorgfältige Auseinandersetzung mit dem, was uns ihre Sprecher zu sagen haben, eine lohnende und wichtige Aufgabe ist, zeigt der Linguist Nick Evans (2010), der sich mit dem intellektuellen Vermächtnis kleiner Sprechergemeinschaften befasst und eindrucksvoll beweist, dass die Gebrauchsweisen und Ideologien westlicher Sprecher bis vor kurzem weltweit eher die Ausnahme darstellten und es zahlreiche andere Möglichkeiten gibt, Gemeinschaft und Kommunikation zu organisieren. Nach Evans sind kleine Gemeinschaften meistens mehrsprachig, verwenden oft esoterogene Konzepte (das heißt, sie betonen stark den Unterschied zwischen Codes und grenzen sich sprachlich von anderen ab, indem sie markierte und ungewöhnliche typologische Merkmale konservieren, die von anderen schwer zu erlernen sind) und verfügen über einen hohen Grad metalinguistischen Bewusstseins, was sich in einer besonderen Sensibilität für sprachliche Unterschiede und sprachliche Korrektheit äußern kann. Häufig sind diese Gesellschaften offen für Begegnungen mit kulturell und sprachlich andersartigen Gruppen, etwa indem sie bevorzugt exogam heiraten oder ritualisierte Beziehungen zu anderen Gemeinschaften pflegen. Sie gebrauchen metalinguistische Terminologien und nutzen diese wie auch andere Strategien, um sprachliches Wissen und linguistische Innovationen mit anderen zu teilen.

Die meisten dieser Merkmale treffen auch für die in Abbildung 1 verzeichneten tschadischen Sprachen zu, und sie bilden in ihrer Gesamtheit das ab, was wir gemeinhin mit Sprachideologie bezeichnen.

> **Sprachideologien** sind nach Silverstein (1979: 193) "sets of belief about language articulated by users as a rationalization or justification of perceived language structure and use". Sprachideologien sind somit Konstrukte, die Sprecher nutzen, um sich linguistische Merkmale zu erklären, Innovationen zu verhandeln, sowie sich und anderen Identitäten über sprachliche Praktiken zuzuschreiben. Sie bilden die Basis für Kohärenz innerhalb einer Sprechergemeinschaft und für Normierungstendenzen innerhalb derselben und sind insofern auch eng mit Sprachattitüden verbunden.

In den allermeisten Gesellschaften sind Mehrsprachigkeit und Polylektalität (also das Beherrschen verschiedener Sprachregister, Varianten usw.) Basis und Folge diverser, multipler Sprachideologien. Sprecher können daher nicht nur auf eine einzige Sprachideologie zurückgreifen, wenn sie sprachliches Handeln reflektieren, sondern können sich auf mehrere solcher Konzepte beziehen, die in verschiedenen Kontexten relevant werden, je nachdem in welcher Sprache man sich wo artikuliert. Der Anthropologe Paul Kroskrity hat sich intensiv mit Sprachideologien kleiner, mehrsprachiger Gesellschaften beschäftigt und beschreibt ihre Vielschichtigkeit als etwas, das mit sprachlicher Anpassungsfähigkeit, Kreativität und sozialen Strategien zu tun hat. Hier geht es also darum, dass Sprachen (als Teile kommunikativer Repertoires) als etwas gesehen werden das dabei hilft, soziale Beziehungen zu symbolisieren und dabei stetigen Modifikationen unterworfen wird.

Sprachideologien als Teil metalinguistischer Diskurse sind dabei keine homogenen und fertigen Konzepte, sondern Versuche, kommunikatives Handeln zu erklären, die immer multipel, kontextgebunden und aus den soziokulturellen Erfahrungen der Sprecher heraus konstruiert sind. Eine Definition von Sprachideologie als dynamisches Konstrukt ist dabei ein sinnvoller Ansatz, um zu verstehen, wie sich Gemeinschaften konstituieren können:

> Since social and linguistic variation provide some of the dynamic forces which influence change, it is [...] useful to have an analytical device which captures diversity rather than emphasizing a static, uniformly shared culture. Used in opposition to culture, language ideologies provide an alternative for exploring variation in ideas, ideals, and communicative practices. (Kroskrity 2007: 496)

Sprachideologien sind demzufolge dynamisch, drücken unterschiedliche Interessen von Sprechern aus, existieren innerhalb einer Gemeinschaft als multiple Konzepte, und reflektieren verschiedene Grade von Sprachbewusstsein. Dies kann sich in Ideen sprachlicher Korrektheit, Auffassungen davon, welche Register in welchem Kontext angemessen sind, Gebrauchsweisen von Schrift, Zeichen, Gesten und anderen kommunikativen Formen oder auch in Offenheit gegenüber Lehnwörtern oder der Zurückweisung von Kontaktphänomenen sowie in ästhetischen Konzepten äußern. In ihrer Diversität und Dynamik stehen Sprachideologien, so wie man sie bei Kroskrity betrachten kann, in direktem Gegensatz zu den kolonialen Konzepten, die von statischen und homogenen Ideologien ausgingen.

Ein Hinweis darauf, dass Sprecher in kleinen und mehrsprachigen Gesellschaften eigene Konzepte von Grammatik und sprachlichen Genres besitzen, ist der Gebrauch sprachlicher Terminologien (Irvine & Gal 2000). Hierin manifestieren sich Einstellungen zu Sprachgebrauch und linguistisches Wissen, wobei metalinguistische Terminologien in unterschiedlichen Sprachen stark differieren, wenngleich mehrere dieser Sprachen Bestandteile des Repertoires einer Person sein können.

Im Maaka, einer der tschadischen Sprachen auf der Karte in Abbildung 1, machen Sprecher Gebrauch von Terminologien, die sich auf Genres und Sprachstile beziehen:

(3) ɗòlí   'Geheimsprache'
     kwásákwásá   'Gerede'
     ɓá dîlís   'höfliche Rede' (lit. 'mit Zunge')
     ɓéɓɓé   'Gestottere'
     bànáŋ   'Lied'
     kàràpú   'Sprichwort'
     tùttúrú   'Erzählung'
     màdúwá   'Gebet'

Maaka-Sprecher gebrauchen in vielen Kontexten aber auch Hausa, eine Sprache, in der ein an die arabische Grammatik angelehntes Repertoire linguistischer Begriffe existiert und in die seit der Kolonialzeit auch Termini westlicher Linguistik übersetzt wurden. Das ist jedoch nicht alles, was Hausa-Sprechern an metasprachlichen Ausdrücken zur Verfügung steht. In dieser Sprache gibt es außerdem eine extrem elaborierte Terminologie für Gesten und Gesichtsausdrücke, was damit zusammenhängt, dass von Frauen erwartet wird, dass sie sich in bestimmten Situationen nicht verbal äußern (kúnyá 'Scham, Schüchternheit'). Ein großes Repertoire an Blicken und Gesten steht den Frauen anstelle der verbalen Sprache zur Verfügung über das vielfältige Diskurse (unter Frauen, über Frauen, über Filme über Frauen, über Männer ...) geführt werden. Beispiele für entsprechende Termini sind (Will 2011):

(4) *kállôn kállóo* 'Blick der Blicke' (Verachtung unter Frauen)
    gàatsìnée 'Grimasse' (Ärger, Abneigung)
    zúmbúràr bàakíi 'Schieben des Mundes' (Langeweile, Ungeduld)

Im Hausa gibt es, wie in vielen anderen Sprachen auch, eine gewisse Variation, die mit *gender*-spezifischem Sprachgebrauch zu tun hat. Und Frauen gebrauchen nicht nur gelegentlich andere Lexeme und idiomatische Wendungen (etwa bei Begrüßungen), sondern sie gebrauchen auch verbale Sprache gelegentlich *nicht*. Wenn das Hausa als integratives Kommunikationssystem betrachtet werden soll, muss also nonverbale Sprache (Blicke, Gesten, Zeichen) mitberücksichtigt werden, denn sie ist Teil desjenigen Repertoires, welches Frauen situativ und aktiv nutzen und Männer dechiffrieren. Kommunikative Handlungen beispielsweise, die Frauen in tabuisierten Kontexten einbeziehen (und das sind nicht gerade wenige), können also nicht verstanden werden, ohne Gestik, Mimik und weitere semiotische Praktiken (Kleidung, Haarstil usw.) zu berücksichtigen.

Dass Sprache anders konzeptualisiert werden kann, als dies in westlichen Gesellschaften der Fall ist, zeigt sich aber gerade auch anhand verbaler kommunikativer Strategien und der Gestaltung sprachlicher Repertoires. Die folgenden Abschnitte behandeln einführend wesentliche Aspekte, die Bestandteil einer Ethnographie des Sprechens sein können und aus unterschiedlichen Perspektiven Aufschluss über die möglichen Konzepte und Ideologien von Sprache in Afrika bieten.

3 Mehrsprachigkeit

Wie bereits angedeutet, ist Mehrsprachigkeit in den meisten Teilen Afrikas eher die Regel als die Ausnahme. In der bereits genannten Region Nigerias ist es nicht ungewöhnlich, drei, vier oder fünf Sprachen zu sprechen. Sprecher rekurrieren nicht unbedingt auf eine "Muttersprache", sondern leben in wenigstens zweisprachigen Familien, gebrauchen auf der Straße eine weitere Sprache, die gelegentlich als *first language* (wenngleich nicht im Sinne von Erstsprache) bezeichnet wird, weil sie lokal dominiert, und verwenden in Bildungskontexten und im Beruf eine weitere Sprache (Lüpke & Storch 2013). Bemerkenswert ist dabei nicht nur, dass Mehrsprachigkeit als Kulturtechnik derartig umfangreiche Repertoires bedingt, sondern auch, dass diese Repertoires überaus dynamisch sind. Der südafrikanische Linguist, Literaturwissenschaftler und Bürgerrechtler Neville Alexander berichtet in seiner linguistischen Autobiographie (2011), dass er im Laufe seines Lebens verschiedene Sprachen in sein Repertoire integrierte, zu denen auch Deutsch gehörte, zu dem er schon sehr früh ein persönliches Interesse aufgebaut hatte. Obgleich die Erforschung des frühkindlichen Spracherwerbs sich bislang so gut wie gar nicht auf afrikanische mehrsprachige Gesellschaften bezogen hat, deuten die hier genannten Quellen an, dass viele Kinder hier von Anfang an polyglott sein dürften.

Während der Gebrauch mehrerer Sprachen und die lebenslange Beschäftigung mit ihnen für Neville Alexander auch ein intellektuelles Vergnügen war, ist dies für Angehörige minoritärer Gesellschaften, beispielsweise in Nigeria, vor allem auch ein Teil sozialer Arbeit. Die Dynamik und Flexibilität sprachlicher Repertoires stellt dort (und in vielen weiteren Teilen Afrikas) eine optimale Anpassung an soziopolitische und ökologische Gegebenheiten dar. Der Hintergrund für diesen Sachverhalt ist die Tatsache, dass wir es nicht nur mit kleinen Gemeinschaften zu tun haben, die auf regionale Netzwerke angewiesen sind, sondern dass diese Gemeinschaften auch dazu neigten, kontinuierlich Splittergruppen zu produzieren.

In seinem Gegenentwurf zum Modell der "tribalen Gesellschaften" Afrikas schlägt der Historiker Igor Kopytoff (1987) ein Modell der Ethnogenese kleiner Gruppen in Afrika vor, das *African Frontier*-Modell, das äußerst hilfreich dabei ist, sich solche Prozesse zu erklären. Im Mittelpunkt steht dabei die Beobachtung, dass diese Gesellschaften sich in konstantem Wandel befanden und durch eine Kontinuität von Austausch charakterisierbar sind. Migration stellte dabei eine wesentliche Konfliktlösungsstrategie dar, die gleichzeitig ständig marginale Gemeinschaften hervorbrachte. In den dauernd neu entstehenden marginalen Gesellschaften, die ambige ethnische Identitäten konstruieren, konnten Macht und Sicherheit nur durch die Attraktion von Anhängern gesichert werden, was im Wesentlichen durch die Ansiedlung von *late-comers* geschah. Wenngleich also die Gruppe, die sich als Ortsgründer sah, eine bestimmte Sprache als offiziellen Code postulieren konnte, gab es in diesen fluktuierenden und flexiblen Gesellschaften stets auch die Sprachen der sich später allmählich ansiedelnden Gruppen. Die Ansiedlung von Clans und Kleingruppen blieb jedoch bedingt, denn ein Konflikt konnte jederzeit auch wieder einen Ausschluss und eine Abwanderung bedingen. Sprecher mussten daher in der Lage sein, sich immer wieder an neue mehrsprachige Umgebungen anzupassen – ob sie nun in ihren Dörfern mit immer wieder anderen Gruppen konfrontiert waren oder als Migranten in andere Umgebungen gerieten. Daher gab man die sprachlichen Repertoires, die man mitgebracht hatte, nicht auf und erlernte weitere Sprachen, die man hinzufügte, so gut es ging.

Vor dem Hintergrund dieser Strategien, die bei der Bildung von Gemeinschaften offenbar schon sehr früh eine Rolle gespielt haben, könnte man sich die Region, die in Abbildung 1 dargestellt wurde, auch ganz anders vorstellen. Auf der Karte in Abbildung 2 sehen wir den gleichen Ausschnitt, auf dem nun aber Dörfer und Siedlungen zu sehen sind, mit den jeweiligen Angaben darüber, welche ethnischen Gruppen sie um etwa 1900 bewohnten.

Mehrsprachigkeit ist – anders als das in Debatten über Sprachtod oft suggeriert wird (Duchêne & Heller 2007) – hier nicht Folge von Sprachbedrohung und Obsoletheit, sondern linguistische Praxis, die konstruierte *first-comer*-Identitäten der Subalternen ausdrückt und gleichzeitig die immer neue Bildung von heterogenen Gemeinschaften ermöglicht. Während eine monolinguale Bevölkerung und die Konstruktion einer Nationalsprache die wesentlichen Elemente westlicher, kolonialer Sprachideologien waren, stellte dynamische Mehrsprachigkeit die essenzielle Sprachideologie kleiner, diversifizierter Gesellschaften in vielen Teilen Afrikas dar. Sie war Teil einer Anpassung an rasch wechselnde ökologische und politische Bedingungen, und sie ist auch in heutigen Gesellschaften – etwa in rasch wachsenden Großstädten – eine politische Notwendigkeit.

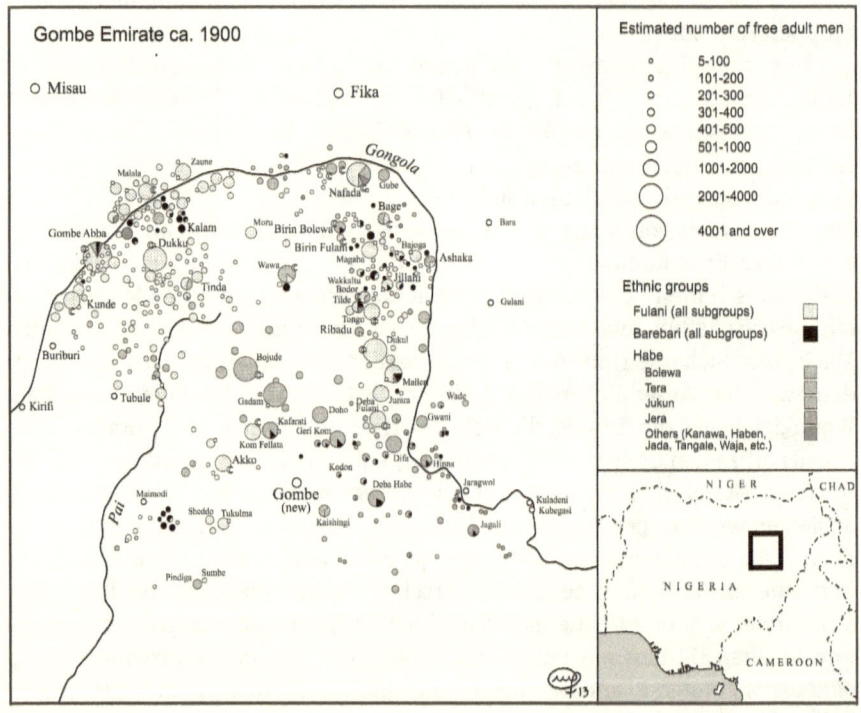

Abb. 2: Das Emirat von Gombe um 1900 (Harnischfeger et al. 2014: 12).

Sprache stellt sich damit als komplexes soziales Phänomen dar, und sie wird anders gedacht als im Westen. Sie wird hier als Wissen konzeptionalisiert, das man besitzt: Grenzen konstituieren sich nicht über Sprach- oder Ortsgrenzen, sondern durch die Rechte der Besitzer und *first-comers*. In diesen multilingualen und multiethnischen Siedlungen werden unsere Ideen von Sprechergemeinschaften somit radikal unterminiert.

4 Sprachliche Register

In jeder Sprache gibt es verschiedene Register, die kontextabhängig gebraucht werden müssen. Sie dienen der sozialen Identifikation und der Abgrenzung und stellen manchmal auch Reste historischen Sprachgebrauchs dar, etwa wenn eine sonst nicht mehr gebräuchliche Sprache als kultisches Register verwendet wird (wie das Koptische in Ägypten, das in der Liturgie dann häufig so gebraucht wird, als handele es sich um Arabisch ausgesprochenes Griechisch; vgl. Moftah 1998). In afrikanischen Gesellschaften verfügen Sprecher oft über Kenntnisse vieler verschiedener Register, und zwar in mehreren der Sprachen, aus denen sich ihr Repertoire zusammensetzt. Solche Register sind beispielsweise:

- Geheimsprachen
- Geistersprachen
- Handwerkersprachen
- Jugendsprachen
- Initiationssprachen
- Respektsprachen
- Königssprache
- Meidungssprache
- Ritualsprachen
- Jägersprachen

Diese Register lassen sich keineswegs in unterschiedliche Klassen einteilen, weil sie semiotisch äußerst vielschichtig sind, also mit verschiedenen Bedeutungen beladen werden. Die Handwerker- und Jägersprachen beispielsweise könnten einfach – wie in Europa – Sonder- und Fachsprachen darstellen, werden aber hier sehr häufig als Meidungssprachen und Formen von Sprachtabuisierung begriffen, weil sie das Transzendente und Spirituelle der Transformation beim Jagen und Schmieden – Verwandlung von Natur in Kultur, von Erde in Eisen, usw. – symbolisieren.

Der Gebrauch von Registern dient jedoch nicht nur der symbolischen Konstruktion sozialer Beziehungen, sondern bildet auch ab, was Sprecher an sprachlichem Wissen und metasprachlicher Reflexion leisten. Die den Registern zugrundeliegenden Manipulationsstrategien sind oft komplex und zeigen, dass es beispielsweise ein sprachspezifisches Verständnis von Silbenstrukturen gibt, dass Sprecher Morphemgrenzen erkennen und manipulativ behandeln, und dass sie aktiv Sprachwandel befördern können. Meistens gibt es präzise Terminologien für verschiedene Register, etwa im nigerianischen Wapan (Storch 2011: 30):

(5) *zà̰ kì jùwɛ̀-à*
    erreichen Schild Körper-POSS:3SG
    'Königssprache'

   shő zo gbáw-ù
    treffen Auge Kraft-POSS:2SG
    'Respektsprache'

   a-nu Wapan
    DEF-Mund Jukun
    'informelle Sprache'

Linguistische Manipulationen, die der Konstruktion solcher Register zugrunde liegen, können sich auf die Phonologie, Morphologie, Syntax, Semantik der Sprache und auf ihren sprachökologischen Kontext beziehen. So werden im Ganoore, einer Geheimsprache des westafrikanischen Fulfulde, Irreführungssilben eingesetzt (Noye 1975: 6), in der Königssprache der Shilluk (Sudan, Hofmayr 1925: 7) semantische Manipulationen vorgenommen, und in der Kultsprache Mam Gabra der Burak (Nigeria, Kleinewillinghöfer 1991: 8) Wörter aus dem benachbarten Hone verwendet:

(6) *laapimiipiiɗo*   'Emir'   <   *laamiiɗo* + Silbe *-pi-*
(7) *pate*   'Ohren'   <   'Löffel'
(8) *zabbau*   'Wasser' <   Hone *zààpèrè*

In Beispiel (8) ist nicht nur ein vorislamisches, heute ungebräuchliches Register dargestellt, sondern es wird dort auch ein Lehnwort aus einer Sprache gebraucht, mit der die Burak-Sprecher seit Generationen keinen Kontakt mehr haben: dem nunmehr im Verschwinden begriffenen Hone. Dies deutet unter anderem darauf hin, dass vor längerer Zeit religiöse Beziehungen zwischen den verschiedenen Sprechergemeinschaften bestanden, und dass Ritualisierung das Wissen um diese Beziehungen erhalten haben mag.

Solche historischen Dimensionen von Registern hatten bereits besonderes Interesse der kolonialzeitlichen Afrikanistik erregt. Wie Sprache mit besonderer Vorsicht behandelt werden muss, welche besondere Aufmerksamkeit ihrer Wirkmächtigkeit geschenkt werden soll und welche Register erlernt oder erworben werden müssen – etwa während einer Initiation –, galt als ein kennzeichnender Teil der Sprachpraxis und Sprachideologie von Sprechern afrikanischer Sprachen. Register, Tabu und die Komplexität soziolinguistischer Konstellationen stellten dabei ein Merkmal der "traditionellen" Kulturen, die diese Sprachen trugen, dar, und waren somit genau da verortet, wo es nach Fabian (1983) die Eingeborenen der kolonialzeitlichen bzw. vor-postmodernen Ethnologie sind, nämlich in unserer eigenen Vergangenheit:

> Die Priester sprechen sie [die Geistersprache], wenn sie vom Geist ergriffen sind. Über die Herkunft der Sprache ist Näheres nicht bekannt; sie wird wenigstens teilweise der Rest einer im übrigen ausgestorbenen Sprache sein: die Sprache der Ahnen, die in den Priester eingegangen sind und aus ihm reden. (Westermann 1940: 7)

Die Praxis der Sprachmanipulation ist dabei ein Aspekt, der in der kolonialzeitlichen Sprachforschung durchaus mit Interesse untersucht wurde, aber die kulturellen Konzeptionalisierungen und lokalen theoretischen Modelle, die dahinter stecken, wurden in der Regel ignoriert. Dies ist zugleich die Domäne, in der Schriftlichkeit (die man durchaus als eine unter mehreren sprachlichen Modalitäten betrachten kann) eine Rolle spielt: Sprachen ohne Schrift wurden gedacht als Sprachen, in denen sich keine eigene, lokale metasprachliche Theorie oder Ideologie entwickeln konnte. Die westliche Linguistik des frühen zwanzigsten Jahrhunderts konzentrierte sich dabei auf die Binarität imaginierter oraler und schriftlicher Kulturen – mit der Konsequenz, wie Battestini (2007) und Tuchscherer (2007) überzeugend darstellen, dass sich der "traditionellen" Kultur die "Schriftzivilisation" und "Hochkultur" gegenüberstellen ließ.

Wenn wir dies auf Kopytoffs Modell der *African Frontier* beziehen, dann stimmt das koloniale Konzept eher nicht mit der Realität überein. Zwar haben wir Hinweise darauf, dass die Transmission von Registern auch paralinguistische Strategien einschließt, von denen einige sehr alt sein dürften (Nooter Roberts et al. 2007: 21), doch sieht es eher so aus, als seien diese Bestandteil derjenigen Strategien, die im Grenzland verbreitet waren, während Sprachen und Register zirkulierten und mit der kontinuierlichen Erschaffung neuer Grenzergesellschaften Teile sich immer wieder wandelnder Repertoires darstellten.

Dass die kolonialzeitliche Sprachforschung in Afrika dennoch relativ viel Aufwand betrieb, manipulierte Sprachen und Register zu beschreiben, erklärt sich jedoch aus einem anderen Zusammenhang. Es ging nicht darum, die Dynamiken von Gemeinschaften und ihren Repertoires zu verstehen, die sowieso den europäischen Konzepten von (kontrollierbarer) Sprache zuwiderliefen, sondern darum, die verfügbaren linguistischen Ressourcen zu nutzen, um die imaginierten Sprechergemeinschaften zu christianisieren und besser in koloniale Hegemonien integrieren zu können. Dazu äußert sich Carl Meinhof wie folgt:

> In edler Sprache soll die Predigt und Übersetzung gehalten sein, aber die edle Sprache soll einfach, natürlich und *keine lingua sacra* sein. Das Heidentum bemüht sich in unverständlicher Orakelsprache von der Gottheit und göttlichen Dinge zu reden. Gerade in Afrika sind die Geheimsprachen bei den kultischen Handlungen weit verbreitet. [...] Die geheimnisvollen Tänzer bei ihren Feiern sprechen mit verstellter Stimme, die Ewepriester sprechen durch die Nase, wenn sie die Gottheit reden lassen. Je unverständlicher die Rede ist, desto mehr erweckt sie den Eindruck des Göttlichen. Im Gegensatz dazu ist das Christentum die Religion der Offenbarung, in der es keine murmelnden Priester, keine Geheimsprache, keine Geheimniskrämerei geben soll [...]. (Meinhof 1905: 52; Hervorhebung im Original)

Das Zitat ist nicht nur ein Zeugnis mehrfacher Exotisierung und der Negierung jedweder Abstraktion und Symbolik der rituellen Sprachpraktiken der Afrikaner, sondern es zeigt auch, dass man lediglich bemüht war, die lokalen Praktiken zu untersuchen, um sich ihrer umso besser entledigen zu können. In ihrer ephemeren Konstitution sind multilinguale und polylektale Repertoires jedoch recht widerstandsfähig und in extrem komplexer Weise mit Bedeutung versehen: sie bilden nicht nur ab, in welchen regionalen Kontexten ein Sprecher sich verortet, sondern zeigen auch, auf welche sich wandelnden sozialen, religiösen und kulturellen Kontexte sprachlich und symbolisch Bezug genommen wird. Hierin zeigt sich die enorme Vielschichtigkeit und Plastizität sprachlicher Ideologien und Praktiken; im nächsten Abschnitt wird gezeigt, welche Strategien es gibt, um in diesem komplexen Kontext kommunikative Eindeutigkeit und Klarheit zu erzielen.

5 Deutlichkeit

Die Zielsprache linguistischer Untersuchungen ist gemeinhin das, was man in etwa mit "lokaler Sprache" umschreiben könnte. Im Sinne Kopytoffs wäre das die Sprache der Ortsgründer oder *first-comers*. Obwohl Gründergruppen solche Codes häufig als exklusives Wissen konzeptualisierten, konnten Fremde sie erlernen, sodass in von Maaka oder Jukun gegründeten Orten davon ausgegangen werden konnte, dass dort eben auch immer Maaka oder Jukun gesprochen wurden. Häufig ermöglichten die Codes der *first-comers*, die in der Öffentlichkeit gesprochen wurden, es allen ansässigen Sprechern, tägliche Kontakte zu pflegen, Handel zu treiben usw., aber genauso häufig beinhaltete das nicht, dass man Kenntnisse von Geheimnissen und verborgenem Wissen erlangen konnte. Sprecher gebrauchten daher Sprachformen, die wir als eine Art von diplomatischem Code bezeichnen können. Maaka erfüllt genau diese Rolle, und viele andere afrikanische Sprachen scheinen ebensolche Funktionen zu haben (Harnischfeger et al. 2014).

Besonders gut lassen sich die Funktionsweisen von solchen "diplomatischen Registern" zeigen, indem man epistemische Sprache und pragmatische Strategien der Explizitheit etwas genauer betrachtet. Westermann schreibt 1905 noch über das Ewe:

> Gerade diese Erscheinung [nämlich die Ideophone] zeigt, wie reiche Mittel sich die Sprache zur Darstellung des sinnlich Wahrnehmbaren geschaffen hat; sie erhält dadurch etwas überaus malerisches und lebhaftes in der Darstellung und hat darin einen unbestreitbaren Vorzug vor den europäischen Sprachen [...]. Allerdings erscheint uns diese ungeheure Fruchtbarkeit oft überreich und wuchernd; handelt es sich darum, Geistiges in der Sprache auszudrücken, so versagen diese Bildungen natürlich bald, und die Dürftigkeit der Ausdrucksmöglichkeit tritt deutlich genug hervor. (Westermann 1905: 16)

Diese Einschätzung sollte sich als trügerisch erweisen (Ameka 2006). Dass sich in vielen afrikanischen Sprachen vielfältige und kreative grammatische Strategien finden lassen, mit denen Wahrnehmung und Wissen präzise ausgedrückt werden können, zeigen eine große Anzahl neuerer Arbeiten (z.B. Aikhenvald & Storch 2013), auf deren Basis sich die semantische Ausdifferenzierung dann auch im kolonialzeitlichen Sprachmaterial nachvollziehen lässt. Dass diese Strategien auch mit der Organisation von Gemeinschaft etwas zu tun haben und damit Teil komplexer ideologischer Systeme sind, soll im Folgenden nochmals am Beispiel des Maaka verdeutlicht werden.

Das Maaka wird vor allem in zwei Dörfern in Nordostnigeria gesprochen, wo es historisch unter anderem die Funktion eines diplomatischen Codes in einer multilingualen Gemeinschaft hatte. Die Sprache wurde mit den Ortsgründern assoziiert, und sie wurde (und wird) daher gebraucht, um Angelegenheiten im nachbarschaftlichen Umfeld zu regeln und um sich über offizielle Entscheidungen zu verständigen. Eine Besonderheit des Maaka ist es, dass Sprecher ein Instrumentarium an grammatischen und pragmatischen Strategien nutzen, um sich möglichst explizit und präzise auszudrücken. Dies ist in den multilingualen und fragilen dörflichen Gemeinschaften, in denen sie leben, von großer Bedeutung, denn interkulturelle Missverständnisse könnten jederzeit dazu führen, dass Konflikte aufbrechen, die in der Abspaltung von Gruppen resultieren. Wie die kulturell erwünschte Explizitheit in der Rede erzielt wird, lässt sich etwa am Gebrauch von Interjektionen erkennen, etwa am Beispiel der häufigsten unter ihnen, *dàcí* 'ok, ja(wohl), gell':

(9) gáy-nì   **dàcí**   ʔà   dáàndè   ndéyà
    Haus-POSS:3SG:M INTERJ dann   Kinder   erreichen:IPFV
    sù-rììnà-n-nì   fátí   bínò   **dàcí**   ʔáá
    3SG:M-eintreten:ITR:VN-LM-POSS:3SG:M Seite   Haus   INTERJ   KOND
    dáàndá   râkkò   ʔà   ndéy-ní-yà   **dàcí**
    Kinder:DEF eintreten:PFV dann   erreichen-O:3SG:M-IPFV INTERJ
    'Dieses Haus, **gell**: da kommen dann die Kinder an und er geht von der
    Seite rein, **gell**, und wenn die Kinder reinkommen, dann treffen sie ihn
    da, **gell**.'

(10) ʔà   kè-mòòktó   ʔàlték   témtù   ʔà   kè-záy
     dann   2SG:M-nehmen:PL:PVF Maiskolben Hanf   dann   2SG:M-hintun
     gè-kó   **dàcí** kè-bárkùtà   kè-bárkùtà   ʔàlóólóóà
     LOK-auf   INTERJ   2SG:M-reiben:PL:IPFV 2SG:M-reiben:PL:IPFV Baumwolle
     ngébbútò   **dàcí** kè-zènà   ʔénndè   kwàm   **dàcí**
     fangen:PFV   INTERJ   2SG:M-darauftun:IPFV Exkrement Kuh   INTERJ
     'Dann nimmst du den Maiskolben und den Hanf legst du drauf, **gell**, und
     reibst und reibst ganz schnell und die Baumwolle fängt Feuer, **gell**, und
     dann tust du Kuhdung dazu, **gell**.'

In Beispiel (9) wird eine Geschichte erzählt, und *dàcí* strukturiert den komplexen Erzählstrang so, dass er in einzelne Handlungen oder Episoden zerlegt wird, denen der Zuhörer ganz genau folgen kann. Dies wird auch in Beispiel (10) erreicht, das aus einem explanativen Text über das Feuermachen auf traditionelle Art stammt. Wie bei der Nummerierung in einer Gebrauchsanweisung wird hier die Erklärung durch die Platzierung der Interjektion in einzelne Schritte gegliedert. Stets stellt der Sprecher sicher, dass jeder einzelne Teil des Ereignisses oder der Handlung für sich geklärt ist, bevor es mit dem Text weitergeht.

Im Maaka müssen Sprecher aber nicht nur die Struktur von Informationen in einer bestimmten Weise organisieren, sondern auch die Herkunft von Wissen explizit machen. Zu diesem Zweck verfügt die Sprache über ein Inventar von Morphemen, die alle denkbaren Formen von Wissen ausdrücken, wie etwa in den folgenden Beispielen (Coly & Storch 2014):

(11) bót-**dìyà**   nàmá   gòm-nà-wó   ʔìyéy
     Ort-CO.VIS   DEM   gut.sein-O:1SG-PFV   INTERJ
     'O ja, dieser Ort [den wir beide sehen] ist gut für mich!'

(12) mò   nàmá   **kóŋ**   kútá   gè-ʔágrik   kálá   ʔálá
     Leute   DEM   EVID.MOD   3PL   LOK-agric   aber   vielleicht

mà	ʔúl-sú	táshà
Leute	bringen-O:3PL	Busbahnhof

'Diese Leute waren am Agricultural Department [und ich weiß, dass es nicht mehr so ist], aber vielleicht wurden sie gefeuert [zum Bus gebracht].'

In Beispiel (11) wird markiert, dass nicht nur der Sprecher, sondern auch der Adressat sehen kann (und damit genau weiß), worum es geht. Im zweiten Beispiel trifft das Gegenteil zu: der Sprecher weiß etwas, wovon der Adressat noch gar keine Ahnung hat, nämlich dass sich ein spezifischer Sachverhalt längst geändert hat. Maaka verfügt über etwa ein Dutzend solcher Marker, die alle Formen von Evidentialität ausdrücken (Coly & Storch 2014).

Evidentialität ist eine in der Regel mit Hilfe grammatischer Mittel realisierte Angabe über die Herkunft einer Information oder die Art von Wissen. Oft wird markiert, ob der Sprecher sich auf Hörensagen, selbst Erlebtes, visuell oder indirekt erfahrene Sachverhalte bezieht (Aikhenvald 2004). In manchen Sprachen beinhaltet dies auch die grammatische Markierung unerwarteter Ereignisse (**Mirativität**).

Offenbar haben Maaka-Sprecher ganz konkrete Gründe, aus denen sie Deutlichkeit bevorzugen und jede Form ambiger Kommunikation vermeiden. In dem Maße, wie sich solche grammatischen Strukturen aus der Kultur der Sprecher heraus erklären lassen, und diese eben auch reflektieren, zeigt sich, welche Bedeutung Sprachideologien – denn um nichts anderes geht es hier – auch für eine adäquate linguistische Analyse besitzen: Sie sind erst dann deskriptiv zu erfassen, wenn lokale Konzepte von Sprachen identifiziert und in die Analyse einbezogen werden können.

Mit dem Blick auf die gut hundertjährige afrikanistische Wissenschaftsgeschichte stellt sich die Frage nach dem, was wir dabei mittlerweile eigentlich über afrikanische Sprachen wissen. Mit Blick auf die koloniale Bibliothek antwortet die Soziolinguistin und Wissenschaftshistorikerin Judith Irvine (2008) damit, dass wir eigentlich immer noch fast nichts wissen dürften: kaum eines der großen Vokabularien, kaum eine der großen Listen und kaum eine der deskriptiven Studien einer afrikanischen Sprache vermag es, in dem Maße Auskunft über die Komplexität sprachlicher Variation und die Vielfalt von Registern in Afrika zu geben, dass wir die Beziehungen zwischen Sprache und Gesellschaft erkennen und analysieren könnten. Das koloniale Wissen über afrikanische Sprachen wurde in Flüchtlingslagern wie Freetown (Koelle 1854), in Gefängnissen in Südafrika gesammelt (Bleek 1869), oder mit *out-of-context-*

Sprechern produziert (Faidherbe 1865), und es spiegelt genau die soziale Verelendung wider, der es entstammt:

> These conditions of linguistic work tended to result in representations of African languages in reduced versions, lacking in social deixis other than pronouns and kinship terms, and simplified in syntax. (Irvine 2008: 331)

Wenngleich es den Afrikanisten der folgenden Generation klargewesen sein muss, dass die Sprachen Afrikas weitaus elaboriertere Codes waren, als dies die meisten der Quellen des 19. Jahrhunderts suggerierten, so war das Konzept der primitiven Sprachen, deren Ungenügen sich auch noch im Überfluss ihrer expressiven Ressourcen manifestierte, als Bestandteil eines Diskurses implementiert, der fortdauert (Cyffer 2011). Wie und ob dieser Diskurs lokale Ideen sprachlicher Inferiorität generierte, ist noch nicht genügend geklärt, aber dass er nicht wirkungslos blieb, zeigt sich nicht zuletzt in der nationalen Sprachpolitik zahlreicher afrikanischer Staaten, die Minoritätensprachen und mehrsprachigen Praktiken wenig Aufmerksamkeit widmet. Aber der Gegensatz zwischen den westlichen Perspektiven auf afrikanische Sprachen und den afrikanischen sprachpraktischen Realitäten hat sich auch in der akademischen Debatte über eine kritische, postkoloniale Perspektive niedergeschlagen. So geht es im *Black Linguistics*-Ansatz (Makoni et al. 2003) u.a. um hegemoniale Konzepte von Repräsentationen afrikanischer Sprachen im akademischen Diskurs, um Autoritäten und Authentizität.

Der Paradigmenwandel in der Afrikanistik dürfte sich jedoch bereits mit dem Beginn der Ethnographie des Sprechens und verstärkt auch der Sprachdokumentation angekündigt haben. Diese Ansätze, beide aus soziolinguistischen Fragestellungen heraus entstanden, führten zu einer kultur- und sozialgeschichtlich informierten linguistischen Erforschung beispielsweise von Höflichkeitskonzepten, Registervariation, linguistischen Tabus und Normierungsstrategien, Mehrsprachigkeit und der Dynamik von Repertoires. Aus diesen Kontexten und Forschungsfeldern heraus wurden seit den 1980er Jahren verstärkt Zugänge zu den vielfältigen Sprachideologien Afrikas entwickelt. Erst mit der Entstehung der Koloniallinguistik als einem neuen Forschungsgebiet bietet sich jedoch die Möglichkeit einer systematischen Aufarbeitung kolonialer und postkolonialer Missverständnisse und problematischer Vorstellungen von afrikanischen Konzepten von Sprache und den damit verbundenen metasprachlichen Instrumentarien.

Daraus ergeben sich neue Fragestellungen nach der Bedeutung von Sprache für Identität und Erinnerung einer Gruppe: wem gehört sie in mehrsprachigen und historisch heterogenen Gesellschaften, und welche Rechte lassen sich daraus ableiten, die Sprecher für sich reklamieren können oder wollen? Wesentliche Impulse kommen hier aus dem interdisziplinären Forschungsansatz der *Critical Heritage Studies*, die sich mit Diskursen von Macht, Authentizät, Erinnerung, Veränderung und Repräsentation im Kulturerbe auseinandersetzen. Während in den aktuellen postkolonialen Kontexten afrikanische Gesellschaften zahlreiche Strategien nutzen können, westliche Sprachideologien und Konzepte von Sprache zu adaptieren und für ihre Zwecke nutzbar zu machen (etwa im Zusammenhang mit Initiativen zur Rettung "bedrohter" Sprachen, die zum einen lukrativ sind, zum anderen politische Ziele bedienen können), sehen wir uns mit immer komplexeren Formen, Sprache zu denken und dabei auf multiple Ideologien zu referieren, konfrontiert. Welche Implikationen das hat, vermag das folgende Zitat der renommierten australischen Spezialistin für *Heritage Studies* und Archäologin Laurajane Smith anzudeuten:

> The discursive construction of heritage is itself part of the cultural and social processes that are heritage. The practice of heritage may be defined as the management and conservation protocols, techniques and procedures that heritage managers [...] undertake. [...] These practices, as well as the meaning of the material 'things' of heritage, are constituted by the discourses that simultaneously reflect these practices while also constructing them. (Smith 2006: 13)

Wenn wir uns bei dem Begriff *heritage* Sprache und Sprachideologien als Teile des immateriellen Erbes mitdenken, und die linguistische Behandlung von Sprache und sprachlichen Handlungen analog zur Behandlung des dinglichen Kulturerbes denken, dann wird durch das Zitat von Smith das ontologische Dilemma klar, in dem wir uns befinden, wenn wir fortfahren, uns auf Sprachen als diskrete Entitäten, jenseits unserer Arbeit an und mit ihnen, zu beziehen. Die kritische Auseinandersetzung mit elitären und autoritären Diskursen und die Einbeziehung der kulturellen Narrative bisher marginalisierter Gruppen ist dabei ein wesentlicher Schritt hin zu einer Lösung des Problems (ACHS 2014). Um zu einem differenzierten und dynamischen Konzept von Sprachen in Afrika zu gelangen, müssen wir uns mit ihren Ideologien befassen, und zwar aus den sich durch die Koloniallinguistik und *Critical Heritage Studies* gleichermaßen eröffnenden Ansätzen heraus. Aus diesem Grund ist die Auseinandersetzung mit kleinen Wörtern in kleinen Sprachen und den Blicken von Frauen ein wesentlicher Teil der afrikanistischen Sprachwissenschaft.

Kommentierte Literaturhinweise

Einen sehr gründlichen und inspirierten Überblick über das Forschungsfeld der Sprachideologie bietet **Kroskrity (2007)**; einen Zugang zum Thema über Respektsprache und Höflichkeitskonzepte findet sich im exzellenten Beitrag von **Irvine (1998)**. Zur Erfindung von *native speaker* und Muttersprache vgl. **Bonfiglio (2010)**, der sich auch mit Ideologien kolonialer Sprachwissenschaft befasst. Zu Mehrsprachigkeit und Repertoires sowie der Problematik westlicher Sprachideologien äußern sich **Lüpke & Storch (2013)**. Die Symbolik von Sprache und die Kreativität von Sprechergemeinschaften in Afrika wird am Beispiel von linguistischer Manipulation und Geheimnis diskutiert in **Storch (2011)**. Ein Klassiker, auf den vielfach Bezug genommen wird, um die Sozialgeschichte afrikanischer Gesellschaften zu erklären, ist **Kopytoff (1987)**. In **Evans (2010)** findet sich eine ebenso fundierte wie engagierte Einführung in die Soziolinguistik minoritärer Sprechergemeinschaften.

Abkürzungen

CO.VIS	co-visuell (Evidential: gemeinsam sehen)	LM	Linker-Morphem
		LOK	Lokativ
DEF	definit	M	maskulin
DEM	Demonstrativ	O	Objekt
EVID.MOD	modifizierte Situation (Evidential)	PFV	Perfektiv
INTERJ	Interjektion	PL	Plural
IPFV	Imperfektiv	POSS	Possessiv
ITR	intransitiv	SG	Singular
KOND	Konditional	VN	Verbalnomen

Danksagung

Für wichtige Anregungen und Hinweise zu diesem Beitrag danke ich Thomas Stolz, Ingo Warnke, Angelika Mietzner, Heinz Felber, Daniel Schmidt-Brücken und Hiltrud Lauer.

Klaus Zimmermann

7 Missionarslinguistik in kolonialen Kontexten. Ein historischer Überblick

Wichtige Konzepte: Missionarslinguistik, Koloniallinguistik, geistige Assimilierung, kolonialzeitliche Sprachforschung, Kolonialdiskurs, Sprachpolitik, Grammatik, Wörterbücher, Übersetzung, Geschichte der Sprachwissenschaft

1 Was ist Missionarslinguistik?

Man nennt **Missionarslinguistik** die grammatische und lexikalische Beschreibung fremder Sprachen im Kontext und zum Ziel der christlichen Missionierung dieser Völker und im Zusammenhang damit das Abfassen von christlichen Schriften (v.a. Katechismen und z.B. in Iberoamerika auch Theaterstücke [*teatro evangelizador*] mit christlichen Themen) in diesen Sprachen durch europäische Missionare. Der Begriff Missionarslinguistik wurde erstmals von dem Sprachwissenschaftshistoriker Hanzeli (1969) verwendet.

Die Missionarslinguistik entstand in der Kolonialzeit und war ein Mittel der Missionierung, die – jedenfalls in jener Zeit – ein Teil und Instrument der Kolonisierung war. Ziel der Sprachbeschreibung durch Missionare war nicht die rein wissenschaftliche Kenntnis der Sprachen, sondern die analytische Erforschung der Sprachen war dem Verwertungsinteresse im Rahmen der Missionierung untergeordnet, d.h. das durch diese Beschäftigung hervorgebrachte Wissen diente der lehrenden Vermittlung der Sprachen an neuankommende Missionare und der Abfassung und Übersetzung von christlichen Schriften in diesen Sprachen für diese. Dieses begrenzte, praktische Verwertungsinteresse hatte selbstverständlich auch Rückwirkungen auf die Art der Herangehensweise und die bearbeiteten sprachlichen Teilbereiche. Im Allgemeinen bezogen sich die Werke aber immer auf eine Sprache, manche Wörterbücher in Mexiko und Peru waren jedoch auch dreisprachig konzipiert.

Allgemeine sprachtheoretische Aussagen und explizite Vergleiche waren deshalb eher selten (eine der Ausnahmen ist der italienische Jesuit Filippo S.

Klaus Zimmermann: Universität Bremen, FB 10: Sprach- und Literaturwissenschaften, Postfach 330440, 28334 Bremen, kzimmermann@uni-bremen.de

Gilij, der Sprachverwandtschaften untersuchte) oder zweitrangig, obwohl auch bei anderen Texten zu spüren ist, dass auch solche Überlegungen getätigt worden waren.

Oft waren Katechismus, Grammatik und Wörterbuch in einem Buch vereint, letztere als "Anhang" zum ersteren. Und die Katechismen waren oftmals zweisprachig in Parallelkolumnen gedruckt (vgl. z.B. Zimmermann 2014), sodass der nicht immer perfekt zweisprachige Missionar, der die Werke seiner sprachforschenden Vorgänger verwendete, in seiner Sprache sehen konnte, was er in der indigenen Sprache vorlas. Es handelte sich insofern um eine in heutigen Begriffen "Angewandte Linguistik" für gleichermaßen Lehrzwecke und Sprachplanung (Zimmermann 2004) und nicht um eine rein erkenntnisgeleitete Ausrichtung. Die kolonialzeitliche Missionarslinguistik stellt also wissenschaftshistorisch eine Epoche der Angewandten Linguistik dar, die (was Europa der frühen Neuzeit betrifft) der nicht-angewandten, historisch-vergleichenden und deskriptiven Linguistik zeitlich vorangeht. Insgesamt war die Sprachbeschreibungslinguistik in Europa bis ins 19. Jahrhundert ohnehin wegen ihres sprachpolitischen und sprachplanerischen Anspruchs (so auch die erste Grammatik einer Volkssprache, die des Spanischen 1492, durch Antonio de Nebrija) eine Form der Angewandten Linguistik. Diese sprachplanerische Ausrichtung wurde auch als *Exonormierung* auf die Beschreibung der indigenen Sprachen übertragen (Cerrón-Palomino 1997). Diese zweifach angewandte Zielrichtung muss bei der wissenschaftshistorischen Bewertung beachtet werden.

Missionierung in den Sprachen der dem Kolonialregime unterworfenen Völker bedeutet unweigerlich die Übertragung der christlichen Glaubensbegriffe in die indigenen Sprachen. Dadurch entstand eine transkulturelle Situation, in der oft eine schwierige Übersetzungsarbeit anfiel, die unerwünschte Glaubens-Amalgamierung zu den autochthonen Religionen zu vermeiden suchte (Zimmermann 2005, Zwartjes et al. 2014) sowie Sprachkontakt (v.a. auf semantischem Gebiet) induziert wurde (Stolberg 2011).

In den spanischen, portugiesischen und französischen Gebieten wurde die Missionarslinguistik in der Kolonialzeit von katholischen Ordens-Missionaren (Franziskaner, Augustiner, Dominikaner, und v.a. Jesuiten) betrieben, in englischen von anglikanischen und methodistischen, aber auch jesuitischen und in deutschen Kolonien von protestantischen und ebenso von katholischen Missionaren (Kapuziner, Herzjesu, Steyler Mission) (vgl. für die pazifischen Kolonien Hezel 2002 und für Nauru Stolberg 2011). Die genaue Anzahl der von Missionarslinguisten in der Kolonialzeit erarbeiteten Grammatiken, Wörterbücher und sonstigen linguistisch relevanten Schriften, v.a. zweisprachige Katechismen und Glaubensdoktrinen, ist bis heute nicht bekannt (Viñaza 1892 zählt für Hispanoamerika 667 Autoren und 1188 Schriften). Ein Teil wurde zu ihrer Zeit nicht gedruckt, sondern liegt nur in Form von Handschriften vor. Manche wurden posthum ediert, manche werden wegen ihres noch gültigen Erkenntniswertes auch heute noch kritisch ediert. Auch die Edition der Quellen muss als eine der Aufgaben der Geschichte der Missionarslinguistik angesehen werden. Einen (allerdings noch immer sehr unvollständigen) Einblick in die Quantität bieten die Bibliographien der Quellen in Viñaza (1892), Zimmermann (2004), Koerner (2004) und Zwartjes (2012), Errington (2008), vor allem zu den deutschen Quellen beginnt erst seit kurzem die Aufarbeitung.

Eine gesamttheoretische Sicht der kolonialen Missionarslinguistik in all den genannten Kolonialgebieten ist nicht leicht, da die Bedingungen vor Ort, die Zeit, die ideologisch-religiösen Hintergründe der Missionarsgruppen, die leitenden Anschauungen bezüglich Sprache und die Kolonialpolitik der Kolonialmetropole andere waren (vgl. einen groben Vergleich der Kolonialstrukturen hinsichtlich Sprache für die spanische und die deutsche Kolonialwelt in Zimmermann 2015). Deshalb sind verallgemeinernde Aussagen heute noch oft voreilig; stattdessen müssen die vielfältigen konkreten Fälle erst detailliert untersucht werden.

Heutzutage gibt es (nichtkoloniale oder in mancher Hinsicht neokoloniale) Missionarslinguistik immer noch durch sowohl katholische Missionare als auch insbesondere evangelikale Denominationen, meist US-amerikanischer Herkunft. Letztere betreiben im Rahmen des *Summer Institute of Linguistics* eine intensive Missionarslinguistik (Errington 2008: 153–162). Hier werden ebenso Grammatiken und Wörterbücher erarbeitet, darüber hinaus steht das Ziel der Bibelübersetzung im Vordergrund (*Wycliff Bible Translators*). Das berühmte, wegen seiner Konzeption oft auch kritisierte Sprachenverzeichnis *Ethnologue* wurde in diesem missionarslinguistischen Forschungsverbund erarbeitet. Zu sozialpsychologischen und forschungspraktischen Aspekten der evangelikalen Missionarslinguistik hat Daniel Everett (2013) einen instruktiven Bericht aus eigener Erfahrung geliefert.

Abgekürzt spricht man auch von Missionarslinguistik, wenn man die heutige Beschäftigung mit der Missionarslinguistik in früherer Zeit im Rahmen der Sprachwissenschaftsgeschichte und Sprachgeschichte, d.h. wenn man die Forschung über Missionarslinguistik meint. Gegenstand sprachwissenschaftsgeschichtlicher Forschung war die Missionarslinguistik immer wieder. Einen regelrechten Boom erfuhr sie seit Beginn der 90er Jahre des 20. Jahrhunderts, als man im Zuge des Gedenkens an die (aus europäischer Sicht oft als *Entdeckung*) bezeichnete Eroberung und nachfolgende Kolonisierung Amerikas auf diesen Aspekt erneut aufmerksam wurde.[1] Dies geschah auch, weil im spanischen Kolonialreich meistens die lateinische Grammatik *Institutiones Latinae* (1481) und das zweisprachige Wörterbuch Spanisch-Latein (1492a und 1495) des Antonio de Nebrija und im portugiesischen Raum die lateinische Grammatik (1572) des Jesuiten Manuel Álvares (kritische Edition von Ponce de León Romeo 2004) als Modell für die Beschreibung (oft durch offizielle Anordnung) der indigenen Sprachen verwendet wurde bzw. dass dies sogar zentral so bestimmt wurde. Die Forschung über Missionarslinguistik lässt sich zwei Bereichen zuordnen.

a) In den Bereich der Geschichte der Eroberung und kolonialen Herrschaft. Die Herrschaft über die religiösen Vorstellungen mittels christlicher Missionierung ist ein nicht zu unterschätzender Anteil an der Kolonisierung, die ohne das Instrument der Linguistik nicht möglich gewesen wäre. Nicht zu vergessen ist hier aber auch, welchen Beitrag die Missionarslinguistik dabei zum Überleben der indigenen Sprachen leistete. Ohne dies ausdrücklich zu wollen, hat die der Missionarslinguistik zugrundeliegende Auffassung, dass die Missionierung aus *theolinguistischen* (theologischen und kommunikationstheoretischen) Gründen in der Sprache der zu Missionierenden stattfinden muss, und somit die Missionierung in den indigenen Sprachen durchgeführt wurde, zwar nicht zu einer Stärkung der indigenen Sprachen beigetragen, aber doch die durch die kolonialen Machtverhältnisse provozierte Sprachverdrängung retardiert; im Falle des Quechua, der Sprache großer Teile der andinen Bevölkerung, hat sie sogar zu ihrer Verbreitung beigetragen. Demgegenüber sprach sich die weltliche koloniale Administration meist dafür aus, die Kolonisierten in der Sprache der Kolonialisten zu missionieren und sogar, die einheimischen Sprachen auszurotten (*extinguir*) (vgl. die *Cédula Real* des spanischen Königs Carlos III von 1770, in der auch gleichzeitig die Ausweisung der Jesuiten aus Amerika verfügt wurde). Eine Ausnahme bildete Brasilien, wo das von den Missionaren als *língua geral* umgeformte Tupí sogar in großem Maße von den Kolonisten als Umgangssprache bis 1758 verwendet wurde, bevor auch dort eine vom Marqués de Pombal eingeleitete, die Indianersprachen zurückdrängende Politik eingeleitet wurde. In diesem Sinne halte ich es für notwendig, die Beschreibung der Missionarslinguistik als eine Richtung der Linguistik in ihrem politischen, d.h. eroberungsbedingten und die Kolonialherrschaft sichernden

---

[1] Ideengebend war hier das Buch von Suárez Roca (1992).

Kontext und als Teil dieser, nämlich als *geistige Eroberung* und kulturelle Assimilierung zu konzipieren.

b) In den Bereich der Geschichte der Sprachwissenschaft, d.h. welche Leistungen in empirischer, theoretischer und methodologischer Hinsicht die Missionarslinguistik für die Kenntnis der Struktur der Sprachen und damit für die Kenntnis der Sprachendiversität und insgesamt für die Linguistik leistete. Die Forschung über Missionarslinguistik gehört in diesem Sinne somit auch zur Geistes- und Wissenschaftsgeschichte, insoweit sie die "Erkenntnisse" in den Bereichen ihrer Wissenschaftsdomäne, die sie hervorbrachte, eruiert, aber auch aufzeigt, welche (kolonial-)ideologischen Prämissen in sie einflossen, die ihrerseits die linguistischen Kategorien und Theorien der Sprachwissenschaft prägten (oder bei entsprechender Rezeption hätten prägen können.

Die Geschichte der Missionarslinguistik aufzuarbeiten impliziert übrigens nicht, sich mit den missionarischen Zielen zu identifizieren. Es geht vielmehr darum, ihre linguistischen Leistungen (und Fehler), ihre Ziele und Methoden herauszuarbeiten und sie historisch vor dem jeweils maßgeblichen sprachwissenschaftlichen Theorie-Hintergrund und den kolonialpolitischen Rahmenbedingungen kritisch zu erklären.

Methodisch sollte die Missionarslinguistik auf Grund dieser Zuordnungen als *Kritische Diskursanalyse* (eventuell in der Nachfolge der Programmatik von Michel Foucault (1971), sei es in der Form, wie sie von Fairclough (2010) oder Jäger (2009) fortgeführt worden sind), betrieben werden. Diese Ausrichtung findet man z.B. bei Zimmermann (2005) und Errington (2008). Wobei der Begriff Kritik nicht im heutigen populären Sinne als 'negativ beurteilen' zu verstehen ist, sondern als die historisch sensitive Analyse dessen, was damals unter den gegebenen historischen Umständen als linguistische Aktivität *konstruiert* worden ist. Das beinhaltet einerseits die Eruierung der wissenschaftlichen Erkenntnissubstanz der Beschreibungen hinter den bisweilen aus heutiger Sicht unbeholfen erscheinenden Formulierungen, die Erklärung der Ursachen der (aus heutiger Sicht) *Fehler* und Mängel sowie die Analyse der eventuell vorhandenen kolonialideologischen, euro- und religiozentrischen Vorstellungen und Herrschaftsziele in den Darlegungen.

Zwar wurden die Ergebnisse der spanisch-portugiesischen Missionarslinguistik im Europa der Kolonialzeit – außer in den mit der Mission befassten Institutionen – nicht rezipiert, aber die von Missionaren (und anderen Kolonialisten) geprägten ideologischen Konstruktionen der "exotischen" Sprachen haben auf das Bild dieser Sprachen (Primitivität, mangelnde Expressivität, mangelnde

Komplexität) in Europa einen wichtigen Einfluss ausgeübt (das aber noch einer differenzierten Analyse bedarf) (vgl. Errington 2008: 126–129, Engelberg 2013). Es gab aber durchaus auch Auffassungen mancher Missionarslinguisten, die die Würde der indigenen Sprachen hervorhoben. Es muss auch klargestellt werden, dass die Entscheidung, die Missionierung in den indigenen Sprachen durchzuführen, die Auffassung beinhaltet, diese seien dazu geeignet und damit dem Zweck des Ausdrucks der christlichen Lehre adäquat und würdig. Sehr viele Missionarslinguisten setzten sogar die von ihnen analysierten Sprachen in ihrer Struktur und Ausdrucksfähigkeit der damals zentralen Kultur- und Religionssprache Latein gleich. Solche Auffassungen wurden allerdings oft marginalisiert und die Meinungen der diffamatorisch sich äußernden Kollegen im kolonialen Diskurs erhielten ein größeres Echo. Wegen der Nichtrezeption in den intellektuellen sprachinteressierten Kreisen in Europa hatten die missionarslinguistischen Erkenntnisse keinen Einfluss auf die Theoriediskussion über Sprache, Grammatik und Lexik genommen. Erst am Ende des 18. und zu Beginn des 19. Jahrhunderts wurden die Ergebnisse der Missionarslinguistik von den Pionieren der Sprachvergleichsforschung, dem Spanier Lorenzo Hervás y Panduro (1800–1804) und dem Deutschen Wilhelm von Humboldt (vgl. die 1963 erschienene Sammelschrift zur Sprachphilosophie und die seit 1994 im Schöningh-Verlag erschienene Reihe der posthum veröffentlichten Grammatiken und Wörterbücher) rezipiert und systematisch verarbeitet.[2] Anders war dies dann schon bei den deutschen Missionarslinguisten im 19. Jahrhundert; deren Beschreibungen wurden sehr wohl von der afrikanistischen professionellen akademischen Sprachwissenschaft aufgenommen, vor allem von Carl Meinhof (vgl. Errington 2008: 87–88, Hackmack 2015).

Sprachgeschichte und Sprachwissenschaftsgeschichte sollten eigentlich analytisch getrennt werden. Aber im Fall der Missionarslinguistik waren beide Bereiche real miteinander verbunden: Die Missionare betreiben Sprachpolitik, sie waren ein Teil der kolonialen Sprachpolitik, und ihre sprachwissenschaftliche Arbeit hat Einfluss auf die Sprachen (Sprachnormierung) und das Überleben der Sprachen genommen. Auch wenn es bisweilen nicht leicht ist, die beiden Bereiche zu trennen, sollte dem Forscher immer klar sein, in welchem Bereich er seine Analyseziele situiert.

---

[2] Andere Forscher wie Lord Monboddo in Schottland und Christoph Gottlieb Murr in Deutschland rezipierten ebenfalls einzelne Schriften, dies blieb aber doch eher marginal.

2 Historischer und linguistischer Kontext der kolonialen Missionarslinguistik

Unter dem Begriff Kolonialzeit ist hier die spanische und portugiesische, die französische und englische sowie niederländische, dänische, belgische, russische, (eigentlich auch osmanische) und kurze deutsche Kolonialzeit zu verstehen. Damit ist im spanisch-portugiesischen Amerika ein Zeitraum von 1492 bis 1820 zu verstehen; zwar dauerte die spanische Kolonialzeit in Kuba und Puerto Rico bis 1898, aber dort gab es durch die frühe Ausrottung der Indianer keine Missionarslinguistik. Auf den Philippinen und austronesischen Inseln dauerte die spanische Kolonialherrschaft ebenfalls noch bis zum Ende des 19. Jahrhunderts an und es gab dort in diesem Jahrhundert vielfältige katholische missionarslinguistische Aktivitäten. Im 19. Jahrhundert begann in Afrika eine Missionarslinguistik, die auch von protestantischen Kirchen und deren Missionsinstitutionen getragen wurde, z.B. von Deutschland aus der Wuppertaler Mission. In Japan, Indien und Brasilien gab es katholische portugiesische Missionare, in geringem Maße auch in Afrika. In den englischen Kolonialgebieten in Afrika gab es anglikanische und methodistische, in Indien auch jesuitische Missionarslinguistik, z.B. zum Konkani.

Man muss sich immer vor Augen halten, dass die koloniale Missionierung in den verschiedensten Gebieten politisch unterschiedlich eingebettet war. In den meisten Fällen war sie Folge der militärischen Eroberung und des ökonomischen Antriebs (Arbeitskräfteausbeutung, Gold- und Silberabbau, Plantagenwirtschaft mit Sklavenhaltung, Zwangsarbeit, Gewürzhandel etc.). Die militärische Unterwerfung wurde fortgesetzt vom kolonialen Regime und dieses wurde unterstützt durch die gleichzeitig stattfindende religiöse Indoktrination. Diese war ein wichtiger Bestandteil des Kolonialregimes, da durch die Christianisierung ein wesentlicher Aspekt der kulturellen Assimilation an die europäisch geprägte koloniale Lebenswelt geleistet wurde. Man kann somit sagen, dass die Missionierung die geistige Eroberung *(Conquête spirituelle)* darstellt, wie der französische Amerikanist Robert Ricard (1933) in Anlehnung an das Selbstverständnis der frühen Missionare in Amerika feststellte. Auch da, wo die Missionsarbeit wie in Afrika anfänglich nicht mit einer kooperativen Kolonialpolitik einherging, wie bei manchen deutschen Missionaren, die ihre Arbeit vor der Landnahme aufnahmen, bleibt der geistige Kolonialismus der Mission, auch wenn dies subjektiv im guten Willen zur Seelenrettung der Eingeborenen betrieben wurde, eine Facette des Kolonialismus.

Welche Sprachen haben die Missionarslinguisten beschrieben? Es können hier nicht alle Sprachen aufgezählt werden, sie würden den Rahmen dieses einführenden Kapitels sprengen. Den größten Anteil haben sicherlich die Sprachen, die im spanischen und portugiesischen Kolonialraum gesprochen wurden oder werden. Einige sind bedauerlicherweise inzwischen ausgestorben.

Hier sei eine Auswahl von Indianischen Sprachen auf dem amerikanischem Kontinent genannt, die Objekt von Beschreibungen geworden sind: Im spanisch-portugiesischen Kolonialraum: Aztekisch (Náhuatl, Mexica), Zapotekisch, Otomí, Taraskisch, Cora, Huastekisch, verschiedene Mayasprachen wie Tojolabal, Tzeltal, yukatekisches Maya (im heutigen Mexiko) und Quiché, Caqchikel (im heutigen Guatemala). Quechua, Aymara, Puquina und Jebero im Andenraum (im heutigen Perú/Bolivien, Ecuador). Guaraní (im heutigen Paraguay). Chibcha (oder Muisca) (im heutigen Kolumbien). Tupí (im heutigen Brasilien). Araukanisch (= Mapudungun) (im heutigen Chile). Im französischen Kolonialraum: Nez Percé, Wyandot, Illinois, Abnaquis und Huronisch.

Sprachen in Asien: Tagalog, Ilocano, Pangasinán (Philippinen); Konkani, Sanskrit und Hindustani (Indien); Tamil (Ceylon), sowie Japanisch und verschiedene chinesische Varietäten; im austronesischen Raum auch das Chamorro (Guam und Saipan).

Sprachen in Afrika fanden bis ins 19. Jahrhundert wenig Interesse, da die Afrikaner nicht christianisiert wurden. Erst kürzlich wurden Beschreibungen afrikanischer Sprachen (in der brasilianischen Diaspora) gefunden und ediert (Castro 2002, 2005). Erst im 19. Jahrhundert wurden auch afrikanische Sprachen Objekte des Interesses bei den protestantischen Missionaren, missionarslinguistische Forschungen gab es zum Bambara, Swahili, Herero, Bubi, Kruman, Xhosa u.a.

Der erste überlieferte missionarslinguistische Text (Manuskript) entstand in Mexiko und ist auf den 1. Januar 1547 datiert: der *Arte de la lengua mexicana* (= Náhuatl, Aztekisch) von Fray Andrés de Olmos (wobei der Begriff *Arte* in etwa mit Grammatik gleichzusetzen ist).

3 Grund für die Genese der Missionarslinguistik

Der Grund für die Missionarslinguistik ist, wie bereits gesagt, das theologisch-linguistische Axiom (eines Teils) der kirchlichen Missionspolitik, dass die Missionierung und die Seelsorge der Missionierten in den Sprachen der Missionierten stattfinden muss. Die christlichen Glaubenswahrheiten müssen den (Neu-)Gläubigen verständlich sein und die Beichte setzt als Kommunikationsereignis Verständigung auf der Basis einer gemeinsamen Sprache von Beichtvater und den

Beichtenden voraus. Dies hätte auch durch die Lehre der Sprache der Kolonialherren an die indigene Bevölkerung geschehen können, wie es auch nennenswerte Fraktionen in der Kirche befürworteten. Beide Lösungswege wurden zunächst auch ausprobiert. Dann allerdings wurde auf den Konzilen von Trient 1545 und Lima 1558 von katholisch-kirchlicher Seite definitiv entschieden, dass die Missionierung in den spanischen und portugiesischen Kolonialgebieten in der Sprache der zu Missionierenden, den indigenen Sprachen also, durchzuführen sei.

Durchgesetzt hat sich damit die Fraktion, die die Auffassung vertrat, dass die Missionare und Priester in den indigenen Gebieten sich der indigenen Sprachen bedienen sollten und das hieß, die indigenen Sprachen zu erlernen. Rein quantitativ, aber auch qualitativ war das sicher auch einfacher. Diese Auffassung wiederum war der direkte Grund dafür, dass zur Lehre der indigenen Sprachen für die Missionare diese Sprachen erst einmal erforscht werden mussten, damit sie gelehrt werden und die entsprechenden Werkzeuge, wie Katechismen, in den indigenen Sprachen verfasst werden konnten. In der ersten Zeit wurden auch – um ein häufiges Vorurteil erst gar nicht aufkommen zu lassen – keine Bibelübersetzungen in den katholisch missionierten Gebieten unternommen. Das geschah erst viel später und war im Gegensatz dazu in den protestantischen Missionsgesellschaften sogar ein sehr wichtiger Bestandteil der Missionierung.

Die völlig neuartige Situation stellte die Missionare vor die Frage: Wie erforsche ich eine Sprache, die ich als Forscher selbst (noch) nicht (sprechen) kann. Sie haben dazu ein gewieftes Forschungsdesign entworfen und Institutionen geschaffen, in denen Missionarslinguisten und indigene Mitarbeiter zusammenarbeiteten (z.B. das *Colegio de Tlatelolco* in Mexiko-Stadt und die Grammatikschule von Julí in Peru). Die Sprachbeschreibungen wurden über die Jahrhunderte auch von nachkommenden Autoren verbessert und man konnte auf die Strukturbeschreibungen der älteren Autoren zurückgreifen. In Mexiko und Peru wurden an den Universitäten "Lehrstühle" für die einzelnen Indianersprachen schon im 16. Jahrhundert gegründet. Für die Übersetzungstätigkeiten konnte man im spanischen Raum auf die lange Erfahrung mit der mittelalterlichen Übersetzerschule von Toledo zurückgreifen, in der arabische Texte ins Spanische übersetzt worden waren.

Das Ziel war also durchaus die Befähigung der Missionare zur Kommunikation in den indigenen Sprachen. Die damalige Sprachdidaktik war jedoch noch weitgehend grammatik- und wörterbuchorientiert und man konnte davon ausgehen, dass die Missionare etwas von Grammatik verstanden, weshalb als Sprachlehrwerkzeuge keine kommunikativ orientierten Sprachlehrwerke im modernen Sinne, sondern nur Grammatiken und Wörterbücher erarbeitet wurden.[3]

Im Zuge des Ziels, (zweisprachige, manchmal sogar dreisprachige, sowohl unidirektionale als auch bidirektionale) Wörterbücher zu erarbeiten, kam es aus der Einsicht der tiefen Divergenz der Kultur und Weltkonzepte der indigenen Völker und der Europäer zum lexikographischen Schritt einer ausführlichen enzyklopädischen Beschreibung der Dinge und kulturell geprägten Vorstellungen (das erste beispielgebende bidirektionale Wörterbuch war das von Molina 1571). Hier gingen dann Missionarslinguistik und (Missionars-)Ethnographie ineinander über.[4] Das herausragende Beispiel hierfür ist die umfassende Beschreibung der aztekischen Welt durch Bernardino de Sahagún im *Codex florentinus* (der, obwohl dessen spanische Übersetzung durch den Autor selbst von der Kolonialverwaltung in Auftrag gegeben wurde, allerdings von der Inquisition nicht zur Veröffentlichung freigegeben und erst Jahrhunderte später gedruckt wurde). Auch eine Rekonstruktion prähispanischer aztekischer Textgattungen (*huehuetlahtolli*) und ihre Dokumentation als Modell für Predigten wurde in diesem Zusammenhang unternommen, die erkennen lässt, dass textuelle und stilistische Aspekte, nicht nur grammatische, von diesem Autor als wichtig erkannt wurden.

Warum gab es keine Missionarslinguistik im Gefolge der Christianisierung der europäischen Völker im imperialen römischen Reich und danach? Die Situation in Europa war eine völlig andere (vgl. Ostler 2004: 35–37). Das Christentum im römischen Reich war zunächst eine subversive Glaubensgemeinschaft, die sich in Opposition zur römischen Religion ausbreitete. Es war deshalb auch keine Kolonialreligion; erst ab Mitte des 4. Jahrhunderts wurde es sogar die staatlich verordnete Religion. Die Missionierung erfolgte auch nicht mittels strategisch sprachausgebildeter Missionare. Franken und Westgoten haben die christliche Religion nicht durch Oktroi, sondern freiwillig angenommen. Ob hier linguistisch relevante Prozesse abliefen, darüber haben wir entweder keine Zeugnisse oder, wie im Falle der Übersetzung der Bibel ins Gotische durch Wulfila, haben wir es mit einer endolinguistischen Aktivität zu tun, einer Übersetzung durch Muttersprachler des Gotischen. Die sprachliche Nähe des Fränki-

---

3 Eine Ausnahme ist zu kommentieren: Es gab in Mexiko seit Beginn des 17. Jahrhunderts einen Sprachführer (von Pedro de Arenas), der fertige Sprachversatzstücke zur Kommunikation in bilingualer Form für Handelszwecke und nur für wenig missionarsrelevante Themen offerierte. Offenbar war der Autor aber nicht Missionar.
4 In der poststrukturalistischen Lexikographie (Eco 1972) wird die Notwendigkeit des Einbezugs des Sachwissens wieder verstärkt theoretisch gefordert.

schen zum Sächsischen mag eine explizite linguistische Vorbereitung der Missionare bei der Zwangschristianisierung der letzteren durch erstere nicht erfordert haben. Auch die Ausbreitung anderer Religionen wie des Islam und des Buddhismus haben eine Übersetzungs-, aber keine exogrammatisierende Tätigkeit hervorgebracht (Ostler 2004: 34–38).

4 Das Verhältnis von Missionarslinguistik und Kolonialismus

Papst Alexander VI erteilte Spanien und Portugal in der Bulle "inter ceterae" von 1493 die Lizenz zum Unterwerfen der eroberten Völker in Übersee, zur Aneignung und Ausbeutung von deren Ländern und zur wirtschaftlichen Indienstnahme der 'entdeckten' Völker (mehr oder weniger als Zwangsarbeiter oder Sklaven) unter der Bedingung, dass diese Völker christlich missioniert werden. Missionierung und im Gefolge davon die Missionarslinguistik wurden somit die moralische Rechtfertigung dieser Kolonialpolitik. Die ersten 'Bekehrungen' durch die Missionare fanden im spanischen, portugiesischen und französischen Kolonialreich im Anschluss an die militärischen Siege und im Beisein der Truppen statt (zu den kommunikativen Strategien vgl. Martinell Gifre 1988). Was zunächst als eine biblisch motivierte Bedingung aussah ("Darum gehet hin und lehret alle Völker und taufet sie im Namen des Vaters und des Sohnes und des heiligen Geistes", Matthäus 28:19), erweist sich im Laufe der Kolonialherrschaft aber de facto als Bestandteil der Kolonialpolitik, in der zwei Institutionen Hand in Hand arbeiteten und zwei Aspekte der Kolonisierung, die politisch-administrative und die geistig-geistliche leisteten, wobei die geistige Assimilierung im Bereich der Religion eine wesentliche Rolle bei der kulturellen Assimilierung als kolonialer Strategie spielte. Beiden, der kolonialen Beherrschung und der Missionierung, sind auch der Superioritätsanspruch der eigenen Kultur bzw. Religion (hier sogar allein selig machend) und die Anmaßung, anderen diese (mal mehr mit Waffen und Unterdrückung, mal mehr mit Worten) aufzudrängen, gemeinsam.

Missionierung und Missionarslinguistik waren in dieser Zeit grundsätzlich synergetisch zur militärisch-administrativen Beherrschung, auch wenn es teilweise zu Meinungsverschiedenheiten in manchen Fragen kommt. Es gab zwar nicht immer eine gleiche Ausrichtung, aber meist ein Zusammenwirken von Mission, Kirche und Staat. Vor allem in den spanischen Kolonialgebieten wurden sprachpolitische Dekrete der Krone durch Missionare und Bischöfe angeregt. Dennoch traten z.B. zwischen den katholischen Ordensmissionaren in Lateinamerika einerseits und der weltlichen Administration (und dem Indienrat und König in Spanien) und dem weltliche Klerus vor Ort andererseits unterschiedliche Interessen und Auffassungen auf, die in sich gegenseitig widersprechenden Dekreten des Gebrauchs der indigenen Sprachen gegenüber dem Spanischen zutage traten. Die königlichen Dekrete zur Sprachpolitik sind 300 Jahre lang, wie gesagt, wechselhaft. Manche ordneten den Gebrauch indigener Sprachen im religiösen Bereich und die vorherige Sprachausbildung der Missionare an und andere sprachen sich für den Gebrauch des Spanischen aus. Die letzte der vielen der Sprachenfrage gewidmeten *Cédulas Reales,* die von 1770, verbietet den Gebrauch der indigenen Sprachen und ordnet sogar explizit deren Auslöschung an; sie wird jedoch von vielen Missionaren vor Ort, vor allem dann nach der Unabhängigkeit, nicht beachtet (jedenfalls zeugen Veröffentlichungen von Katechismen in indigenen Sprachen nach diesem Dekret von deren Nichtbeachtung). Konflikte gab es trotz grundsätzlichen Einvernehmens der weltlichkolonialen mit den missionarischen Zielen auch in den deutschen Kolonialgebieten (vgl. Orosz 2008, Stolz 2011).

Es gab zwar schon im Mexiko des 17. Jahrhunderts einen Sprachführer des Náhuatl, der nicht von einem Missionar verfasst worden war. Aber in den spanischen und portugiesischen Kolonien überwogen die im missionarischen Kontext entstandenen Sprachbeschreibungen bei weitem andere, sodass man sagen kann, dass in diesem kolonialen Komplex die Missionarslinguistik fast gänzlich die kolonialzeitliche Sprachforschung ausmacht. In den deutschen Kolonialgebieten kamen dann verstärkt auch nicht-missionarische Sprachstudien hinzu. Wir wissen heute, dass Missionarslinguistik und nicht-missionarische kolonialzeitliche Sprachforschung funktional ineinander greifen. In der Kolonialzeit bis ins 18. Jahrhundert sollten die Produkte, die von Missionarsautoren stammen und zum Zwecke der Missionierung erarbeitet wurden, von denen, die aus weltlicher Hand stammen, unterschieden werden. Erst ab dem 19. Jahrhundert in Afrika und Asien werden dann nicht-missionarische Forschungen gleichbedeutend relevant, und man kann unter dem Gesichtspunkt der kolonialen Einbettung zu Recht Missionarslinguistik als Teil der umfassenderen Koloniallinguistik konzipieren (Stolz & Warnke 2015).

Da militärische Unterwerfung und koloniale Bestrebungen nicht immer gelingen und die Form des Kolonialismus sich in den verschiedenen Gebieten auch wegen unterschiedlicher Kolonialideologien unterschiedlich entwickelten, kam es auch zu missionarslinguistischen Aktivitäten ohne direkte Kolonisierung, das ist ganz klar in Japan der Fall, das ja von Portugal nicht erobert wurde und von wo die Missionare wieder vertrieben wurden. Teilweise ist das auch in

China so gewesen. Im französischen Nordamerika ergab sich ebenfalls eine andere Situation (Koerner 2004) und deutsche Missionare waren in Afrika teilweise vor der Übertragung der Territorien als 'Schutzgebiete' aktiv (dies war z.B. der Fall der Vereinten Evangelischen Mission aus Wuppertal im Gebiet des heutigen Namibia, vgl. Strommer 2015 und Castelli 2015).

5 Exogrammatisierung, Exolexikographisierung und Exonormierung. Der interkulturelle Blick auf fremde Sprachen

Die Sprachbeschreibungen der Missionare waren sprachanalytisch durchaus (mit Niveauunterschieden und evidenterweise auch Fehlern und Lücken) von hoher Qualität. Der Begriff Missionarslinguistik beinhaltet auch die Zielgruppe. Die Grammatiken, Wörterbücher und zweisprachigen Katechismen waren von missionarisch Tätigen für ihr eigenes Wirken und für andere Missionare, nicht für die indigene Bevölkerung, angefertigt worden sind. Genauso kann man die kolonialzeitlichen Sprachbeschreibungen, die nicht missionarisch motiviert waren, definieren als zum Zwecke der kolonialen Beherrschung; für die Kolonialisten bestimmt, nicht für die indigene Bevölkerung. Sprachliebhaberei war sicher auch ein weiteres Antriebsmoment. Beide Male handelte es sich auch um *Exogrammatisierung* und *Exolexikographisierung*. Dem zeitgenössischen normativen Denkrahmen der Sprachbeschreibungen gemäß wurde hierbei auch oft bewusst eine Normierung der Sprachen angestrebt (Cerrón-Palomino 1997), die man deshalb als implizite *Exonormierung* bezeichnen kann. Schon der spanische Name *Arte* (< *artificio*) für viele damaligen Grammatiken impliziert diesen Denkrahmen.

Exogrammatisierung (nach Sylvain Auroux 1992): von Nicht-Muttersprachlern erarbeitete grammatische Beschreibungen und normative Festlegungen einer Sprache.

Exolexikographisierung: von Nicht-Muttersprachlern erarbeitete Beschreibungen und normative Festlegungen des Wortschatzes einer Sprache.

Beide Tätigkeiten sind sicher nicht per se kolonial, aber sie sind mit dem Kolonialismus entstanden, jahrhundertelang kolonial bedingt und kolonialen Zielen verpflichtet gewesen, weshalb man sie als konstitutives Merkmal von Missionarslinguistik und anderer kolonialpolitisch bedingter Forschung ansetzen darf. Beschreibungen von 'exotischen' Sprachen durch Nicht-Muttersprachler findet man auch heute noch. Neben dem rein wissenschaftlichen Interesse gibt es sie auch als Sprachplanung (Korpusplanung) weiterhin in angewandter Form seit dem Ende des 20. Jahrhunderts im Zuge der erkämpften Gewährung sprachlicher Rechte und der Einführung von interkultureller Erziehung. Hier helfen exogene Linguisten den indigenen Völkern bei der Revitalisierung ihrer Kulturen und Sprachen, die nach Jahrhunderten der Sprachpolitik der Verdrängung nun wieder mühsam ausgebaut und erstmals in Schriftform und in der Schule gelehrt werden sollen.

Die Beschreibung der indigenen Sprachen nach dem Vorbild und dem Grammatikkonzept der lateinischen Grammatik war zwar nicht alternativlos, aber doch naheliegend. Aber auch in der konzeptuellen Konstruktion der indigenen Sprache am Modell (und zum Teil im Korsett), das für eine andere Sprache erstellt worden war, und die Sprachbeschreibung zum Verständnis der Missionare, nicht der indigenen Bevölkerung, manifestiert sich die kolonialbedingte Logik. Jedes Grammatikmodell impliziert eine bestimmte Theorie, was Sprache ist, was dazu gehört und was nicht, und wenn das Modell einer Grammatik für Sprache B genommen wird, das aufgrund der Analyse einer Sprache A konstruiert worden ist, dann gerät man, zumindest zu Beginn, in die Gefahr, eine Überstülpung eines exokonstruierten und damit auch potentiell inadäquaten theoretischen Gerüstes vorzunehmen. Das ist, kognitiv gesehen, eher normal und nur schwer vermeidbar und wohl erst mit zunehmender Forschungseinsicht überwindbar. Das gilt auch für die heutigen exogrammatischen Beschreibungen. Diese interkulturelle Konstruktion des Anderen wirkt nicht nur im Bereich der Grammatik sondern in mancher Hinsicht noch viel markanter in der Lexik/Semantik. Die Bedeutungen der indigenen Wörter und kulturellen Konzepte, wozu selbstverständlich prominent die religiösen Konzepte gehören, werden im Vergleich zu bestehenden Bedeutungen in der christlichen und spanischen oder portugiesischen Kultur gedacht und formuliert. Dies geschieht nicht nur kontrastiv sondern auch mit wertenden, die indigenen Konzepte als falsch oder abergläubisch brandmarkenden Beschreibungen.[5] Die fremde Sicht und der fremde Zweck sind also ein konstitutives Merkmal sowohl der missionsorientierten als auch der anderen kolonialzeitlichen Sprachforschungen, die seit kurzem im Bremer Koloniallinguistik-Projekt aufgearbeitet werden (vgl. Stolz et al. 2011, vgl. auch Errington 2008: 123–151).

---

[5] Vgl. hierzu die Analyse Sahagúnscher Beschreibungen bei Zimmermann (2014: 92): "Another trace of Sahagún's subsequent ideological intervention is the denomination of the Aztec gods with the Spanish word *diablos* ('devils') by the friars".

Eine Frage ist, inwieweit man die in der kolonialen Metropole, z.B. in Deutschland, entstandenen Studien der universitären Afrikanistik, die auf der Basis von Feldforschung vor Ort erarbeitet wurden, auch der Koloniallinguistik zurechnen darf. Zu bejahen wäre diese Frage, wenn man davon ausgeht, dass es sich hier um einen Kreislauf von sich gegenseitig bedingenden und stützenden mal eher praktisch orientierten, mal eher theoretisch orientierten Tätigkeiten im kolonialen Geiste handelt.[6] Hier wäre dann auch bei der universitären Linguistik in der kolonialen Metropole dieser koloniale Geist bzw. die koloniale Ideologie nachzuweisen, z.B. durch eine kritische Diskursanalyse.

6 Verschriftung

In Amerika hatten die Sprachen (mit der Ausnahme des Náhuatl, Mixtekischen und Maya, die über eine piktographische Schriftform verfügten und die auf dem Wege zu einer piktogrammatischen Schrift waren) vor der Eroberung keine phonetik-phonologisch basierte, mediale Alphabet-Verschriftung erfahren; sie waren also rein orale Sprachen. In Indien, China und Japan waren die Sprachen schon verschriftet. In Indien war das Sanskrit sogar seit mindestens 2000 Jahren, also vor den europäischen (und hier als kolonial auftretenden) Sprachen grammatisch-stilistisch beschrieben und hatte eine Art Alphabetschrift. In China und Japan gab es ebenfalls piktogrammatische Schriften. Auf den Philippinen gab es eine Silbenschrift (vgl. Errington 2008: 34–36). Alle schriftlosen (und auch die piktographisch elaborierten) Sprachen mussten also – aus kolonialorientierter Perspektive – alphabetisch verschriftet werden. Intentional war dies kein Dienst für die einheimische Bevölkerung selbst, sondern es diente als Hilfsmittel zur Kommunikation über diese Sprachen unter den Missionaren. Da das anhand europäischer Sprachen erarbeitete Alphabetsystem der Korrespondenz von Lauten zu graphischen Entsprechungen trotz seiner Einfachheit wegen der z.T. andersartigen Lautsysteme der indigenen Sprachen nicht einfach zur Verschriftung benutzt werden konnten, mussten für bisher unbekannte Laute teilweise Sonderbuchstaben oder diakritische Zeichen neu geschaffen werden. Diese Notationssysteme waren noch weitgehend phonetisch orientiert, nicht phonologisch. Die Erkennung einzelner lautlicher Besonderheiten, wie z.B. die der Tonhöhen als phonologisch relevante Merkmale, auch die des Schwa-Lautes machten den spanischen Missionarslinguisten dabei oft jahrhun-

---

6 Vgl. solche Studien bei Hennig (2009) und Hackmack (2012).

dertelange Probleme und die Beschreibung in lautlicher Hinsicht geschah meist über die Angabe lautmalerischer Parallelen und Vergleiche, da eine Theorie der Phonologie auf der Basis distinktiver Merkmale noch nicht entwickelt war.[7]

Zunächst handelte es sich bei der Verschriftung um die Schaffung eines medialen Transkriptionsinstrumentes. Da die Missionare aber auch religiöse Texte (v.a. Katechismen und Predigten) in den indigenen Sprachen verfassten, bewerkstelligten sie einen Transfer von Textsorten und schufen damit auch implizit eine partielle, auf diese Textsorten[8] limitierte konzeptionelle Geschriebene Sprache[9], und damit eine *Exoelaborierung* (Ausbau) der Sprache, die mit den anderen sprachplanerischen Aktivitäten einherging.

Die missionarslinguistische Verschriftung führte aus dieser Benutzerbestimmung nicht zu einer Alphabetisierung der indigenen Bevölkerung (man muss Verschriftung einer Sprache und Alphabetisierung der Menschen klar unterscheiden); es gab auch keine volksorientierten Schulen. Dennoch hat die Alphabetschrift des Náhuatl in Mexiko in Bildungskreise Eingang gefunden, wovon juristische und administrative Texte bis ins 19. Jahrhundert zeugen. Da die Arbeiten der Missionarslinguistik weitgehend für die Missionare bestimmt waren, nicht für die kolonisierten Einheimischen, war der Gebrauch der vorderasiatisch-europäischen Alphabetschrift kolonialideologisch und praktisch "naheliegend", wenngleich nicht alternativlos. Es gab keinen nachhaltigen Gebrauch der piktographisch-piktogrammatischen Schriften im Mexiko der mittleren Kolonialzeit mehr; diese kulturelle Errungenschaft wurde vielmehr substituiert und geriet außer Gebrauch (vgl. Mignolo 1992). Eine interessante Ausnahme in Mexiko war die von Jacobo Testera (1470–1543) entwickelte Bilderschrift in Anlehnung an die aztekische zum Zwecke der Seelsorge. Man kann zwar einerseits sagen, dass im Hinblick auf die anvisierte Leserschaft, die Missionare, zur Entwicklung und zum Gebrauch einer Alphabetschrift in Anlehnung an die europäische Tradition keine sinnvolle Alternative bestand, aber das ist nur eine folgerichtige Entscheidung aus der Situation der kolonialen Interessenlage heraus. In Amerika jedenfalls wurde die europäische Alphabetschrift nicht nur im missionarischen Umfeld gebraucht, sondern wurde insgesamt mit

---

[7] Zu Verschriftungen in neuerer Zeit in Französisch Afrika vgl. Avenne (2015).
[8] Bezüglich des Náhuatl versuchte man dazu auf textlinguistischer Ebene auf Textgattungen in der indigenen Sprache, den *huehuethahtolli* (Verhaltensnormen und ethisch-religiöse Glaubensvorstellungen in Gebets-, Predigt- und Lehrdiskursform) (vgl. Sahagún 1956: Libro VI und Ríos Castaño 2014) zurückzugreifen.
[9] Die Unterscheidung von medialem graphischen Code und konzeptioneller Geschriebener Sprache verdanken wir Söll (1974). Weiterentwickelt wurde diese Theorie dann von Koch & Oesterreicher (2011).

dem Oktroi der Kolonialsprache in allen Bereichen der kolonialen und postkolonialen Gesellschaft bis heute durchgesetzt.

Die koloniale Perspektive der Missionarslinguistik kommt am deutlichsten zum Ausdruck in der Verschriftung der asiatischen Sprachen, die selbst schon eine Schrift entwickelt hatten. Die Grammatiken, Wörterbücher und Katechismen wurden für missionarische Zwecke nicht in deren Schriftsystem (wenngleich manchmal auch in beiden Schriften parallel im selben Buch, wie bei Francisco Varo, vgl. Breitenbach 2004) verfasst, sondern in der alphabetischen Schrift, die aus Europa mitgebracht wurde. Dies zeigt erneut, dass die missionarslinguistischen Forschungen nicht für die autochthone Bevölkerung bestimmt waren.

7 Forschungsmethoden der Missionarslinguistik

Die ersten Missionare, die sich dem Studium der Sprachen in den eroberten Gebieten widmeten, mussten, ohne selbst als empirisch arbeitende Linguisten ausgebildet zu sein, Elizitations- und Analysemethoden erfinden.

Zu den Elizitationsmethoden: In der Frühzeit des Kolonialismus eignen sich die (bzw. einige) Missionare die für sie völlig unbekannten indigenen Sprachen mit Hilfe von in Obhut genommenen Waisenkindern, denen sie das Spanische (und auch Lateinische) beibringen und sie so zu bilingualen Sprechern ausbilden, an. Mit Hilfe von diesen vorher ausgebildeten indigenen 'Helfern' (heute würde man sie Informanten nennen), werden dann Sprachbeschreibungen angefertigt (zu den Erhebungs- und Analysemethoden vgl. López-Austin 1974). Manche waren wahrscheinlich auch mehr als nur Helfer (Bernardino de Sahagún berichtet über die Art der Zusammenarbeit). Sie werden aber nie als Mit-Autoren genannt.

Zu den Analysemethoden: In den klassischen Lehrbüchern der US-amerikanischen Strukturalisten, die zu Beginn des 20. Jahrhunderts über die Sprachen der nordamerikanischen Indianer arbeiteten, werden oft die Methoden der Analyse (Korpuserstellung, Segmentierung, Klassifizierung, Eliminationsproben, Permutationsproben usw.) als von diesen erfunden dargestellt. Das dürfte falsch sein. Die spanischen und portugiesischen, die französischen und später die deutschen Missionare haben wohl ähnliche Methoden angewandt, aber als Methode nicht explizit dargestellt, wiewohl überhaupt über Methoden und sprachtheoretische Aspekte eher selten, und wenn überhaupt nur am Rande, berichtet wurde. Die methodische Innovation, die sie vollbrachten, war ihnen wohl selbst nicht bewusst oder gleichgültig, denn ihr Ziel war ja ein sprachdidaktisches, nicht in erster Linie ein wissenschaftliches.

Neu an dem gesamten Unternehmen war die schon genannte Exogrammatisierung.[10] In den Sprachbeschreibungen vorher handelte es sich initial immer um Endogrammatisierungen (also Beschreibungen der eigenen Muttersprache) oder nachträgliche Fortführungen und Anpassungen von vorher existierenden muttersprachlichen Grammatiken (wie es im Falle des Latein gewesen ist) und kurz vor der Missionarslinguistik im Falle der spanischen Grammatik (1492b) durch Antonio de Nebrija. Man muss sich ja vor Augen halten, dass es zu diesem Zeitpunkt keine Grammatiken europäischer Sprachen außer der des Lateins, des Alt-Griechischen und der heiligen Sprache des vorderasiatischen Hebräischen und Ansätze zur Beschreibung des Arabischen gab (letzteres wohl von einem zweisprachigen Autor). Für diese Situation der Beschreibung völlig anderer, meist nur oraler Sprachen gab es also weder Elizitationsverfahren noch Beschreibungsmodelle für die Missionarslinguisten. Erstere mussten vor Ort kreativ entwickelt werden, für die Darstellungsmethode bediente man sich zu Beginn des einzig zur Verfügung stehenden Modells, die schon genannte Lateingrammatik (1481) Nebrijas, die damit auch einen Denkrahmen vorgab.

8 Bewertung der Leistungen der Missionarslinguistik

In der Sprachgeschichtsschreibung wurde lange Zeit das Kapitel der kolonialen Missionarslinguistik entweder überhaupt nicht erwähnt, obwohl hier über vier Jahrhunderte kontinuierlich grammatische und lexikalische, analytische Sprachforschung betrieben wurde, oder es wurden die Ergebnisse als falsch, inadäquat, unwissenschaftlich oder irrelevant diffamiert. Wir können heute sagen, dass dies eine falsche Einschätzung ist. Zwar gab es unter den Missionarslinguisten sehr gute, gute und weniger gute Vertreter ihres Faches, aber insgesamt wurde hier ein relevanter und oft auch heute noch erstaunlicher Beitrag zum Wissen über die bis dahin unbekannten Sprachen zu Tage gefördert. Allein schon das Gesamtkorpus der angefertigten Beschreibungen, auch wenn es sich nicht um "neue" oder "exotische" Aspekte handelt, ist eine Art "Weltkulturerbe" wissen-

---

10 Die Bestimmung als Exogrammatisierung bedeutet nicht zu behaupten, dass sie einen Einfluss auf das Sprachverhalten der indigenen Muttersprachler gehabt hätte. Inwiefern die Grammatisierungen und Exonormierungen einen Einfluss auf den Sprachgebrauch der indigenen Bevölkerung gehabt haben, ist gesondert zu untersuchen.

schaftlicher Provenienz. Aus sprachwissenschaftsgeschichtlicher Perspektive sollte auch nicht unerwähnt bleiben, dass die indigenen Sprachen im Rahmen der Missionarslinguistik zeitlich oft vor den meisten europäischen Sprachen grammatikalisch und lexikographisch beschrieben worden waren.

Umgekehrt kann man sagen, dass das Unverständnis der Sprachwissenschaftshistoriker daran lag, dass sie die Missionarslinguistik-Texte nicht richtig im Kontext der Zeit, der Leserorientierung und angewandten Ausrichtung verstanden, wenn sie sie überhaupt zur Kenntnis genommen haben. Dies geschieht seit ungefähr 25 Jahren, Zwartjes (2012: 241) spricht gar von einer "Explosion" von Studien, die den erstaunlichen Schatz an Erkenntnissen, die die Missionarslinguistik hervorgebracht hat, zutage fördert. Hierzu gehörten z.B. die Inkorporation im Náhuatl (Launey 1997), die Transitivität im Aimara (Adelaar 1997), der Glottalverschluss als Phonem im Otomí (Zimmermann 1997b), die Entwicklung einer funktionalen Grammatiktheorie (Winkler 2007).

Selbstverständlich wurden manche Aspekte nicht erkannt. Dazu gehören zum Beispiel der Tonsprachencharakter des Otomí (obwohl man davon eine Ahnung hatte; Zimmermann 1997b) und die Ergativität in den Mayasprachen. Aber auch moderne Sprachbeschreibungen weisen oft solche Mängel auf; sie sind kein spezifisches Merkmal von Missionarsgrammatiken. In vielen missionarslinguistischen Grammatiken findet man Elemente, die man vorschnell auf das bornierte Festhalten an griechisch-lateinischen Grammatikkategorien und auf das Unvermögen der Grammatiker, diese über Bord zu werfen, zurückgeführt hat. Hier muss man sorgfältig unterscheiden und prüfen, ob dies tatsächlich am Unvermögen, an der interkulturellen Borniertheit lag oder der leserorientierten Darstellung geschuldet ist. Wenn man bedenkt, dass die Grammatiken und Wörterbücher für andere Missionare konzipiert waren, die mit diesen erst die Sprachen erlernen sollten, muss immer in Rechnung gestellt werden, dass man eventuell aus Gründen der Verständlichkeit für weniger linguistisch versierte Leser theoretische Konzessionen gemacht hat. So findet man z.B. in vielen Grammatiken Verbkonjugationstabellen für den *Subjunktiv*, die dieselben Formen wie die des Indikativs aufweisen, also implizit zeigen, dass in diesen Sprachen ein formal unterschiedliches Subjunktivparadigma gar nicht existiert. Das kann den Verfassern dieser Grammatiken nicht unerkannt geblieben sein. Dasselbe findet man noch in von deutschen Autoren geschriebenen Grammatiken des Suaheli im 19. Jahrhundert hinsichtlich des Kasus (Hackmack 2015). Das Suaheli hat keine Kasusflexion, dennoch werden deutsche Kasus aufgezählt und eine (inexistente) Kasusflexion im Suaheli dargestellt. Anstatt dies als dumme Borniertheit zu brandmarken, sollte man verstehen, dass dies, wie oben gesagt, in pädagogischen Grammatiken zum Erlernen einer fremden Sprache geschah. Somit erweisen sich solche *Unsinnigkeiten* aus der Perspektive eines spanischen oder portugiesischen oder eben auch deutschen Lerners, der wissen will, wie man einen Konjunktiv oder den deutschen Dativ ausdrückt, als kommunikativ sinnvolle Darstellungsmethode.

9 Aufgaben der Historiographie der Missionarslinguistik

Die Aufgaben der Historiographie der Missionarslinguistik waren zu Beginn dieses Teils der Sprachwissenschaftsgeschichte nicht klar. Das Feld hat sich zunächst anarchisch, ohne Plan entwickelt. Zimmermann (2004: 26–28) hat bezüglich der im iberoromanischen Raum tätigen Missionarslinguistik eine Systematik der Aufgaben des Faches erstellt (das Zwartjes 2012 aktualisiert und um die neuere Bibliographie erweitert hat). Zu nennen sind:

- Das Aufspüren und die Edition von Texten (Grammatiken, Wörterbüchern, Katechismen, zweisprachigen Texten) etc.
- Die Evaluierung dieser Texte in sprachwissenschaftlicher Hinsicht (Phonologie, Verschriftung, Morphologie, Lexik, Semantik, Syntax, Pragmatik, Stilistik, Soziolinguistik).
- Die Evaluierung dieser Texte in religions-ideologischer, eurozentrischer und transkultureller Hinsicht.
- Der Umgang mit piktographischen Texten, testerianische Bilderschrift.
- Methoden der Feldforschung.
- Darstellungsmethoden (Grammatik und Wörterbuchmodelle)
- Ausbildung der Missionare (Lehrstühle für Indianersprachen in Hispanoamerika) und Schulenbildung.
- Zugrundeliegende Theorien in Grammatik, Lexikographie und Übersetzung.
- Sprachtheoretische und metalinguistische Ausführungen in nicht-linguistischen, z.B. missionstheoretischen Texten.
- Austausch von Ideen und Methoden (Bildung von Forschungszentren und Denkschulen).
- Normierung der indigenen Sprachen.
- Rezeption der Missionarslinguistik in Europa, Einflüsse auf europäisches Sprachdenken.
- Periodisierung der missionarslinguistischen Aktivitäten.
- Verhältnis zur weltlichen Kolonialverwaltung; Einfluss politischer kolonialer Denkweisen.

- Vergleich der verschiedenen missionarslinguistischen Aktivitäten (nach Ländern, Erdteilen, Orden, Jahrhunderten, Kolonialmächten, Denominationen). Vergleiche auch zur aktuellen, nicht-kolonialen Missionarslinguistik,
- Verhältnis der kolonialen Missionarslinguistik zur nicht-missionarischen Koloniallinguistik (z.B. in deutschen Kolonien).

10 Qualitatives Fazit

Missionarslinguisten sowohl katholischer Provenienz in der Kolonialzeit als auch evangelikaler Ausrichtung im 20. Jahrhundert haben meist als erste und oft alleinige zu vielen Sprachen Feldforschung geleistet und einen immensen Beitrag zur Kenntnis dieser Sprachen geleistet. Neben einigen Fehleinschätzungen finden sich oft sehr beeindruckende und brillante Erkenntnisse über grammatische und semantische Aspekte der indigenen Sprachen. Die Pionierleistung der Missionarslinguisten rührt auch aus dem Umstand, dass sie langjährige Feldforschung, begleitet durch Immersion (bei den Protestanten auch mit der Familie) in den Gemeinden durchführten, während universitäre Forscher bis heute diese intensive Art der Feldforschung wegen Lehrverpflichtungen oft nicht in diesem Maße erbringen konnten (und manchmal aus Bequemlichkeit nicht erbringen wollen) und Forschungsförderungsinstitutionen nicht selten langwierigere Aufenthalte nicht finanzieren wollen. Der Nachteil der Missionarslinguisten war häufig ihre mangelnde linguistische Ausbildung, was allerdings oft durch die jahrelange Praxis wettgemacht oder nachgeholt wurde.

Die Beschreibungen der Missionarslinguistik sind meist die ersten dokumentierten Zeugnisse dieser Sprachen, sogar bei Sprachen wie dem Japanischen und Chinesischen, die ja eine (piktographische) Schrift hatten. Sie bieten wegen der Beschreibungen in phonetiknaher Alphabetschrift und den phonetischen Erklärungen sowie der exogrammatischen Sicht bis heute eine wertvolle Information über den damaligen Sprachzustand. Ihre Beschreibungen erlauben der diachronen Analyse dieser Sprachen einen historisch-deskriptiven Blick bis ins 16. Jahrhundert. Wegen der Nicht-Erkenntnisse und sprachplanerischen Manipulationen in den Sprachbeschreibungen durch die Missionarslinguistik sind diese selbstverständlich auch immer mit Vorsicht zu rezipieren.

Die Missionarslinguistik ist der Beginn der anthropologischen (oder Ethno-) Linguistik, d.h. der Linguistik fremder Sprachen, die kulturell unerschlossen waren/sind (also nicht Linguistik des Eigenen oder einer durch tradierte Grammatiken oder langjährige bikulturelle Kontakte bekannten Sprache, in der auch schon eigene Sprachforschung betrieben wurde, wie das ja hinsichtlich des Lateins der Fall war).

Die Erforschung der missionarslinguistischen Leistungen trägt zur Identität der Geisteswissenschaft in den betroffenen Ländern bei. Die linguistischen Erkenntnisse der Missionarslinguistik sind fachlich ein Ruhmesblatt der Geisteswissenschaft in kolonialer Zeit für die heutigen postkolonialen Länder, soweit sie diese für ihre Geistesgeschichte verrechnen (wollen).

Missionarslinguistik im Rahmen des Kolonialismus ist sowohl Teil der (Wissenschafts-)Geschichte Europas als auch der der postkolonialen Länder. Das gilt sowohl für den Kolonialismus Spaniens, Portugals, Frankreichs, Hollands, Englands als auch Deutschlands, Belgiens, Italiens, Dänemarks und Russlands.

Kommentierte Literaturhinweise

Errington (2008) ist ein Grundlagentext, in dem die Rolle der missionarslinguistischen und anderen kolonialzeitlichen linguistischen Forschungen im Rahmen der kolonialen Herrschaft in mehreren Erdteilen anhand einiger Beispiele historisch, vergleichend und theoretisch aufgearbeitet und ihr Einfluss auf die Entwicklung der Sprachwissenschaft im 19. Jahrhundert untersucht wird. **Stolz et al. (2011)** ist ein Sammelband, in dem das Forschungsprogramm des Koloniallinguistik vorgestellt und Einzelstudien zu missionarslinguistischen und anderen kolonialzeitlichen Sprachforschungen in den deutschen Kolonien abgedruckt sind. **Zimmermann (1997a)** ist ein Sammelband mit Beiträgen eines der ersten internationalen Kolloquien v.a. zum Thema der linguistischen Erkenntnisse der Missionarslinguistik hinsichtlich verschiedener Sprachen in Hispanoamerika und Brasilien: Náhuatl, Maya, Taraskisch, Zapotekisch, Otomí, Aimara, Quechua, Guaraní, Tupí, Muisca und Achagua sowie zu Fragen der Sprachplanung und Schulenbildung. **Zimmermann & Kellermeier-Rehbein (2015)** ist ein Sammelband mit Einzelstudien zum Verhältnis und zur Zusammenarbeit von Missionarslinguisten mit der kolonialen Administration und gegenseitiger transkultureller Prozesse. Es werden Fälle aus der spanischen Kolonialzeit in Hispanoamerika und der deutschen, französischen und spanischen Kolonialzeit in Afrika untersucht. **Zwartjes et al. (2009)** ist ein Sammelband mit Einzelstudien zu verschiedenen lexikalischen und semantischen Aspekten der missionarischen Sprachplanung in Wörterbüchern zu Sprachen in Mexiko, Süd- und Nordamerika sowie Asien. **Zwartjes & Hovdhaugen (2004)** ist ein Sammelband mit wichtigen Grundlagenstudien zur Geschichte der Missionarslinguistik in der spanischen und französischen Kolonialzeit in Amerika, der portugiesischen in Japan sowie zur englischen Kolonialherrschaft in Afrika und Australien. **Zwartjes et al. (2014)** ist ein Sammelband mit Einzelstudien zu Strategien der Übersetzung christlicher und kulturell geprägter Konzepte durch Missionare in mexikanischen und philippinischen Sprachen sowie des Tamilischen, Chinesischen und Japanischen sowie der Rolle missionarischer Übersetzer für die Kolonialverwaltung.

Heidrun Kämper
8 Sprache in postkolonialen Kontexten I. Kolonialrevisionistische Diskurse in der Weimarer Republik

Wichtige Konzepte: Kriminalisierung, Legitimierung, Nationalismus, Internationalismus, Gemeinschaftsdiskurs, ethischer Diskurs

1 Einführung

Im Verlauf des Ersten Weltkriegs hat das Deutsche Reich seine Kolonien verloren. Der Versailler Vertrag schreibt diesen Status fest. Der Kolonialdiskurs wird in der frühen Weimarer Republik unter diesen historischen Bedingungen von verlorenem Krieg und Versailler Vertrag auf spezifische Weise geführt, die sprachlich-diskursive argumentative Muster im Sinn von Pro- und Kontraargumentationen erkennen lässt. In der frühen Weimarer Zeit sind die Diskursbeteiligten, m.a.W. die politische Elite, entweder für oder gegen kolonialen Besitz. Der Kolonialdiskurs hat insofern eine einfache binäre Ordnung, aus prokolonialer Sicht die einer Verlustgeschichte[1], aus kontrakolonialer Perspektive die einer Läuterungsgeschichte.[2] Allfällige diskursive Zwischentöne bleiben in diesem Zusammenhang unerheblich.

Im Folgenden werden die beiden kolonialpolitischen Teildiskurse Pro (Abschnitt 2) und Kontra (Abschnitt 3) hinsichtlich ihrer je spezifischen sprachlich-argumentativen Strukturelemente empirisch auf der Ebene der Argumentationsmuster und der ihres entsprechenden lexikalisch-semantischen Inventars dargestellt.

---

1 "Auf eigenen Kolonialbesitz kann nach unserer Überzeugung das deutsche Volk heute weniger als je verzichten; wir werden daher allen zur Seite treten, die die Wiedererstattung der uns geraubten überseeischen Gebiete und ihre gesteigerte Erschließung zur Förderung unserer Volkswirtschaft verlangen" (Alldeutscher Verband 1919: 220).
2 "[wir] müssen ... hier in Weimar die Wandlung vollziehen vom Imperialismus zum Idealismus, von der Weltmacht zur geistigen Größe" (Ebert 1919: 17).

Heidrun Kämper: Institut für Deutsche Sprache, Postfach 10 16 21, 68016 Mannheim, kaemper@ids-mannheim.de

> Mit Kopperschmidt definieren wir **Argument** als "Funktionskategorie, die [...] die Rolle einer Äußerung als Geltungsgrund für den problematisierten Geltungsanspruch einer anderen Äußerung kennzeichnet". (Kopperschmidt 1989: 95)

Insofern es sich um solche Pro- und Kontra-Argumente und um solche Schlüsselwörter handelt, die den deutschen Kolonialdiskurs repräsentieren, seit es ihn gibt, bildet den Gegenstand des folgenden Beitrags eine Neukontextualisierung bekannter sprachlichen Fakten.[3] Abschließend werden beide, hinsichtlich ihrer diskursiven Aussage gegensätzlichen, Teildiskurse in den sie übergreifenden Horizont eines Gemeinschaftsdiskurses gerückt (Abschnitt 4). Im Sinn eines Fazits wird seine darüber hinausgehende paradigmatische Qualität angedeutet (Abschnitt 5).[4]

2 Gegen die deutsche Ehre – nationale Identität und der Versailler Vertrag

Der Versailler Vertrag ist – mit Foucault – das diskursive Ereignis, das dem Kolonialdiskurs nach 1918 insofern Impuls und Dynamik gibt, als er aus Sicht der Deutschen deren Identität in Frage stellt.

> **Diskursive Ereignisse** sind "solche Ereignisse, die diskursiv groß herausgestellt worden sind und die Richtung und die Qualität des Diskursstrangs, zu dem sie gehören, mehr oder minder stark beeinflussen" (Jäger 1993: 181).

---

3 Ich verweise hier auf die Arbeiten, die in Warnke (2009a) *Deutsche Sprache und Kolonialismus. Aspekte der nationalen Kommunikation 1884–1919*, erschienen sind, z.B. auf die Rekonstruktion der "sprachliche[n] Vereinnahmung des afrikanischen Raums" (Titel) von Hiltrud Lauer; vgl. auch Faulstich im selben Band zu der sprachgeschichtlichen Dimension koloniallinguistischer Analysen (Faulstich 2009).

4 Zum unmittelbaren Forschungszusammenhang, in dem die folgenden Ausführungen stehen und dem interdisziplinären, auf einem umfassenden digitalen Korpus von Texten der frühen Weimarer Zeit aufbauenden Projekt "Demokratiegeschichte als Zäsurgeschichte. Die frühe Weimarer Republik" vgl. Kämper (2014). Die Texte, die ich im Folgenden zitiere, stammen nahezu vollständig aus diesem Korpus – obwohl es ganz und gar nicht im Hinblick auf das Thema Kolonialdiskurs zugeschnitten ist. Dass wir dennoch zahlreiche Bezüge auf das Thema in diesem Korpus haben, zeigt, dass 'Kolonien' in der Tat ein intensiv und kollektiv bearbeiteter Gegenstand des Diskurses in der frühen Weimarer Republik war. Vgl. zum Forschungszusammenhang auch http://www.ids-mannheim.de/lexik/SprachlicherUmbruch/.

Insbesondere Artikel 22 verursachte eine Identitätskrise:

> Die Vormundschaft über [...] Völker [die noch nicht imstande sind, sich unter den besonders schwierigen Bedingungen der heutigen Welt selbst zu leiten] wird an die fortgeschrittenen Nationen übertragen, die auf Grund ihrer Hilfsmittel, ihrer Erfahrungen oder ihrer geographischen Lage am besten imstande sind, eine solche Verantwortung auf sich zu nehmen, und die hierzu bereit sind. (VV 1919, Artikel 22)

Dieser Artikel bestätigt den Deutschen, kolonialpolitische Versager zu sein. Insofern verstehen sie ihn, wie er gemeint war:

> Deutschland ist keine fortgeschrittene Nation und deshalb nicht in der Lage, für kolonialen Besitz Verantwortung zu übernehmen.

In dieser Lesart wird der Artikel als ein den deutschen Nationalstolz verletzendes Skandalon diskutiert und als ein Identitätsproblem einer 'Reflexionsanstrengung' unterworfen. Diese Reflexionsanstrengung ist problembezogen, weil die Gemeinschaft stigmatisiert ist. Identitätsdiskurse werden vor allem dann geführt, wenn Identitätszumutungen den Impuls geben und kollektive Identitäten strittig sind.

Jan Assmann definiert **kollektive** oder **Wir-Identität** als "das Bild, das eine Gruppe von sich aufbaut und mit dem sich deren Mitglieder identifizieren. Kollektive Identität ist eine Frage der Identifikation seitens der beteiligten Individuen. Es gibt sie nicht 'an sich', sondern immer nur in dem Maße, wie sich bestimmte Individuen zu ihr bekennen. Sie ist so stark oder so schwach, wie sie im Bewußtsein der Gruppenmitglieder lebendig ist und deren Denken und Handeln zu motivieren vermag". (Assmann 1997: 132)

Kollektive Identität, also "das Bewußtsein eines gemeinsamen sozialen Raumes" entsteht "immer erst dann, wenn die verschiedenen Gruppen der Gesellschaft sich über die Gestaltung ihrer Zukunft und die Deutung ihrer Vergangenheit streiten" (Dubiel 1999: 13), was dann geschieht, wenn sich Gruppen einer Gesellschaft gegen eine ihnen von außen zugemutete Identität wehren und ein anderes Identitätskonzept dagegenzusetzen versuchen. Kollektive Identität ist also ein Reflexionsbegriff, sie entsteht in einem selbstreflexiven und kommunikativen und damit diskursiven Prozess, innerhalb dessen sich ein Kollektiv mit seiner Selbst- und Außenwahrnehmung auseinandersetzt. Die aus dieser Außenwahrnehmung resultierende Zuschreibung kommt im Fall der Deutschen, wie sie im Versailler Vertrag konzipiert wird, aus ihrer Sicht einer Stigmatisierung gleich.[5]

Wenn der kolonialistische Prodiskurs zu irgendeinem Zeitpunkt mit breitestem Konsens geführt wurde, dann jetzt, als der Versailler Vertrag eine Wirklichkeit geschaffen hat, die nicht nur nicht mit den deutschen kolonialen Träumen kompatibel war, sondern die die Deutschen vor der ganzen Welt anklagt (vgl. Laak 2003: 72). Obwohl der deutsche Kolonialdiskurs immer schon ein Identitätsdiskurs war, ein Diskurs über das deutsche Selbstbild, obwohl es stets und von Beginn an um die deutsche Stellung in der Welt ging (Nipperdey 1995: 645) – seit der Versailler Vertrag die marginalisierte Position der Deutschen vor den Augen der gesamten Welt festschrieb, wurde der Zweck der diskursiven Identitätsarbeit noch viel wichtiger. Unter der Voraussetzung einer rund vierzigjährigen kolonialpolitischen Institutionen- und Mentalitätsgeschichte und einer imperial-kolonialen Identität sind der frühere koloniale Besitz und der Verlust der Territorien überparteilich diskutierte Themen. Einmütig und mit dem Gestus der Empörung etablieren die Kolonialfreunde ihren Diskurs als Abwehr der Bestimmungen des Versailler Vertrags, die den 'strittigen Fall' ihres Diskurses bilden, indem sie eben diese Identität nicht nur in Frage stellen, sondern leugnen, und nicht nur leugnen, sondern den Deutschen eine Alternative zuschreiben, die diese als Versageridentität deuten müssen.[6]

Deutschland hat den Vertrag unterschrieben und die Kolonialfreunde drücken ab jetzt ihre Sehnsucht nach "Rückgewähr unseres Kolonialbesitzes"[7] aus. Sie reicht bis in die Weimarer Verfassung vom 31. Juli 1919. Artikel 6 bestimmt: "Das Reich hat die ausschließliche Gesetzgebung über [...] das Kolonialwesen" (WRV 1919, Artikel 6), und Artikel 80 sieht vor: "Das Kolonialwesen ist ausschließlich Sache des Reichs" (WRV 1919, Artikel 80).

---

[5] Ich beziehe mich auf die Stigmaforschung von Erving Goffman ([1963] 1975), der seine Theorie zwar nicht auf Kollektive, sondern auf Individuen bezogen entwickelt. Eine terminologische Adaption scheint indessen möglich. Worum es also im Folgenden geht ist zu beschreiben, nicht wie "die stigmatisierte Person", sondern das stigmatisierte Kollektiv "auf [seine] Situation [antwortet]" (Goffman [1963] 1975: 18).

[6] "Argumentationen [...] kommen dann zustande, wenn aus irgendwelchen Gründen eine Sache unter irgendwelchen Menschen strittig ist" (Klein 1980: 11). Kopperschmidt nennt 'strittig' "eine mögliche Eigenschaft von Geltungsansprüchen, insofern über deren Berechtigung zwischen kommunizierenden Subjekten ein Dissens besteht" (Kopperschmidt 1989: 54).

[7] "[wir] erwarten [...] Rückgewähr unseres Kolonialbesitzes, der uns zum Teil unter Bruch internationaler Verträge, zum Teil unter fadenscheinigen Vorwänden genommen worden ist". (Brockdorff-Rantzau 1919b: 44)

Dieses ist sozusagen die konstitutionelle Approbation des Themas. Es korrespondiert mit der Argumentationslogik und der Haltung der Beteiligten: Der Besitz kolonialen Territoriums wird in keiner anderen Attitüde als der der Forderung eines Sachverhalts repräsentiert, die als berechtigt bewertet wird und insofern nicht zu diskutieren ist. Wir haben es argumentationstheoretisch mit dem Ausdruck einer Krise in dem Sinn zu tun, dass der erhobene Geltungsanspruch als "Problemdruck" ausübende "Problemlage" empfunden wird, die eine "symptomatische Krisensituation" repräsentiert. Diese Problemlage wird zum "Kristallisationspunkt" einer „problembezogenen Reflexionsanstrengung" (Kopperschmidt 1989: 58) – des Argumentierens wider die These 'Die Deutschen sind kolonialpolitische Versager' mit der Gegenthese 'Die Deutschen sind keine kolonialpolitische Versager'. Ausdrücke wie *fordern, beanspruchen, koloniale Rechte, verlangen, anfechten* sind die entsprechenden Schlüsselwörter und -formeln selbstbewussten diskursiven Widerstands.[8]

Aus diesem Szenario leitet sich ab, dass der Diskurs der Kolonialfreunde als Identitätsarbeit zwei Strategien verfolgt: Destruktion der unerwünschten zugeschriebenen Identität und Schaffung einer erwünschten Soll-Identität. Solche Diskurse werden geführt, wenn Selbstbild und Außensicht zum Beispiel einer Nation (wie in diesem Fall) nicht übereinstimmen (vgl. Kienpointner 1983: 156).

Der Diskurs der Kolonialisten hat diesen beiden Strategien entsprechend eine binäre Ordnung von Delegitimierung und Legitimierung:
– Delegitimierend werden die Bestimmungen des Versailler Vertrags gedeutet als ein Fall, dem seine Berechtigung abzusprechen ist.

---

8 "Das deutsche Volk [...] hat [...] wie jedes andere Volk Anspruch auf Teilnahme an den Erträgnissen der tropischen Zonen und an der Bewirtschaftung der Gebiete, auf denen sie gewonnen werden" (Brockdorff-Rantzau 1919a: 33f.); "Deutschland hat einen unveräußerlichen Anspruch auf einen angemessenen Kolonialbesitz" (Zentrum 1922: 141); "Unabweisbar und unverzichtbar ist Deutschlands Forderung nach Wiederherstellung seines Kolonialbesitzes" (Bell 1919: 414); "Die Delegierten [...] werden [...] für eine Wiedereinsetzung Deutschlands in seine kolonialen Rechte" (Reichsregierung 1919: 282); "[das deutsche Volk] würde [...] eine angemessene territoriale Beteiligung an der Verwaltung des gesamten tropischen Kolonialgebietes verlangen" (Brockdorff-Rantzau 1919a: 34); "Deutschland [...] verlangt, bei der Neuordnung der Herrschaft der weißen Rasse über die tropischen Gebiete und bei der Verteilung ihrer Erzeugnisse zugelassen zu werden" (Brockdorff-Rantzau 1919a: 32); "Auch den Raub unserer Kolonien fechten wir an" (DDP 1919: 136); "Wir fordern Land und Boden (Kolonien) zur Ernährung unseres Volkes und Ansiedlung unseres Bevölkerungsüberschusses" (NSDAP 1920: 156).

– Legitimierend dagegen wird die Wiedergewinnung kolonialer Territorien als ein Fall von berechtigtem Anspruch konstituiert.[9]

2.1 Kriminalisierung des Gegners

Wenn Imagearbeit eines nationalen Kollektivs durch eine Abwertungsstrategie realisiert wird, versuchen die Beteiligten, die zugeschriebenen Eigenschaften des Nationalcharakters mit einem Aufdeckungseffekt zu konstruieren (vgl. Wodak et al. 1998: 76). Im Fall prokolonialer Imagearbeit der frühen Weimarer Zeit lassen sich Versionen dieser Strategie unterscheiden, z.B. die juristische Delegitimierung der Bestimmung. Der mit dem Versailler Vertrag als Verwaltungsakt beschriebene Vorgang der Entkolonisierung erfährt diese Delegitimierung, wenn mit der Verwendung völkerrechtlicher Terminologie wie "völkerrechtswidrige Eroberung"[10], "Bruch internationaler Verträge"[11], "Beschlagnahme"[12], "vertragswidrige Wegnahme"[13] dieser Akt als Rechtswidrigkeit kodiert wird.

Neben solch völkerrechts-juristisch kriminalisierenden tragen die Kolonialfreunde emotionalisierende Argumente vor. Sie nennen die Bestimmung und ihren Inhalt "Brandmal kolonialer Unfähigkeit", sehen die Deutschen als "aus-

---

9 Die folgende Darstellung des Kolonialdiskurses als Identitätsdiskurs und seine sprachliche Repräsentation orientiert sich terminologisch an Ruth Wodak et al. (1998), die zwischen konstruktiven Strategien zur Konstituierung einer kollektiven Identität unterscheiden, und dekonstruktiven Strategien, die nichtgewünschte identitäre Zuschreibungen abwehren (Wodak et al. 1998: 76). Darum geht es u.a. auch im Pro-Segment des Kolonialdiskurses der frühen Weimarer Republik.
10 "Es ist nicht einzusehen, weshalb Afrika unter europäische Mächte territorial aufgeteilt werden soll, die keinen anderen Erwerbstitel als eine völkerrechtswidrige Eroberung für sich geltend machen können". (Brockdorff-Rantzau 1919a: 35)
11 "Unsere Feinde sind beschäftigt, die deutschen Schutzgebiete, deren sie sich unter Bruch internationaler Verträge, unter Preisgabe wesentlicher Interessen der weißen Rasse bemächtigt haben, untereinander zu verteilen". (Brockdorff-Rantzau 1919a: 32)
12 "Wenn wir uns also gegen die Beschlagnahme unserer Kolonien mit allem Nachdruck verwahren, so müssen wir auf der anderen Seite darauf gefaßt sein, von dem eigentlichen Reichsgebiet wertvolle Teile zu verlieren". (Brockdorff-Rantzau 1919b: 45)
13 "Es soll [...] gezeigt werden, daß es sich bei diesem Verfahren der Alliierten um die Aufstellung und Benutzung unwahrer Behauptungen zu dem Zwecke handelt, der vertragswidrigen Wegnahme der deutschen Kolonien durch Gewaltdiktat einen moralischen Mantel umzuhängen". (Schnee 1928: 23)

geschlossen aus der Gemeinschaft zivilisierter Völker".[14] Insbesondere aber übersteigern sie Artikel 22 des Versailler Vertrags moralisierend zu einer *Kolonialschuldlüge* – eine Konstruktion, die eines der zentralen Revisionssyndrome der Weimarer Republik darstellt (vgl. Gründer 2004: 217). Diese Kategorie *Kolonialschuldlüge* insbesondere drückt den ganzen Furor derjenigen aus, die ihre imperialistische Identität verloren haben. Mit diesem Verlust konstituieren sie den Plan der Dekolonisierung, wie ihn der Versailler Vertrag vorsieht, als einen illegalen Akt – insbesondere in dem scharfen Ton der Anklage, den Heinrich Schnee anschlägt, der herausragende Protagonist dieses Diskurssegments und letzter Gouverneur Deutsch-Ostafrikas.

Dr. Heinrich Schnee war Reichstagsmitglied für die Deutsche Volkspartei, seit 1933 Mitglied der NSDAP. 1920 gab er das *Kolonial-Lexikon* heraus. Seine Broschüre *Die koloniale Schuldlüge*, englischer Titel *German Past and Future. The Truth about the German Colonies*, erschien 1924. Sein Argumentationsmuster ist einfach: 'nicht x, sondern y'. Um seine Glaubwürdigkeit zu erhöhen, unterstützt Schnee seine Argumente durch Zitierung derjenigen englischen Autoritäten, die die deutsche Kolonialpolitik in seinem Sinn beschreiben.

In seinem gleichnamigen, als Sonderheft der *Süddeutschen Monatshefte* erstmals 1924 erschienenen Beitrag "Die koloniale Schuldlüge" heißt das erste Kapitel "Der Betrug", das folgende Kapitel "Die Aufdeckung des Betrugs".

Nur ein anderer Artikel des Versailler Vertrags versetzt die Deutschen gleichermaßen derart in Rage, wie der, der ihnen Unfähigkeit in kolonialen Angelegenheiten bescheinigt. Gemeint ist der berühmte Artikel 231 des Versailler Vertrags, der den Deutschen in ihrer Lesart die alleinige Kriegsschuld zuweist. Auch dieser Diskurs über die 'deutsche Kriegsschuld' vereint die deutsche Gesellschaft und die Parteien von links bis rechts (vgl. Kolb 2005 mit weiteren Literaturangaben). Diese evidente Parallele reicht bis zur Wortbildung: *Kolonialschuld* heißt das eine Vergehen, *Kriegsschuld* das andere.

Auf zwei weitere Beispiele den Gegner kriminalisierende Identitätsdemontage, mit denen die Beteiligten versuchen, "Teile eines bestehenden [und nicht erwünschten] nationalen Identitätskonstrukts abzubauen" (Wodak et al. 1998: 76), ist zu verweisen. Beide zählen ebenfalls zum argumentativ-lexikalischen Standard des Kolonialdiskurses. Im Sinn diskursiver Serialität sind zum einen die lexikalischen Einheiten *Raub/rauben* nachweisbar, um die Dekolonisierung

---

14 "Niemals würde es das deutsche Volk ertragen könne, wenn es [...] mit dem Brandmal kolonisatorischer Unfähigkeit gezeichnet und aus der Reihe der Kulturvölker ausgestoßen würde". (Bell 1919: 414)

in Ausdrücken unrechtmäßiger Wegnahme zu kategorisieren: "(uns unsere) Kolonien rauben" oder "Raub (unserer Kolonien)".[15] Zum andern referieren die deutschen Kolonialfreunde von 1918/19 auf den territorialen Besitzerwechsel mit den Archaismen "Beute untereinander teilen", in Versionen wie "unter die Alliierten/unter sich/untereinander/zynisch verteilen oder deutsche Kolonien unter sich verteilen"[16], um so den Sachverhalt als einen antizivilisatorischen, primitiv-archaischen Akt mit einem offensichtlichen argumentativen Effekt zu werten: Anwürfe eines solch fragwürdigen Gegners sind wertlos, das Selbstbild damit wiederhergestellt. Zu diesem Selbstbild gehört wesentlich der Stolz der deutschen Kolonialisten auf ihr Ethos einer gründlichen Organisierung (vgl. Laak 2003: 74).

2.2 Legitimierung des Anspruchs

Die verbale Imagearbeit der Kolonialfreunde besteht nicht nur in der Zurückweisung und Zerstörung der zugeschriebenen, der zugemuteten Identität, also in der Identitätsdemontage. Sie verfolgen auch eine konstruktive Strategie mit dem Ziel, ein bestimmtes Selbstbild zu schaffen und dieses im Diskurs als Soll-Identität zu etablieren (vgl. Wodak et al. 1998: 76).

Die Kolonialfreunde schaffen diese Soll-Identität, indem sie den kolonialen Anspruch mit Nationalstolz und der Identität einer Nation substanziieren, die rechtmäßigerweise Kolonien besitzt. Mit der Haltung 'hier ist das letzte Wort noch nicht gesprochen', oder, in der Formulierung der Zentrumspartei: "Die Regelung der Kolonialfrage durch den Friedensvertrag kann nicht als endgültig angesehen werden" (Zentrum 1922: 141), gerät im Kontext des Versailler Ver-

---

15 "Man raubt die Kolonien, man reißt das deutsche Elsaß von Deutschland ohne auch nur die Elsässer zu hören und über ihren Willen abstimmen zu lassen" (Haußmann 1919: 1092); "unsere Kolonien werden uns samt und sonders geraubt, und zwar unter dem Vorwande, daß sie unter die Schutzherrschaft der alliierten Mächte gestellt werden sollen" (Posadowsky-Wehner 1919: 1097); "Ein besonders gehässiger Charakter würde der Teilung des Raubes unter Deutschlands Gegner dadurch aufgedrückt werden, daß diese während des Krieges mit unverantwortlicher Schroffheit gegen die deutschen Missionen vorgegangen sind". (Brockdorff-Rantzau 1919a: 35)
16 "man [nimmt] alle deutschen Kolonien Deutschland weg[...] und [verteilt sie] unter die Alliierten" (Gröber 1919: 1088); "Frankreich, England und Belgien ... [verfolgen] den Plan .., die deutschen Kolonien unter sich zu verteilen" (Brockdorff-Rantzau 1919a: 34); "Welch ein Hohn die Bestimmung, die ... unsere Kolonien cynisch unter unsere Feinde verteilt". (Stresemann 1919: 1100)

trags die Geschichte des prokolonialen Diskurses zur schieren Identitätsbewahrung.

Identitätsbewahrung bedeutet:
- Insofern der prokoloniale Diskurs stets bestimmt war von Imagination und Phantasie (vgl. den Titel *Phantasiereiche* von Birthe Kundrus 2003)[17] verursacht der Versailler Vertrag die Fortsetzung dieser Tradition. Obwohl er eigentlich das koloniale Thema aus dem öffentlichen politischen Diskurs hätte verbannen müssen, hat er im Gegenteil eine enorme Dynamik und Verbreitung bewirkt.
- Da der prokoloniale Diskurs von Beginn an, also seit Mitte der 1880er Jahre, mit den Topoi 'kulturelle Entwicklung', 'ökonomisches Wachstum' und 'Lebensraum' argumentiert, setzt er um 1919 auch diese argumentative Tradition fort. Im Zeichen nationaler Identität sind dies immer noch die Argumente, mit denen Freunde der Kolonien versuchen, ihr koloniales Projekt zu bebegründen. Insofern nennen wir diese Strategie 'Strategie der Bewahrung', was bedeutet: eine in Gefahr befindliche Identität zu schützen oder zu reproduzieren (vgl. Wodak et al. 1998: 76).

Schauen wir uns einige Diskursbeispiele an, zunächst das Argument der kulturellen Entwicklung: Das Schlüsselwort, das diese kulturgeschichtliche Argumentation verdichtet, ist *Hebung*. Es legitimiert den Anspruch, sicher nicht als Repräsentation moralischen Altruismus, sondern mit der Überzeugung einer europäischen Herrenrasse anzugehören:

> An der geistigen und sittlichen Hebung der auf niedriger Kulturstufe stehenden Völker mitzuarbeiten, ist auch das deutsche Volk berechtigt. (DVP 1919: 128); die deutschen Missionen .., die sich anerkanntermaßen seit dem Anfang der Kolonisierung Afrikas die größten Verdienste um die Hebung der Eingeborenen erworben haben. (Brockdorff-Rantzau 1919a: 35); Deutschlands Anteil an der geistigen Hebung der Menschheit verbürgt ihm den Anspruch auf kolonisatorische Betätigung. (DDP 1919: 136)

Diese drei Beispiele zeigen: *Hebung* ist eine kolonialpolitische Legitimationsvokabel. Das war der Ausdruck bereits vor 1914, und in diesem Sinn besteht man auch nach 1918 auf dem Anspruch, den Kolonisierten einen Umgang zuteilwerden zu lassen, den die westlichen Länder als Verbesserung verstanden – denn

---

[17] Insofern der kulturgeschichtliche Zugang an der Frage der Realitätskonstruktion interessiert ist, in Strategien diskursiver Konstruktionen, und in ideologischen Repräsentationen, ist dieser Zugang prädestiniert, den deutschen Kolonialdiskurs zu rekonstruieren (vgl. Berman 2003: 22).

so sollte wohl die Paraphrase von *Hebung* lauten. Die Konstituierung der Kolonialvölker als *auf niedriger Kulturstufe stehende Völker* ist natürlich die argumentative Bedingung dieses kulturellen Arguments, das in schulbuchartiger Klarheit das kognitive metaphorische Konzept 'oben ist gut, unten ist schlecht' im Sinne Lakoffs & Johnsons (1998) kodiert.

> Es sei nicht verschwiegen, dass **Hebung** nicht nur kolonialpolitische Legitimationsvokabel, sondern überhaupt ein Wort der (gesellschafts)politischen Analyse bzw. Programmatik ist. Eine Recherche in einem Korpus aus Texten der frühen Weimarer Republik fördert folgende Kollokationen zutage: *Hebung der Volksgesundheit, der Landwirtschaft, der Massen, der Arbeiterschaft, des Proletariats, des Kulturniveaus der breiten Massen, der Volkskultur, der Bildung des weiblichen Geschlechts; soziale/wirtschaftliche/moralische und materielle/sittliche Hebung* durch die Parteien hindurch von KPD bis NSDAP. Dennoch muss im kolonialistischen Kontext *Hebung* als ein Schlüsselwort gewertet werden, das imperialistische Herrenmenschenattitüde ausdrückt.

Das zweite prokolonialistische Argumentationsmuster ist das des ökonomischen Wachstums. Auch in Bezug auf wirtschaftliche Prosperierung setzt man den Kolonialdiskurs der Anfangsjahre fort. Nicht nur dieses: Das Argument wirtschaftlicher Prosperierung gilt als das Ursprungsargument der Kolonisten.[18] Nach 1918/19 greift man auf dieses Argument zurück. Der Alldeutsche Verband versichert in seiner Bamberger Erklärung im Februar 1919: "wir werden [...] allen zur Seite treten, die die Wiedererstattung der uns geraubten überseeischen Gebiete und ihre gesteigerte Erschließung zur Förderung unserer Volkswirtschaft verlangen". (Alldeutscher Verband 1919: 220) Der Außenminister und Delegationsleiter in Versailles, Graf von Brockdorff-Rantzau, tut in einem Interview mit der Chicago Daily News am 2. Februar 1919 kund: "Das deutsche Volk hat [...] wie jedes andere Volk Anspruch auf Teilnahme an den Erträgnissen der tropischen Zonen und an der Bewirtschaftung der Gebiete, auf denen sie gewonnen werden". (Brockdorff-Rantzau 1919a: 33–34) Einer der Grundsätze der DNVP von 1920 lautet: "Die Freiheit des deutschen Volkes von fremder Zwangsherrschaft ist die Voraussetzung der nationalen Wiedergeburt. [...] Darum erstreben wir [...] den Wiedererwerb der für unsere wirtschaftliche Entwicklung

---

18 Im *Amtlichen Bericht über die erste Deutsche Kolonial-Ausstellung* aus dem Jahr 1897 ist etwa zu lesen: "der Schutz und die Förderung des deutschen Handels und deutscher wirtschaftlicher Unternehmungen [sind] immer das Hauptziel [deutscher Kolonialpolitik] geblieben. Nicht Abenteuerlust, nicht Landhunger haben die deutsche Kolonialpolitik ins Leben gerufen, sondern der berechtigte Wunsch, der mächtig gewachsenen Bevölkerung neue, sichere Arbeitsgebiete zu erschliessen." (Schweinitz et al. 1897: 89; zit. nach Warnke 2009b: 18)

notwendigen Kolonien". (DNVP 1920: 120) Und die DVP verspricht in ihren Grundsätzen vom Oktober 1919, "alles daran [zu] setzen, um für Deutschland ein seinen wirtschaftlichen Bedürfnissen entsprechendes Kolonialland wiederzuerlangen". (DVP 1919: 134)

Nach 1918/19 erhöht man zudem den Geltungsanspruch dieses Arguments mit dem Verweis auf Wiedergutmachungsbedingungen, die Deutschlands Wirtschaft belasten. In diesem Sinn stellt der SPD-Abgeordnete Müller in einer Debatte der Nationalversammlung am 12. Mai 1919 eine Verbindung her zwischen Deutschlands Solvenz und Kolonialbesitz: "Wie sollen wir denn überhaupt noch ein zahlungsfähiges Volk bleiben, wenn wir mit aller Gewalt vom Weltmarkte abgeschnürt werden, wenn uns unsere Kolonien geraubt werden, wenn uns unsere Handelsflotte geraubt wird". (Müller 1919: 1086)

Schließlich gehört auch das Argument 'Kolonien als Siedlungsraum sind überlebenswichtig' zum Argumentationsbestand des Kolonialdiskurses von Beginn an. Sie werben mit der Aussicht auf Kolonien als deutsches Siedlungsland wie sie immer taten, mit der Konstruktion 'Überbevölkerung'. Diese Argumentation setzt sich nach Kriegsende insbesondere bei der extremen Rechten fort, zum Beispiel bei Moeller van den Bruck, der behauptet: ein "übervölkerndes Land ist nur durch Außenpolitik [zu] retten" (Moeller van den Bruck 1923: 216) – und *Außenpolitik* bedeutet hier: koloniale Siedlungspolitik. Ein anderes Beispiel stammt aus dem 25-Punkte-Programm der NSDAP von 1920. Die Nationalsozialisten beanspruchen "Land und Boden (Kolonien) zur Ernährung unseres Volkes und Ansiedlung unseres Bevölkerungsüberschusses". (NSDAP 1920: 156). Wir können hier durchaus eine Vorbereitung des nationalsozialistischen 'Lebensraum'-Topos erkennen, obwohl bekanntlich Hitler damit auf östliches Territorium referierte (vgl. Hildebrand 1969).

Diese diskursive Struktur dokumentiert den Mechanismus diskursivkommunikativer Konstruktion von Wirklichkeit. Von Beginn der deutschen Kolonialgeschichte an, seit den 1880er Jahren, war der Diskurs von der Überzeugung determiniert: Kolonialbesitz ist in wirtschaftlicher Hinsicht ebenso unverzichtbar für die deutsche Zukunft wie in Bezug auf die Position des Deutschtums in der Welt (vgl. Gründer 2004: 223). Tatsächlich aber – so die Kolonialgeschichtsschreibung – war die ökonomische Bedeutung offensichtlich gering, weder der Außenhandel profitierte, noch konnten die vorhandenen Rohstoffe die deutsche Industrie befördern (insofern die deutschen Kolonien gar nicht über die von der Industrie benötigten Rohstoffe verfügten). Und auch die Kolonialgebiete als deutscher Lebensraum waren, aufgrund fehlenden Interesses, von keiner Bedeutung und ebenfalls diskursives Konstrukt (vgl. Gründer 2004: 222).

Halten wir fest:
- Kollektive Identität entsteht in einem kommunikativen, argumentativ-diskursiven Prozess.
- Im Fall einer Identitäts-Korrektur wie hier besteht dieser Prozess

   - in den diskursiven kommunikativen Akten der Demontage der zugemuteten Identität – in diesem Fall mit der Strategie der Kriminalisierung,
   - und in der diskursiven Konstruktion einer Soll- oder Wunsch-Identität – in diesem Fall mit den Argumenten Kultur, Wirtschaft, Lebensraum.

- Der Diskurs der Kolonialfreunde, der in der frühen Weimarer Zeit Impuls und Dynamik durch die entsprechenden Bestimmungen des Versailler Vertrags erhält, wird geführt im Zeichen von Stigmamanagement[19] mit dem Ziel, die Identitätszuschreibung 'kolonialpolitischer Versager' durch den Anspruch 'rechtmäßiger Besitzer kolonialer Gebiete' zu korrigieren.

3 Kolonialismus und die linke Deontologie

Während das Pro-Segment konkret auf den Versailler Vertrag referiert und insofern im Kontext aktueller tagespolitischer Praxis steht, ist der Kontradiskurs, den insbesondere die extreme politische Linke führt, Teil ihres bekannten abstrakten überzeitlichen theoretischen Modells der marxistischen Gesellschaftsordnung. Im Gegensatz zum Prodiskurs kann das Kontra-Segment insofern vorgestellt werden als kategoriell präzise und argumentativ systematisch ebenso wie als übersichtlicher Komplex von Bedingungen. Dass diese Struktur im Sinn einer Deontologie interpretierbar ist, ist seiner Referenztheorie geschuldet. Die moralisch-ethische Dimension der marxistischen Gesellschaftslehre ist evident – und also ihr antikolonialer Aspekt. Damit zeigt sich hier das argumentationstheoretische Phänomen, dass sich

---

[19] Goffman ([1963] 1975: 160f.) beschreibt Stigmamanagement als "allgemeine[n] Bestandteil von Gesellschaft", als einen "Prozeß, der auftritt, wo immer es Identitätsnormen gibt" und, so müssen wir ergänzen, wo Divergenzen zwischen einer Ich- und einer Fremdidentität, zwischen einer Ist- und einer Soll-Identität, bestehen.

in der Art des Argumentierens von Subjekten auch die Denk-, Wertungs- und Urteilsmuster zur Geltung bringen, die in den Gruppen (Schichten, Klassen, Verbänden, Organisationen usw.) konventionalisiert sind, denen argumentierende Subjekte sozial angehören und aus denen sie entsprechend u.a. Orientierungen für die Bewältigung ihrer gesellschaftlichen Existenz beziehen (Kopperschmidt 1989: 175).

Solche gruppenspezifischen Orientierungsmuster nennt Kopperschmidt "soziale Topik" (Kopperschmidt 1989: 176). Toulmin spricht hier von "Bereichsabhängigkeit" (Toulmin 1975: 37 u. ö.), Klein von "gesellschaftlichen Teilsystemen, deren Diskursnormen an je spezifischen Relevanzkriterien ausgerichtet sind" (Klein 2000: 626).

3.1 Kolonialismus und marxistische Basiskonzepte

Der Antikolonialdiskurs ist integriert in die Lehre des Antiimperialismus, die die Linke repräsentiert, seit die marxistische Idee eines internationalen Sozialismus existiert. Insofern ist das Thema 'deutscher Kolonialbesitz' nicht unmittelbar auf die Bestimmungen des Versailler Vertrags bezogen, die die Kolonialfreunde, wie gesehen, in solch vehementer Weise skandalisieren. Von weit größerer Evidenz ist die diskursive Präsenz von Kategorien wie *Imperialismus*, *Kapitalismus* und *Ausbeutung* – die als begriffliche marxistische Transponierungen das Thema 'Kolonien' ebenso bzw. mit-konstituieren.

Der **antikolonialistische Diskurs** der politischen Linken läuft über die Stigmawörter *Imperialismus*, *Kapitalismus* und *Ausbeutung* (und einige weitere) und wird damit gleichsam theoretisch-prinzipiell und orthodox in die marxistische Lehre im moralisierenden Sinn einer marxistischen Deontologie integriert.

Diese Elemente der marxistischen Deontologie kodieren Kolonialismus als den Verstoß gegen das marxistische Ideal einer Gesellschaft. Insofern etablieren mit diesen Elementen die Beteiligten der kolonialen Kontraposition das Motiv ihres politischen Kampfes – mit den bekannten demoralisierenden Kategorien der marxistischen Ethik, die sie konsequent anwenden. Unter diesen Bedingungen des marxistischen antiimperialistischen Antikapitalismus wird der Stand der kolonialen Dinge terminologisch in Korrespondenz mit der marxistischen Lehre gefasst:

> Ausraubung und Versklavung der kolonialen Völker [...] skrupellose Ausplünderung und Knechtschaft (Zetkin 1924: 21–22); imperialistische Knechtung und Unterdrückung (KomIntern 1922); imperialistische Raubgier (Zetkin 1922: 594).

Es ist dies das klassische marxistische Vokabular, um den aus linker Weltsicht bestehenden Antagonismus, Ungleichgewicht und Ungerechtigkeit des kapitalistischen Systems zu bezeichnen. Korrespondierend mit der Idee, dass der imperialistische Kapitalismus international in derselben Weise funktioniert, versteht die Linke diese Effekte als ein international übergreifendes Problem.

Die Schlüsselkategorie, die diesen Effekt verdichtet, ist natürlich Ausbeutung: Ausbeutung [...] der Völker in den kapitalistischen Kolonien und Halbkolonien und Ausbeutung der kolonialen und halbkolonialen Völker klagt Clara Zetkin z.B. die Intellektuellen an, die (aus ihrer Sicht) eine wichtige Rolle spielen in der Geschichte der Kolonisierung (Zetkin 1924: 21–22). Die Gebiete werden entsprechend Ausbeutungsgebiete genannt, die Kolonisierten Ausgebeutete, die Akteure Ausbeuter.[20]

Der antikolonialistische Diskurs der frühen Weimarer Republik spiegelt also die bekannte Theorie. Und *Kolonialismus*, *Kapitalismus* und *Imperialismus* formieren einen wechselseitigen Bedeutungskomplex. Wie bekannt, versteht marxistische Orthodoxie auf einer Zeitskala Imperialismus als eine Folge von Kapitalismus, während Imperialismus und Kolonialismus phänomenologische Äquivalente darstellen, indem sie auf denselben Wirklichkeitsausschnitt referieren. Eine kommunistische Resolution vom März 1919 proklamiert in Bezug auf den Krieg in diesem Sinn: "Niemals zeigte sich die kapitalistische Herrschaft schamloser, nie wurde das Problem der kolonialen Sklaverei in solcher Schärfe aufgerollt wie jetzt" (KomIntern 1919: 240). Auf demselben Kongress bezieht man sich auf "jene[...] liberal-bürgerlichen Kolonialpolitiker, die die Ausbeutung und Knechtung der Kolonien durch die imperialistische Bourgeoisie gerechtfertigt finden und auf Sklavenhalter[...], die die weitere Knechtung der französischen und englischen Kolonien durch das heimische Kapital als selbstverständlich betrachten" (Resolution 1919: 250).

3.2 Die dekolonisierte Internationale

Der Marxismus ist nicht nur eine Analyse bestehender gesellschaftlicher und wirtschaftlicher Gegebenheiten, verdichtet in den genannten Kategorien *Kapitalismus*, *Ausbeutung*, *Imperialismus* etc. Sondern er ist bekanntlich vor allem ein

---

20 "In dieser Lage sehen sich die einzelnen kapitalistischen Staaten und Mächtegruppen nach neuen Ausbeutungsgebieten um". (KPD 1922: 11); "nach Befreiung der Ausgebeuteten von jeglicher Knechtschaft streben [...] In Südafrika schmachten in den Gefängnissen Hunderte von Arbeitern, die [...] ihre Lebensrechte gegen die Ausbeuter verteidigt haben" (Zetkin 1922: 594).

in die Zukunft verweisendes Gesellschaftsmodell. Wie die antikolonialistische Linke das Phänomen Kolonialismus kategoriell und argumentativ in ihre Bestandsanalyse integriert, so fügt sie auch die Lösung des Problems in ihr Zukunftsmodell ein.

> In der Föderation Sozialistischer Sowjetrepubliken hat die harmonische Vereinigung des Nationalen und Internationalen Gestalt und schöpferisches Leben gewonnen, ein hinreißender Vorklang, daß "die Internationale die Menschheit sein wird". (Zetkin 1923: 663)

Gemeinschaftsvorstellungen wie diese können wir das argumentative Ziel des linken Antikolonialismus nennen.

Während der Prokolonialismus internationale Gemeinschaft durch nationale koloniale Identität anstrebt – indem er sich so in die Gemeinschaft der Kolonialvölker einreiht –, zielt der **Antikolonialismus** auf internationale Gemeinschaft, um den Kolonialismus zu beenden.

Die marxistische Gemeinschaftsidee wird mit der Identifikationsvokabel *international/Internationale* kodiert, ebenso mit Bezeichnungsalternativen wie *Menschheit, Welt(proletariat), Proletarier aller Länder, Arbeiter aller Länder, Völker der Erde*. Dieses Vokabular ist Komplement des Stigmaworts *Imperialismus*. Die Argumentationslogik sieht – wie wir gesehen haben – so aus: Die sozialistische bzw. kommunistische Orthodoxie begreift Kolonialismus als eine Version von Kapitalismus, dieser ist damit gebunden an Imperialismus als die letzte Periode des Kapitalismus, Imperialismus wiederum ist gekennzeichnet von Ungerechtigkeit, die sie *Ausbeutung, Knechtung, Unterdrückung* nennen – wie wir gesehen haben. Das Handlungskonzept gegen Ausbeutung, Knechtung, Unterdrückung heißt *Befreiung*. Insofern die Auswirkungen von Kolonialismus wie die des Imperialismus/Kapitalismus als *Ausbeutung* usw. bewertet werden, verlangt die marxistische Deontologie die Kategorie *Befreiung* als Gegenterminus. In dieser Logik konsequent ist *Befreiung* auch der Legitimationsterminus des kolonialen Problems. So bezieht zum Beispiel das Manifest des ersten Kongresses der Kommunistischen Internationale 1919 *Befreiung der Kolonien* und *Befreiung der Arbeiterklasse* aufeinander. Nachdem man apodiktisch erklärte: "Die Befreiung der Kolonien ist nur zusammen mit der Befreiung der Arbeiterklasse der Metropolen möglich", behauptet man einen Ursache-Wirkung-Effekt zwischen der Institution der europäischen Diktatur des Proletariats (was hier auf England und Frankreich bezogen ist), und der Unabhängigkeit der kolonialen Arbeiter und Bauern:

> Die Arbeiter und Bauern nicht nur von Nama, Algier, Bengalen, sondern auch von Persien und Armenien erhalten die Möglichkeit einer selbständigen Existenz erst dann, wenn die Arbeiter Englands und Frankreichs Lloyd George und Clemenceau gestürzt und die Staatsmacht in ihre Hände genommen haben.

Wenn sie schließlich den *Kolonialsklaven Afrikas und Asiens* zurufen:

> Die Stunde der proletarischen Diktatur in Europa wird auch die Stunde eurer Befreiung sein!

dann stellen sie das Projekt Dekolonisierung in den Rahmen jeglichen zielorientierten Redens der Linken (KomIntern 1919: 240–241). Dieses Ziel heißt: Diktatur des Proletariats. Diktatur des Proletariats ist insofern ein internationales Unternehmen im Kontext der Revolution von 1918/19, und man transponiert das raumumgreifende *aller Länder* auf die europäische und über diese hinaus auf die globale Ebene.[21]

Halten wir fest:
- Der linke Antikolonialismus ist Teil der geschlossenen marxistisch-sozialistischen Deontik.
- Er wird repräsentiert in (Klassenkampf-)Terminologie und kodiert mit den Ethizismen der Menschenrechte.
- Ihre Kohärenz ist insofern groß, sodass sich auch ihr konzeptuelles Potenzial im Sinn eines kohäsiven semantischen Netzes darstellen lässt.

4 Der Weimarer kolonialrevisionistische Diskurs als Gemeinschaftsdiskurs

Die beiden Segmente des Kolonialdiskurses in der frühen Weimarer Republik mit ihren gegensätzlichen Argumenten, Schlüsselwörtern und Kategorien kön-

---

[21] Übrigens: Dass die Überlegenheitsattitüde, auf die als Voraussetzung des Kolonialprojekts überhaupt zu verweisen ist, keine rein prokolonialistische Angelegenheit war, ist ebenfalls festzuhalten. Linker Überlegenheitskolonialismus klingt auf dem 1. Kongress der KomIntern 1919 so: "Wenn das kapitalistische Europa die rückständigen Weltteile zwangsweise in den kapitalistischen Strudel hineingezogen hat, so wird das sozialistische Europa den befreiten Kolonien zu Hilfe kommen mit seiner Technik, seiner Organisation, seinem geistigen Einfluß, um deren Übergang zur planmäßig organisierten sozialistischen Wirtschaft zu erleichtern". (KomIntern 1919: 240) *Hebung* nennen die Kolonialfreunde diesen Prozess, den die Kolonialgegner als *zu Hilfe kommen* und *Übergang erleichtern* bezeichnen.

nen auf einer höheren Ebene gleichermaßen mit der Kategorie *Gemeinschaft* interpretiert werden. *Gemeinschaft* bezeichnet eine der herausragenden Ideen, Konzepte und Schlüsselwörter des Weimarer Diskurses und bezieht sich auf jegliche gesellschaftliche Domäne.

Gemeinschaft ist "eines der Zauberworte in der Weimarer Zeit". (Sontheimer 1992: 251)

So überrascht es nicht, dass auch die beiden kontroversen Kolonial-Segmente unter dieses Konzept zusammengefasst werden können. Unter diesem Zeichen können wir festhalten: Der Prodiskurs erhält Impuls und Dynamik durch den Versailler Vertrag und wird im Sinn von Stigma-Management geführt. Er hat zum Ziel, die Zuschreibung 'kolonialpolitische Versager' durch den Anspruch 'berechtigte Besitzer kolonialer Territorien' zu ersetzen. Kollektive Identität entsteht im Zuge eines kommunikativen und diskursiven Prozesses. Im Fall einer Korrektur, wie hier, besteht dieser Prozess in kommunikativen Akten der Zerstörung (der zugeschriebenen Identität) und der Konstitution (der Soll-Identität). Die Zerstörung wird im Fall des kolonialen Prodiskurses vollzogen durch Kriminalisierung des Gegners, die Soll-Identität wird konstituiert mit den Argumenten Kultur, Wirtschaft und Lebensraum.

Um diese Struktur im Zeichen der Gemeinschaft zu erklären, müssen wir auf den prokolonialistischen Diskurs von 1880/90 Bezug nehmen. Dieser Kolonialdiskurs des späten 19. Jahrhunderts wurde als "sekundär motiviert" beschrieben (Berman 2003). Insofern der deutsche Kolonialismus einsetzt zu einem Zeitpunkt, als andere Länder auf eine mindestens 200 Jahre alte Kolonialgeschichte zurückblicken können, können die deutschen Kolonialisten zu diesem Zeitpunkt nichts anderes als einen Status beanspruchen, den die europäischen Nachbarn bereits seit langer Zeit innehaben. Die lexikalische Repräsentation dieses Status der sekundären Motiviertheit heißt *wir auch*. Der berühmte Zuruf Reichskanzlers Bernhard von Bülow im Reichstag am 6. Dezember 1897, der verkürzt als *Platz an der Sonne* tradiert wird, lautet vollständig: "wir wollen niemand in den Schatten stellen, aber wir verlangen auch [sic!] unseren Platz an der Sonne". (Bülow 1897: 7)

Dieses *wir auch*-Syndrom wirkt 1918/19 weiter. So erklärt sich nicht nur die Forderung von Brockdorff-Rantzau: "Das deutsche Volk hat [...] wie jedes andere Volk Anspruch auf Teilnahme an den Erträgnissen der tropischen Zonen" in einem Interview am 2.2.1919 (Brockdorff-Rantzau 1919a: 33). So erklärt sich nicht nur das Statement Stresemanns, das er in einer Rundfunkrede am 3. November 1925 abgibt: "Mit dem Eintritt in den Völkerbund besteht auch für uns das moralische Recht für die Verleihung von Kolonialmandaten" (Stresemann

1925: 12). So erklärt sich nicht nur die parteiprogrammatische Formulierung der DVP: "An der geistigen und sittlichen Hebung der auf niedriger Kulturstufe stehenden Völker mitzuarbeiten, ist auch das deutsche Volk berechtigt". (DVP 1919: 128)

Sondern: *wir auch* ist gleichsam als diskursive Grundfigur des Kolonialdiskurses zu beschreiben, seit es ihn gibt.[22] So lauten die oben beschriebenen Argumente in ihrer vollständigen Form:

- Wir wollen auch an der kulturellen Hebung primitiver, nicht-zivilisierter Völker teilhaben.
- Wir haben auch das Recht, von überseeischen Rohstoffen zu profitieren.
- Wir benötigen auch kolonialen Siedlungsraum.

Verstanden als Identitätsdiskurs repräsentieren diese Argumente in 'wir-auch-Diktion' eine deutsche Sehnsucht nach Gemeinschaft, nach Mitgliedschaft in der Gemeinschaft der kolonisierenden Staaten – das ist, was 'sekundär motiviert' bedeutet. Und es ist die positive, die Soll-Identität, die die Deutschen diskursiv zu etablieren suchen. Die negative Identität, die wir ableiten können, betrifft das deutsche Selbstbild als ausgeschlossene Nation.

Insofern also die Argumente von 1880/90 in den Jahren 1918/19 immer noch vorgetragen werden, um die Identitätsbehauptung zu unterstützen, sehen wir aber ein weiteres: Zwar bleibt die Sekundärmotiviertheit des deutschen Kolonialismus, die 'wir-auch-Diktion', die den deutschen Kolonialdiskurs von Beginn an determiniert, nach dem Ersten Weltkrieg unverändert. Das Verbot von Kolonialbesitz weisen die Deutschen mit denselben Argumenten zurück, mit denen sie 1880/90 versuchten, von der Notwendigkeit kolonialen Besitzes zu überzeugen. Aber mit einem Unterschied: Im Kontext der Kolonialschuldlüge haben diese Argumente eine erhöhte Evidenz. Das Selbstbild der ausgeschlossenen Nation ist nunmehr ein Faktum, der Versailler Vertrag hat seine Realität geschaffen. Insofern bedeutet *Gemeinschaft* im prokolonialen Kontext nun: 'wie die anderen im Besitz kolonialer Territorien sein', daher 'Mitglied im Chor der Kolonialmächte' – und insofern 'nicht stigmatisiert sein und frei von einem Schuldvorwurf'.

Auch der linke Antikolonialismus kann als Manifestation eines Gemeinschafts-Konzepts gedeutet werden. Er ist Teil einer elaborierten marxistischen Deontologie, wie gesehen repräsentiert durch Klassenkampf-Terminologie und

---

[22] Mit diesem Terminus "diskursive Grundfigur" bezeichnet Busse verschieden manifeste Repräsentationen von inhaltlichen Diskurselementen. Am Beispiel der diskursiven Grundfigur "das Eigene und das Fremde" weist er ihre Funktionsweise nach (Busse 2003: 28–34).

die Ethizismen der Menschenrechte. Insofern ist seine Kohärenz evident, und sein konzeptuelles Potenzial ist beschreibbar als kohäsives semantisches Netzwerk. Unter dem Zeichen der Gemeinschaft ist es das marxistische Schlüsselwort *Internationale*, das diese Ethik repräsentiert. Das semantische Potenzial dieses Schlüsselworts ist geprägt durch das marxistische Konzept der Gleichheit. Gemeinschaft im antikolonialen Kontext bedeutet: Gleichheit der Menschen und daher Internationalität aller Gesellschaften und Brüderlichkeit der Menschheit.

Wir erkennen zwei gegensätzliche diskursive Versionen, die mit ihren Argumenten zusammen den öffentlichen politischen Weimarer Kolonialdiskurs, seine Konzepte und Schlüsselwörter formieren: Gegensätzlich in Bezug auf die Haltung zum Gegenstand des Diskurses, gegensätzlich in Bezug auf die Diskursstrukturen, gegensätzlich hinsichtlich der Funktionen. Obwohl sich natürlich die entsprechenden Bedeutungen unterscheiden – was die beiden Diskursversionen vereint ist das Konzept einer künftigen Gemeinschaft, im Sinn einer Gemeinschaft der Nationen, der die deutschen prokolonialen Nationalisten anzugehören wünschen, oder im Sinn einer Gemeinschaft der Menschheit, von der die Linke träumt.

5 Fazit: Der Kolonialdiskurs als Paradigma

Man könnte den Kolonialdiskurs der ersten Jahre nach dem Ersten Weltkrieg als ein Kuriosum der Diskursgeschichte abtun – als einen referenzlosen Diskurs, der ohne Auswirkung in einer relativ kurzen Zeitspanne geführt wurde. Unter dem Aspekt aber einer Konzeptualisierung von Schuld und eingerückt in eine ethische Dimension ist er keineswegs marginal, sondern lässt sich im Gegenteil als Begründung eines diskursiven Paradigmas des 20. Jahrhunderts beschreiben. Dieses Paradigma ist ein kulturlinguistischer Gegenstand. So zeigt die Struktur des Stigmamanagements, das wir rekonstruiert haben, deutliche Parallelen mit dem Kriegsschulddiskurs von 1918/19, dem Diskurs zur vermeintlichen Kollektivschuldthese in der Nachkriegszeit nach 1945 (Kämper 2005), weiterhin können wir auch etwa den Protestdiskurs von 1967/68 hinsichtlich seiner ethischen Dimension in dieses Paradigma einordnen (vgl. Kämper 2012), ebenso wie den Diskurs der sog. Wende von 1989/90 in das Zeichen eines Schulddiskurses stellen und damit auch den Diskurs dieses Umbruchs des 20. Jahrhunderts als ethisch-deontisches Phänomen beschreiben. M.a.W.: Die deutsche Diskursgeschichte des 20. Jahrhunderts ist, unter dem Einfluss von Menschenrechts- und Aufklärungskonzepten, wesentlich geprägt von einer ethisch-deontischen Dimension, deren Beginn und paradigmatische Grundlegung auch hinsichtlich des sprachlichen Musters mit dem Ende des Ersten Weltkriegs beginnt. Der Kolonialdiskurs um 1919/20 begründet insofern mit seiner ethisch-moralischen Ausstattung dieses diskursive Paradigma des 20. Jahrhunderts.

Kommentierte Literaturhinweise

Berman (2003) beschreibt die deutsche Kolonialgeschichte kontrastiv und vergleicht diese mit der Geschichte derjenigen Staaten, die in der Früh- und Hochphase Kolonialgeschichte schrieben. Dabei wird die deutsche Position als verspätete Kolonialmacht deutlich, die auch sprachgeschichtliche Spuren gezogen hat. **Faulstich (2009)** weist zum einen nach, dass 'Kolonialismus' kein sprachgeschichtlicher Gegenstand ist. Zum andern benennt sie mögliche Gründe dieses Defizits, die sie der Geschichte des Fachs 'Sprachgeschichte' sieht. **Gründer (2004)** rekonstruiert knapp und konzis die deutsche Kolonialgeschichte einschließlich ihrer Vorgeschichte. Personen, Institutionen und die kolonialen Territorien sind Gegenstand dieser systematischen Beschreibung. **Lauer (2009):** Am Beispiel von Raum konstituierenden Texten der Deutschen Kolonialzeitung, die zwischen 1884 und 1887 erschienen sind, rekonstruiert die Autorin die sprachliche Konstruktion von Raum im Hinblick auf die Strategie, diesen als für koloniale Zwecke geeignet (oder nicht geeignet) zu konstituieren.

Internetquelle

http://www.ids-mannheim.de/lexik/SprachlicherUmbruch/.

Birte Kellermeier-Rehbein
9 Sprache in postkolonialen Kontexten II. Varietäten der deutschen Sprache in Namibia

Wichtige Konzepte: Sprachliche Variation, Sprachkontakt, Namibismus, Namslang, Küchendeutsch, Identität

1 Namibia

Die Republik Namibia liegt im südlichen Afrika und grenzt an Angola, Sambia, Botswana und Südafrika. Die Bevölkerung ist ausgesprochen multiethnisch und umfasst verschiedene Volksgruppen (z.B. Ovambo, Herero, Nama, Damara, San, Weiße u.a.), die insgesamt rund 30 Sprachen sprechen. Die Amtssprache Namibias ist Englisch, daneben gibt es elf Nationalsprachen, darunter auch Deutsch (vgl. Böhm 2003: 530), das in der namibischen Sprachenlandschaft recht präsent ist, was ein Blick auf die Landkarte mit deutschen Ortsnamen (Maltahöhe, Mariental, Seeheim u.a.) exemplarisch zeigt (vgl. Abb. 1). Der vorliegende Beitrag thematisiert die Geschichte der deutschen Sprache in Namibia und ihre Sprechergruppen sowie die Ausbildung von postkolonialen namibischen Erscheinungsformen (Varietäten) des Deutschen.

2 Kurze Geschichte der deutschen Sprache in Namibia

Die deutsche Sprache kam erstmals 1842 im Kontext der Missionierung in das Gebiet im südlichen Afrika, das heute als Namibia bezeichnet wird. Die Rheinische Mission entsandte Missionare zunächst nach Südafrika, später auch in die nördlich des Oranje-Flusses gelegenen Gebiete der Herero und Nama (vgl. Menzel 1978: 56–58). Allzu groß war die Verbreitung der deutschen Sprache durch Missionare allerdings nicht, da sie von der Maxime geleitet wurden, dass die Bekehrung zum Christentum dann die größte Aussicht auf Erfolg habe, wenn sie

---

Birte Kellermeier-Rehbein: Bergische Universität Wuppertal, Fakultät für Geistes- und Kulturwissenschaft Germanistik, Gaußstr. 20, 42119 Wuppertal, kellermeier-rehbein@uni-wuppertal.de

in der Muttersprache der Einheimischen erfolgte (vgl. Castelli 2015: 131). Sie waren folglich nicht bestrebt, ihren Zöglingen Deutschunterricht zu erteilen, sondern versuchten ihrerseits die lokalen Sprachen zu erlernen.

Abb. 1: Namibia (Quelle: Kelisi, in: Wikimedia Commons; https://commons.wikimedia.org/wiki//File:Namibiamap.png; eingesehen am 14.8.2015).

Deutlich wichtiger für die Verbreitung der deutschen Sprache im südlichen Afrika war die Zeit des deutschen Kolonialismus von 1884 bis 1919. Bismarck stellte das Land als erstes sogenanntes *Schutzgebiet* unter deutsche Herrschaft. Diese euphemistische Bezeichnung darf nicht dahingehend missverstanden werden, dass die einheimische Bevölkerung vor kriegerischen Auseinandersetzungen geschützt werden sollte. Vielmehr ging es um den Schutz deutscher

Handels- und Wirtschaftsinteressen (vgl. Speitkamp 2005b: 26–30). Erst später wurde Deutsch-Südwestafrika zur Verwaltungskolonie. Die bereits ansässigen deutschen Missionare spielten eine nicht unwesentliche Rolle beim Auf- und Ausbau der Kolonie, indem sie als "Berater" und Dolmetscher zwischen Kolonialverwaltung, einheimischen Bevölkerungsgruppen, deutschen Schutztruppen und Siedlern vermittelten (vgl. Speitkamp 2005b: 91–97).

Ziel der deutschen Kolonialpolitik im Hinblick auf Deutsch-Südwestafrika war neben der wirtschaftlichen Nutzung des Landes die Errichtung einer deutschen "Siedlungskolonie mit deutscher Bevölkerung, Kultur und Sprache" (Böhm 2003: 526; vgl. auch Gretschel 1993: 44). Damit unterschied sich diese Kolonie ganz wesentlich von anderen deutschen Kolonien. Kamerun, Togo, Deutsch-Ostafrika und die Gebiete in der Südsee waren reine Ausbeutungskolonien, die den Bedarf an Kolonialwaren und Bodenschätzen decken sollten, und die Handelskolonie Kiautschou in China stellte die Erschließung des chinesischen Marktes für das Kaiserreich in Aussicht. Für Südwestafrika hatte man dagegen andere Pläne. Hier sollten angesichts des, wie von Kolonialbefürwortern behauptet, knapper werdenden Bodens in der Heimat neue Siedlungsräume für die wachsende Bevölkerung erschlossen werden. Nebenbei erhoffte sich die konservative deutsche Regierung, unruhige Arbeitermassen dahin ableiten zu können und damit die Sozialdemokratie im jungen Kaiserreich zu schwächen (vgl. Speitkamp 2005b: 18–19). 1912 befanden sich als Folge der Siedlungspolitik über 12.000 Deutschsprachige im Schutzgebiet (vgl. Speitkamp 2005b: 81), während die Anzahl der Deutschen in den anderen Kolonien weit darunter lag (z.B. knapp 2.000 in den südpazifischen Kolonien gegen Ende der Kolonialzeit (vgl. Engelberg 2006a: 3). Deutsche waren allerdings nicht die einzigen europäischstämmigen Siedler in Südwestafrika. Vor allem afrikaanssprachige Personen waren zum Teil schon vor den Deutschen aus Südafrika eingewandert und bildeten einen beträchtlichen Bevölkerungsanteil, während Englischsprachige nur eine relativ kleine Gruppe umfassten. Deutsch wurde zur alleinigen Amtssprache der Kolonie erklärt, da es aus der imperialistischen Sicht der Kolonialregierung als einzige Sprache überhaupt in Frage kam (vgl. Böhm 2003: 525). Darüber hinaus war es auch Unterrichtssprache in Schulen für Weiße, sodass auch andere europäischstämmige Schüler Deutsch lernten. Nur die afrikaanssprachigen Buren verweigerten jegliche sprachliche Assimilierung. Ab 1903 durften sie eigene Privatschulen mit Niederländisch als Unterrichtssprache errichten (vgl. Böhm 2003: 526).

Die deutsche Landpolitik behielt den Siedlern 75% des Landes vor (vgl. Speitkamp 2005b: 82), darunter insbesondere die fruchtbaren Böden. Auf diese Weise wurde vielen Einheimischen die Lebensgrundlage entzogen, da besonders Angehörige der Nama und Herero weitgehend von Viehzucht lebten und dafür große Weideflächen benötigten. Infolgedessen mussten viele ihre traditionelle Lebensweise aufgeben und sich als Lohnarbeiter den Lebensunterhalt verdienen. Deutsche Siedler wurden bald zu wichtigen Arbeitgebern, die Einheimische in Haushalt, Landwirtschaft und anderen Kontexten beschäftigten. Dadurch kam es vermehrt zu Sprachkontaktsituationen zwischen Siedlern und Einheimischen, von denen einige die deutsche Sprache mehr oder weniger weitreichend erlernten.

Der Ausbruch des Ersten Weltkriegs setzte der deutschen Kolonialzeit ein Ende, als die Kolonie von südafrikanischen Truppen besetzt wurde. Nach dem Krieg verlor das Deutsche Reich gemäß dem Versailler Vertrag alle Kolonien und Südwestafrika wurde 1920 auf Beschluss des Völkerbundes als Mandatsgebiet unter die Verwaltung Südafrikas gestellt. Etwa 50% der deutschstämmigen Bevölkerung wurde zwangsausgewiesen, was zu einem starken Rückgang der Deutschsprecher führte. Auch das bis 1922 während Verbot von Deutsch als Unterrichtssprache in staatlichen Schulen sowie das erneute Verbot nach dem Zweiten Weltkrieg schwächte die Stellung der deutschen Sprache. Während der südafrikanischen Verwaltung verlor Deutsch den Status als Amtssprache und wurde durch die beiden Amtssprachen Südafrikas (Afrikaans und Englisch) ersetzt. Südafrika bemühte sich ferner um die "Südafrikanisierung" des Gebietes: Neben der Einführung des Apartheidregimes in Südwestafrika erfolgte auch eine verstärkte Verbreitung von Afrikaans als erster Fremdsprache sowie als Amts- und Verwaltungssprache (vgl. Böhm 2003: 527).

1984 erhielt Deutsch seinen Amtssprachenstatus in Namibia zurück. Allerdings war es keine mit Englisch und Afrikaans gleichberechtigte offizielle Sprache, sondern nur Amtssprache auf Landesebene für die Verwaltung der weißen Bevölkerung (vgl. Ammon 2015: 360; Pütz 1992: 306). Gretschel (1993: 57; 1995: 303) äußert die Vermutung, dass dies eine Art Dank für die Kollaboration der deutschstämmigen Namibier mit dem Apartheidregime war. Die zweite Amtssprachenperiode des Deutschen in Namibia währte allerdings nur sechs Jahre, denn das Land wurde 1990 unabhängig und Englisch avancierte zur einzigen offiziellen Amtssprache. Deutsch ist heute als Sprache der deutschstämmigen Minderheit und als eine der Nationalsprachen weiterhin in Namibia präsent.

3 Aktuelle Sprachensituation in Namibia

Namibia ist ein multilinguales Land mit 30 Einzelsprachen (bezogen auf 2006, vgl. Ethnologue 2013), die sich zu drei Sprachgruppen zusammenfassen lassen (vgl. Janson 2006: 1985–1986). Die Bantu-Sprachen werden von ca. 75% der Bevölkerung gesprochen (vgl. Böhm 2003: 525). Unter ihnen ist Oshiwambo die am weitesten verbreitete Sprache in Namibia, da sie Muttersprache von 49% der Bevölkerung ist. Eine weitere Gruppe ist die der Khoisan-Sprachen (Nama/Damara), die von ca. 11% der Bevölkerung gesprochen werden (vgl. Namibia Statistics Agency: 8). Sie enthalten Schnalzlaute (clicks) und gelten als die ältesten Sprachen Namibias, die bereits von den ersten Bewohnern, den San, sowie von Nama und Damara gesprochen wurden. Die dritte Sprachgruppe bilden indo-europäische, genauer gesagt germanische Sprachen: Englisch, Afrikaans und Deutsch.

Englisch war unmittelbar nach der Unabhängigkeit Muttersprache von nur 0,7 % der Gesamtbevölkerung (vgl. Pütz & Dirven 2013: 338). Inzwischen hat allerdings eine Nativisierung eingesetzt, wodurch sie für immer mehr Bürger zur Erstsprache wird. Trotzdem spielt sie nach wie vor als Muttersprache numerisch kaum eine Rolle, weist aber als offizielle Amtssprache einen besonderen Status auf. Staatliche Amtssprachen sind die offiziellen Sprachen der Gesetzgebung und Rechtsprechung sowie Mittel der Kommunikation zwischen Staat und Bürgern. Mit Erlangung der staatlichen Unabhängigkeit im Jahre 1990 fiel die Wahl auf diese Amtssprache, weil sie als historisch am wenigsten vorbelastet und politisch neutral galt (vgl. Pütz 1992: 296–301; Pütz & Dirven 2013: 340–344). Auch ihr Status als Weltsprache mit großer Reichweite war ausschlaggebend. Deutsch kam wegen seiner Vergangenheit als Kolonialsprache nicht in Frage, ebenso wenig Afrikaans als Sprache der Unterdrückung während des Apartheidregimes. Zwar war Englisch neben Afrikaans auch Amtssprache Südafrikas, nahm aber während der Mandatszeit eine untergeordnete Stellung ein, sodass vor allem Afrikaans mit dem Unrechtssystem assoziiert wurde. Ferner bietet Englisch den Vorteil, dass es keine einheimische Ethnie bevorzugt oder benachteiligt, weil es praktisch für alle Einwohner eine Fremdsprache ist. Da alle Namibier in die Lage versetzt werden sollen, sich der Amtssprache Englisch zu bedienen, um am gesellschaftlich-politischen Leben uneingeschränkt teilnehmen und mit staatlichen Institutionen kommunizieren zu können, wurde Englisch an allen staatlichen Schulen ab der 4. Klasse als obligatorische Unterrichtssprache in den Hauptfächern eingeführt (vgl. Böhm 2003: 532).

Afrikaans ist eine Tochtersprache des Niederländischen, die sich in der ehemaligen Kapkolonie (Südafrika) seit 1652 durch Isolierung vom Muttersprachgebiet, Sprachkontakt und Sprachwandel entwickelte und durch Migration auch nach Namibia gelangte. Die 2011 durchgeführte Volkszählung ergab, dass in 10% aller namibischen Haushalte Afrikaans gesprochen wird, damit steht sie knapp hinter Nama/Damara an dritter Stelle hinter der o.g. Bantusprache Oshiwambo (vgl. Namibia Statistics Agency: 8). Darüber hinaus ist sie eine numerisch starke Zweit- bzw. Fremdsprache in Namibia. Über drei Viertel der Bevölkerung verfügt über (aktive oder passive) Kenntnisse dieser germanischen Sprache, was auch auf die o. g. südafrikanische Sprachenpolitik während der Mandatszeit zurückzuführen ist. Afrikaans hat sich dadurch zur wichtigsten Verkehrssprache für die interlinguale Kommunikation verschiedensprachiger Menschen in Namibia entwickelt und besetzt diese Position bis heute (vgl. Willemyns & Bister Broosen 2013: 454). Sie wurde zum Schlüssel sozio-ökonomischen Aufstiegs (vgl. Pütz 1992: 296) und gehört zu den Nationalsprachen Namibias. Sprecher der Nationalsprachen haben das Recht, in den ersten drei Schuljahren in der betreffenden Muttersprache unterrichtet zu werden. Erst danach erfolgt die obligatorische Umstellung auf die Unterrichtssprache Englisch.

Deutsch ist in Namibia Muttersprache von schätzungsweise 20.000 bis 25.000 Personen. Sie bilden damit zwar nur etwa 1% der Gesamtbevölkerung, dennoch sind sie als gesellschaftliche Gruppe wahrnehmbar. Zum einen ist die deutsche Sprache vor allem im urbanen Raum im Alltagsleben präsent, zum anderen ist die deutschstämmige Minderheit eine wirtschaftlich einflussreiche Gruppe, die viele Arbeitgeber stellt. Daher fungiert Deutsch auch als Sprache der Wirtschaft und des Geschäftslebens (vgl. Pütz 1991: 474) und nimmt darüber hinaus eine wichtige Rolle im Tourismus ein, da Namibia ein beliebtes Reiseziel deutschsprachiger Afrika-Urlauber ist. Es gehört ferner zu den offiziell deklarierten Nationalsprachen und fungiert als Lingua franca, wenn auch in deutlich geringerem Maße als Afrikaans. Zur sprachlichen Infrastruktur des Deutschen gehört eine deutschsprachige Tageszeitung, die *Allgemeine Zeitung*, die bis 2012 noch den Untertitel *Nachrichten von A-Z auf gut Deutsch* führte, ein deutschsprachiges Hörfunkprogramm (NBC German Service) im öffentlich-rechtlichen Sender (Namibian Broadcasting Corporation), (deutsche) Privatschulen (z.B. die Deutsche Höhere Privatschule in Windhoek) sowie Unterricht in Deutsch als Mutter- und Fremdsprache an staatlichen Schulen und DaF-Unterricht an einem Goethezentrum (kein Goethe-Institut!). An der University of Namibia können Studierende ein Germanistikstudium absolvieren. Zu den Personen, die Deutsch als Zweit- oder Fremdsprache sprechen, gehören auch solche, die Deutsch ungesteuert, also ohne institutionellen Unterricht, erlernt haben und die Sprache am Arbeitsplatz verwenden. Ihre Zahl ist allerdings nur schwer abschätzbar. Die Hauptmotivation für das Erlernen der deutschen Sprache liegt in den besseren

Berufsaussichten, die bei deutschsprachigen Arbeitgebern und im Tourismus zu erwarten sind. Bei den verschiedenen Sprechergruppen des Deutschen sind ganz unterschiedliche Deutschkompetenzen und -verwendungsweisen zu beobachten. Um die besonderen Ausprägungen (Varietäten) der deutschen Sprache in Namibia sprachwissenschaftlich präzise beschreiben zu können, ist ein kurzer Exkurs in die Variationslinguistik hilfreich.

4 Exkurs zur sprachlichen Variation

Die deutsche Sprache ist – wie auch viele andere Sprachen – nicht immer und überall gleich, sondern zeichnet sich durch verschiedene Erscheinungsformen (Varietäten) aus (z. B. Dialekte, Soziolekte, die Standardvarietät etc.). Der Terminus Varietät wird folgendermaßen definiert:

Eine **Varietät** ist ein sprachliches Subsystem (l), das einem übergeordneten Sprachsystem (L_a) zugeordnet ist.

Das in der Definition erwähnte "übergeordnete Sprachsystem" wird häufig auch Diasystem (oder ganze Sprache) genannt. Damit bezeichnet man eine Menge von Varietäten, die in wesentlichen Merkmalen übereinstimmen und auf eine gemeinsame historische Entwicklung in einem gemeinsamen geographischen Raum zurückgehen. Auf eine abstrakte Formel gebracht, lässt sich dieser Sachverhalt nach Ammon (1995: 1) folgendermaßen darstellen:

$$L_a = \{l_1, l_2, l_3, ..., l_n\}$$

L_a steht für das Diasystem, l_1 bis l_n für einzelne Varietäten. Man könnte hier also für L_a *Deutsch* einsetzen und für l_1 bis l_n Varietäten wie Alemannisch, Bairisch, Hessisch, Ripuarisch, medizinische Fachsprache, Jugendsprache, Seniorensprache, Imkersprache, Pressesprache, Knastsprache und viele andere.

Die Varietäten einer Sprache unterscheiden sich durch einzelne sprachliche Merkmale, die sogenannten Varianten (z.B. *Abitur* (deutsches Deutsch) und *Matura* (österr. und schweiz. Deutsch)).

Linguistische Varianten sind sprachliche Einheiten gleicher Bedeutung und Funktion, die in einem komplexen Ausdruck A gegeneinander ausgetauscht werden können, ohne die Bedeutung von A zu verändern.

Varianten können auf allen sprachlichen Ebenen auftreten. Besonders auffällig sind sie in der Lautung (*König*: [ˈkøːnɪk] (österr., schweiz., süddt.) vs. [ˈkønːɪç] norddt., mitteldt.) und Lexik (*Semmel* (österr., südostdt.) vs. *Brötchen* (norddt., mitteldt.), etwas unscheinbarer in den Bereichen Syntax (*vergessen auf etw.* (österr.)) und Semantik (*Estrich*, schweiz.: 'Dachboden'). Sie kommen aber auch in Morphologie (*parken* vs. *parkieren* (schweiz.)) und Pragmatik (*Guten Tag* (norddt., mitteldt.) vs. *Grüß Gott* (österr., süddt.)) vor. Während der Terminus *Variante* also eine einzelne sprachliche Einheit bezeichnet, steht *Varietät* für ein ganzes sprachliches System, das alle o. g. Ebenen der Sprache umfasst.

Die ganze Sprache L_a sollte keinesfalls mit der Standardvarietät gleichgesetzt werden, denn auch letztere ist eine von vielen Varietäten (l_x) einer Sprache. Obwohl der Terminus *Standardvarietät* in der Fachliteratur häufig verwendet wird, steht seine inhaltliche Präzisierung aus linguistischer Perspektive noch aus. Dies erweist sich als schwieriges Unterfangen und Sprachwissenschaftlern ist es bisher nicht gelungen, eine allgemein akzeptierte Definition zu formulieren (vgl. Kellermeier-Rehbein 2013: 3–7). Daher ist die folgende Definition (vgl. Ammon 1995: 73–74) streng genommen eher als kurze Merkmalsliste zu verstehen:

> Eine **Standardvarietät** ist die überregionale, amtlich verwendete und präskriptiv kodifizierte sprachliche Norm für öffentliche und formelle Kommunikation. Sie ist Unterrichtsgegenstand und -sprache in der Schule.

Da es für die deutsche Sprache keine Institution oder Akademie gibt, die festlegt, welche sprachlichen Einheiten zum "richtigen" Deutsch gehören und welche nicht, ergeben sich Umfang und Form der Standardvarietät aus den sprachlichen Urteilen verschiedener gesellschaftlicher Gruppen, die Ammon (1995: 78–82) als "soziales Kräftefeld einer Standardvarietät" bezeichnet. Dazu gehören (a) Modellsprecher und -schreiber (z.B. Schriftsteller, Journalisten etc.), die Modelltexte verfassen, (b) Sprachexperten (z. B. Linguisten), die das Sprachsystem und seine Verwendung wissenschaftlich untersuchen, (c) Sprachnormautoritäten (z.B. Lehrer), die schriftliche und mündliche Äußerungen auf sprachliche Richtigkeit überprüfen, sowie (d) Kodifizierer (Lexikographen, Grammatikographen), die sprachliche Einheiten und Regeln in Wörterbüchern und Grammatiken darstellen. Diese vier Gruppen bewerten die Normebene der sprachlichen Ausdrücke und orientieren sich dabei zum Teil an den jeweils anderen Gruppen. Im Idealfall stimmen ihre Beurteilungen überein, sie können aber auch divergieren, was eine eingeschränkte Standardsprachlichkeit der betreffenden Form zur Folge hat.

Für das Deutsche ist festzuhalten, dass es nicht nur eine einzige Standardvarietät gibt, die für alle Sprecher gleichermaßen gültig ist, sondern dass sich in den deutschsprachigen Staaten jeweils eigene Standardvarietäten entwickelt haben, v. a. deutsches und österreichisches Standarddeutsch sowie Schweizerhochdeutsch. Aus der Tatsache, dass diese Varietäten an je eine Nation geknüpft sind, leitet sich der Terminus *nationale Varietät* ab.

Eine **nationale Varietät (Nationalvarietät)** ist eine für eine bestimmte Nation einer Sprechergemeinschaft spezifische Standardvarietät mit eigenen nationalen Varianten.

Die für die jeweiligen Standardvarietäten kennzeichnenden Varianten werden dementsprechend als nationale Varianten bezeichnet oder – um die Zugehörigkeit zu einer bestimmten Nation herauszustellen – als Austriazismus (z.B. *Jänner* 'Januar'), Helvetismus (z.B. *Velo* 'Fahrrad') oder Teutonismus (z.B. *Bürgersteig* 'Gehweg') (vgl. Ammon 1995: 99). Nationale Varietäten und nationale Varianten sind charakteristisch für sogenannte plurizentrische Sprachen, die in mehreren Staaten Amtssprache sind und verschiedene Standardvarietäten umfassen (vgl. Ammon 1995: 97). Neben Deutsch gehören dazu viele weitere Sprachen wie Englisch, Französisch, Arabisch etc. Ein Staat, eine Nation oder eine Sprechergemeinschaft einer mehrsprachigen Nation mit einer spezifischen (nationalen) Standardvarietät ist ein Sprachzentrum. Verfügt es über einen eigenen Binnenkodex (Wörterbücher und Grammatiken, die im eigenen Zentrum erstellt wurden), gilt es als Vollzentrum (z.B. Deutschland, Österreich und die Schweiz). Ostbelgien, Luxemburg, Liechtenstein und Südtirol sind aufgrund des nicht vorhandenen Binnenkodex sogenannte Halbzentren. Bei sprachlichen Zweifelsfällen müssen die Bewohner dieser Staaten bzw. Regionen zu den Kodexteilen aus den Vollzentren greifen. Dehnt man das Konzept des Sprachzentrums noch weiter aus, kommen sogar Viertelzentren ins Blickfeld.

Ein **Viertelzentrum** einer Sprache L ist ein Staat, eine Nation oder eine Sprechergemeinschaft einer mehrsprachigen Nation, in der L keine Amtssprache ist, aber eine spezifische Standardvarietät aufweist.

Ein Beispiel für ein solches Viertelzentrum ist Namibia, wo Deutsch trotz der fehlenden Amtlichkeit nach Maßgabe von Modellsprechern bzw. -schreibern, Sprachnormautoritäten und Kodifizierern über eine eigene Standardvarietät verfügt, wie in Abschnitt 5.1 gezeigt werden wird.

Sprachliche Variation kommt natürlich nicht nur in der deutschen Sprache vor, doch wird ihr oftmals eine im Vergleich zu anderen Sprachen besonders ausgeprägte Variation unterstellt. Darüber hinaus beschränkt sich die Variation nicht nur auf den deutschsprachigen Raum in Europa, sondern ist auch außerhalb des geschlossenen deutschsprachigen Gebietes, z. B. in Namibia, zu beobachten. Der Ausdruck *Rivier* ('Trockenfluss') ist eine lexikalische Besonderheit der deutschen Sprache in Namibia, die in keiner Varietät Deutschlands, Österreichs oder der Schweiz bekannt, geschweige denn standardsprachlich ist. Solche Varianten können mit dem Terminus *Namibismus* bezeichnet werden, der in einem engeren Sinne (analog zu Austriazismus, Helvetismus und Teutonismus) ausschließlich standardsprachliche Einheiten umfasst. In einem weiteren Sinne fallen darunter auch nonstandardsprachliche Varianten dieser Sprachinsel.

> Ein **Namibismus** ist eine Variante der deutschen Sprache in Namibia.

Im Bereich des Wortschatzes können Namibismen Lexeme sein, die es in europäischen Varietäten des Deutschen nicht gibt:

Tab. 1: Namibismen und ihre Bedeutungen.

Namibismus	Bedeutung
Baas (mask.)	'Chef, Boss'
basisch	'grundlegend'
bikkie	'etwas, ein bisschen'
braaien/Braai (mask.)	'grillen'/'Grillfest'
hakahana	'schnell'
jobben	'funktionieren'
Oukie (mask.)	'Typ, Kerl, Kumpel'
Pad (fem.)	'Weg, (Schotter-)Straße'
Rivier (neut.)	'Trockenfluss'

Es kann sich aber auch um Wörter handeln, die zwar auch im europäischen Deutsch existieren, aber in Namibia eine andere Bedeutung haben oder anders verwendet werden:

Tab. 2: Gemeindeutsche Ausdrücke und ihre Bedeutungen in Namibia.

Gemeindeutscher Ausdruck	Bedeutung in Namibia
etw. befestigen	'etw. bestätigen'
Damm	'Stausee'
Form	'Formular'

Gemeindeutscher Ausdruck	Bedeutung in Namibia
klar	'fertig'
Klippe	'Stein'
lecker	'gut, schön, lecker'
Werft	'Siedlung, Dorf'

5 Varietäten des Deutschen in Namibia und ihre Sprecher

Jahrzehntelang war "Südwesterdeutsch" die gängige Bezeichnung für die deutsche Sprache in Namibia. Es ist davon auszugehen, dass damit alle deutschnamibischen Varietäten gemeint waren, auch wenn sprachliche Variation in der Literatur über Deutsch in Namibia kaum thematisiert wurde. Heute stehen viele deutschsprachige Namibier diesem Ausdruck distanziert gegenüber, da er inzwischen aus historischen und politischen Gründen nicht mehr zutreffend ist. Das Land ist seit knapp hundert Jahren keine deutsche Kolonie mehr und wurde 1968 durch die UNO in *Namibia* umbenannt (vgl. Pütz & Dirven 2013: 338). Zum einen gilt die Bezeichnung daher als überholt und altbacken und zum anderen lässt der Wunsch, sich von der kolonialen Vergangenheit zu distanzieren, neue Bezeichnungspraktiken entstehen. So hört und liest man inzwischen *Namibisches Deutsch*, *Namibia-Deutsch* oder andere Bezeichnungen, von denen sich allerdings bisher noch keine durchsetzen konnte.

In der Vergangenheit wurde verschiedentlich diskutiert, ob es sich beim "Südwesterdeutsch" um einen Dialekt handele (vgl. Böhm 2003: 564–565; Pütz 1991: 464), was einhellig verneint wurde. Aus heutiger variationslinguistischer Sicht müsste die Fragestellung anders formuliert werden. Die Frage "Dialekt oder nicht?" unterstellt nämlich stillschweigend eine nicht vorhandene Homogenität der deutschen Sprache in Namibia und lässt die vielfältigen Variationsmöglichkeiten unberücksichtigt. Es müsste also vielmehr danach gefragt werden, wie viele und welche Varietäten der deutschen Sprache in Namibia existieren. Diese Fragen können im vorliegenden Beitrag nicht abschließend beantwortet werden, da sie ausgiebige Untersuchungen erfordern würden. Im Folgenden werden daher lediglich drei Varietäten exemplarisch vorgestellt: die namibische Standardvarietät, die (jugendsprachliche) Umgangsvarietät Namslang und die Mischvarietät Küchendeutsch. Die Sprecher der beiden erstgenannten Varietäten sind Muttersprachler des Deutschen. Küchendeutsch wird von Nicht-Muttersprachlern des Deutschen gesprochen.

5.1 Standardvarietät

Die Sprecher der Standardvarietät sind v.a. Angehörige der deutschsprachigen Minderheit. Gewöhnlich werden sie *Namibiadeutsche* oder *Deutschnamibier* genannt, zuweilen bezeichnen sie sich selber als "die vergessenen Deutschen" (Ees-TV 2013: 5:23 Min.), was zum Ausdruck bringt, dass sie nicht nur deutschsprachig, sondern auch deutschstämmig sind. In der Regel handelt es sich um Nachfahren der Siedler aus der Kolonialzeit, die die deutsche Sprache über Generationen hinweg lebendig gehalten haben. Sie verfügen über die namibische Staatsangehörigkeit und leben vor allem in Windhoek, Swakopmund und anderen Städten, aber auch verstreut im ganzen Land. Sprachlich und kulturell sind sie als Gruppe auszumachen. Namibia ist (neben Südafrika) der einzige Staat in Afrika mit einer nennenswerten deutschsprachigen Minderheit (vgl. Böhm 2003: 535–536). In diesem besonderen Fall handelt es sich um eine Fernminderheit, deren Siedlungsgebiet nicht an das geschlossene deutsche Sprachgebiet angrenzt. Solche Konstellationen werden als "Sprachinseln" (Enklaven) bezeichnet, womit allerdings suggeriert wird, dass es sich um eine geschlossene Sprach- und Siedlungsgemeinschaft handelt, was für die deutschsprachige Minderheit in Namibia nicht ganz zutreffend ist (s. o.).

> Eine **Sprachinsel (Enklave)** ist das Siedlungsgebiet einer Sprachminderheit der Sprache L, das geographisch außerhalb des eigentlichen Sprachgebietes von L liegt und von einem oder mehreren anderen Sprachgebieten umgeben ist.

Einen Grenzfall der Muttersprachler bilden die ehemaligen sogenannten *DDR-Kinder*. Dabei handelte es sich um 430 namibische Flüchtlingskinder, deren Eltern während der Mandatszeit im Widerstandskampf gegen die südafrikanische Besatzung und das Apartheidregime engagiert waren. Die damals marxistisch orientierte Widerstandsorganisation SWAPO (Southwestafrican Peoples Organization) richtete sich an die ehemalige DDR mit der Bitte, diese Kinder aus den Flüchtlingslagern aufzunehmen. So kamen sie in ein Kinderheim nach Mecklenburg-Vorpommern, wo sie zwischen 1979 und 1990 aufwuchsen und eine Schulausbildung erhielten. Als Folge des zum Teil elfjährigen Aufenthaltes sprechen die inzwischen erwachsen gewordenen *DDR-Kinder* Deutsch auf muttersprachlichem Niveau. Als Namibia 1990 unabhängig wurde und fast gleichzeitig die Wiedervereinigung Deutschlands unter Auflösung der DDR erfolgte, wurden die Kinder und Jugendlichen kurzfristig aus Deutschland in ihre inzwischen fremd gewordene namibische Heimat zurückgeflogen. Bei manchen Betroffenen führte dies zu belastenden Konflikten zwischen zwei Kulturen und Identitäten (vgl. Engombe 2004: 298).

Bezüglich der o.g. Frage nach dem Status des Südwesterdeutschen wurde immer wieder dargestellt, dass es der Standardvarietät Deutschlands v. a. in Lautung, Morphologie und Syntax sehr ähnlich sei. Es wurden allenfalls wenige sprachliche Unterschiede in der Lexik zugestanden, die jedoch relativiert wurden, indem man sie dem informellen mündlichen Sprachgebrauch zuordnete. Böhm (2003: 564) nimmt eine historische Perspektive ein und thematisiert die Herkunft der deutschen Einwanderer, die sich seit der Kolonialzeit in Namibia niederließen. Sie kamen zwar v. a. aus Norddeutschland, aber auch aus anderen Gebieten des Deutschen Reichs und brachten diverse Dialekte mit. Infolgedessen mussten sie sich sprachlich aneinander annähern, wodurch das Standarddeutsche zu einem wichtigen Kontaktmedium unter den Deutschsprachigen wurde und sich kein spezieller Dialekt durchsetzen konnte (vgl. Böhm 2003: 564).

Heute erscheint die Standardvarietät in gedruckter Form beispielsweise in der *Allgemeinen Zeitung* (AZ). Diese Tageszeitung erscheint montags bis freitags mit einer Auflagenstärke von 5300 bis 6200 je nach Wochentag (vgl. AZ online: AZ-Profil) und ist für viele Deutschstämmige eine wichtige Informationsquelle. Die Existenz einer deutschen Standardvarietät in Namibia ist damit weitgehend unumstritten. Fraglich ist aber, ob die in der AZ verwendete Standardvarietät mit der deutschen identisch ist oder ob sich postkolonial eine spezifisch namibische Standardvarietät entwickelt hat. Letzteres könnte bestätigt werden, wenn Namibismen standardsprachlich akzeptiert und in öffentlicher und formeller Kommunikation verwendet würden. Um dieser Frage zumindest ansatzweise nachzugehen, bietet sich eine Überprüfung des sozialen Kräftefeldes und seiner Einschätzungen in Bezug auf die Normebene der Namibismen an.

Die folgenden Belege aus der AZ stehen exemplarisch für journalistische Modelltexte:

(1) Nach Abschluss des ersten Kurses darf sich der nunmehr basisch geschulte Geländefahrer für den zweiten Lehrgang unter dem Titel "Bergungstechniken" anmelden. (AZ, 04.03.2003)

(2) Am Abend beim gemeinsamen Braai und bei kühlem Bier waren alle Rivalitäten jedoch schnell vergessen. (AZ, 06.01.2012)

(3) Geländefahrer erreichen das befahrbare Dünengelände über die alte Pad unter der Swakopbrücke hindurch. (AZ, 14.12.2009)

(4)   Manch ein Autofahrer traute sich nicht, durch das schnell fließende Wasser zu fahren und drehte vorsichtshalber um. Auch Fußgänger konnten nicht durch das laufende <u>Rivier</u> gehen. (AZ,19.01.2010)
[Hervorhebungen B. K-R.]

Die Belege (1) bis (4) zeigen, dass die in der AZ verwendete Standardvarietät Namibismen enthält, also Lexeme, die im deutschsprachigen Raum in Europa nicht standardsprachlich, ja noch nicht einmal gebräuchlich sind (hier: *basisch, Braai, Pad, Rivier*). Folglich unterscheidet sich der Sprachgebrauch im öffentlichen und formellen Sprachgebrauch von dem in Deutschland. Die Tatsache, dass Modellschreiber Namibismen in Artikeln einer seriösen Tageszeitung verwenden, ohne bei Redakteuren und/oder Lesern Anstoß zu erregen, lässt auf eine weitgehende standardsprachliche Akzeptanz dieser Besonderheiten schließen.

Auch Kodifizierer (Lexikographen) gestehen Namibismen inzwischen Standardsprachlichkeit zu, wovon die derzeit in Bearbeitung befindliche Neuauflage des *Variantenwörterbuch des Deutschen* zeugt. In der Erstauflage (VWD 2004) wurden die nationalen Standardvarianten aller Voll- und Halbzentren des Deutschen dargestellt. In der zweiten Auflage sollen nun auch die Varianten der Viertelzentren verzeichnet werden, darunter auch Namibismen.

Die Gruppe der Sprachexperten hat sich bis dato zwar mit den lexikalischen Varianten des namibischen Deutsch auseinandergesetzt, dabei aber weder den Terminus *Namibismus* verwendet, noch deren Standardsprachlichkeit untersucht bzw. bewertet. Nur Shah (2007: 21) kommt mit ihren Überlegungen zumindest in die Nähe einer solchen Hypothese, indem sie feststellt, dass die Merkmale der deutschen Sprache in Namibia als "Standard" beschrieben werden können. Gleichzeitig relativiert sie ihre Aussage, indem sie den Ausdruck Standard in Anführungszeichen setzt und das namibische Deutsch in ihrem Beitrag ansonsten vom Standarddeutschen abgrenzt. Damit suggeriert sie einen nonstandardsprachlichen Charakter des namibischen Deutsch. Hinter dieser Auffassung steckt ein traditionell eng gefasstes Verständnis des Begriffs Standard, das die sprachliche Norm mit dem deutschen Standarddeutsch gleichsetzt. Neuere Arbeiten zur Plurizentrik (z. B. Ammon 1995, VWD 2004) haben allerdings gezeigt, dass diese Position nicht haltbar ist, da die deutsche Sprache über mindestens drei linguistisch gleichwertige Standardvarietäten in Deutschland, Österreich und der Schweiz verfügt. Ein toleranterer und weiter gefasster Norm-Begriff, der auch dem Standard Variation zugesteht und dies nicht nur den großen deutschsprachigen Nationen vorbehält, lässt eine spezifische Standardausprägung auch in einem Viertelzentrum wie Namibia zu.

Wie schließlich die letzte Gruppe des sozialen Kräftefeldes einer Standardvarietät, die Sprachnormautoritäten, die Standardtauglichkeit der Namibismen beurteilen, müsste erst eigens erhoben werden. Dazu könnte man das Korrekturverhalten von namibischen Lehrern untersuchen und prüfen, inwiefern Namibismen im Deutschaufsatz als Fehler markiert oder als korrekt anerkannt werden.

Alles in allem gibt es gute Gründe für die Anerkennung einer spezifischen postkolonialen Standardvarietät des Deutschen in Namibia. Das Land kann folglich als ein Viertelzentrum des Deutschen aufgefasst werden, in dem Deutsch zwar keine Amtssprache ist, aber dennoch eine spezifische nationale Standardvarietät entwickelt hat.

Clyne (1992: 3) unterscheidet verschiedene Arten von Nationalvarietäten anhand ihrer geographischen Verortung: (1) Substrat-Nationalvarietäten ("traditional substratum national varieties"), die in ihrem traditionell angestammten Gebiet verwendet werden (z.B. schottisches Englisch), (2) Immigranten-Nationalvarietäten ("immigrant [varieties]", z.B. amerikanisches Englisch) und (3) neokoloniale Varietäten ("nativized (neo-)colonial [varieties]"; z.B. indisches Englisch). Zwar erläutert Clyne diese Termini nicht näher, doch könnten sie folgendermaßen zu verstehen sein: Für Immigranten-Varietäten ist kennzeichnend, dass ihre Sprecher in der Regel in (post)kolonialer Zeit in ein anderssprachiges Land emigrierten und dort ihre Sprache beibehielten, statt sie durch die des neuen Landes zu ersetzen. Die Immigrantensprache wurde zur Muttersprache von großen Teilen der Nation oder gar der Gesamtbevölkerung. Mit dem Attribut *neokolonial* können folgende Nationalvarietäten versehen werden:

Eine **neo-koloniale Nationalvarietät** ist eine Standardvarietät einer Sprache L, die durch Kolonialismus in ein anderssprachiges Gebiet kam und dort zur offiziellen oder inoffiziellen Landessprache wurde. Für die Bevölkerungsmehrheit ist L eine Zweit- oder Fremdsprache.

Die namibia-deutsche Standardvarietät gehört zu den (Neo-)Kolonialvarietäten, da die meisten Einwanderer während des Kolonialismus eintrafen und Deutsch heute zu den wichtigen Landessprachen (hier: Nationalsprache) gehört, obwohl es zu den Minderheitensprachen zählt und für die meisten Einheimischen eine Fremdsprache ist.

5.2 Namslang

Neben der Standardvarietät gibt es auch Umgangsvarietäten, die von Muttersprachlern gesprochen werden, z.B. den sogenannten Namslang (vgl. Kellermeier-Rehbein 2015).

> **Namslang** ist eine durch Sprachkontakt entstandene Nonstandardvarietät der deutschen Sprache in Namibia, die durch zahlreiche Entlehnungen von sprachlichen Einheiten und Strukturen aus dem Englischen und Afrikaans gekennzeichnet ist.

Diese Varietät wird vor allem mündlich realisiert und enthält daher auch etliche Merkmale der gesprochenen Sprache (z.B. Kontraktionen, Ellipsen, syntaktische Diskontinuitäten, Anakoluthe u.a.). Schriftlich wird sie nur selten verwendet, beispielsweise in Glossen der *Allgemeinen Zeitung*. Das besondere Merkmal dieser Varietät ist der sehr hohe Anteil an Entlehnungen aus dem Englischen und Afrikaans. Hier spiegelt sich die multilinguale Sprachwirklichkeit Namibias mit vielfältigen Sprachkontaktsituationen zwischen Namibiadeutschen und den Sprechern dieser beiden Sprachen wider. Sprachkontakt führt häufig zu Code-Switching, worunter man eine Sprach- oder Varietätenmischung ohne Veränderung der jeweiligen Sprachsysteme versteht. Bei ausreichender Intensität und Nachhaltigkeit des Sprachkontakts kann es sogar zu Transferenzen kommen. Dabei werden Merkmale eines Sprachsystems auf ein anderes übertragen und/oder umgekehrt, sodass sich die sprachlichen Systeme wechselseitig beeinflussen (vgl. Riehl 2009: 11). Dies kann mit einer Erweiterung des Wortschatzes durch lexikalische und semantische Entlehnungen sowie mit einer Konvergenz (Annäherung) der grammatischen Strukturen einhergehen. Noch weiterreichende Folgen des Sprachkontakts sind die Entstehung von Mischsprachen, das individuelle "Vergessen" einer Sprache (Attrition) oder gar gesamtgesellschaftlicher Sprachverlust. Im Folgenden wird auf lexikalische Entlehnungen näher eingegangen, grammatische Transferenzen werden bei Shah (2007) beschrieben.

Namslang-Belege können einer Reihe von Videoclips auf YouTube.com entnommen werden. Urheber und "Darsteller" dieser Videos ist ein deutschstämmiger Namibier, der über sich selbst sagt: "Ich spreche 'NAM-släng', das ist ein anderes Deutsch, was wir in Namibia sprechen" (vgl. Ees-TV 2013). Die Sprachproben (5) bis (8) stammen aus dem Videoclip "Braai Brot auf Brakwater" (Ees-TV 2010), das von Studierenden im Rahmen einer Projektarbeit transkribiert wurde. Das Transkript wurde nachträglich der üblichen Orthographie angepasst und gesprächsanalytische Markierungen (z.B. Pausen, Betonungen) sind entfernt worden, da sie für den vorliegenden Beitrag irrelevant sind.

(5) S1: Oukie, alles alright bei dir?
    S2: Ey, lecker, Mann, ich freu mich mooi hier zu sein.

(6) S1: Ah, du hast schon ein Feuer gerade eben gestartet. Äh, kannst du uns gou bikkie erzählen, was wir heute [...] machen?

	S2:	Ja, wir backen heute ein Brot, was ganz gou geht. Das machst du net so im Pott und gooist das net aufs Rost, es geht gouer wie als wenn du 'n Brot net so im Pott backen musst, weißt du?
	S1:	Ja.
	S2:	... und das ist höchst easy, das kannste lecker ... kannste das zum Braaien gebrauchen, so zum Soße drauftunken ...
(7)	S1:	Hörst du? Halt mal das Mikrofon hin.
	S2:	Also, also wenn das so kloppt, dann ist das klar.
	S1:	Wenn das so kloppt, ja, dann ist der alright.
(8)	S1:	Wir haben euch gezeigt, wie man Braaibrot macht, äh, enjoy das zu Hause. Äh, seid vorsichtig mit dem Feuer, wenn ihr das ... ihr das im Backyard ansteckt, dass ihr nicht das ganze Haus und den ganzen Yard abfackelt.

In diesen Proben ist der fremdsprachliche Einfluss deutlich größer als in den standardsprachlichen Belegen aus der *Allgemeinen Zeitung* (vgl. Abschnitt 5.1), wobei die Fremdwörter ausschließlich aus Englisch und Afrikaans stammen. Die wichtigsten Gründe für die Entlehnung aus diesen beiden Sprachen liegen in ihrer engen Verwandtschaft und strukturellen Ähnlichkeit mit dem Deutschen. Daher können Lexeme und grammatische Strukturen leicht von einer Sprache in die andere übernommen und in das jeweils andere System integriert werden. Ferner wird die Übernahme von Wörtern durch das auf ihrem Status als Amts- bzw. Verkehrssprache beruhende gesellschaftliche Prestige dieser beiden Sprachen ebenso begünstigt wie durch die Mehrsprachigkeit der deutschstämmigen Namibier, die in der Regel beide Sprachen beherrschen. Ihre Sprachkompetenz ermöglicht einen sicheren Gebrauch von Lehnwörtern und fremden grammatischen Strukturen. Entlehnungen aus autochthonen Sprachen Namibias, wie Oshiwambo, Herero oder Nama (z.B. *hakahana* aus Herero 'schnell'), finden dagegen deutlich seltener statt und kommen in den vorliegenden Sprachproben (5) bis (8) gar nicht vor. Dies ist vermutlich auf das weitgehende Nicht-Beherrschen dieser Sprachen und artikulatorische Probleme zurückzuführen, die sich v. a. bei der Aussprache der Khoisan-Sprachen bemerkbar machen (vgl. Kellermeier-Rehbein 2015: 47).

Aus dem Englischen stammen die Entlehnungen *alright, easy, enjoy, backyard* und *yard,* aus dem Afrikaans die Ausdrücke *Oukie* (< afr. *ou* 'alt', 'Alter'), *lecker* ('schön, angenehm, herrlich, nett'), *mooi* ('schön, angenehm, hübsch'), *gou* ('schnell'), *bikkie* ('ein bisschen'), *net* ('nur'), *gooi* ('werfen'), *braai* ('grillen') und *klar* ('fertig'). Obwohl die Belege aufgrund der extrem kleinen Stichprobe mit Vorsicht zu genießen sind, suggeriert die größere Anzahl der

Entlehnungen aus dem Afrikaans einen größeren Einfluss dieser Sprache. Zu solchen Ergebnissen kam jedenfalls Nöckler (1963: 40–61), der in seinen Daten über 300 Namibismen zählte. Er führte 196 Entlehnungen auf Afrikaans und 77 auf das Englische zurück (vgl. auch Böhm 2003: 567–568). Dieser besondere Einfluss ist auf die Tatsache zurückzuführen, dass Afrikaans die numerisch stärkste germanische Sprache in Namibia ist und ihre Sprecher zum Teil schon vor den Deutschen in Namibia waren. Die neu ankommenden Deutschen lernten von den Afrikaans-Sprechern (z. B. über Landwirtschaft) und übernahmen Teile ihres Wortschatzes (vgl. Gretschel 1993: 45; Böhm 2003: 568–569). Allerdings hat Afrikaans in Namibia inzwischen an Bedeutung verloren und Englisch ist zur alleinigen Amts- und dominanten Schulsprache avanciert. Bereits seit den 1960er Jahren ist ein starker Anstieg der Entlehnungen aus dem Englischen in den Domänen Verwaltung, Wirtschaft und urbanes Leben zu verzeichnen (vgl. Böhm 2003: 569), der seit 1990, dem Jahr der Unabhängigkeit, immer stärker wird. Daher ist davon auszugehen, dass der Einfluss der englischen Sprache weiterhin zunehmen wird (vgl. Shah 2007: 42–43). Das Zahlenverhältnis könnte sich also im Laufe der Zeit umkehren.

In einigen Fällen ist die Bestimmung der Spendersprachen problematisch und diesbezügliche Angaben stimmen in der Literatur nicht immer überein (z.B. *donky* ('Esel') als Entlehnung aus Afrikaans (*donkie*) oder Englisch (*donkey*; vgl. Böhm 2003: 576). Zudem besteht bei manchen Wörtern Unklarheit darüber, ob sie erst in Namibia Eingang in die deutsche Sprache fanden oder ob die Siedler sie bereits aus der Heimat mitgebracht hatten (vgl. Böhm 2003: 578). Das Wort *Werft* hat im namibischen Deutsch die zusätzliche Bedeutung 'Siedlung, Dorf, Stadtteil'. Es könnte sich um eine Entlehnung des afrikaansen Wortes *werf* ('Hof') oder um ein von den norddeutschen Siedlern mitgebrachtes Dialektwort handeln. Das niederdeutsche Wort *werf* ist seit 1700 belegt (*Kluge* 2002: 984) und bedeutet so viel wie 'Ort, an dem man sich geschäftig bewegt' (DUW 2001: 1803).

Hinsichtlich der Funktion und Domänenzugehörigkeit der Entlehnungen entstand zunächst die Hypothese, dass vor allem bestehende lexikalische Lücken geschlossen werden sollten (vgl. Nöckler 1963: 115–116; Gretschel 1993: 45). In der neuen afrikanischen Umwelt stießen Deutschsprecher auf Dinge und Objekte, für die sie zunächst keine Bezeichnungen hatten, sodass sie nach pragmatischen Lösungen suchen mussten, die sie in Form von Entlehnungen fanden. Nach Nöckler (1963) stammen daher viele Lehnwörter aus den Domänen Tier- und Pflanzenwelt, Geographie, Kulturgüter u.a. Gretschel (1995: 306) nennt darüber hinaus Entlehnungen, die diese Funktion nicht erfüllen, sondern vorhandene deutsche Wörter ersetzen. Für diesen Befund sprechen auch die

Sprachproben (5) bis (8), in denen jede Entlehnung durch ein deutsches Wort ersetzt werden könnte. Während Gretschel (1995: 306) dieses Phänomen jedoch als "Degeneration" und "Verlust der Muttersprachkompetenz" beklagt, könnte es andererseits auch als Folge von Sprachwandel und Variation aufgefasst werden, die im speziellen Fall der deutschsprachigen Minderheit in Namibia einen wichtigen Beitrag leistet zu ihrer Identitätsfindung und Selbstdarstellung als Mitglieder einer multikulturellen und vielsprachigen postkolonialen Gesellschaft (vgl. Kellermeier-Rehbein 2015: 59–60).

5.3 Küchendeutsch

Ein weiteres Ergebnis des Sprachkontakts stellt das sogenannte Küchendeutsch (*kiche duits*) dar (vgl. Deumert 2009: 349):

> **Küchendeutsch** ist eine während des Kolonialismus entstandene deutschbasierte Kontaktvarietät zur interethnischen Kommunikation zwischen Einheimischen und deutschsprachigen Kolonisatoren. Sie ist gekennzeichnet durch reduzierte Lexik, vereinfachte Morphosyntax und hochgradig variable sprachliche Strukturen.

Küchendeutsch ist keine Muttersprache, sondern eine restringierte Varietät für rudimentäre Kommunikation zwischen Angehörigen unterschiedlicher Sprachgemeinschaften. Gewöhnlich wurde es am Arbeitsplatz zwischen Personen mit asymmetrischem Sozialstatus verwendet, wie z.B. Herr und Sklave, Kolonisator und Kolonisierter, Arbeitgeber und Arbeitnehmer.

Die Sprechergruppe ist keineswegs homogen. Einige waren Angestellte oder Kinder von Angestellten der Kolonisatoren oder ihrer Nachfahren, andere wuchsen als (uneheliche) Kinder von deutschen Männern und einheimischen Frauen auf. Sie lernten Deutsch ungesteuert und erwarben mangels Unterricht nur rudimentäre Kenntnisse. Der prototypische Ort für ihren Kontakt zur deutschen Sprache war der Arbeitsplatz, in vielen Fällen die Küchen (und Haushalte) der deutschen Familien, woraus die Bezeichnung *Küchendeutsch* resultiert. Nach Deumert (2009: 353) wurden die jüngsten Sprecher dieser Varietät in den 1950er Jahren geboren. Angehörige jüngerer Generationen erlernen diese Kontaktvarietät nicht mehr und bevorzugen Afrikaans oder Englisch für die interethnische Kommunikation, sodass mit dem zukünftigen Verschwinden des Küchendeutsch zu rechnen ist. 2009 waren es noch etwa 15.000 Personen aus verschiedenen ethnischen Gruppen und mit unterschiedlichen Muttersprachen.

Sie bezeichnen sich selbst zuweilen als *swarze duitse*, was den kolonialen Einfluss auf ihre Identität zeigt (Deumert 2009: 386).

Obwohl Küchendeutsch zuweilen als sehr restringiert beschrieben wird, konnten die Probanden in Deumerts Erhebung über viele verschiedene Themen auf Küchendeutsch sprechen (vgl. Deumert 2009: 351). Dies spricht für einen gewissen Ausbau der Varietät über ein absolutes lexikalisches und grammatisches Minimum hinaus. In der folgenden Sprachprobe geht es beispielsweise um den Erwerb des Küchendeutsch:

(9) Ja, ich hab in Swakopmund gelern, in die haus, wann diese alte Duitse, die konn nich Afrikaans sprechen, nur Duitse, und dann sag 'Martha, hol mal, eh, hol mal teller', ich bring ein koffie, 'nein, das is nich', ich muss, dann lern ich, oh, das is ein teller, das is ein tasse, das is ein, so hab ich gelern (zitiert nach Deumert 2009: 378).

Deumert (2009: 393) beschreibt Küchendeutsch als strukturell vereinfacht, mit wenig Prestige ausgestattet und hochgradig variabel. Daneben sei aber eine Stabilisierung in Form einer breitangelegten Norm zu erkennen, die eine größere Anzahl an zulässigen und in der Gemeinschaft üblichen Formen enthält.

Die strukturelle Vereinfachung zeigt sich beispielsweise im häufigen Artikelausfall (vgl. 10) und morphologischer Vereinfachung durch fehlende bzw. abweichende Genus- und Kasusmarkierung (vgl. 11). Abweichungen sind ferner bei Numerusmarkierungen, Possessivkonstruktionen, Subjekt-Prädikat-Kongruenz, Perfektbildungen u. a. festzustellen (vgl. die ausführliche Darstellung in Deumert 2009: 393–403).

(10) Ich ham so in schule, in Klein-Windhoek-schul, mein vater war ein Duitser, da hab ich von vater gelernt und dann in nach schule gegangen in Klein-Windhoek, Katholische mission, da hab ich Duits gelernt [...] (zitiert nach Deumert 2009: 375).

(11) Ich hab nur bei Duitse leute gross geword, in kiche, wir ham immer in das haus mit die kleine kinder auch gespielt un wir ham immer Duits gereden, weisst du, ich bin so gross geworden [...] (zitiert nach Deumert 2009: 377).

Küchendeutsch enthält zudem kontaktbedingte Besonderheiten, die auf Substrateinflüsse zurückzuführen sind. Als Substrat wirkt in (12) allerdings keine afrikanische Sprache, sondern Afrikaans, das eine wichtige L_2 der Küchendeutschsprecher ist (vgl. Deumert 2009: 405). Daher erscheinen hier die Ausdrücke *Oupa* ('Opa'), *duits* ('deutsch') und *kwaad* ('ärgerlich, böse'):

(12) Mein Oupa, die hat, uhh, die hat gesprech soos duitse leute, die hat ganz so gut gesprech, wenn sie kwaad was, dann sprech sie die Duits (zitiert nach Deumert 2009: 382).

Auch Verschiebungen der Semantik und/oder der syntaktischen Kategorie von lexikalischen Einheiten spielen für die Entstehung des Küchendeutsch eine Rolle, wie beispielsweise das Wort *kulas* (aus dt. *Gulasch*) zeigt:

(13) [...] sönste gute vleis is die kulas, kleingeschneiden vleis [...] (zitiert nach Deumert 2009: 405).

Kulas wird in (13) als Substantiv verwendet, in (14) dagegen als Adjektiv und erfährt durch die zusätzliche Bedeutung 'lecker' eine semantische Erweiterung.

(14) [...] das ist aber kulas [...] die smeck aber kulas (zitiert nach Deumert 2009: 405).

Küchendeutsch wurde ursprünglich zwar vor allem für die interethnische Kommunikation verwendet, doch ist es inzwischen mehr als eine Lingua franca zwischen Sprechern verschiedener Muttersprachen. Deumert (2009: 349, 379–386) konnte zeigen, dass es auch gruppenintern in bestimmten Kommunikationssituationen verwendet wird, so z.B. für Neckereien, Sprachwettbewerbe oder um über Vertrauliches zu sprechen. Dies führte zu einer gewissen linguistischen Stabilisierung und einer postkolonialen neo-afrikanischen Identität, die sich auch in der o.g. Selbstbezeichnung *swarze duitse* offenbart.

6 Fazit

Durch Missionstätigkeit und den deutschen Kolonialismus kam die deutsche Sprache ins südliche Afrika und ist dort bis heute lebendig geblieben. In der ehemals einzigen deutschen Siedlungskolonie Deutsch-Südwestafrika war sie solo-offizielle Amtssprache und ist im postkolonialen Namibia immerhin noch sogenannte Nationalsprache. Dadurch hat sie einen Status, der mit dem einer geschützten Minderheitensprache vergleichbar ist.

Im Laufe der Zeit führte Sprachkontakt zur Entstehung neuer Varietäten des Deutschen, von denen hier drei exemplarisch vorgestellt wurden. Einerseits handelt es sich um die deutschbasierte Hilfsvarietät Küchendeutsch, andererseits um die spezifisch namibische Standardvarietät des Deutschen sowie um die Umgangsvarietät Namslang. Für die beiden letztgenannten Varietäten ist vor allem der langjährige Sprachkontakt mit Englisch und Afrikaans verantwortlich, durch den es zu Transferenzen von sprachlichen Strukturen aus diesen beiden Sprachen in das Deutsche kam. Insbesondere wurde der Wortschatz durch zahlreiche Entlehnungen erweitert. Der in dem multikulturellen und vielsprachigen Land allgegenwärtige Sprachkontakt zwischen Deutsch, Englisch und Afrikaans war und ist bis heute besonders intensiv und nachhaltig, was nicht nur auf das Prestige, sondern auch auf die Systemähnlichkeit der drei germanischen Sprachen zurückzuführen ist. So sind spezifische Besonderheiten der deutschen Sprache in Namibia entstanden, die als Namibismen bezeichnet werden. Sie füllen nicht nur lexikalische Lücken, die sich bei der Benennung der afrikanischen Lebenswirklichkeit auftaten, sondern bedienen darüber hinaus weitere Bedürfnisse im Hinblick auf Kommunikation und die Darstellung der postkolonialen deutsch-namibischen Identität ihrer Sprecher.

Namibismen sind nicht nur im umgangssprachlichen Namslang anzutreffen, sondern durchaus auch in der für Namibia spezifischen Standardvarietät des Deutschen, die zwar eine große linguistische Ähnlichkeit zum Standard Deutschlands aufweist, sich aber gleichzeitig davon unterscheidet. Es zeigt sich, dass sprachliche Variation sowohl die Standardvarietät als auch den Nonstandard betrifft und auch außerhalb des geschlossenen deutschen Sprachraums nicht Halt macht.

Kommentierte Literaturhinweise

Sprachliche Variation und Plurizentrik werden im umfangreichen Standardwerk vom **Ammon (1995)** dargestellt, eine kürzere Einführung bietet **Kellermeier-Rehbein (2014)**. **Janson (2006)** informiert über die Sprachensituation im südlichen Afrika. Auf die Stellung der deutschen Sprache in Namibia und die Beschreibung ihrer dortigen sprachlichen Strukturen sind spezialisiert: **Böhm (2003), Gretschel (1995), Pütz (1991), Pütz & Dirven (2013)** und **Shah (2007)**. **Deumert (2009)** bietet eine umfassende Untersuchung des Küchendeutsch und Namslang wird von **Kellermeier-Rehbein (2015)** thematisiert.

Gesamtliteraturverzeichnis

ACHS (Association of Critical Heritage Studies). 2014. *Manifesto.* http://archanth.anu.edu.au/heritage-museum-studies/association-critical-heritage-studies.

Adelaar, Willem F. H. 1997. Las transiciones en la tradición gramatical hispanoamericana: historia de un modelo descriptivo. In Klaus Zimmermann (ed.), 259–270.

Adick, Christel & Wolfgang Mehnert (unter Mitarbeit von Thea Christiani). 2001. *Deutsche Missions- und Kolonialpädagogik in Dokumenten. Eine kommentierte Quellensammlung aus den Afrikabeständen deutschsprachiger Archive 1884–1914. Historisch-vergleichende Sozialisations- und Bildungsforschung*, Bd. 2. Frankfurt am Main: IKO.

Aikhenvald, Alexandra Y. 2004. *Evidentiality.* Oxford: Oxford University Press.

Aikhenvald, Alexandra Y. & Anne Storch (eds.). 2013. *Perception and cognition in language and culture.* Leiden: Brill.

Akinyela, Makungu M. 2000. In the wake of destruction. Ujamaa circle process therapy and black family healing. In Delores P. Aldridge & Carlene Young (eds.), *Out of the revolution. The development of African Studies*, 255–280. New York: Lexington Books. Google Books.

Albrecht, Monika. 2008. *"Europa ist nicht die Welt". (Post)Kolonialismus in Literatur und Geschichte der westdeutschen Nachkriegszeit.* Bielefeld: Aisthesis.

Alexander, Neville. 2011. *Neville Alexander im Gespräch: mit der Macht der Sprachen gegen die Sprache der Macht.* Graz: Drava.

Alexander-Bakkerus, Astrid. 2015. Examples of transcultural processes in two colonial linguistic documents on Jebero (Peru). In Klaus Zimmermann & Birte Kellermeier-Rehbein (eds.), 231–253.

Alfaro Lagorio, Consuelo, Maria Carlota Rosa & José Ribamar Bessa Freire (eds.). 2012. *Políticas de línguas no Novo Mundo.* Rio de Janeiro: Editora da UERJ.

Alldeutscher Verband. 1919. Bamberger Erklärung. In Herbert Michaelis et al. (eds.). o.J., *Der Weg in die Weimarer Republik* (=Ursachen und Folgen. Vom deutschen Zusammenbruch 1918 und 1945 bis zur staatlichen Neuordnung Deutschlands in der Gegenwart. Eine Urkunden- und Dokumentensammlung zur Zeitgeschichte Bd. 3), 216–220. Berlin: Dokumenten-Verlag Dr. Herbert Wendler & Co.

Allgemeine Zeitung – Aktuell, mittendrin, für dich. Windhoek, Namibia. Online-Ausgabe: www.az.com.na.

Altena, Thorsten. 2003. *"Ein Häuflein Christen mitten in der Heidenwelt des dunklen Erdteils". Zum Selbst- und Fremdverständnis protestantischer Missionare im kolonialen Afrika 1884–1918.* Münster: Waxmann.

Álvares, Manuel (= Ponce de León Romeo, Rogelio). 2004. *Aproximación a la obra de Manuel Álvares: edición crítica de sus "De institutione grammatica libri tres".* [Thesis http://eprints.ucm.es/tesis/fll/ucm-t25106.pdf]

Ameka, Felix K. 2006. Real descriptions: Reflections on native speaker and non-native speaker descriptions of a language. In Felix K. Ameka, Alan C. Dench & Nicholas Evans (eds.), *Catching language: The standing challenge of grammar writing*, 69–112. Berlin: Mouton de Gruyter.

Ammon, Ulrich. 1995. *Die deutsche Sprache in Deutschland, Österreich und der Schweiz. Das Problem der nationalen Varietäten.* Berlin/New York: de Gruyter.

Ammon, Ulrich. 2015. *Die Stellung der deutschen Sprache in der Welt.* Berlin/München/Boston: de Gruyter.

Ammon, Ulrich, Hans Bickel, Jakob Ebner et al. 2004. (=VWD) *Variantenwörterbuch des Deutschen. Die Standardsprache in Österreich, der Schweiz und Deutschland sowie in Liechtenstein, Luxemburg, Ostbelgien und Südtirol*. Berlin/New York: de Gruyter.
Anderson, Gregory D. S. 2015. Russian colonialism and hegemony and Native Siberian languages. In Christel Stolz (ed.), 113–139.
Arenas, Pedro de. 1611 [1982]. *Vocabulario manual de las lenguas castellana y mexicana*. Facsimile. Con un estudio introductorio de Ascensión Hernández de León-Portilla, México D.F.: UNAM.
Arndt, Susan. 2009. Afrikafantasien, Wörter und Wörterbücher: Tradierte Schauplätze von 'Rassen'theorien. In Ingo H. Warnke (ed.), 293–314.
Arndt, Susan & Antje Hornscheidt (eds.). 2009. *Afrika und die deutsche Sprache: Ein kritisches Nachschlagewerk*. 2. Aufl. Münster: Unrast.
Arndt, Susan & Nadja Ofuatey-Alazard (eds.). 2015. *Wie Rassismus aus Wörtern spricht: (K)Erben des Kolonialismus im Wissensarchiv deutsche Sprache*. Ein kritisches Nachschlagewerk, 2nd ed. Münster: Unrast.
Ashcroft, Bill, Gareth Griffiths & Helen Tiffin. 1989. *The empire writes back. Theory and practice in postcolonial literatures*. London/New York: Routledge.
Ashcroft, Bill, Gareth Griffiths & Helen Tiffin (ed.). 2006. *The Post-Colonial Studies reader*. Second ed. London/New York: Routledge.
Assmann, Jan. 1997. *Das kulturelle Gedächtnis. Schrift, Erinnerung und politische Identität in frühen Hochkulturen*. München: Beck.
Atkins, John. 1735. *A voyage to Guinea, Brasil, and the West-Indies [...]*. London: Printed for Caesar Ward and Richard Chandler.
Auroux, Sylvain. 1992. Introduction: Le processus de grammatisation et ses enjeux. In Sylvain Auroux (ed.), *Histoire des idées linguistiques*. Tome 2, 11–64. Liège/Bruselas: Mardaga.
Avenne, Cécile van den. 2015. Reducing languages to writing: The politics of transcription in early French Bamanan handbooks. In Klaus Zimmermann & Birte Kellermeier-Rehbein (eds.), 155–174.
AZ = *Allgemeine Zeitung* online: AZ-Profil: http://az.com.na/az-profil (aufgerufen am 2.10.2013)
Azamede, Kokou. 2011. Von der Volks- zur Kirchensprache: Anwendung und Interpretation der Ewe-Sprache auf dem Missionsgebiet der Norddeutschen Missionsgesellschaft in Westafrika. In Thomas Stolz, Christina Vossmann & Barbara Dewein (eds.), 75–96. Berlin: Akademie.
Babka, Anna & Axel Dunker (eds.). 2013. *Postkoloniale Lektüren. Perspektivierungen deutschsprachiger Literatur*. Bielefeld: Aisthesis.
Bachmann-Medick, Doris. 2007a. *Cultural turns. Neuorientierungen in den Kulturwissenschaften*. Reinbek: Rowohlt.
Bachmann-Medick, Doris. 2007b. Postcolonial turn. In Doris Bachmann-Medick, 184–237.
Bachtin, Michail. 1979. *Die Ästhetik des Wortes*. Frankfurt am Main: Suhrkamp.
Baker, Philip. 1993. Australian influence on Melanesian Pidgin English. *Te Reo* 36. 3–67.
Barth, Heinrich. 1862. Neger, Negerstaaten. In Johann Caspar Bluntschli & Karl Brater (eds.), *Deutsches Staats-Wörterbuch*. Bd. 7, 219–247. Stuttgart & Leipzig: Expedition des Staats-Wörterbuchs.
Battestini, Simon. 2007. African writing, text and the arts: Concepts and definitions. In Mary Nooter Roberts, Elizabeth Harney, Allyson Purpura & Christine Mullen Kreamer (eds.),

Inscribing meaning: Writing and graphic systems in African art, 28–36. Los Angeles: Smithsonian.

Bay, Hansjörg & Wolfgang Struck (eds.). 2012. *Literarische Entdeckungsreisen. Vorfahren – Nachfahrten – Revisionen*. Köln/Weimar/Wien: Böhlau.

Bay, Hansjörg. 2005. Germanistik und (Post-)Kolonialismus. Zur Diskussion um Kleists *Verlobung in St. Domingo*. In Axel Dunker (ed.), 69–96.

Beck, Carl von. 1903. Neu-Guinea. In Franz Hutter et al. (eds.), *Das überseeische Deutschland. Die deutschen Kolonien in Wort und Bild*, 485–566. Stuttgart: Union.

Beck, Carl von. 1918. Neu-Guinea-Compagnie: ein deutsches Kolonialunternehmen der Südsee. *Südsee-Bote*. 46–61.

Becker, Alexander, Conradin von Perbandt, Georg Richelmann, Rochus Schmidt & Werner Steuber (eds.). 1914. *Hermann von Wissmann. Deutschlands größter Afrikaner*. 5. Aufl., Berlin: Alfred Schall.

Becker, Felicitas & Jigal Beez (eds.). 2005. *Der Maji-Maji-Krieg in Deutsch-Ostafrika 1905–1907*. Berlin: Christoph Links.

Bell, Johannes. 1919. *Sitzung der Nationalversammlung am 1. März 1919; Reichstagsprotokolle 18. Sitzung*; 411–414. www.reichstagsprotokolle.de/ (2. September 2014).

Bergmann, Rolf, Peter Pauly & Stefanie Stricker. 2010. *Einführung in die deutsche Sprachwissenschaft*. 5., überarbeitete und erheblich erweiterte Auflage. Heidelberg: Winter.

Berman, Russell A. 2003. Der ewige Zweite. Deutschlands Sekundärkolonialismus. In Birthe Kundrus (ed.), *Phantasiereiche. Zur Kulturgeschichte des deutschen Kolonialismus*, 19–32. Frankfurt am Main/New York: Campus.

Bhabha, Homi K. 1985. Signs taken for wonders: Questions of ambivalence and authority under a tree outside Delhi, May 1817. *Critical Inquiry* 12(1). 144–165.

Bleek, Wilhelm H. I. 1869. *A comparative grammar of South African languages*. London: Trübner.

Blommaert, Jan. 2015. Commentary: Superdiversity old and new. *Language and Communication* 44(1). 82–89.

Bogdal, Klaus-Michael (ed.). 2007. *Orientdiskurse in der deutschen Literatur*. Bielefeld: Aisthesis

Böhm, Michael Anton. 2003. *Deutsch in Afrika. Die Stellung der deutschen Sprache in Afrika vor dem Hintergrund der bildungs- und sprachpolitischen Gegebenheiten sowie der deutschen Auswärtigen Kulturpolitik*. Frankfurt am Main u.a.: Peter Lang.

Bonfiglio, Thomas P. 2010. *Mother tongues and nations: The invention of the native speaker*. Berlin: de Gruyter Mouton.

Borgoiakova, Tamara. 2015. Language policies and language loyalties after twenty years in post-Soviet Russia. In Christel Stolz (ed.), 141–151.

Brehl, Medardus. 2007. *Vernichtung der Herero. Diskurse der Gewalt in der deutschen Kolonialliteratur*. München: Fink.

Brehl, Medardus. 2009. Diskursereignis 'Herero-Aufstand': Konstruktion, Strategien der Authentifizierung, Sinnzuschreibung. In Ingo H. Warnke (ed.), 167–202.

Breitenbach, Sandra. 2004. *Leitfäden in der Missionarslinguistik*. Frankfurt am Main u.a.: Lang.

Brenner-Wilczek, Sabine, Gertrude Cepl-Kaufmann & Max Plassmann. 2006. *Einführung in die moderne Archivarbeit*. Darmstadt: Wissenschaftliche Buchgesellschaft.

Brinker, Klaus. 2010. *Linguistische Textanalyse. Eine Einführung in Grundbegriffe und Methoden*. 7., durchgesehene Auflage. Berlin: Erich Schmidt.

Brockdorff-Rantzau, Ulrich Graf von. 1919a. Die deutschen Kolonien. Berlin, 2. Februar 1919 (Erklärung gegenüber dem Berliner Vertreter der "Chicago Daily News"). In Ulrich Graf von Brockdorff-Rantzau. 1920, *Dokumente*, 32–36. Charlottenburg: Deutsche Verlagsgesellschaft für Politik und Geschichte.

Brockdorff-Rantzau, Ulrich Graf von. 1919b. Deutschlands auswärtige Politik. Programmrede vor der Verfassunggebenden Deutschen National-Versammlung Weimar, 14. Februar 1919. In Ulrich Graf von Brockdorff-Rantzau. 1920, *Dokumente*, 37–63. Charlottenburg: Deutsche Verlagsgesellschaft für Politik und Geschichte.

Brose, Maximilian. 1891. *Repertorium der deutsch-kolonialen Literatur 1884–1890*. Berlin: Georg Winckelmann.

Bubenhofer, Noah. 2009. *Sprachgebrauchsmuster. Korpuslinguistik als Methode der Diskurs- und Kulturanalyse*. Berlin/New York: de Gruyter.

Buch, Hans Christoph. 1986. *Die Hochzeit von Port-au-Prince*. Roman. Frankfurt am Main: Suhrkamp.

Buch, Hans Christoph. 1990. *Haïti Chérie*. Roman. Frankfurt am Main: Suhrkamp.

Buch, Hans Christoph. 1991. *Die Nähe und die Ferne. Bausteine zu einer Poetik des kolonialen Blicks*. Frankfurt am Main: Suhrkamp.

Buch, Hans Christoph. 1992. Fünf Annäherungen an Haiti. Ein Gespräch, geführt von Joachim Möller und Jörn Stückrath. *Diskussion Deutsch* 23. 81–98.

Buch, Hans Christoph. 1993. *Tropische Früchte. Afro-amerikanische Impressionen*. Frankfurt am Main: Suhrkamp.

Buchner, Max. 1886. Kamerun-Englisch. *Beilage zur Allgemeinen Zeitung* Nr. 318, 16.11.1886, 4683–4684.

Buchner, Max. 1887. *Kamerun. Skizzen und Betrachtungen*. Leipzig: Duncker & Humblot.

Bülow, Bernhard von. 1897. Rede des Reichskanzlers im Reichstag am 6. Dezember 1897. In Johannes Penzler (ed.). 1907. *Fürst Bülows Reden nebst urkundlichen Beiträgen zu seiner Politik. Mit Erlaubnis des Reichskanzlers gesammelt und herausgegeben von Johannes Penzler*. 1. Band 1897–1903, 6–8. Berlin: Reimer.

Bülow, Frieda von. 1896. *Tropenkoller. Episode aus dem deutschen Kolonialleben*. Berlin: Fontane.

Busse, Dietrich. 2003. Begriffsgeschichte oder Diskursgeschichte? Zu theoretischen Grundlagen und Methodenfragen einer historisch-semantischen Epistemologie. In Carsten Dutt (ed.), *Herausforderungen der Begriffsgeschichte*, 17–38. Heidelberg: Universitätsverlag Winter.

Calvet, Louis-Jean. 1974. *Linguistique et colonialisme. Petit traité de glottophagie*. Paris: Payot.

Calvet, Louis-Jean. 1978. *Die Sprachenfresser: Ein Versuch über Linguistik und Kolonialismus*. Berlin: Das Arsenal.

Cameron, Deborah. 2000. Problems of 'prescriptivism' (1995). In Lucy Burke, Tony Crowly & Alan Girvin (eds.), *The Routledge language and cultural theory reader*, 92–99. London: Routledge.

Carpentier, Alejo. 2004. *Das Reich von dieser Welt*. (Aus dem Spanischen von Doris Deinhard). Frankfurt am Main: Suhrkamp.

Carrera de la Red, Micaela & Zamora Salamanca, Francisco José. 2015. Connections between the scientific discourse and the frontier missions in the surroundings of the Viceroyalty of New Granada. In Klaus Zimmermann & Birte Kellermeier-Rehbein (eds.), 199–230.

Castelli, Stefan. 2015. Pre-colonial language policy of the Rhenish Mission Society perceived as the type of Gustav Warneck's mission doctrine? In Klaus Zimmermann & Birte Kellermeier-Rehbein (eds.), 129–154.

Castillo-Rodríguez, Susana. 2015. The first missionary linguistics in Fernando Po: Transliteration and the quest of Spanishness in an Anglicized colony. In Klaus Zimmermann & Birte Kellermeier-Rehbein (eds.), 75–106.

Castro Varela, María do Mar & Nikita Dhawan. 2015. *Postkoloniale Theorie. Eine kritische Einführung*. 2., komplett überarb. und erw. Aufl. Bielefeld: Transcript. E-Book.

Castro, Yeda Pessoa de. 2002. *A língua mina-jeje no Brasil: um falar africano em Ouro Preto do século XVIII*. Belo Horizonte: Fundação João Pinheiro (Coleção Mineiriana).

Castro, Yeda Pessoa de. 2005. *Falares africanos na Bahia: um vocabulário afro-brasileiro*. Rio de Janeiro: Academia Brasileira de Letras/Topbooks Editora e Distribuidora de Livros Ltda.

Cerrón-Palomino, Rodolfo. 1997. La primera codificación del aimara. In Klaus Zimmermann (ed.), 195–257.

Christmann, Helmut. 1986. 'Weißt du, manchmal träume ich deutsch!' Spuren deutscher Kolonialherrschaft im historisch-politischen Bewusstsein auf den Karolinen-Inseln. *Mitteilungen der Internationalen Gesellschaft für Geschichtsdidaktik* 7. 114–128.

Clyne, Michael. 1992. Pluricentric languages – Introduction. In Michael Clyne (ed.), *Pluricentric languages. Differing norms in different nations*, 1–9. Berlin/New York: de Gruyter.

Clyne, Michael. 2003. *Dynamics of language contact. English and immigrant languages*. Cambridge: Cambridge University Press.

Coly, Jules J. & Anne Storch. 2014. The grammar of knowledge in Maaka. In Alexandra Y. Aikhenvald & Robert M. W. Dixon (eds.), *The grammar of knowledge*, 190–208. Oxford: Oxford University Press.

Connell, Raewyn. 2007. *Southern theory. The global dynamics of language in social science*. Crows Nest: Allen & Unwin.

Conrad, Joseph. 2000. *Herz der Finsternis*. Übersetzung und Nachwort von Reinhold Batberger. Frankfurt am Main: Suhrkamp.

Cyffer, Norbert. 2011. Gibt es primitive Sprachen – oder ist Deutsch auch primitiv? In Thomas Stolz, Christina Vossmann & Barbara Dewein (eds.), 55–74.

Dagbovie, Pero Gaglo. 2010. *African American history reconsidered*. Urbana: University of Illinois Press. Google-Books.

DDP. 1919. Programm der Deutschen Demokratischen Partei, 13.–15. Dezember 1919. In Wolfgang Treue (ed.). 1968. *Deutsche Parteiprogramme seit 1861* (Quellensammlung zur Kulturgeschichte, 3). 4. Auflage, 135–140. Göttingen: Musterschmidt.

Detzner, Hermann. 1920. *Vier Jahre unter Kannibalen. Von 1914 bis zum Waffenstillstand unter deutscher Flagge im unerforschten Innern von Neuguinea*. Berlin: August Scherl.

Deumert, Ana. 2009. Namibian Kiche Duits: The making (and decline) of a neo-African language. *Journal of Germanic Linguistics* 21(4). 349–417.

Deutsches Koloniallexikon. 1920. Band I: A–G. Herausgegeben von Heinrich Schnee. Leipzig: Quelle & Meyer.

Dewein, Barbara. 2011. Reduplikation als Thema in Hermann Costenobles Die Chamorro Sprache. In Thomas Stolz, Christina Vossmann & Barbara Dewein (eds.), 249–262.

Dewein, Barbara. 2013. H. Costenoble's work on Chamorro (re-)edited. In Steven R. Fischer (ed.), 177–200.

Dewein, Barbara, Stefan Engelberg, Susanne Hackmack, Wolfram Karg, Birte Kellermeier-Rehbein, Peter Mühlhäusler, Daniel Schmidt-Brücken, Christina Schneemann, Doris Stolberg, Thomas Stolz & Ingo H. Warnke. 2012. Forschungsgruppe Koloniallinguistik: Profil – Programmatik – Projekte. *Zeitschrift für germanistische Linguistik* 40(2). 242–249.

Diallo, M. Moustapha & Dirk Göttsche (eds.). 2003. *Interkulturelle Texturen. Afrika und Deutschland im Reflexionsmedium der Literatur*. Bielefeld: Aisthesis.

Ding, Picus S. 2015. Chinese influence on Vietnamese: A Sinospheric tale. In Christel Stolz (ed.), 55–75.

Dingemanse, Mark. 2011. *The meaning and use of ideophones in Siwu*. Nimwegen: MPI for Psycholinguistics.

DNVP. 1920. Grundsätze der Deutschnationalen Volkspartei, 1920. In Wolfgang Treue (ed.). 1968. *Deutsche Parteiprogramme seit 1861*. (Quellensammlung zur Kulturgeschichte 3), 120–127. 4. Auflage. Göttingen: Musterschmidt.

Du Bois, W. E. B. 1903/1996. The souls of Black folk. In Eric J. Sundquist (ed.), *The Oxford W. E. B. Du Bois reader*. 97–240. Oxford/New York: Oxford University Press.

Dubiel, Helmut. 1999. *Niemand ist frei von der Geschichte. Die nationalsozialistische Herrschaft in den Debatten des Deutschen Bundestages*. München: Hanser.

Duchêne, Alexandre & Monica Heller (eds.). 2007. *Discourses of endangerment. Interest and ideology in the defense of languages*. London/New York: Continuum.

Dunker, Axel & Michael Hofmann (eds.). 2014. *Morgenland und Moderne. Orient-Diskurse in der deutschsprachigen Literatur von 1890 bis zur Gegenwart*. Frankfurt am Main: Lang.

Dunker, Axel (ed.). 2005. *(Post-)Kolonialismus und Deutsche Literatur. Impulse der angloamerikanischen Literatur- und Kulturtheorie*. Bielefeld: Aisthesis.

Dunker, Axel. 2008. *Kontrapunktische Lektüren. Koloniale Strukturen in der deutschsprachigen Literatur des 19. Jahrhunderts*. München: Fink.

Dunker, Axel. 2012. Magischer Realismus. Die Repräsentation des kulturell 'Anderen' im Werk Uwe Timms. *Text + Kritik* 195. 46–53.

Dürbeck, Gabriele & Axel Dunker (eds.). 2014. *Postkoloniale Germanistik. Bestandsaufnahme, theoretische Perspektiven, Lektüren*. Bielefeld: Aisthesis

DUW = *Duden. Deutsches Universalwörterbuch*. 4. Aufl. 2001, Mannheim u.a.: Dudenverlag.

DVP. 1919. Grundsätze, 19. Oktober 1919. In Wolfgang Treue (ed.). 1968. *Deutsche Parteiprogramme seit 1861*. (Quellensammlung zur Kulturgeschichte, 3). 4. Auflage, 127–135. Göttingen: Musterschmidt.

Dwucet, F. 1908. Als Lehrer und Bienenzüchter auf Saipan. In Josef Wiese (ed.), *Neu-Deutschland. Unsere Kolonien in Wort und Bild*, 363–368. Berlin: Meidinger's Jugendschriften Verlag.

Ebert, Friedrich. 1919. Eröffnungsrede des Volksbeauftragten Ebert bei der Eröffnung der Nationalversammlung in deren Sitzung am 6. Februar 1919. In Johannes Hohlfeld. 1952. *Die Weimarer Republik 1919–1933* (Dokumente der Deutschen Politik und Geschichte von 1848 bis zur Gegenwart. Ein Quellenwerk für die politische Bildung und staatsbürgerliche Erziehung Bd. 3), 14–17. Berlin: Wendler & Co.

Eco, Umberto. 1972. *Einführung in die Semiotik*. München: Fink.

Eco, Umberto. 1985. Wörterbuch vs. Enzyklopädie. In Umberto Ecco, *Semiotik und Philosophie der Sprache*, 77–132. München: Fink.

Ees TV. 2010. "Braai Brot auf Brakwater"; http://www.youtube.com/watch?v= UQn94ksj3rs <7.10.2013>.

Ees TV. 2013. "Introdakschen am Pool"; http://www.youtube.com/watch?v= 3aLL38nLxgI <7.10.2013>.

Engelberg, Stefan. 2006a. Kaisa, Kumi, Karmoból. Deutsche Lehnwörter in den Sprachen des Südpazifiks. *Sprachreport* 4. 2–9.

Engelberg, Stefan. 2006b. The influence of German on the lexicon of Palauan and Kosraean. In Keith Allan(ed.), *Selected Papers from the 2005 Conference of the Australian Linguistic Society*. http://www.als.asn.au/proceedings/als2005/engelberg-german.pdf <12.05.2015>

Engelberg, Stefan. 2008. The German language in the South Seas: Language contact and the influence of language politics and language attitudes. In Mathias Schulze (ed.), *German diasporic experiences: Identity, migration, and loss*, 317–329. Waterloo: Wilfrid Laurier University Press.

Engelberg, Stefan. 2012. Historische Sprachkontaktforschung zur deutschen Sprache im Südpazifik – Ansatz zu einer Quellen- und Dokumentenkunde der deutschen Koloniallinguistik. In Stefan Engelberg & Doris Stolberg (eds.), 233–292.

Engelberg, Stefan. 2012a. Einleitung: Die Koloniallinguistik und ihre Forschungsfelder. In Stefan Engelberg & Doris Stolberg (eds.), 7–13.

Engelberg, Stefan. 2012b. Historische Sprachkontaktforschung zur deutschen Sprache im Südpazifik: Ansatz zu einer Quellen- und Dokumentenkunde der deutschen Koloniallinguistik. In Stefan Engelberg & Doris Stolberg (eds.), 233–292.

Engelberg, Stefan. 2013. Sprachideologien im Kolonialismus. Vortrag anlässlich der Jahrestagung der Gesellschaft für Überseegeschichte, Universität Bremen, Juni 2013.

Engelberg, Stefan & Doris Stolberg (eds.). 2012a. *Sprachwissenschaft und kolonialzeitlicher Sprachkontakt: Sprachliche Begegnungen und Auseinandersetzungen.* (Koloniale und Postkoloniale Linguistik/Colonial and Postcolonial Linguistics 3). Berlin: Akademie.

Engelberg, Stefan & Doris Stolberg. 2012b. Die Koloniallinguistik und ihre Forschungsfelder. In Stefan Engelberg & Doris Stolberg (eds.), 7–13.

Engelberg, Stefan, Ineke Scholz & Doris Stolberg. 2012. Interaktionszentren des Sprachkontakts in Deutsch-Neuguinea: ein sprachkartographisches Projekt. In Stefan Engelberg & Doris Stolberg (eds.), 123–138.

Engombe, Lucia. 2004. *Kind Nr. 95. Meine deutsch-afrikanische Odyssee.* Aufgezeichnet von Peter Hilliges, 3. Aufl. Berlin: Ullstein.

Errington, James J. 2001. Colonial Linguistics. *Annual Review of Anthropology* 30. 19–39.

Errington, James J. 2008. *Linguistics in a colonial world: A story of language, meaning, and power.* Malden & Oxford: Blackwell.

Ethnologue. 2013 . Siehe auch Lewis et al.

Evans, Nicolas. 2010. *Dying words: Endangered languages and what they have to tell us.* Chichester: Wiley-Blackwell.

Everett, Daniel. 2013. *Die größte Erfindung der Menschheit. Was mich meine Jahre am Amazonas über das Wesen der Sprache gelehrt haben.* München: Deutsche Verlags-Anstalt.

Fabarius, Ernst Albert. 1909. Ausbildung für den Kolonialdienst. In Karl Schneider (ed.), *Jahrbuch über die deutschen Kolonien.* Vol. 2, 135–148. Essen: Baedeker.

Fabian, Johannes. 1983. *Time and the other.* New York: Columbia University Press.

Fabri, Friedrich. 1879. *Bedarf Deutschland der Colonien? Eine politisch-ökonomische Betrachtung.* Gotha: Perthes.

Faidherbe, Louis L. C. 1865. Étude sur la langue Kéguem ou Sérè-Sine. *Annuaire de Sénegal et dépendances.* 173–245.

Fairclough, Norman. 2010. *Critical discourse analysis. The critical study of language.* London: Longman.

Fandrych, Christian & Maria Thurmair. 2011. *Textsorten im Deutschen. Linguistische Analysen aus sprachdidaktischer Sicht.* Tübingen: Stauffenburg.

Faulstich, Katja. 2009. Deutscher Kolonialismus. (K)ein Thema der Sprachgeschichtsschreibung? In Ingo H. Warnke (ed.), 65–96.
Fernández, Rebeca. 2011. Hispanic Philippine historiography: a brief description of the structure of the Calepino Ylocano (18th C.). In Lawrence A. Reid, Emilio Ridruejo & Thomas Stolz (eds.), 49–62.
Fichte, Hubert. 1984. Ketzerische Bemerkungen für eine neue Wissenschaft vom Menschen. In Hubert Fichte, *Petersilie. Die afroamerikanischen Religionen. Santo Domingo, Venezuela, Miami, Grenada*, 359–365. Frankfurt am Main: Fischer.
Finsch, Otto. 1895. Aus dem Schutzgebiete der Neuguinea-Compagnie im Jahre 1894 I. *Weser Zeitung*, 20.01.1895.
Fischer, Eugen. 1913. *Die Rehobother Bastards und das Bastardierungsproblem beim Menschen: Anthropologische und ethnographische Studien am Rehobother Bastardvolk in Deutsch-Südwest-Afrika. Ausgeführt mit Unterstützung der Königlich Preußischen Akademie der Wissenschaften*. Jena: Fischer.
Fischer, Steven R. (ed.). 2013a. *Oceanic voices – Europaen quills. The early documents on and in Chamorro and Rapanui*. (Koloniale und Postkoloniale Linguistik/Colonial and Postcolonial Linguistics 4). Berlin: Akademie Verlag.
Fischer, Steven R. 2013b. Sources of the Old Rapanui language of Easter Island. In Steven R. Fischer (ed.), 11–23.
Foertsch, Henrike. 1998. Spracharbeit zwischen Theorie und Praxis: frühneuzeitliche Jesuiten in Südostindien, Nordwestmexiko und Peru. In Reinhard Wendt (ed.), *Wege durch Babylon: Missionare, Sprachstudien und interkulturelle Kommunikation*, 75–129. Tübingen: Narr.
Fontane, Theodor. [1895] 2006. *Effi Briest*. [Roman]. Stuttgart: Reclam.
Foucault, Michel. 1971. *L'ordre du discours*. Paris: Gallimard.
Fountain, Catherine. 2015. Transculturation, assimilation, and appropriation in the missionary representation of Nahuatl. In Klaus Zimmermann & Birte Kellermeier-Rehbein (eds.), 177–198.
Frenssen, Gustav. 1906. *Peter Moors Fahrt nach Südwest. Ein Feldzugsbericht*. [Roman]. Berlin: Grote'sche Verlagsbuchhandlung.
Friederici, Georg. 1911. Pidgin-Englisch in Deutsch-Neuguinea. *Koloniale Rundschau* 2. 92–106.
Frobenius, Leo. [1920] 1953. *Paideuma. Umrisse einer Kultur- und Seelenlehre*. 3. Aufl. Düsseldorf: Diederichs.
Frobenius, Leo. [1933] 1993. *Kulturgeschichte Afrikas. Prolegomena zu einer historischen Gestaltlehre*. Wuppertal: Peter Hammer.
Frobenius, Leo. 1933. *Ein Lebenswerk aus der Zeit der Kulturwende. Dargestellt von seinen Freunden und Schülern*. Leipzig: Koehler & Amelang.
Gilij, Filippo S. 1780–1784. *Sagio di storia americana; o sia, storia naturale, civile e sacra de regni, e delle provincie spagnuole di Terra-Ferma nell' America Meridionale descritto dall' abate F. S. Gilij* (Vols. 1–4). Rome: Perigio.
Gleichen, Raimund Freiherr von. 1914. *Ratschläge für angehende Farmer in Deutsch-Südwest Afrika*. Berlin: Reimer.
Goer, Charis & Michael Hofmann (eds.). 2008. *Der Deutschen Morgenland. Bilder des Orients in der deutschen Literatur und Kultur von 1770 bis 1850*. München: Fink.
Goffman, Erving. [1963] 1975. *Stigma. Über Techniken der Bewältigung beschädigter Identität*. (amer. Erstauflage 1963). Frankfurt am Main: Suhrkamp.
Good, Jeff & Calvin Hendryx-Parker. 2006. Modeling contested categorization in linguistic databases. In *Proceedings of the EMELD '06 workshop on digital language documenta-*

tion: Tools and standards: The state of the art, 20–22. Lansing: Michigan. http://emeld.org/workshop/2006/papers/GoodHendryxParker-Modelling.pdf

Görner, Rüdiger & Nima Mina (eds.). 2006. *Wenn die Rosenhimmel tanzen. Orientalische Motivik in der deutschsprachigen Literatur des 19. und 20. Jahrhunderts*. München: Iudicium.

Göttsche, Dirk. 2005. Der koloniale "Zusammenhang der Dinge" in der deutschen Provinz: Wilhelm Raabe in postkolonialer Sicht. *Jahrbuch der Raabe-Gesellschaft*. 53–73.

Göttsche, Dirk & Florian Krobb (eds.). 2009. *Wilhelm Raabe. Global themes – International perspectives*. London: Legenda.

Greenblatt, Stephen. 1991. *Wunderbare Besitztümer*. Berlin: Wagenbach.

Gretschel, Hans-Volker. 1993. The lost umlaut: The German language in Namibia 1915–1939 – A suppressed language? *Logos* 13, Windhoek: Academy, 44–60.

Gretschel, Hans-Volker. 1995. The status and use of the German language in independent Namibia: Can German survive the transition? In Martin Pütz (ed.), *Discrimination through language in Africa? Perspectives on the Namibian experience*, 299–313. Berlin/New York: de Gruyter.

Grimm, Hans. 1913. *Der Leutnant und der Hottentott und andere afrikanische Erzählungen*. Frankfurt am Main: Rütten und Loening.

Grimm, Hans. 1926. *Volk ohne Raum*. München: Langen.

Gröber, Adolf. 1919. *Sitzung der Nationalversammlung am 12. Mai 1919; Reichstagsprotokolle 39. Sitzung*. 1087–1089. www.reichstagsprotokolle.de/ (2. September 2014)

Gründer, Horst (ed.). 1999. *"…da und dort ein junges Deutschland gründen". Rassismus, Kolonien und kolonialer Gedanke vom 16. bis zum 20. Jahrhundert*. München: dtv.

Gründer, Horst. 2004. *Geschichte der deutschen Kolonien*, 5. Aufl., Paderborn u.a.: Schöningh.

Gründer, Horst. 2012. *Geschichte der deutschen Kolonien*. 6. Aufl. Paderborn: Schöningh.

Gruzdeva, Ekaterina. 2015. Sociolinguistic and linguistic outcomes of Nivkh-Russian language contact. In Christel Stolz (ed.), 153–181.

Guérin, Françoise. 2015. The evolution of Chechen in asymmetrical contact with Russian. In Christel Stolz (ed.), 183–198.

Gümbel, Annette. 2003. *"Volk ohne Raum". Der Schriftstelle Hans Grimm zwischen nationalkonservativem Denken und völkischer Ideologie*. Darmstadt/Marburg: Historische Kommission für Hessen.

Gutjahr, Ortrud & Stefan Hermes (eds.). 2011. *Maskeraden des (Post-)Kolonialismus. Verschattete Repräsentationen 'der Anderen' in der deutschsprachigen Literatur und im Film*. Würzburg: Königshausen & Neumann.

Haacke, Wilfrid H. G. 2011. Nama als Sprachbenennung in der Koloniallinguistik Deutsch-Südwestafrikas: zwischen Endonym und Exonym. In Thomas Stolz, Christina Vossmann & Barbara Dewein (eds.), 139–160.

Hackmack, Susanne. 2012. Die Subjektpräfixe des Swahili in kolonialzeitlichen Sprachbeschreibungen. In Stefan Engelberg & Doris Stolberg (eds.), 49–67.

Hackmack, Susanne. 2015. Case in selected grammars of Swahili. In Klaus Zimmermann & Birte Kellermeier-Rehbein (eds.), 51–73.

Hagen, Bernhard. 1899. *Unter den Papua's. Beobachtungen und Studien über Land und Leute, Thier- und Pflanzenwelt in Kaiser-Wilhelmsland*. Wiesbaden: Kreidel.

Hagen, Gunther T. von. 1908. *Kurzes Handbuch für Neger-Englisch an der Westküste Afrikas unter besonderer Berücksichtigung von Kamerun*. Berlin: Dingeldey & Werres.

Hager, Carl. 1885. *Kamerun. Land, Volk und Handel, geschildert nach den neuesten Quellen*. Leipzig: Schloemp.

Hamann, Christof & Alexander Honold (eds.). 2009. *Ins Fremde schreiben. Gegenwartsliteratur auf den Spuren historischer und fantastischer Entdeckungsreisen*. Göttingen: Wallstein.
Hambruch, Paul. 1914. *Die Sprache von Nauru*. Hamburg: Friederichsen.
Hanzeli, Victor Egon. 1969. *Missionary linguistics in New France: A study of seventeenth and eighteenth century descriptions of American Indian languages*. Den Haag: Mouton.
Harnischfeger, Johannes, Rudolf Leger & Anne Storch. 2014. Lower rank greets first. Getting along in multilingual societies. In Anne Storch, Johannes Harnischfeger & Rudolf Leger (eds.), *Fading delimitations*, 1–36. Köln: Köppe.
Haußmann, Conrad. 1919. *Sitzung der Nationalversammlung am 12. Mai 1919; Reichstagsprotokolle 39. Sitzung*. 1091–1994. www.reichstagsprotokolle.de/ (2. September 2014).
Heepe, Martin (ed.). 1919. *Jaunde-Texte von Karl Atangana und Paul Messi nebst experimentalphonetischen Untersuchungen über die Tonhöhen im Jaunde und einer Einführung in die Jaunde-Sprache*. Hamburg: Friederichsen.
Hennig, Mathilde. 2009. Zum deutschen Blick auf grammatische Eigenschaften von Kolonialsprachen. In Ingo H. Warnke (ed.), 121–144.
Hering, Rainer. 2003. *Konstruierte Nation. Der Alldeutsche Verband 1890 bis 1939*. Hamburg: Christians.
Hermes, Stefan. 2009. *'Fahrten nach Südwest'. Die Kolonialkriege gegen die Herero und Nama in der deutschen Literatur (1904–2004)*. Würzburg: Königshausen & Neumann.
Hervás [y Panduro], Lorenzo. 1800–1804. *Catálogo de las lenguas de las naciones conocidas y numeración, división y clases de estas según la diversidad de sus idiomas y dialectos*, 6 Bde., Madrid (Facsimile Madrid 1979).
Hesse-Wartegg, Ernst von. 1902. *Samoa, Bismarckarchipel und Neuguinea. Drei deutsche Kolonien in der Südsee*. Leipzig: Weber.
Heyden, Ulrich van der. 2003. Die 'Hottentottenwahlen' von 1907. In Jürgen Zimmerer & Joachim Zeller (eds.), *Völkermord in Deutsch-Südwestafrika. Der Kolonialkrieg (1904–1908) in Namibia und seine Folgen*, 97–102. Berlin: Links.
Hezel, Francis X. 2002. Deutsche katholische Missionen in Mikronesien. In Hermann Joseph Hiery (ed.), 558–569.
Hiery, Hermann Joseph (ed.). 2002. *Die deutsche Südsee 1884–1914. Ein Handbuch*. Paderborn et al.: Schöningh.
Hildebrand, Klaus. 1969. *Vom Reich zum Weltreich: Hitler, NSDAP und koloniale Frage 1919–1945*. Fink: München.
Hofmayr, Wilhelm. 1925. *Die Schilluk: Geschichte, Religion und Leben eines Niloten-Stammes*. Mödling: Anthropos.
Honold, Alexander (ed.). 2011. *Ost-westliche Kulturtransfers. Orient – Amerika*. Bielefeld: Aisthesis.
Honold, Alexander & Klaus R. Scherpe (eds.). 2004. *Mit Deutschland um die Welt. Eine Kulturgeschichte des Fremden in der Kolonialzeit*. Stuttgart/Weimar: Metzler.
Honold, Alexander & Oliver Simons (eds.). 2002. *Kolonialismus als Kultur. Literatur, Medien, Wissenschaft in der deutschen Gründerzeit des Fremden*. Tübingen/Basel: Francke.
Hovdhaugen, Even (ed.). 1996. *...and the Word was God: Missionary linguistics and missionary grammar*. (Studium Sprachwissenschaft. Beiheft 25). Münster: Nodus.
Huber, Hansjörg. 2000. *Koloniale Selbstverwaltung in Deutsch-Südwestafrika. Entstehung, Kodifizierung und Umsetzung*. Frankfurt am Main: Peter Lang.
Huber, Magnus. 1997. 'Dat tree be white man chop'. On the story of genesis in West African Pidgin English. *The Carrier Pidgin* 25(3). 4–6, 38–43.

Huber, Magnus. 1999. *Ghanaian Pidgin English in its West African context: A sociohistorical and structural analysis*. Amsterdam: John Benjamins.
Huggan, Graham. 2013. General introduction. In Graham Huggan (ed.), *The Oxford handbook of postcolonial studies*, 1–26. Oxford: Oxford University Press.
Humboldt, Wilhelm von. 1836–1839. *Über die Kawi-Sprache auf der Insel Java, nebst einer Einleitung über die Verschiedenheit des menschlichen Sprachbaues und ihren Einfluß auf die geistige Entwicklung des Menschengeschlechts*. 3 vols., Berlin: Beh.
Humboldt, Wilhelm von. 1963. *Werke in fünf Bänden* (Herausgegeben von Andreas Flitner und Klaus Giel, Bd. 3, Darmstadt: Wissenschaftliche Buchgesellschaft.
Humboldt, Wilhelm von. 1994. *Mexicanische Grammatik*. (Herausgegeben von Manfred Ringmacher). Paderborn: Schöningh.
Humboldt, Wilhelm von. 2009–2012. *Schriften zur Sprachwissenschaft*. 5 Bde. Paderborn: Schöningh.
Iriye, Akira & Jürgen Osterhammel (eds.). 2012ff. *Geschichte der Welt*. 6 Bände. München: Beck.
Irvine, Judith T. 1998. Ideologies of honorific language. In Bambi Schieffelin, Kathryn Woolard & Paul Kroskrity (eds.), *Language ideologies: Practice and theory*, 51–67. Oxford: Oxford University Press.
Irvine, Judith T. 2001. Genres of conquest: From literature to science in colonial African linguistics. In Hubert Knoblauch & Helga Kotthoff (eds.), *Verbal art across cultures*, 63–89. Tübingen: Gunter Narr.
Irvine, Judith T. 2008. Subjected words: African linguistics and the colonial encounter. *Language & Communication* 28(4). 323–343.
Irvine, Judith T. & Susan Gal. 2000. Language ideology and linguistic differentiation. In Paul V. Kroskrity (ed.), *Regimes of language*, 35–83. Santa Fe: School of American Research Press.
Jacques, Norbert. 1922. *Südsee. Ein Reisetagebuch*. München: Drei Masken.
Jäger, Siegfried. 1993. *Kritische Diskursanalyse. Eine Einführung*. Duisburg: Diss-Studien.
Jäger, Siegfried. 2009. *Kritische Diskursanalyse: eine Einführung*. Münster: Unrast (5. gegenüber der 2. völlig neu bearb. und erweiterten Auflage, unveränderte Auflage).
Janson, Tore. 2006. Southern Africa/Südliches Afrika. In Ulrich Ammon, Norbert Dittmar, Klaus J. Mattheier & Peter Trudgill (eds.), *Soziolinguistik. Ein internationales Handbuch zur Wissenschaft von Sprache und Gesellschaft*. HSK-Band 3.3, 2. Aufl., 1981–1987. Berlin/New York: de Gruyter.
Janurik, Boglárka. 2015. The emergence of gender agreement in code-switched verbal constructions in Erzya-Russian bilingual discourse. In Christel Stolz (ed.), 199–217.
Jones, Randall L. & Erwin Tschirner. 2006. *Frequency dictionary of German: Core vocabulary for learners*. London: Routledge.
Judge, Anne. 2000. France: 'One state, one nation, one language'? In Stephen Barbour & Cathie Carmichael (eds.), *Language and nationalism in Europe*, 44–82. Oxford/New York: Oxford University Press.
Kämper, Heidrun. 2005. *Der Schulddiskurs in der frühen Nachkriegszeit. Ein Beitrag zur Geschichte des sprachlichen Umbruchs nach 1945*. Berlin/New York: de Gruyter.
Kämper, Heidrun. 2012. *Aspekte des Demokratiediskurses der späten 1960er Jahre. Konstellationen – Kontexte – Konzepte*. Berlin: de Gruyter.
Kämper, Heidrun. 2014. Demokratisches Wissen in der frühen Weimarer Republik. Historizität – Agonalität – Institutionalisierung. In Heidrun Kämper, Peter Haslinger & Thomas Raithel

(eds.), *Demokratiegeschichte als Zäsurgeschichte. Diskurse der frühen Weimarer Republik*, 19–96. Berlin/Boston: de Gruyter.

Käser, Lothar. 2011. "Den Buchstaben h können die Eingeborenen nicht aussprechen": Pater Laurentius Bollig und die Sprache von Chuuk. In Thomas Stolz, Christina Vossmann & Barbara Dewein (eds.), 263–284.

Käser, Lothar. 2015. Die Sprache von Mapia in Mikronesien: Vergleichende Untersuchungen zu einer Wortliste von Johann Stanislaus Kubary aus dem Jahr 1895. In Daniel Schmidt-Brücken, Susanne Schuster, Thomas Stolz, Ingo H. Warnke & Marina Wienberg (eds.), 247–316.

Kausch, Oskar. 1903. *Deutsches Kolonial-Lexikon*. Dresden: Kühtmann.

Kaysina, Inna. 2015. Grammatical effects of Russian-Udmurt language contact. In Christel Stolz (ed.), 219–235.

Kellermeier-Rehbein, Birte. 2012. Koloniallinguistik aus hochschuldidaktischer Perspektive. In Stefan Engelberg & Doris Stolberg (eds.), 293–309.

Kellermeier-Rehbein, Birte. 2013. Standard oder Nonstandard? Ungelöste Probleme der Abgrenzung. In Karina Schneider-Wiejowski, Birte Kellermeier-Rehbein & Jakob Haselhuber (eds.), *Vielfalt, Variation und Stellung der deutschen Sprache*, 3–22. Berlin/Boston: de Gruyter.

Kellermeier-Rehbein, Birte. 2014. *Plurizentrik. Einführung in die nationalen Varietäten des Deutschen*. Berlin: Erich Schmidt.

Kellermeier-Rehbein, Birte. 2015. Namslang – Deutsche Jugendsprache in Namibia? In Corinna Peschel & Kerstin Runschke (eds.), *Sprachvariation und Sprachreflexion in interkulturellen Kontexten*, 41–62. Frankfurt am Main: Peter Lang.

Kerner, Ina. 2012. *Postkoloniale Theorien zur Einführung*. Hamburg: Junius.

Khilkhanova, Erzhen. 2015. Subjective factors of language vitality: Language attitudes of the Buryat ethnic group. In Christel Stolz (ed.), 265–284.

Kienpointner, Manfred. 1983. *Argumentationsanalyse*. Innsbruck: Verlag des Instituts für Sprachwissenschaft.

Klein, Josef. 2000. Komplexe topische Muster. Vom Einzeltopos zur diskurstypspezifischen Topos-Konfiguration. In Thomas Schirren & Gert Ueding (eds.), *Topik und Rhetorik. Ein interdisziplinäres Symposium*, 623–648. Tübingen: Niemeyer.

Klein, Josef. 2002. Topik und Frametheorie als argumentations- und begriffsgeschichtliche Instrumente, dargestellt am Kolonialdiskurs. In Dieter Cherubim, Karlheinz Jakob & Angelika Linke (eds.), *Neue deutsche Sprachgeschichte: Mentalitätsgeschichtliche, kultur- und sozialgeschichtliche Zugänge*, 167–181. Berlin/New York: de Gruyter.

Klein, Thomas B. 2013. Chamorro morphophonology in the grammar and dictionary by Georg Fritz. In Steven R. Fischer (ed.), 103–122.

Klein, Wolf Peter. 2004. Deskriptive statt präskriptiver Sprachwissenschaft!? Über ein sprachtheoretisches Bekenntnis und seine analytische Präzisierung. *Zeitschrift für Germanistische Linguistik* 32. 376–405.

Klein, Wolfgang. 1980. Argumentation und Argument. *Zeitschrift für Literaturwissenschaft und Linguistik* 38/39. 9–57.

Kleinewillinghöfer, Ulrich. 1991. Burak Mam Gabra Wortliste. Ms.

Kluge. Etymologisches Wörterbuch der deutschen Sprache. 24. Aufl. 2002, bearb. v. Elmar Seebold. Berlin/New York: de Gruyter.

Koch, Peter & Wulf Oesterreicher. 2011. *Gesprochene Sprache in der Romania: Französisch, Italienisch, Spanisch*. Berlin: Walter de Gruyter.

Koelle, Sigismund W. 1854. *Polyglotta Africana: Or a comparative vocabulary of nearly three hundred words and phrases in more than hundred distinct African languages*. London: Church Missionary House.

Koerner, E. F. K. 2004. Notes on missionary linguistics in North America. In Otto Zwartjes & Even Hovdhaugen (eds.), 47–80.

Kohl, Karl-Heinz & Editha Platte (eds.). 2006. *Gestalter und Gestalten. 100 Jahre Ethnologie in Frankfurt am Main*. Frankfurt am Main: Stroemfeld.

Kolb, Eberhard. 2005. *Der Frieden von Versailles*. München: Beck.

KomIntern. 1919. Manifest an das Proletariat der ganzen Welt, angenommen auf dem I. Kongreß der Kommunistischen Internationale vom 2. bis 6. März 1919 in Moskau. In Institut für Marxismus-Leninismus beim Zentralkomitee der Sozialistischen Einheitspartei Deutschlands (ed.). 1966. *Dokumente und Materialien zur Geschichte der deutschen Arbeiterbewegung. Reihe II: 1914–1945. Band 7: Februar 1919–Dezember 1923*, 240. Berlin: Dietz.

KomIntern. 1922. *Entwurf eines Programms der Kommunistischen Internationale vom 7. Oktober 1922*. http://www.marxisms-online.eu/archiv/klassiker/schriftenzumprogramm/komintern1922.html. (2. September 2014)

Kopperschmidt, Josef. 1989. *Methodik der Argumentationsanalyse*. Stuttgart/Bad Cannstatt: frommann-holzboog.

Kopytoff, Igor. 1987. The internal African frontier: The making of African political culture. In Igor Kopytoff (ed.), *The African frontier: The reproduction of traditional African societies*, 3–84. Bloomington/Indianapolis: Indiana University Press.

KPD. 1922. Tagung des Zentralausschusses der KPD am 22. und 23. Januar 1922. In Institut für Marxismus-Leninismus beim Zentralkomitee der Sozialistischen Einheitspartei Deutschlands (ed.). 1966. *Dokumente und Materialien zur Geschichte der deutschen Arbeiterbewegung. Reihe II: 1914–1945. Band 7: Februar 1919–Dezember 1923*, 11–19. Berlin: Dietz.

Krobb, Florian & Elaine Martin (eds.). 2014. *Weimar colonialism. Discourses and legacies of post-imperialism in Germany after 1918*. Bielefeld: Aisthesis.

Kröger, Rüdiger. 2011. Dokumentation afrikanischer Sprachen durch Herrnhuter Missionare in Deutsch-Ostafrika. In Thomas Stolz, Christina Vossmann & Barbara Dewein (eds.), 161–186.

Kroskrity, Paul V. 2007. Language ideologies. In Alessandro Duranti (ed.), *Companion to linguistic anthropology*, 496–517. Malden: Blackwell.

Kundrus, Birthe (ed.). 2003. *Phantasiereiche. Zur Kulturgeschichte des deutschen Kolonialismus*. Frankfurt am Main/New York: Campus.

Kuß, Susanne. 2012. *Deutsches Militär auf kolonialen Kriegsschauplätzen. Eskalation von Gewalt zu Beginn des 20. Jahrhunderts*. 3. Aufl. Berlin: Christoph Links.

Kutzner, Sandy C. 2012. "Zivilisierte" und "unzivilisierte" Sprachen: Historische Sprachbewertung und das wirklich Fremde in Sprachen. In Stefan Engelberg & Doris Stolberg (eds.), 215–229.

Laak, Dirk van. 2003. "Ist je ein Reich, das es nicht gab, so gut verwaltet worden?" Der imaginäre Ausbau der imperialen Infrastruktur in Deutschland nach 1918. In Birthe Kundrus (ed.), 71–90.

Labov, William. 1994. *Principles of linguistic change. Internal factors*. Oxford: Blackwell.

Lakoff, George & Mark Johnson. 1998. *Leben in Metaphern. Konstruktion und Gebrauch von Sprachbildern*. Heidelberg: Carl-Auer-Systeme.

Lauer, Hiltrud. 2009. Die sprachliche Vereinnahmung des afrikanischen Raums im deutschen Kolonialismus. In Ingo H. Warnke (ed.), 203–233.

Launey, Michel. 1997. La elaboración de los conceptos de la diátesis en las primeras gramáticas del náhuatl. In Klaus Zimmermann (ed.), 21–41.

Lettow-Vorbeck, Paul von. 1920. *Heia Safari! Deutschlands Kampf in Ostafrika. Der deutschen Jugend unter Mitwirkung seines Mitkämpfers Hauptmann von Ruckteschell erzählt.* Leipzig: Koehler.

Levkovych, Nataliya. 2015. On the linguistic behavior of immigrants from the post-Soviet countries in Germany. In Christel Stolz (ed.), 285–297.

Lewis, M. Paul, Gary F. Simons & Charles D. Fennig (eds.). 2013. *Ethnologue: Languages of the world*. Seventeenth edition. Dallas, Texas: SIL International. Online version: http://www.ethnologue.com.

Lindner, Diana. 2015. Collective beliefs of the mixed speech speaker in Belarus. In Christel Stolz (ed.), 299–318.

Loomba, Ania. 1998. *Colonialismus/postcolonialism*. London/New York: Routledge.

López-Austin, Alfredo. 1974. The research method of Fray Bernardino de Sahagún: The questionnaires. In Munro S. Edmonson (ed.), *Sixteenth century Mexico: The work of Sahagún*, 111–149. Albuquerque: University of New Mexico Press.

Low, Victor N. 1972. *Three Nigerian Emirates: A study in oral history*. Evanston/Illinois: Northwestern University Press.

Lubrich, Oliver. 2005. Welche Rolle spielt der literarische Text im postkolonialen Diskurs? *Archiv für das Studium der neueren Sprachen und Literaturen* 157(242). 16–39.

Lüpke, Friederike & Anne Storch. 2013. *Repertoires and choices in African languages*. Berlin: de Gruyter Mouton.

Lüsebrink, Hans-Jürgen. 2011. Übersetzung. In Friedrich Jaeger (ed.), *Enzyklopädie der Neuzeit*. Bd. 13, 879–887. Stuttgart/Weimar: Metzler.

Lützeler, Paul Michael (ed.). 1997. *Der postkoloniale Blick. Deutsche Schriftsteller berichten aus der Dritten Welt*. Frankfurt am Main: Suhrkamp.

Lützeler, Paul Michael (ed.). 1998. *Schriftsteller und "Dritte Welt". Studien zum postkolonialen Blick*. Tübingen: Stauffenburg.

Lützeler, Paul Michael. 1999. Hans Christoph Buch und Heinrich von Kleist. In Dieter Borchmeyer (ed.), *Signaturen der Gegenwartsliteratur. Festschrift für Walter Hinderer*, 155–166. Würzburg: Königshausen & Neumann.

Maitz, Péter. 2014. *Unserdeutsch (Rabaul Creole German): Fragen und Probleme bei der Dokumentation und Beschreibung einer deutschbasierten Kreolsprache. Präsentation, Internationales Soziolinguistisches Kolloquium "Methoden für die Vielfalt – Vielfalt der Methoden"*. Heidelberg: Akademie der Wissenschaften.

Makoni, Sinfree, Geneva Smitherman, Arnetha Ball & Arthur K. Spears (eds.). 2003. *Black linguistics: Language, society and politics in Africa and the Americas*. New York: Routledge.

Mansfeld, Alfred. 1908. *Urwald-Dokumente. 4 Jahre unter den Crossflußnegern Kameruns*. Berlin: Reimer.

Martinell Gifre, Emma. 1988. *Aspectos lingüísticos del Descubrimiento y de la Conquista*. Madrid: CSIC.

Marx, Christoph. 1983. *"Völker ohne Schrift und Geschichte". Zur historischen Erfassung des vorkolonialen Schwarzafrika in der deutschen Forschung des 19. und frühen 20. Jahrhunderts*. Stuttgart: Steiner.

Meinhof, Carl. 1905. *Die Christianisierung der Sprachen Afrikas*. Basel: Missionsbuchhandlung.
Meinhof, Carl. 1936. *Die Entstehung flektierender Sprachen*. Berlin: Reimer.
Menzel, Gustav. 1978. *Die Rheinische Mission*. Wuppertal: Verlag der Vereinigten Evangelischen Mission.
Menzel, Thomas. 2015. Belarusian vs. Russian, regularity vs. irregularity in adjective and adverb comparison of mixed speech in Belarus. In Christel Stolz (ed.), 319–352.
Meyer, Hans (ed.). 1909–1910. *Das Deutsche Kolonialreich. I–II*. Leipzig/Wien: Verlag des Bibliographischen Instituts.
Meyer, Hans. 1888. *Zum Schneedom des Kilimandscharo. 40 Photographien aus Deutsch-Ostafrika mit Text*. Berlin: Meidinger.
Meyers Großes Konversations-Lexikon (=MGKL). 1907. Bd. 11, 290. Leipzig/Wien: Bibliographisches Institut.
Michaelis, Susanne Maria, Philippe Maurer, Martin Haspelmath & Magnus Huber (eds.). 2013. *The atlas and survey of Pidgin and Creole languages*. 4 vols. Oxford: Oxford University Press.
Michels, Eckard. 2008. *"Der Held von Deutsch-Ostafrika". Paul von Lettow-Vorbeck. Ein preußischer Kolonialoffizier*. Paderborn: Schöningh.
Mignolo, Walter D. 2011. *The darker side of Western modernity*. Durham: Duke University Press.
Mignolo, Walter. 1992. On the colonization of Amerindian languages and memories: Renaissance theories of writing and the discontinuity of the classical tradition. *Comparative Studies in Society and History* 34(2). 301–330.
Mignolo, Walter. 2000. *Local histories/global designs: Coloniality, subaltern knowledges, and border thinking*. Princeton: Princeton University Press.
Moeller van den Bruck, Arthur. 1923. *Das dritte Reich*. Berlin: Ring Verlag.
Moftah, Ragheb. 1998. *The coptic orthodox liturgy of St Basil*. Cairo: American University of Cairo Press.
Molina, Fray Alonso de. [1571] 2001. *Vocabulario en lengua castellana y mexicana*. Mexiko: Casa de Antonio de Spinosa. Edición facsímil y estudio de Esther Hernández. Madrid: Ediciones Cultura Hispánica/AECI.
Morlang, Thomas. 2008. *Askari und Fitafita. "Farbige" Söldner in den deutschen Kolonien*. Berlin: Christoph Links.
Mortamet, Clara & Céline Amourette. 2015. Missionary descriptions in a colonial context. In Klaus Zimmermann & Birte Kellermeier-Rehbein (eds.), 29–50.
Mosel, Ulrike & Ainslie So'o. 1997. *Say it in Samoan*. (Pacific Linguistics D-88). Canberra: The Australian National University.
Mückler, Hermann. 2015. Toponyme zu den Inseln Ozeaniens. In Daniel Schmidt-Brücken, Susanne Schuster, Thomas Stolz, Ingo H. Warnke & Marina Wienberg (eds.), 177–246.
Mühleisen, Susanne. 2005. Emil Schwörers Kolonial-Deutsch (1916). Sprachliche und historische Anmerkungen zu einem "geplanten Pidgin" im kolonialen Deutsch Südwest Afrika. *Philologie im Netz* 31, 30–48.
Mühleisen, Susanne. 2009. Zwischen Sprachideologie und Sprachplanung: Kolonial-Deutsch als Verkehrssprache für die Kolonien. In Ingo H. Warnke (ed.), 97–118.
Mühlhäusler, Peter. 1976. Samoan plantation pidgin and the origins of New Guinea Pidgin. An introduction. *Journal of Pacific History* 11. 122–125.
Mühlhäusler, Peter. 2002. Die deutsche Sprache im Pazifik. In Hermann Joseph Hiery (ed.), 239–260.

Mühlhäusler, Peter. 2011. Deutsch schümpfen, Chinese schümpfen, plenty sabbi. Die deutsche Sprache in Kiautschou. In Thomas Stolz, Christina Vossmann & Barbara Dewein (eds.), 187–202.

Mühlhäusler, Peter. 2012. Sprachliche Kontakte in den Missionen auf Deutsch-Neuguinea und die Entstehung eines Pidgin-Deutsch. In Stefan Engelberg & Doris Stolberg (eds.), 71–100.

Müller, Hermann. 1919. *Sitzung der Nationalversammlung am 12. Mai 1919. Reichstagsprotokolle 39. Sitzung*. 1085–1087. www.reichstagsprotokolle.de/ (2. September 2014).

Nduka-Agwu, Adibeli & Antje Lann Hornscheidt (eds.). 2010. *Rassismus auf gut Deutsch: Ein kritisches Nachschlagewerk zu rassistischen Sprachhandlungen*. Frankfurt a. M.: Brandes & Apsel.

Nebrija, Antonio de. 1481. *Institutiones latinae*. Salamanca.

Nebrija, Antonio de. 1492a. *Lexicon hoc est Dictionarium ex Sermone Latino in Hispaniensem*. Salamanca [edición facsímil preparada por G. Colón y A. Soberanas. Barcelona: Puvill 1979].

Nebrija, Antonio de. 1492b. *Gramática de la lengua española*. Salamanca [2012 Madrid: Red ediciones].

Nebrija, Antonio de. 1495. *Dictionarium ex hispaniensi in latinum sermonem o Vocabulario español-latín*. Salamanca [edición facsímil de la Real Academia Española. Madrid 1951, 2. Auflage 1989].

Niehr, Thomas. 2014. *Einführung in die linguistische Diskursanalyse*. Darmstadt: WBG.

Nipperdey, Thomas. 1995. *Deutsche Geschichte 1866–1918*, Band 2. Machtstaat vor der Demokratie. München: Beck.

Nöckler, Herbert. 1963. *Sprachmischung in Südwestafrika*. München: Hueber.

Nooter Roberts, Mary, Elizabeth Harney, Allyson Purpura & Christine Mullen Kreamer. 2007. Inscribing meaning: Ways of knowing. In Mary Nooter Roberts, Elizabeth Harney, Allyson Purpura & Christine Mullen Kreamer (eds.), *Inscribing meaning: Writing and graphic systems in African art*, 13–27. Los Angeles: Smithsonian.

Noye, Dominique. 1975. Langages secrets chez les Peuls. *African Languages* 1. 81–95.

NSDAP. 1920. Programm der Nationalsozialistischen Deutschen Arbeiterpartei. In Wolfgang Treue (ed.). 1968. *Deutsche Parteiprogramme seit 1861* (= Quellensammlung zur Kulturgeschichte 3), 156–159. Göttingen: Musterschmidt.

Nyada, Germain. 2011. Une varieté dialectale des langues bëti dans le Cameroun allemand. In Thomas Stolz, Christina Vossmann & Barbara Dewein (eds.), 97–110.

Namibia Statistics Agency (ed.) (o.J.): *Namibia 2011. Population and housing census main report*. Windhoek, Namibia. http://www.nsa.org.na/files/downloads/ Namibia%202011 %20Population%20and%20Housing%20Census%20Main%20 Report.pdf (eingesehen am 11.01.2014)

o.A. 1900/01. Die Pflichten der Kulturvölker gegen die Naturvölker. *Der deutsche Kulturpionier* 1(4). 42–43.

o.A. 1906/07. Die Negerpsyche und die Deutschen in Afrika. *Der deutsche Kulturpionier* 7(4). 62.

Ó Riagáin, Dónall. 2015. Cracks in the foundation of a language empire – the resurgence of autochthonous lesser used languages in the United Kingdom and Northern Ireland. In Christel Stolz (ed.), 77–88.

Olmos, Fray Andrés de. [1547] 2002. *Arte de la lengua mexicana*. Edición, estudio introductorio, transliteración y notas de Asención Hernández de León-Portilla y Miguel León-Portilla. Mexiko-Stadt: UNAM.

Orosz, Kenneth J. 2008. *Religious conflict and the evolution of language policy in German and French Cameroon, 1885–1939.* New York: Lang.

Osterhammel, Jürgen & Jan C. Jansen. 2012. *Kolonialismus. Geschichte, Formen, Folgen.* München: C. H. Beck.

Ostler, Nicholas. 2004. The social roots of missionary linguistics. In Otto Zwartjes & Even Hovdhaugen (eds.), 33–46.

Otremba, Katrin. 2009. Stimmen der Auflehnung: Antikoloniale Haltungen in afrikanischen Petitionen an das Deutsche Reich. In Ingo H. Warnke (ed.), 253–264.

Otto, Heide. 1989. Deutsches Lehngut im Samoanischen und Sprachunterricht auf Samoa. M.A. Thesis. Universität Hamburg.

Pagel, Steve. 2013a. The Chaifi. A fairy tale from the Marianas, narrated by Georg Fritz: A commented re-edition. Part 1: Background, intercultural and intertextual aspects. In Steven R. Fischer (ed.), 123–151.

Pagel, Steve. 2013b. The Chaifi. A fairy tale from the Marianas, narrated by Georg Fritz: A commented re-edition. Part 2: Linguistic aspects. In Steven R. Fischer (ed.), 153–176.

Parkinson, Richard. 1887. *Im Bismarck-Archipel. Erlebnisse und Beobachtungen auf der Insel Neu-Pommern (Neu-Britannien).* Leipzig: Brockhaus.

Parr, Rolf. 2004. Wilhelm Raabe und die Burenkriege. 1899: Deutsche Schriftsteller begeistern sich für die "Burensache". In Honold, Alexander & Klaus R. Scherpe (eds.), 254–263.

Paul, Hermann. 1880/1995. *Prinzipien der Sprachgeschichte.* 10., unveränd. Aufl. Studienausgabe. Tübingen: Niemeyer.

Pesek, Michael. 2005. *Koloniale Herrschaft in Deutsch-Ostafrika. Expeditionen, Militär und Verwaltung seit 1880.* Frankfurt am Main/New York: Campus.

Peters, Carl. 1887. Die deutsche Kolonialbewegung, die Gesellschaft für deutsche Kolonisation und die Deutsch-Ostafrikanische Gesellschaft. In Carl Peters, *Deutsch-National. Kolonialpolitische Aufsätze,* 59–63. Berlin: Walther und Apolant.

Peters, Carl. 1943–1944. *Gesammelte Schriften.* Hrsg. von Walter Frank. 3 Bde., München/Berlin: Beck.

Pizer, John. 2002. Wilhelm Raabe and the German Colonial Experience. In Kontje Todd (ed.), *A companion to German realism 1848–1900,* 159-181. Rochester, NY: Camden House.

Planert, Wilhelm. 1905. *Handbuch der Nama-Sprache in Deutsch-Südwestafrika.* Berlin: Reimer.

Pluhar, Christina. 2006. *L'Arpeggiata: Los Impossibles.* Paris: Naïve.

Polaschegg, Andrea. 2005. *Der andere Orientalismus. Regeln deutsch-morgenländischer Imagination im 19. Jahrhundert.* Berlin/New York: de Gruyter.

Ponce de Léon Romeo, Rogélio. 2004. Siehe Álvares, Manuel.

Posadowsky-Wehner, Arthur Adolf Graf von. 1919. *Sitzung der Nationalversammlung am 12. Mai 1919. Reichstagsprotokolle 39. Sitzung.* 1095–1098. www.reichstagsprotokolle.de/ (2. September 2014).

Pratt, George. 1862. *Samoan dictionary: English and Samoan, and Samoan and English, with a short grammar of the Samoan dialect.* Samoa: London Missionary Society.

Pratt, Mary Louise. 1992. *Imperial eyes. Studies in travel writing and transculturation.* London/New York: Routledge.

Prince, Magdalene von. 1908. *Eine deutsche Frau im Innern Deutsch-Ostafrikas. Elf Jahre nach Tagebuchblättern erzählt.* Berlin: Mittler.

Pütz, Martin. 1991. Südwesterdeutsch in Namibia: Sprachpolitik, Sprachplanung und Spracherhalt. *Linguistische Berichte* 136. 455–476.

Pütz, Martin. 1992. The present and future maintenance of German in the context of Namibia's official language policy. *Multilingua* 11(3). 293–323.

Pütz, Martin & René Dirven. 2013. Globalisierung und Sprachplanungsmodelle aus Sicht der Kognitiven Soziolinguistik: Fallstudie Namibia. In Karina Schneider-Wiejowski, Birte Kellermeier-Rehbein & Jakob Haselhuber (eds.), *Vielfalt, Variation und Stellung der deutschen Sprache*, 325–348. Berlin/Boston: de Gruyter.

Quijano, Anibal. 2000. Coloniality of power, Eurocentrism, and Latin America. *Nepentla: Views From the South* 1(3). 533–580. http://www.unc.edu/~aescobar/wan/wanquijano.pdf.

Rash, Felicity. 2012. *German images of the self and the other: Nationalist, colonialist and antisemitic discourse 1871–1918*. Houndmills: Palgrave.

Rathjen, Heinrich. 1913. *Rathjen's Kolonial-Liederbuch. Speziell für die Vereine ehemaliger Kolonial-Krieger in Deutschland, als auch für ehemalige und aktive Schutztruppler in den Kolonien bearbeitet von Heinrich Rathjen, ehem. Südwest-Afrikaner*. Rissen-Hamburg: Heinrich Rathjen.

Reichsregierung. 1919. Programm der Reichsregierung, Erklärung des Reichsministerpräsidenten Scheidemann in der Sitzung am 13. Februar 1919. In Johannes Hohlfeld (ed.), *Die Weimarer Republik 1919–1933*. (=Dokumente der Deutschen Politik und Geschichte von 1848 bis zur Gegenwart. Ein Quellenwerk für die politische Bildung und staatsbürgerliche Erziehung Bd. 3), 20–22. Berlin: Wendler & Co.

Reid Lawrence A., Emilio Ridruejo & Thomas Stolz (eds.). 2011. *Philippine and Chamorro linguistics before the advent of structuralism*. (Koloniale und Postkoloniale Linguistik/Colonial and Postcolonial Linguistics 2). Berlin: Akademie Verlag.

Reid, Lawrence A. 2011. Seidenadel's grammar of Bontoc Igorot: One hundred years on. In Lawrence A. Reid, Emilio Ridruejo & Thomas Stolz (eds.), 141–161.

Reisigl, Martin & Ingo H. Warnke. 2013. Diskurslinguistik im Spannungsfeld von Deskription, Präskription und Kritik. In Ulrike Meinhof, Martin Reisigl & Ingo H. Warnke (eds.), *Diskurslinguistik im Spannungsfeld von Deskription und Kritik*, 7–35. Berlin: Akademie Verlag.

Resolution. 1919. Resolution über die Stellung zu den sozialistischen Strömungen und zur Berner Konferenz, angenommen auf dem I. Kongreß der Kommunistischen Internationale vom 2. bis 6. März 1919 in Moskau. In Institut für Marxismus-Leninismus beim Zentralkomitee der Sozialistischen Einheitspartei Deutschlands (ed.). 1966. *Dokumente und Materialien zur Geschichte der deutschen Arbeiterbewegung. Reihe II: 1914–1945. Band 7: Februar 1919–Dezember 1923*, 250. Berlin: Dietz.

Reuter, Julia & Alexandra Karentzos (ed.). 2012. *Schlüsselwerke der Postcolonial Studies*. Wiesbaden: Springer VS.

Ricard, Robert. 1933. *La 'conquête spirituelle'. Essai sur l'apostolat et les méthodes missionnaires des Ordres mendiants en Nouvelle-Espagne de 1523–24 à 1572*. Paris: Institut d'Ethnologie.

Richthofen, Ferdinand von. 1898. *Schantung und seine Eingangspforte Kiautschou*. Berlin: Reimer.

Ridruejo, Emilio. 2011. The first grammar of a Philippine language? The anonymous Arte de la Lengua Sambala y Española [Grammar of the Sambal and Spanish languages] (1601). In Lawrence A. Reid, Emilio Ridruejo & Thomas Stolz (eds.), 11–32.

Riecke, Jörg, Rainer Hünecke, Oliver Pfefferkorn, Britt-Marie Schuster & Anja Voeste (eds.). 2004. *Einführung in die historische Textanalyse*. Göttingen: Vandenhoeck & Ruprecht.

Riehl, Claudia Maria. 2009. *Sprachkontaktforschung. Eine Einführung*. 2., überarb. Aufl. Tübingen: Narr.

Riese, Julius. 2012. The Samoanische Zeitung (1901–1914): Images of the Samoan people and culture in a German colonial newspaper. In Stefan Engelberg & Doris Stolberg (eds.), 165–189.

Ríos Castaño, Victoria. 2014. Translation purposes in Sahagún's Libro de la Rethorica. In Otto Zwartjes, Klaus Zimmermann & Martina Schrader-Kniffki (eds.), 53–83.

Rodríguez-Ponga, Rafael. 2013. Esteban Rodríguez' vocabulary of the language of Guam (1565). In Steven R. Fischer (ed.), 25–52.

Rothstein, Björn. 2011. *Wissenschaftliches Arbeiten für Linguisten*. Tübingen: Narr.

Sahagún, Bernardino de. 1956. *Historia general de las cosas de Nueva España*. Editado con numeración, anotaciones y apéndices por Ángel María Garibay. México: Porrúa [8. Auflage 1992].

Said, Edward W. 1994. *Kultur und Imperialismus. Einbildungskraft und Politik im Zeitalter der Macht*. Aus dem Amerikanischen von Hans-Horst Henschen. Frankfurt am Main: Fischer.

Salánki, Zsuzsa. 2015. The bilingualism of Finno-Ugric language speakers in the Volga Federal district. In Christel Stolz (ed.), 237–264.

Salazar, Marlies S. 2015. Fünf Jahrhunderte Koloniallinguistik auf den Philippinen. In Daniel Schmidt-Brücken, Susanne Schuster, Thomas Stolz, Ingo H. Warnke & Marina Wienberg (eds.), 21–39.

Samoanische Zeitung. 1901–1914. Apia, Samoa.

Schaffers, Uta. 2009. An-Ordnungen: Formen und Funktionen der Konstruktion von Fremde im kolonialen Afrika-Diskurs. In Ingo H. Warnke (ed.), 145–166.

Schellong, Otto. 1934. *Alte Dokumente aus der Südsee. Zur Geschichte der Gründung einer Kolonie. Erlebtes und Eingeborenenstudien*. Königsberg: Gräfe und Unzer.

Scherer, Carmen. 2006. *Korpuslinguistik*. Heidelberg: Winter.

Schinz, Hans. 1891. *Deutsch-Südwestafrika. Forschungsreisen durch die deutschen Schutzgebiete Groß-Nama- und Hereroland, nach dem Kunene, dem Ngamisee und Kalahari*. Oldenburg: Schulze.

Schlaefer, Michael. 2009. *Lexikologie und Lexikographie. Eine Einführung am Beispiel deutscher Wörterbücher*. 2., durchgesehene Auflage. Berlin: Erich Schmidt.

Schlunk, Martin. 1914. *Die Schulen für Eingeborene in den deutschen Schutzgebieten am 1. Juni 1911. Auf Grund einer statistischen Erhebung der Zentralstelle des Hamburgischen Kolonialinstituts*. Hamburg: Friederichsen.

Schmidt-Brücken, Daniel. 2015. *Verallgemeinerung im Diskurs: Generische Wissensindizierung in kolonialem Sprachgebrauch*. (Diskursmuster/Discourse Patterns 9). Berlin etc.: de Gruyter.

Schmidt-Brücken, Daniel, Susanne Schuster, Thomas Stolz, Ingo H. Warnke & Marina Wienberg (eds.). 2015. *Koloniallinguistik – Sprache in kolonialen Kontexten*. (Koloniale und Postkoloniale Linguistik/Colonial and Postcolonial Linguistics 8). Berlin: de Gruyter.

Schnee, Heinrich. 1904. *Bilder aus der Südsee. Unter kannibalischen Stämmen des Bismarck-Archipels*. Berlin: D. Reimer.

Schnee, Heinrich. 1920. *Deutsches Kolonial-Lexikon. 3 Bände*. Leipzig: Quelle und Meyer.

Schnee, Heinrich. 1924. *Die koloniale Schuldlüge*. München: Süddeutsche Monatshefte.

Schnee, Heinrich. 1927. *Die koloniale Schuldlüge* [1924]. 2. Auf. München: Süddeutsche Monatshefte.

Schnee, Heinrich. 1928/EA 1924. *Die koloniale Schuldlüge*. München: Buchverlag der Süddeutschen Monatshefte.

Schubert, Michael. 2009. Kolonialpropaganda als Kolonialdiskurs: Die Disponibilität des 'Negerbildes' in der Deutschen Kolonialzeitung 1884–1914. In Ingo H. Warnke (ed.), 265–292.

Schulte-Varendorff, Uwe. 2006. *Kolonialheld für Kaiser und Führer. General Lettow-Vorbeck – Mythos und Wirklichkeit.* Berlin: Christoph Links.

Schülting, Sabine. 1997. *Wilde Frauen, fremde Welten. Kolonisierungsgeschichten aus Amerika.* Reinbek: Rowohlt.

Schulz, Matthias. 2015. Quellen-Fragen. Überlegungen zur Korpusfundierung einer Kolonialsprachgeschichte. In Daniel Schmidt-Brücken, Susanne Schuster, Thomas Stolz, Ingo H. Warnke & Marina Wienberg (eds.), 59–91.

Schulz, Matthias. 2015. Quellen-Fragen: Überlegungen zur Korpusfundierung einer Kolonialsprachgeschichte. In Daniel Schmidt-Brücken, Susanne Schuster, Thomas Stolz, Ingo H. Warnke & Marina Wienberg (eds.), 57–89.

Schuster, Susanne. 2013. The Chamorro-Wörterbuch bei Georg Fritz – a contrastive description of the editions 1904 and 1908. In Steven R. Fischer (ed.), 83–102.

Schwörer, Emil. 1916. *Kolonial-Deutsch. Vorschläge einer künftigen deutschen Kolonialsprache in systematisch-grammatikalischer Darstellung und Begründung.* Diessen vor München: Huber.

Senft, Gunter. 2014. *Understanding pragmatics.* London: Routledge.

Shah, Sheena. 2007. German in a contact situation: The case of Namibian German. *eDUSA* 2. 20–45.

Silverstein, Michael. 1979. Language structure and linguistic ideology. In Paul R. Clyne, William F. Hanks & Caroll L. Hofbauer (eds.), *The elements. A parasession on linguistic units and levels*, 193–248. Chicago: Chicago Linguistic Society.

Slavs and Tatars. 2015. Qit Qat Qlub. Berlin: Neue Nationalgalerie.

Smith, Laurajane. 2006. *Uses of heritage.* London/New York: Routledge.

Solf, Wilhelm. 1907. *The cyclopedia of Samoa, Tonga, Tahiti, and the Cook Islands (illustrated): A complete review of the history and traditions and the commercial development of the islands, with statistics and data never before compiled in a single publication, descriptive and biographical facts, figures and illustrations.* Sydney: McCarron, Stewart.

Söll, Ludwig. 1974. *Gesprochenes und geschriebenes Französisch.* Berlin: Erich Schmidt.

Sontheimer, Kurt. 1992. *Antidemokratisches Denken in der Weimarer Republik.* 3. Aufl. München: dtv.

Speitkamp, Winfried. 2000. Kolonialherrschaft und Denkmal. Afrikanische und deutsche Erinnerungskultur im Konflikt. In Wolfram Martini (ed.), *Architektur und Erinnerung*, 165–190. Göttingen: Vandenhoeck & Ruprecht.

Speitkamp, Winfried. 2005a. Die Jugendarbeit der deutschen Kolonialbewegung in der Zwischenkriegszeit. *Historische Jugendforschung. Jahrbuch des Archivs der deutschen Jugendbewegung* NF 2. 69–83.

Speitkamp, Winfried. 2005b. *Deutsche Kolonialgeschichte.* Stuttgart: Reclam.

Speitkamp, Winfried. 2009. *Kleine Geschichte Afrikas.* 2. Aufl. Stuttgart: Reclam.

Speitkamp, Winfried. 2013a. Die Ehre der Krieger. Gewaltgemeinschaften im vorkolonialen Ostafrika. In Winfried Speitkamp (ed.), *Gewaltgemeinschaften. Von der Spätantike bis ins 20. Jahrhundert*, 295–313. Göttingen: Vandenhoeck & Ruprecht.

Speitkamp, Winfried. 2013b. 'Heimatschutz' und 'Kulturkreislehre' von Afrika bis in die Südsee: Kulturerbe und Kulturtransfer. In Michael Falser & Monica Juneja (eds.), *Kulturerbe*

und Denkmalpflege transkulturell. Grenzgänge zwischen Theorie und Praxis, 263–279. Bielefeld: Transcript.
Speitkamp, Winfried. 2013c. Kolonialdenkmäler. In Jürgen Zimmerer (ed.), *Kein Platz an der Sonne. Erinnerungsorte der deutschen Kolonialgeschichte*, 409–423. Frankfurt am Main/New York: Campus.
Speitkamp, Winfried. 2013d. Otto von Bismarck und die Kolonialpolitik – ein Ausweg aus der Wirtschaftskrise? In Michael Epkenhans & Ulrich von Hehl (eds.), *Otto von Bismarck und die Wirtschaft*, 59–76. Paderborn: Schöningh.
Speitkamp, Winfried. 2014. *Deutsche Kolonialgeschichte*. 3. Aufl. Stuttgart: Reclam.
Spennemann, Dirk H. R. 2004. *An annotated bibliography of German language sources on the Mariana Islands*. Saipan, Commonwealth of the Northern Mariana Islands: Division of historic preservation.
Spennemann, Dirk H. R. o. J. *An annotated bibliography of German language sources on the Mariana Islands*. http://marshall.csu.edu.au/CNMI/CNMIBIB/CNMIBIB.html <27.12.2014>.
Spieß, Constanze. 2013. Texte, Diskurse und Dispositive. Zur theoretisch-methodischen Modellierung eines Analyserahmens am Beispiel der Kategorie Schlüsseltext. In Karsten Sven Roth & Carmen Spiegel (eds.), *Angewandte Diskurslinguistik: Felder, Probleme, Perspektiven*, 17–41. Berlin: Akademie Verlag.
Spitzmüller, Jürgen & Warnke, Ingo H. 2011. *Diskurslinguistik. Eine Einführung in Theorien und Methoden der transtextuellen Sprachanalyse*. Berlin/Boston: de Gruyter.
Steinecke, Viktor. 1910. *Deutsche Erdkunde für höhere Lehranstalten: III Teil*. Leipzig/Wien: Freytag/Tempsky.
Stevenson, Robert Louis. 1986. *Der gefährliche Archipel. In der Südsee I*. Aus dem Englischen von Marguerite Thesing. Zürich: Diogenes.
Stifter, Adalbert. 1990. *Bunte Steine und Erzählungen*. 8., revidierte und erweiterte Auflage München: Winkler.
Stolberg, Doris. 2011. Sprachkontakt und Konfession. Lexikalische Sprachkontaktphänomene Deutsch-Nauruisch bei den Missionaren Delaporte und Kayser. In Thomas Stolz, Christina Vossmann & Barbara Dewein (eds.), 285–304.
Stolberg, Doris. 2012. Sprachkontakt in der Schule: Deutschunterricht in Mikronesien (1884–1914). In Stefan Engelberg & Doris Stolberg (eds.), 139–162.
Stolberg, Doris. 2013. German in Samoa: Historical traces of a colonial variety. *Poznań Studies in Contemporary Linguistics* 49(3). 321–353.
Stolberg, Doris. 2015. German in the Pacific: Language policy and language planning. Governmental and mission activities in the German-colonial era (1884–1919). In Daniel Schmidt-Brücken, Susanne Schuster, Thomas Stolz, Ingo H. Warnke & Marina Wienberg (eds.), 317–362.
Stolz, Christel (ed.). 2015. *Language empires in comparative perspective*. (Koloniale und Postkoloniale Linguistik/Colonial and Postcolonial Linguistics 6).Berlin/München/Boston: Walter de Gruyter.
Stolz, Thomas. 2007. The *Kurze Geschichte der Marianen* by Georg Fritz. A commented re-edition. In Martina Schrader-Kniffki & Laura Morgenthaler García (eds.), *La Romania en interacción: entre historia, contacto y política. Ensayos en homenaje a Klaus Zimmermann*, 307–349. Frankfurt a.M.: Vervuert.

Stolz, Thomas. 2011a. Koloniallinguistischer Konkurrenzkampf auf den Marianen: über Grammatik und Wörterbücher der Chamorrosprache im frühen 20. Jahrhundert. In Thomas Stolz, Christina Vossmann & Barbara Dewein (eds.), 203–230.

Stolz, Thomas. 2011b. The Gramática chamorra. In Lawrence A. Reid, Emilio Ridruejo & Thomas Stolz (eds.), 183–200.

Stolz, Thomas. 2011c. German and Dutch contributions to Chamorro studies (1800–1920). In Lawrence A. Reid, Emilio Ridruejo & Thomas Stolz (eds.), 201–225.

Stolz, Thomas. 2012. Über die Wortmacherei, oder: Die Verschiebung der Wortgrenzen in der kolonialzeitlichen Sprachforschung (am Beispiel des Chamorro). In Stefan Engelberg & Doris Stolberg (eds.), 17–47.

Stolz, Thomas. 2013. Liquids where there shouldn't be any: What hides behind the orthographic post-vocalic tautosyllabic <r> and <l> in early texts in and on Chamorro. In Steven R. Fischer (ed.), 201–234.

Stolz, Thomas & Ingo H. Warnke. 2015a. From missionary linguistics to colonial linguistics. In Klaus Zimmermann & Birte Kellermeier-Rehbein (eds.), 3–25.

Stolz, Thomas & Ingo H. Warnke. 2015b. Aspekte der kolonialen und postkolonialen Toponymie unter besonderer Berücksichtigung des deutschen Kolonialismus. In Daniel Schmidt-Brücken, Susanne Schuster, Thomas Stolz, Ingo H. Warnke & Marina Wienberg (eds.), 107–175.

Stolz, Thomas, Christina Vossmann & Barbara Dewein (eds.). 2011a. *Kolonialzeitliche Sprachforschung: Die Beschreibung afrikanischer und ozeanischer Sprachen zur Zeit der deutschen Kolonialherrschaft*. (Koloniale und Postkoloniale Linguistik/Colonial and Postcolonial Linguistics 1). Berlin: Akademie Verlag.

Stolz, Thomas, Christina Vossmann & Barbara Dewein. 2011b. Kolonialzeitliche Sprachforschung und das Forschungsprogramm Koloniallinguistik: eine kurze Einführung. In Thomas Stolz, Christina Vossmann & Barbara Dewein (eds.), 7–29.

Stolz, Thomas, Christina Schneemann, Barbara Dewein & Sandra Chung. 2011c. The mysterious H.: Who was the author of Die Chamoro Sprache? In Lawrence A. Reid, Emilio Ridruejo & Thomas Stolz (eds.), 227–242.

Storch, Anne. 2011. *Secret manipulations. Language and context in Africa*. New York: Oxford University Press.

Stötzel, Georg & Thorsten Eitz. 2002. *Zeitgeschichtliches Wörterbuch*. Hildesheim: Olms.

Stresemann, Gustav. 1919. *Sitzung der Nationalversammlung am 12. Mai 1919. Reichstagsprotokolle 39*. Sitzung. 1100–1103. www.reichstagsprotokolle.de/ (2. September 2014).

Stresemann, Gustav. 1925. Dem Reichspräsidenten zum Gedächtnis. In Herbert Michaelis u.a. (eds.), *Der Weg in die Weimarer Republik* (=Ursachen und Folgen. Vom deutschen Zusammenbruch 1918 und 1945 bis zur staatlichen Neuordnung Deutschlands in der Gegenwart. Eine Urkunden- und Dokumentensammlung zur Zeitgeschichte Bd. 4), 251–253. Berlin: Dokumenten-Verlag Dr. Herbert Wendler & Co.

Strommer, Martina Anissa. 2015. Imagined communities, invented tribe. In Klaus Zimmermann & Birte Kellermeier-Rehbein (eds.), 107–128.

Struck, Wolfgang. 2010. *Die Eroberung der Phantasie. Kolonialismus, Literatur und Film zwischen deutschem Kaiserreich und Weimarer Republik*. Göttingen: Vandenhoeck & Ruprecht.

Suárez Roca, José Luis. 1992. *Lingüística misionera española*. Oviedo: Pentalfa.

Tadmor, Uri. 2009. Loanwords in the world's languages: Findings and results. In Martin Haspelmath & Uri Tadmor (eds.), *Loanwords in the world's languages. A comparative handbook*, 55–75. Berlin: de Gruyter Mouton.

Taussig, Michael. 1993. *Mimesis and alterity. A particular history of the senses.* New York/London: Routledge.

Thomason, Sarah Grey. 2000. On the unpredictability of contact effects. *Estudios de Sociolinguistica* 1(1). 173–182.

Thomason, Sarah Grey. 2010. *Language contact. An introduction.* Edinburgh: Edinburgh University Press.

Thomason, Sarah Grey & Terrence Kaufman. 1988. *Language contact, creolization and genetic linguistics.* Berkeley/Los Angeles: University of California Press.

Tilmatine, Mohand. 2015. Arabization and linguistic domination: Berber and Arabic in the North of Africa. In Christel Stolz (ed.), 1–16.

Timm, Uwe. 1997. Das Nahe, das Ferne. Schreiben über fremde Welten. In Paul Michael Lützeler (ed.), 34–48.

Tosco, Mauro. 2015. Arabic, and a few good words about empires (but not all of them). In Christel Stolz (ed.), 17–39.

Toulmin, Stephen. 1975. *Der Gebrauch von Argumenten.* Kronberg/Ts.: Scriptor.

Trabant, Jürgen. 2012. Sprachenvielfalt. In Pim den Boer, Heinz Duchhardt, Georg Kreis & Wolfgang Schmale (eds.), *Europäische Erinnerungsorte 1. Mythen und Grundbegriffe des europäischen Selbstverständnisses*, 257–271. München: Oldenbourg.

Trojanow, Ilija. 2006. *Der Weltensammler.* Roman. München/Wien: Hanser.

Tschirner, Erwin. 2005. Korpora, Häufigkeitslisten, Wortschatzerwerb. In Antje Heine, Mathilde Hennig & Erwin Tschirner (eds.), *Deutsch als Fremdsprache – Konturen und Perspektiven eines Fachs*, 133–149. München: iudicium.

Tuchscherer, Konrad. 2007. Recording, communicating and making visible: A history of writing and systems of graphic symbolism in Africa. In Mary Nooter Roberts, Elizabeth Harney, Allyson Purpura & Christine Mullen Kreamer (eds.), *Inscribing meaning: Writing and graphic systems in African art*, 37–53. Los Angeles: Smithsonian.

Uerlings, Herbert. 1997. *Poetiken der Interkulturalität. Haiti bei Kleist, Seghers, Müller, Buch und Fichte.* Tübingen: Niemeyer.

Uerlings, Herbert. 2005. Kolonialer Diskurs und deutsche Literatur. Perspektiven und Probleme. In Axel Dunker (ed.), 17–44.

Uerlings, Herbert. 2006. *"Ich bin von niedriger Rasse". (Post)Kolonialismus und Geschlechterdifferenz in der deutschen Literatur.* Köln/Weimar/Wien: Böhlau.

Uerlings, Herbert & Iulia-Karin Patrut (eds.). 2012. *Postkolonialismus und Kanon.* Bielefeld: Aisthesis.

Van Coetsem, Frans. 1995. Outlining a model of the transmission phenomenon in language contact. *Leuvense Bijdragen* 84(1). 63–85.

Van der Heyden, Ulrich & Joachim Zeller (eds.). 2007. *Kolonialismus hierzulande. Eine Spurensuche in Deutschland.* Erfurt: Sutton.

Vargas Llosa, Mario. 2004. Nachwort. Wunderbare Wirklichkeit oder literarische Kunstgriffe? In Alejo Carpentier, *Das Reich von dieser Welt*. (Aus dem Spanischen von Doris Deinhard), 123–136. Frankfurt am Main: Suhrkamp.

Velupillai, Viveka. 2003. *Hawai'i Creole English. A typological analysis of the tense-mood-aspect system.* Basingstoke: Palgrave Macmillan.

Velupillai, Viveka. 2015. *Pidgins, creoles and mixed languages. An introduction*. Amsterdam: John Benjamins.
Verschueren, Jef. 2012. *Ideology in language use. Pragmatic guidelines for empirical research*. Cambridge: Cambridge University Press.
Versteegh, Kees. 2015. An empire of learning: Arabic as a global language. In Christel Stolz (ed.), 41–53.
Vidal, Alejandra & Imme Kuchenbrandt. 2015. Challenges of linguistic diversity in Formosa. In Christel Stolz (ed.), 89–111.
Viñaza, Conde de la. 1892. *Bibliografía española de Lenguas Indígenas de América*. Madrid: Ediciones Atlas.
Vogel, Friedemann. 2009. *"Aufstand" - "Revolte" - "Widerstand". Linguistische Mediendiskursanalyse der Ereignisse in den Pariser Vorstädten 2005*. Frankfurt am Main: Peter Lang.
Volker, Craig Alan. 1982. An introduction to Rabaul Creole German (Unserdeutsch). M.A. Thesis. University of Queensland.
Vollbehr, Ernst. 1912. *Mit Pinsel und Palette durch Kamerun. Tagebuchaufzeichnungen und Bilder*. Leipzig: List & von Bressensdorf.
Vossmann, Christina. 2011. Gertrude Hornbostels Aufzeichnungen im Lichte zweier Klassiker der Chamorroforschung. In Thomas Stolz, Christina Vossmann & Barbara Dewein (eds.), 231–248.
VV (1919): Versailler Vertrag. http://www.dhm.de/lemo/html/dokumente/versailles/ (2. September 2014).
VWD = Ulrich Ammon, Hans Bickel, Jakob Ebner et al. 2004. *Variantenwörterbuch des Deutschen. Die Standardsprache in Österreich, der Schweiz und Deutschland sowie in Liechtenstein, Luxemburg, Ostbelgien und Südtirol*. Berlin/New York: de Gruyter.
Wagner, Wilfried. 2015. Missionslinguistik – einige Fundstücke. In Daniel Schmidt-Brücken, Susanne Schuster, Thomas Stolz, Ingo H. Warnke & Marina Wienberg (eds.), 41–56.
Warnk, Holger. 2015. Coolie Talk: Malaiisch-Lehrbücher für europäische Plantagenpflanzer in Niederländisch-Indien 1880–1940. In Daniel Schmidt-Brücken, Susanne Schuster, Thomas Stolz, Ingo H. Warnke & Marina Wienberg (eds.), 92–106.
Warnke, Ingo (ed.). 2009a. *Deutsche Sprache und Kolonialismus. Aspekte der nationalen Kommunikation zwischen 1884–1919*. Berlin/New York: de Gruyter.
Warnke, Ingo H. 2009b. Deutsche Sprache und Kolonialismus. Umrisse eines Forschungsfeldes. In Ingo H. Warnke (ed.), 3–62.
Warnke, Ingo H. & Daniel Schmidt-Brücken. 2011. Koloniale Grammatiken und ihre Beispiele: Linguistischer Sprachgebrauch als Ausdruck von Gewissheiten. In Thomas Stolz, Christina Vossmann & Barbara Dewein (eds.), 31–53.
Warnke, Ingo H. & Daniel Schmidt-Brücken. 2012. Was zählt im Kolonialdiskurs? Numeralia und Numeralität in kolonialen Grammatiken. In Stefan Engelberg & Doris Stolberg (eds.), 191–214.
Warnke, Ingo H. & Daniel Schmidt-Brücken. 2013. Exemplarische Texte und beispielhafter Sprachgebrauch im deutschen Kolonialdiskurs: Zur Konzeption des Bremischen Basiskorpus Deutscher Kolonialismus (BBDK). In Christian Lück, Michael Niehaus, Peter Risthaus & Manfred Schneider (eds.), *Archiv des Beispiels: Vorarbeiten und Überlegungen*, 123–147. Zürich/Berlin: diaphanes.
Warnke, Ingo H. & Daniel Schmidt-Brücken. im Druck. Kolonialismus. In Jörg Kilian, Thomas Niehr & Martin Wengeler (eds.), *Handbuch Sprache und Politik*. Bremen: Hempen.

Warnke, Ingo H. & Thomas Stolz. 2013. (Post)Colonial linguistics, oder: Was ist das Koloniale an kolonial geprägten Diskursen? *Zeitschrift für Semiotik* 35(3/4). 471–496.

Warraq, Ibn. 2007. *Defending the West. A critique of Edward Said's* Orientalism. Amherst, NY: Prometheus Books.

Warren, Dennis M. 1976. *Bibliography and vocabulary of the Akan (Twi-Fante) language of Ghana*. Bloomington: Indiana University Publications.

Waßmuth, Inken G. 2009. Afrikaner als Produkt kolonisatorischen Sprechens in ‚Kolonie und Heimat'. In Ingo H. Warnke (ed.), 315–345.

Weber, Brigitte. 2008. Cameroon Pidgin English. A study of the language and an analysis of the influences from German. Dissertation, Klagenfurt: Alpen-Adria-Universität.

Weber, Brigitte. 2011. Deutsch-Kamerun: Einblicke in die sprachliche Situation der Kolonie und den deutschen Einfluss auf das Kameruner Pidgin-Englisch. In Thomas Stolz, Christina Vossmann & Barbara Dewein (eds.), 111–138.

Weber, Brigitte. 2012. Exploration of Deutsch-Kamerun: A typonymic approach. In Stefan Engelberg & Doris Stolberg (eds.), 101–121.

Weigel, Sigrid. 1987. Die nahe Fremde – das Territorium des 'Weiblichen'. Zum Verhältnis von 'Wilden' und 'Frauen' im Diskurs der Aufklärung. In Thomas Koebner & Gerhart Pickerodt (eds.), *Die andere Welt. Studien zum Exotismus*, 171–199. Frankfurt am Main: Athenäum.

Weigel, Sigrid. 1995. "Ein neues Alphabet schreiben auf andre Leiber". Fremde Kultur und Weiblichkeit in den *Karibischen Geschichten* von Anna Seghers, Hans Christoph Buch und Heiner Müller. In Eijiro Iwasaki (ed.), *Begegnung mit dem 'Fremden'. Grenzen – Traditionen – Vergleiche. Akten des VIII. Internationalen Germanisten-Kongresses Tokyo 1990*. Bd. II, 296–304. München: Iudicium.

Werlen, Iwar. 2011. Wilhelm von Humboldt and the role of the verb in Tagalog. In Lawrence A. Reid, Emilio Ridruejo & Thomas Stolz (eds.), 117–140.

Westermann, Diedrich. 1905. *Wörterbuch der Ewe-Sprache*. Berlin: Reimer.

Westermann, Diedrich. 1940. *Afrikanische Tabusitten in ihrer Einwirkung auf die Sprachgestaltung*. Berlin: Verlag der Akademie der Wissenschaften.

Wiese, Heike. 2012. *Kiezdeutsch. Ein neuer deutscher Dialekt entsteht*. 2., durchges. Aufl. München: Beck.

Wigger, Iris. 2007. *Die "Schwarze Schmach am Rhein": rassistische Diskriminierung zwischen Geschlecht, Klasse, Nation und Rasse*. Münster: Westfälisches Dampfboot.

Will, Izabela. 2011. Function and meaning of symbolic gestures in Hausa films. *Proceedings of the 3rd international conference on Hausa studies*. 329–341.

Willemyns, Roland & Helga Bister Broosen. 2013. Dutch in the world. In Karina Schneider-Wiejowski, Birte Kellermeier-Rehbein & Jakob Haselhuber (eds.), *Vielfalt, Variation und Stellung der deutschen Sprache*, 427–457. Berlin/Boston: de Gruyter.

Winkler, Johannes. 1927. Deutsche Jugend heraus. *Der Kolonialfreund* 5 (Mai).

Winkler, Pierre. 2007. The birth of functional grammar in the 'Austronesian school' of Missionary Linguistics. In Otto Zwartjes, Gregory James & James Ridruejo (eds.), 329–344.

Winkler, Pierre. 2011. Subject, topic, passive and perspective in Functional (Discourse) Grammar and in Philippine Missionary Grammar. In Lawrence A. Reid, Emilio Ridruejo & Thomas Stolz (eds.), 87–115.

Winkler, Pierre. 2013. Translating Father Sanvitore's Lingua Mariana. In Steven R. Fischer (ed.), 53–82.

Wissmann, Hermann von. 1895. *Afrika. Schilderungen und Rathschläge zur Vorbereitung für den Aufenthalt und den Dienst in den Deutschen Schutzgebieten*. Berlin: Mittler.

Wissmann, Hermann. 1889. *Unter deutscher Flagge quer durch Afrika von West nach Ost. Von 1880 bis 1883 ausgeführt von Paul Pogge und Hermann Wissmann*. 5. Aufl. Berlin: Walther & Apolant.

Wittum, Johanna. 1899. *Unterm Roten Kreuz in Kamerun und Togo*. Heidelberg: Evangelischer Verlag.

Wodak, Ruth, Rudolf de Cillia, Klaus Hofstätter, Maria Karl, Karin Liebhart & Martin Reisigl. 1998. *Zur diskursiven Konstruktion nationaler Identität*. Frankfurt am Main: Suhrkamp.

Wolff, John U. 2011. The Vocabulario de Lengua Tagala of Fr. Pedro de San Buenaventura (1613). In Lawrence A. Reid, Emilio Ridruejo & Thomas Stolz (eds.), 33–48.

WRV. 1919. Weimarer Reichsverfassung. *Reichsgesetzblatt* Nr. 152. 1383–1418.

Zabrodskaja, Anastassja. 2015. Post-Soviet Estonian-Russian language contact: Transfer and convergence in Estonian Russian. In Christel Stolz (ed.), 353–380.

Zantop, Susanne A. 1997. *Colonial fantasies. Conquest, family, and nation in precolonial Germany, 1770–1870*. Durham/London: Duke University Press. (Deutsche Übersetzung: *Kolonialphantasien im vorkolonialen Deutschland (1770–1870)*. Berlin: Erich Schmidt, 1999).

Zentrum. 1922. Richtlinien der Deutschen Zentrumspartei, Berlin, 16. Januar 1922. In Wolfgang Treue (ed.). 1968. *Deutsche Parteiprogramme seit 1861* (Quellensammlung zur Kulturgeschichte 3), 140–149. Göttingen: Musterschmidt.

Zetkin, Clara. 1922. Gegen den weißen Terror. Rede auf dem 117. Kongreß der Kommunistischen Internationale, 5. November 1922. In Institut für Marxismus-Leninismus beim ZK der SED (eds.). 1960. *Clara Zetkin. Ausgewählte Reden und Schriften. Band II: Auswahl aus den Jahren 1918 bis 1923*, 592–596. Berlin: Dietz.

Zetkin, Clara. 1923. Um Deutschlands nationales Lebensrecht. In Institut für Marxismus-Leninismus beim ZK der SED (eds.). 1960. *Clara Zetkin. Ausgewählte Reden und Schriften. Band II: Auswahl aus den Jahren 1918 bis 1923*, 646–664. Berlin: Dietz.

Zetkin, Clara. 1924. Die Intellektuellenfrage. Aus dem Referat auf dem V. Kongreß der Kommunistischen Internationale, 7. Juli 1924. In Institut für Marxismus-Leninismus beim ZK der SED (eds.). 1960. *Clara Zetkin. Ausgewählte Reden und Schriften. Band III: Auswahl aus den Jahren 1924 bis 1933*, 9–56. Berlin: Dietz.

Ziegler, Simon. 2015. *Karl Neuhaus: Grammar of the Lihir language of New Ireland, Papua New Guinea*. Boroko: Institute of Papua New Guinea Studies.

Zieschank, Frieda. 1918. *Ein Jahrzehnt in Samoa (1906–1916)*. Leipzig: Haberland.

Zimmerer, Jürgen (ed.). 2013. *Kein Platz an der Sonne. Erinnerungsorte der deutschen Kolonialgeschichte*. Frankfurt am Main/New York: Campus.

Zimmerer, Jürgen & Joachim Zeller (eds.). 2003. *Völkermord in Deutsch-Südwestafrika. Der Kolonialkrieg (1904–1908) in Namibia und seine Folgen*. Berlin: Christoph Links.

Zimmermann, Alfred, Th. Riebow & Otto Köbner (eds.), 1893–1910. *Die deutsche Kolonial-Gesetzgebung; Sammlung der auf die deutschen Schutzgebiete bezüglichen Gesetze und internationalen Vereinbarungen, mit Anmerkungen und Sachregister*. Berlin: Mittler.

Zimmermann, Klaus (ed.). 1997a. *La descripción de las lenguas amerindias en la época colonial*. Frankfurt am Main/Madrid: Vervuert/Iberoamericana.

Zimmermann, Klaus. 1997b. La descripción del otomí/hñahñu en la época colonial: lucha y éxito. In Klaus Zimmermann (ed.), 113–132.

Zimmermann, Klaus. 2004. La construcción del objeto de la historiografía de la lingüística misionera. In Otto Zwartjes & Even Hovdhaugen (eds.), 7–32.

Zimmermann, Klaus. 2005. Traducción, préstamos y teoría del lenguaje: la práctica transcultural de los lingüistas misioneros en el México del siglo XVI. In Otto Zwartjes & Cristina Altman (eds.), 107–136.

Zimmermann, Klaus. 2011. The Diccionario español-chamorro (1865) by Padre Fray Aniceto Ibáñez del Cármen: a historiographical characterization of a pedagogic-lexicographic discourse type in late colonial Austronesia. In Lawrence A. Reid, Emilio Ridruejo & Thomas Stolz (eds.), 163–182.

Zimmermann, Klaus. 2014. Translation for Colonization and Christianization: The practice of the bilingual edition of Bernardino de Sahagún (1499–1590). In Otto Zwartjes, Klaus Zimmermann & Martina Schrader-Kniffki (eds.), 85–112.

Zimmermann, Klaus. 2015. Kolonialismus und Sprachgeschichte in Iberoamerika: Wie soll die Sprachgeschichte der ehemaligen Kolonialgebiete konzipiert werden? In Daniel Schmidt-Brücken, Susanne Schuster, Thomas Stolz, Ingo H. Warnke & Marina Wienberg (eds.), 1–19.

Zimmermann, Klaus & Birte Kellermeier-Rehbein (eds.). 2015. *Colonialism and missionary linguistics*. Berlin: de Gruyter.

Zwartjes, Otto. 2011. Oyanguren de Santa Inés's grammar of Tagalog (Tagalysmo Elucidado 1742): Towards a reconstruction of 18th century reflections on comparative typology. In Lawrence A. Reid, Emilio Ridruejo & Thomas Stolz (eds.), 63–85.

Zwartjes, Otto. 2012. The historiography of Missionary Linguistics: present state and further research opportunities. *Historiographia Lingüística* 39(2/3). 185–242.

Zwartjes, Otto & Even Hovdhaugen (eds.). 2004. *Missionary linguistics [I] /Lingüística misionera [I]: Selected Papers from the First International Conference on Missionary Linguistics, Oslo, 13–16 March 2003*, Amsterdam/Philadelphia: John Benjamins.

Zwartjes, Otto & Cristina Altman (eds.). 2005. *Missionary linguistics II/ Orthography and phonology. Selected Papers from the Second International Conference on Missionary Linguistics, São Paulo, 10–13 March 2004*. Amsterdam/Philadelphia: John Benjamins.

Zwartjes, Otto, Gregory James & Emilio Ridruejo (eds.). 2007. *Missionary Linguistics III / Lingüística misionera III: Morphology and syntax. Selected papers from the Third and Fourth International Conferences on Missionary Linguistics, Hong Kong/Macau, 12–15 March 2005, Valladolid, 8–11 March 2006*. Amsterdam/Philadelphia: John Benjamins.

Zwartjes, Otto, Ramón Arzápalo Marín & Thomas C. Smith-Stark (eds.). 2009. *Missionary Linguistics IV / Lingüística misionera IV: Lexicography. Selected papers from the Fifth International Conference on Missionary Linguistics, Mérida, Yucatán, 14–17 March 2007*. Amsterdam/Philadelphia: John Benjamins.

Zwartjes, Otto, Klaus Zimmermann & Martina Schrader-Kniffki (eds.). 2014. *Missionary Linguistics V / Lingüística Misionera V: Translation theories and practices. Selected papers from the Seventh International Conference on Missionary Linguistics, Bremen, 28 February–2 March 2012*. Amsterdam/Philadelphia: John Benjamins.

Personen- und Autorenregister

Adelaar, Willem F. H. 187
Adick, Christel 119
Aikhenvald, Alexandra Y. 163, 165
Akinyela, Makungu M. 3
Albrecht, Monika 83
Alexander, Neville 156f.
Alexander-Bakkerus, Astrid 22
Alexis, Jacques Stéphen 91
Altman, Cristina 15, 21
Álvares, Manuel 172
Ameka, Felix K. 163
Ammon, Ulrich 216, 219ff., 226, 234
Amourette, Céline 21
Andersch, Alfred 87
Anderson, Gregory D. S. 24
Ani, Marimba 3
Arenas, Pedro de 178
Arndt, Susan 24
Ashcroft, Bill 11, 73, 77
Assmann, Jan 195
Atkins, John 134
Auroux, Sylvain 181
Austen, Jane 79ff., 84, 86
Avenne, Cécile van den 22, 184
Azamede, Kokou 22

Babka, Anna 83, 92
Bachmann, Ingeborg 83
Bachmann-Medick, Doris 29, 74, 84
Bachtin, Michail 78, 91
Baker, Philip 143
Barth, Heinrich 31f.
Battestini, Simon 161
Bay, Hansjörg 83
Bebel, August 61
Beck, Carl von 139ff.
Becker, Alexander 42
Becker, Felicitas 50
Beez, Jigal 50
Behn, Fritz 44
Bell, Johannes 197, 199
Benjamin, Walter 79
Bergmann, Rolf 55
Berman, Russell A. 201, 209, 212

Bhabha, Homi K. 75, 147f.
Bismarck, Otto von 30, 214
Bister Broosen, Helga 218
Bleek, Wilhelm H. J. 165
Blommaert, Jan 9
Bogdal, Klaus-Michael 83
Böhm, Michael Anton 213, 215ff., 223ff., 230, 234
Bonfiglio, Thomas P. 151, 168
Borgoiakova, Tamara 23
Bougainville, Louis-Antoine de 86
Brehl, Medardus 21, 83
Breitenbach, Sandra 185
Brenner-Wilczek, Sabine 119
Brinker, Klaus 55
Brockdorff-Rantzau, Ulrich Graf von 196ff., 200ff., 209
Brontë, Charlotte 82
Brose, Maximilian 59
Bubenhofer, Noah 55, 70
Buch, Hans Christoph 75, 81, 83, 85, 87ff.
Buchner, Max 132, 137
Bülow, Bernhard von 61, 209
Bülow, Frieda von 65
Busse, Dietrich 210

Calvet, Louis-Jean 5f., 11, 18f.
Cameron, Deborah 12
Carpentier, Alejo 91
Carrera de la Red, Micaela 22
Castelli, Stefan 22f., 181, 214
Castillo-Rodríguez, Susana 22
Castro Varela, María do Mar 11, 13
Castro, Yeda Pessoa de 176
Cerrón-Palomino, Rodolfo 170, 181
Césaire, Aimé 49
Christmann, Helmut 104
Clyne, Michael 227
Coly, Jules J. 164f.
Commerson, Philibert 86
Connell, Raewyn 2
Conrad, Joseph 76
Curtin, Philip 4
Cyffer, Norbert 20, 138, 166

Dagbovie, Pero Gaglo 3
Delaporte, Philip Adam 108
Demski, Eva 87
Depestre, René 91
Detzner, Hermann 127, 133
Deumert, Ana 231ff.
Dewein, Barbara 17, 20, 23, 51, 119, 125
Dhawan, Nikita 11, 13
Diallo, M. Moustapha 81
Ding, Picus S. 24
Dingemanse, Mark 149
Dirven, René 217, 223, 234
Döblin, Alfred 83
Dominik, Hans 43
Drewitz, Ingeborg 87
Du Bois, W. E. B. 7
Dubiel, Helmut 195
Duchêne, Alexandre 158
Dunker, Axel 83, 85, 87, 91f.
Dürbeck, Gabriele 83, 92
Dwucet, F. 116

Ebert, Friedrich 193
Eco, Umberto 178
Eitz, Thorsten 55
Engelberg, Stefan 6, 17, 22f., 51, 59, 70, 106, 119, 121, 144, 174, 215
Engombe, Lucia 225
Errington, J. Joseph 11, 19, 171, 173f., 182f., 190
Evans, Nick 153, 168
Everett, Daniel 171

Fabarius, Ernst Albert 63
Fabian, Johannes 161
Fabri, Friedrich 3
Faidherbe, Louis L.C. 166
Fairclough, Norman 173
Fandrych, Christian 55
Faulstich, Katja 20, 194, 212
Fernández, Rebeca 22
Fichte, Hubert 83, 87f.
Finsch, Otto 141
Fischer, Eugen 62
Fischer, Steven Roger 20
Fontane, Theodor 36
Foucault, Michel 173, 194
Fountain, Catherine 22

Frenssen, Gustav 37, 65
Friederici, Georg 98ff.
Frobenius, Leo 44ff.

Gal, Susan 155
Gilij, Filippo S. 170
Gleichen, Raimund Freiherr von 63, 67
Goer, Charis 83
Goffman, Erving 196, 204
Good, Jeff 9
Görner, Rüdiger 83
Göttsche, Dirk 81, 83
Grass, Günter 87
Greenblatt, Stephen 150
Gretschel, Hans-Volker 215f., 230f., 234
Grimm, Hans 40, 65, 68
Gröber, Adolf 200
Gründer, Horst 45, 50, 199, 203, 212
Gruzdeva, Ekaterina 24
Guérin, Françoise 24
Gümbel, Annette 40
Gutjahr, Ortrud 83

Haacke, Wilfried H. G. 22
Hackmack, Susanne 20, 174, 183, 187
Hagen, Bernhard 141
Hagen, Gunther T. von 126, 136
Hager, Carl 133
Hamann, Christof 83
Hambruch, Paul 107f.
Hanzeli, Victor Egon 169
Harnischfeger, Johannes 152, 158, 163
Haußmann, Conrad 200
Heepe, Martin 63
Heise, Hans-Jürgen 87
Heller, Monica 158
Hendryx-Parker, Calvin 9
Hennig, Mathilde 9, 20, 183
Hermes, Stefan 83
Hervás y Panduro, Lorenzo 174
Hesse-Wartegg, Ernst von 132
Heyden, Ulrich van der 66
Hezel, Francis X. 170
Hildebrand, Klaus 203
Hoffmann, E. T. A. 85
Hofmann, Michael 83
Hofmayr, Wilhelm 160
Honold, Alexander 83, 92

Hornscheidt, Antje 24
Hovdhaugen, Even 15, 21, 191
Huber, Hansjörg 36
Huber, Magnus 121f., 134
Huggan, Graham 11, 13
Humboldt, Wilhelm von 174

Iriye, Akira 73
Irvine, Judith 151, 155, 165f., 168

Jacques, Norbert 132
Jäger, Siegfried 173, 194
Jansen, Jan C. 4ff., 29, 50
Janson, Tore 217, 234
Janurik, Boglárka 24
Johnson, Mark 202
Jones, Randall L. 54
Judge, Anne 2

Kafka, Franz 83
Kämper, Heidrun 55, 194, 211
Kant, Immanuel 78
Karentzos, Alexandra 11
Käser, Lothar 20, 22
Kaufman, Terrence 103
Kausch, Oskar 62
Kayser, Alois 108
Kaysina, Inna 24
Keller, Gottfried 85
Kellermeier-Rehbein, Birte 15, 18, 190, 220, 227, 229, 231, 234
Kerner, Ina 13
Khilkhanova, Erzhen 23
Kienpointner, Manfred 197
Kipling, Rudyard 77
Kirchhoff, Bodo 87
Klein, Josef 14, 205
Klein, Thomas B. 20
Klein, Wolf Peter 12
Klein, Wolfgang 196
Kleinewillinghöfer, Ulrich 160
Kleist, Heinrich von 83ff., 89f., 92
Koch, Peter 184
Koelle, Sigismund W. 165
Koerner, E. F. Konrad 171, 181
Kohl, Karl-Heinz 45
Kolb, Eberhard 199
Kopperschmidt, Josef 194, 196f., 205

Kopytoff, Igor 157, 161f., 168
Kracht, Christian 87
Krobb, Florian 83, 92
Kröger, Rüdiger 22, 118
Kroskrity, Paul 154f., 168
Kuchenbrandt, Imme 24
Kundrus, Birthe 83, 201
Kuß, Susanne 31, 50
Kutzner, Sandy C. 23

Laak, Dirk van 196, 200
Labov, William 95
Lakoff, George 202
Lauer, Hiltrud 21, 194, 212
Launey, Michel 187
Lettow-Vorbeck, Paul von 41, 44, 68
Leutwein, Theodor 35
Levkovych, Nataliya 24
Lindner, Diana 23
Loetscher, Hugo 87
Loomba, Ania 2
López-Austin, Alfredo 185
Lord Monboddo 174
Lubrich, Oliver 81
Lüderitz, Adolf 44
Lüpke, Friederike 2, 9, 152, 156, 168
Lüsebrink, Hans-Jürgen 29
Lützeler, Paul Michael 74f., 87, 89, 92

Maharero, Samuel 37
Maitz, Péter 104
Makoni, Sinfree 166
Mansfeld, Alfred 136
Marqués de Pombal 172
Martin, Elaine 83, 92
Martinell Gifre, Emma 179
Marx, Christoph 31
Mehnert, Wolfgang 119
Meinhof, Carl 151, 162, 174
Menzel, Gustav 213
Menzel, Thomas 24
Meyer, Hans 62f., 65
Michaelis, Susanne Maria 144
Michels, Eckard 41
Mignolo, Walter 7, 148, 184
Mina, Nima 83
Mirambo 33f., 49
Moeller van den Bruck, Arthur 203

Moftah, Ragheb 159
Molina, Fray Alonso de 178
Mortamet, Clara 21
Mosel, Ulrike 106
Mückler, Hermann 24
Mühleisen, Susanne 23
Mühlhäusler, Peter 22ff., 124, 142, 144
Müller, Hermann 203
Murr, Christoph Gottlieb 174

Nachtigal, Gustav 41, 135
Nduka-Agwu, Adibeli 24
Nebrija, Antonio de 170, 172, 186
Niehr, Thomas 55
Nipperdey, Thomas 196
Nöckler, Herbert 230
Nooter Roberts, Mary 161
Noye, Dominique 160
Nyada, Germain 22

Ó Riagáin, Dónall 24
Oesterreicher, Wulf 184
Ofuatey-Alazard, Nadja 24
Olmos, Fray Andrés de 176
Orosz, Kenneth J. 180
Osterhammel, Jürgen 4ff., 29, 50, 73
Ostler, Nicholas 178f.
Otremba, Katrin 21
Otto, Heide 106

Pagel, Steve 20
Parkinson, Richard 140
Parr, Rolf 84
Patrut, Iulia-Karin 83, 92
Paul, Hermann 7
Pesek, Michael 33
Peters, Carl 34, 41, 43, 60
Pizer, John 83
Planert, Wilhelm 63
Platte, Editha 45
Pluhar, Christina 149
Polaschegg, Andrea 83
Ponce de León Romeo, Rogélio 172
Posadowsky-Wehner, Arthur Adolf Graf von 200
Pratt, George 107
Pratt, Marie Louise 5, 75
Prince, Magdalene von 65f.
Pütz, Martin 216ff., 223, 234

Quijano, Anibal 7

Raabe, Wilhelm 83f.
Rash, Felicity 61
Rathjen, Heinrich 65
Reid, Lawrence A. 20
Reisigl, Martin 13
Reuter, Julia 11
Rhys, Jean 82
Ricard, Robert 175
Richthofen, Ferdinand von 65
Ridruejo, Emilio 22
Riecke, Jörg 55
Riehl, Claudia Maria 5, 228
Riese, Julius 21
Rinser, Luise 87
Ríos Castaño, Victoria 184
Rodríguez-Ponga, Rafael 20
Rothstein, Björn 55
Runge, Erika 87

Sahagún, Bernardino de 178, 182, 184f.
Said, Edward 75ff., 84, 86, 88, 92
Salánki, Zsuzsa 23
Salazar, Marlies S. 20
Schaffers, Uta 21
Schellong, Otto 133, 141, 143
Scherer, Carmen 55
Scherpe, Klaus R. 83
Schinz, Hans 65
Schlaefer, Michael 55
Schleyer, Johann Martin 138
Schlunk, Martin 117
Schmidt-Brücken, Daniel 20f., 24, 57, 63, 100
Schnee, Heinrich 39, 44, 62, 68, 141, 198f.
Schneider, Peter 87
Schubert, Michael 21
Schülting, Sabine 84
Schulz, Matthias 18, 20, 24, 57, 60, 70
Schuster, Susanne 20
Schwörer, Emil 23, 63
Senft, Gunter 150
Senghor, Léopold Sédar 49
Shah, Sheena 226, 228, 230, 234
Silverstein, Michael 154
Simons, Oliver 83
Smith, Laurajane 167
So'o, Ainslie 106

Solf, Wilhelm 115
Söll, Ludwig 184
Sontheimer, Kurt 209
Speitkamp, Winfried 30, 39, 42, 45, 50, 83, 215
Spengler, Oswald 46
Spennemann, Dirk H. R. 119
Spieß, Constanze 60
Spitzmüller, Jürgen 55, 67f.
Spivak, Gayatri 75
Stangl, Thomas 83
Steinecke, Viktor 64
Stevenson, Robert Louis 87
Stifter, Adalbert 85ff.
Stolberg, Doris 6, 22f., 51, 108f., 119, 121, 170
Stolz, Thomas 6, 8, 17f., 20ff., 119, 151, 180, 182, 190
Storch, Anne 2, 9, 147, 149, 152, 156, 160, 163ff., 168
Stötzel, Georg 55
Stresemann, Gustav 200, 209
Strommer, Martina Anissa 22, 181
Struck, Wolfgang 83
Suárez Roca, José Luis 172

Tadmor, Uri 109
Taussig, Michael 150
Testera, Jacobo 184
Thomason, Sarah Grey 102f., 119
Thurmair, Maria 55
Tilmatine, Mohand 24
Timm, Uwe 83, 87f., 91f.
Tippu Tip (=Schech Hamed bin Muhammad el Murjebi) 33, 49
Tosco, Mauro 24
Toulmin, Stephen 205
Trabant, Jürgen 150
Trojanow, Ilija 83, 92
Trotha, Lothar von 37f., 61
Tschirner, Erwin 54
Tuchscherer, Konrad 161

Uerlings, Herbert 74, 81, 83f., 89, 91f.

Van Coetsem, Frans 103
Van der Heyden, Ulrich 50
Vargas Llosa, Mario 91
Varo, Francisco 185
Velupillai, Viveka 121, 144
Verschueren, Jef 150
Versteegh, Kees 24
Vidal, Alejandra 24
Viñaza, Conde de la 170f.
Vogel, Friedemann 55
Volker, Craig Alan 104
Vollbehr, Ernst 137
Vossmann, Christina 20

Wagner, Wilfried 21
Walser, Martin 87
Warnk, Holger 20, 23
Warnke, Ingo H. 6, 8, 13, 16ff., 20f., 24, 55, 57, 59, 63, 67f., 70, 100, 119, 151, 180, 194, 202
Warraq, Ibn 80f.
Warren, Dennis M. 134
Waßmuth, Inken G. 21
Weber, Brigitte 23f., 124, 144
Weigel, Sigrid 84, 90
Werlen, Iwar 20
Westermann, Diedrich 147ff., 161, 163
Wiese, Heike 9
Wigger, Iris 41
Will, Izabela 155
Willemyns, Roland 218
Winkler, Johannes 39
Winkler, Pierre 22f., 187
Wissmann, Hermann von 33ff., 41ff., 45, 49, 88
Witbooi, Hendrik 35
Wittum, Johanna 125
Wodak, Ruth 198ff.
Wolff, John U. 22

Zabrodskaja, Anastassja 24
Zamora Salamanca, Francisco José 22
Zantop, Susanne 83, 92
Zeller, Joachim 50
Zetkin, Clara 205ff.
Ziegler, Simon 23
Zieschank, Frieda 112f.
Zimmerer, Jürgen 50
Zimmermann, Alfred 64, 116
Zimmermann, Klaus 15, 20, 22, 169ff., 173, 182, 187f., 190
Zwartjes, Otto 15, 21f., 170f., 187f., 190f.

Sprachenregister

Abnaquis 176
Achagua 190
Afrikaans 69, 216ff., 228ff.
Alt-Griechisch 186
Arabisch 159, 186, 221
Araukanisch (= Mapudungun) 176
Aymara 176
Aztekisch 176

Bambara 176
Bubi 176
Burak 160

Caqchikel 176
Chamorro 20, 176
Chibcha 176
Chinesisch 24, 142, 189, 191
Chuuk 22
Cora 176

Damara 217f.
Deutsch 9, 52, 63, 96, 100f., 103ff., 148, 157, 216ff., 226ff., 233f.

Englisch 11, 63, 65, 82, 84, 105f., 109ff., 116, 132, 138f., 213, 216ff., 221, 227ff., 233f.
Esperanto 138
Ewe 147ff., 163

Fante 134
Fränkisch 179
Französisch 5, 84, 221
Fulfulde 160

Ganoore 160
Griechisch 159
Guaraní 176, 190

Hausa 155f.
Hebräisch 186
Herero 176, 229
Hindustani 176
Hiri Motu 139
Hone 160

Huastekisch 176
Huronisch 176

Ilocano 176
Italienisch 149

Japanisch 176, 191
Jebero 176
Jukun 162

Kastilisch 149
Kiezdeutsch 9
Kolonialdeutsch 23, 102
Konkani 175f.
Kosraeisch 105
Kruman 176
Kuanua (Tolai) 114
Küchendeutsch 223

Latein 174, 185f., 190

Maaka 155, 162ff.
Malaiisch 122, 141f.
Mam Gabra 160
Mapudungun (=Araukanisch) 176
Maya 176, 183, 190
Mexica 176
Mixtekisch 183
Muisca 176, 190

Náhuatl 176, 180, 183f., 187, 190
Nama 217f., 229
Namslang 213, 223, 227f., 233f.
Nauruisch 105, 108
Nez Percé 176
Niederländisch 69, 215, 217

Oshiwambo 217f., 229
Otomí 176, 187, 190

Palauisch 105
Pangasinán 176
Pidgin 96, 98ff., 103, 108, 124, 126, 129, 131f., 134, 136, 138ff., 143

Pidgin-Englisch 23, 100, 105, 113, 121ff., 126, 129ff., 134ff.
Portugiesisch 149
Puquina 176

Quechua 172, 176, 190
Quiché 176

Sächsisch 179
Samoanisch 105ff., 109ff.
Sanskrit 176, 183
Siedlerdeutsch 52, 112f.
Spanisch 69, 170, 177, 180, 185
Südwesterdeutsch 223, 225
Swahili (Suaheli, Kisuaheli) 3, 20, 41f., 69, 176, 187

Tagalog 176
Tamil 176, 191

Taraskisch 176, 190
Tojolabal 176
Tok Pisin 23, 98ff., 139, 141ff.
Tupí 172, 176, 190
Tzeltal 176

Unserdeutsch 104

Volapük 137

Wapan 160
Wyandot 176

Xhosa 176

Zapotekisch 176, 190
Zulu 69

Sachregister nebst geografischen Bezeichnungen

Afrika 2, 30ff., 36, 39f., 42ff., 78, 85, 147f., 151ff., 156ff., 161f., 165ff., 175f., 180f., 184, 190f., 213f., 218, 224, 233f.
Afrikanistik 147f., 160, 166, 183
Akkulturation 85f.
Alterität (kulturell und ästhetisch) 74, 81f., 84, 86, 153
Amerika 172, 175, 183f., 191
Angola 213
Antigua 79f., 86
Antiimperialismus 205
Argument 194ff.
Asien 2, 87, 176, 180, 190
Askari 42f., 52, 69
Australien 139

Bangkok 87
Belgien 25, 190
Bibelübersetzung 171, 177
Bismarck-Archipel 132, 138ff., 143
Bolivien 176
Botswana 213
Brasilien 172, 175f., 190
Buganda 33

Calcutta 87
Ceylon 176
Chile 176
China 31, 37, 74, 181, 183, 215
Christianisierung 135, 175, 178f.
Coimbra 149
Critical Heritage Studies 167

Dakar 87
Dänemark 25, 190
Daressalam 42f., 66f.
Daten 18, 24, 53ff., 95ff., 121, 127f., 144
Dekolonisierung 4, 199, 208
Delegitimierung 197f.
Deutsches Reich 216, 225
Deutschland 109, 118, 123f., 139, 174f., 183, 190, 221, 224, 226
Deutsch-Neuguinea 30, 114, 118, 126
Deutsch-Ostafrika 30, 39, 60, 62, 88, 118, 126, 215

Deutsch-Südwestafrika 21, 30f., 35, 60f., 118, 126, 215, 233
Digitalisierung 53, 64
Diskurs 14, 21f., 53, 57f., 60, 84f., 91f., 148, 154f., 166f., 174, 196
– Antikolonialdiskurs 205f.
– Diskursanalyse 78, 98, 173, 183
– diskursive Ereignisse 194
– Diskurslinguistik 16f., 20f., 100
– Gemeinschaftsdiskurs 194, 208
– Identitätsdiskurs 195f., 198, 210
– Kolonialdiskurs 14, 17, 21, 57, 61, 67, 69, 83f., 147, 193ff., 209ff.
– kolonialrevisionistischer Diskurs 208
– postkolonialer Diskurs 52, 81
Dokument(ation) 54, 60f., 95ff., 103ff., 109ff., 121, 127f., 143, 147, 166, 178
Douala 135

Ecuador 176
England/Großbritannien 79, 113, 135, 190
Entlehnung 69, 102ff., 228ff.
Erster Weltkrieg 30, 46, 95, 118, 124, 135, 139, 141, 193, 210ff., 216
Ethnographie des Sprechens 152f., 156, 166
Europa 29ff., 44, 48, 74, 84, 86, 88, 170, 173, 178, 185, 188
Evidentialität 165
Exogrammatisierung 181, 186
Exolexikographisierung 181

Formosa 24
Frankreich 25, 135, 190
Freetown 165

Ghana 134, 147
Goldküste 134
Grammatik 8, 10, 20, 32, 97, 107, 126, 132, 137f., 155, 170ff., 181f., 185ff., 221
Grammatikographie 20ff.
Guam 176
Guatemala 176

"Hebung" 52, 69, 201f. 208, 210
Haiti 83f., 87ff., 91
Hereroaufstand/Krieg gegen die Herero 21, 31, 37, 42, 57, 61
Hispanoamerika 171, 188, 190
Holland 190

Identität 16, 43, 75f., 84, 151, 154, 157f., 166, 190, 194ff., 199ff., 204, 207, 209f., 213, 225, 231ff.
Ideophone 149, 163
Imperialismus 4, 30, 75ff., 80f., 95, 193, 199, 202, 205ff., 215
Imposition 102f., 107
Indien 77, 175f., 183
indigene Sprachen 52, 59, 96, 98, 126, 132, 135ff., 170, 172, 174, 177, 180, 182ff.
Indonesien 87
Interferenz 102f.
Internationale, die 206f., 211
Irland 24
Islam 32, 179
Italien 25, 190

Japan 25, 175, 180, 183, 191
Java 141f.

Kaiser-Wilhelms-Land 139ff.
Kamerun 22ff., 30, 34ff., 41, 43, 122ff., 133, 135f., 143f., 215
Kapitalismus 205ff.
Karolinen 30
Kiautschou/Tsingtao 30, 122, 126, 215
Kolonial-
~ geschichte 29f., 50, 83, 92, 203, 209, 212
~ krieg 37, 50, 65, 83
~ linguistik 15ff., 51, 56f., 63, 95, 119, 125, 166f., 180, 182f., 189f.,
~ politik 30, 39, 44, 98, 171, 175, 179, 199, 202, 206, 215
~ revisionismus 30, 38
~ "schuldlüge" 39, 44, 52, 199, 210
~ verein 39, 43, 61, 123
Kolonialismus 1ff., 29f., 41, 44f, 48f., 51, 56f., 73ff., 79, 83ff., 95, 98, 117ff., 138, 147, 175, 179ff., 185, 190, 204ff., 214, 227, 231, 233

– Antikolonialismus 59, 207f., 210
– Neokolonialismus 73, 124, 171, 227
– Postkolonialismus 13, 24, 73ff., 81, 87
Kolonialität 1, 7f., 10, 14f., 18f., 21, 51, 56, 147f.
Kolonisierung 2, 5, 83, 87, 123, 136, 139, 169, 172, 179f., 201, 206
Kolumbien 176
Kontaktsprachen 101f., 105, 109, 117, 122ff., 129, 137ff., 144
kontrapunktische Lektüre 78f., 81, 84, 92
Korpus 53ff., 60, 63f., 68f., 150, 194, 202
~ aufbau 52f., 56f.
~ daten 18, 54, 58
~ design 57f., 68
~ erstellung 55, 57f., 65, 68
~ linguistik 17, 24, 52, 55ff., 70
~ recherche 52, 54, 56, 68f.
~ typus 57f., 68
~ wahl 52ff., 56, 59, 67
~ zuschnitt 58f., 67f.
Kosrae 105
Kreolistik 1, 16, 20, 23
Kreolsprachen 6, 23, 98, 103f., 121f., 124, 126
Kriegsschuld 199, 211
Kriminalisierung des Gegners 198, 204, 209
Kuba 175

Lagos 134
Legitimierung 2, 38, 68, 197, 200
Lehnwort 52, 65, 96, 104ff., 142, 155, 160, 229f.
Lexifier 122
Liberia 134
Liechtenstein 221
Lima 177
Lingua Franca/Verkehrssprache 112, 122, 130ff., 136, 138, 140, 142, 218, 233
Lüderitzbucht 60
Luxemburg 221

Mali 31
Maltahöhe 213
Marianen 20, 22, 30, 116, 119
Mariental 213
Marshallinseln 30

Mehrsprachigkeit 7, 152, 154, 156, 158, 166, 168, 229
Mexiko 87, 169, 176ff., 180, 184, 190
Mikronesien 106, 108
Mirativität 165
Missionarslinguistik 15ff., 169ff.
Missionierung 137, 169ff., 213
Muttersprache 103, 122, 131, 151ff., 156, 168, 186, 214, 217f., 227, 231, 233

Namibia 31, 60, 181, 213f., 216ff., 221ff., 230f., 233f.
Namibismus 222, 226
Nationalismus 31, 41, 47, 60, 76, 195, 200, 211
Nationalsozialismus 37, 58, 62, 68, 89f., 123, 127, 203
Nauru 104, 108, 170
Négritude 49
Neuguinea 98, 100, 113, 118, 122f., 126, 129, 133, 135, 138, 143
Niederlande 25, 139
Niederländisch-Indien 23
Nigeria 34, 134, 151, 157, 160
Nordamerika 74

Onomatopoeia 149
Ostbelgien 221
Osterinsel 87
Österreich 83, 221, 226
Ozeanien 103, 105, 109

Palau 30, 105
Papua-Neuguinea 114, 139
Paraguay 176
Peru 169, 176f.
Pfefferküste 134
Philippinen 175f., 183
"Platz an der Sonne" 61, 209
Polygenese 137f.
Port-au-Prince 89f.
Portugal 25, 179f.
Postcolonial Studies 4, 10ff., 24
postkolonialer Blick 75, 87
Postkolonialismus *siehe* Kolonialismus
Prestige 102, 114, 117, 229, 232, 234
Puerto Rico 175

Quelle 51, 59, 64, 66f., 95ff., 121ff., 148, 157, 171
– Quellenauswahl 50, 56f., 59
– Quellenkritik 99, 117
– Quellenkunde 59, 70, 95, 119, 121
– Quellentext 51, 60
– Quellentypen 59f., 64, 68, 70, 114, 117, 119
– Primärquellen 97ff., 105, 108, 111, 113
– Sekundärquellen 97, 99ff., 105

Rabaul/Herbertshöhe 114
Reisebericht (kolonialer/postkolonialer) 64f., 74f., 87, 99, 109, 112, 115, 122, 133f.
Relexifizierung 137f.
Rheinische Mission 35, 213
Russland 25, 190

Saipan 116, 176
Sambia 213
Samoa 30, 104, 106f., 109, 111ff., 115, 122, 126, 139f., 143
Sansibar 33f.
Schottland 174
Schutzbriefe 58, 60
Schutzgebiet 22f., 30, 61, 64, 69, 113, 126, 132, 136, 181, 198, 214f.
Schweden 25
Schweiz 83, 221f., 226
Seeheim 213
Sierra Leone 134
Singapur 87, 141f.
Sklavenhandel 32f.
Spanien 25, 135, 179f.
Sprach-
~ attitüde 123, 130, 150, 154
~ begriffe 4, 8ff., 148
~ einstellung 16, 23f., 103f., 113ff., 119, 130, 135, 137
~ erhalt 102f.
~ ideologie 2, 18, 23, 114, 147f., 150, 152, 154f., 158, 161, 165ff.
~ insel (Enklave) 7, 222, 224
~ kontakt 5f., 17, 22, 59, 95, 101ff., 109, 114, 117, 119, 121ff., 140, 170, 216, 218, 228, 231, 233f.

~ politik 11, 16f., 22f., 103, 119, 122, 133, 166, 169, 174, 180, 182, 218
~ register 154
~ wechsel 103
Südafrika 84, 87, 165, 213, 215ff., 224
Südamerika 2, 87
Sudan 160
Südpazifik 98, 101
Südtirol 221
Swakopmund 224, 232

Tahiti 86
Tansania 118
Tobago 87
Togo 30, 122, 126, 147, 215
Trient 177

Übersee 29f., 40
Universalien 137f.
USA 25, 113

Variation, sprachliche 148f., 152, 154, 156, 165f., 219ff., 231, 234

Varietät 13, 176, 213, 219f., 222f., 228, 231ff.
– Kontaktvarietät 7, 231
– Kreol- und Pidginvarietät 103, 143
– Nationalvarietät 221, 227
– Nonstandard-/Umgangsvarietät 222f., 226f., 228, 233f.
– Standardvarietät 219ff., 223ff., 233f.
Versailler Vertrag 38, 58, 68, 193ff., 204f., 209f., 216
Verschriftung 183ff., 188
Viertelzentrum 221, 226f.
Vietnam 24
"Volk ohne Raum" 40, 68

Weimarer Republik 44, 52, 58, 123, 193f., 198f., 202, 206, 208
Westafrika 122ff., 135
Westindien 79, 82
Wörterbuch 20, 22, 31f., 65, 96f., 104f., 108, 147, 169ff., 178, 181, 185, 187f., 190, 220f., 226

www.ingramcontent.com/pod-product-compliance
Lightning Source LLC
Chambersburg PA
CBHW021943240426
43668CB00037B/651